HATIER CONCOURS
CONCOURS DE PROFESSEURS DES ÉCOLES

HISTOIRE - GÉOGRAPHIE ENSEIGNEMENT MORAL ET CIVIQUE

ÉPREUVE ÉCRITE D'APPLICATION

DIRECTEURS DE COLLECTION

Micheline Cellier

Roland Charnay

Michel Mante

AUTEURS

Alexandra Baudinault
Professeure agrégée de géographie,
Maitresse de conférences en géographie
Sorbonne Université (INSPÉ de Paris)

Lucie Gomes
Professeure agrégée d'histoire-géographie,
Maitresse de conférences en didactique de l'histoire,
INSPÉ de Limoges

Thierry Truel
Docteur en histoire contemporaine,
Formateur à l'INSPÉ de Bordeaux

Cette publication est conforme à la nouvelle orthographe
www.orthographe-recommandee.info

Hatier

ÉDITION : Blandine Renard, Élodie Ther
MAQUETTE : Stéphanie Hamel
MISE EN PAGES : Ici & ailleurs
SCHÉMAS : Ici & ailleurs
ICONOGRAPHIE : Hatier Illustration

IMPRIM'VERT — Votre imprimeur agit pour l'environnement

PAPIER À BASE DE FIBRES CERTIFIÉES

Hatier s'engage pour l'environnement en réduisant l'empreinte carbone de ses livres. Celle de cet exemplaire est de : 1.5 kg éq. CO_2
Rendez-vous sur www.hatier-durable.fr

Achevé d'imprimer en Italie par L.E.G.O. S.p.A. - Lavis (TN)
Dépôt légal : 08694-4/01 - Juin 2022

ISBN : 978-2-401-08694-4

SOMMAIRE

GÉOGRAPHIE

ANNEXES

INTRODUCTION

Présentation des épreuves

1. Les épreuves du concours

L'ensemble des épreuves du concours vise à évaluer les capacités des candidats au regard des dimensions disciplinaires, scientifiques et professionnelles de l'acte d'enseigner et des situations d'enseignement.

Le cadre de référence des épreuves est celui des programmes de l'école primaire. Les connaissances attendues des candidats sont celles que nécessite un enseignement maitrisé de ces programmes. Il est attendu du candidat qu'il maitrise finement et avec du recul l'ensemble des connaissances, compétences et démarches intellectuelles du socle commun de connaissances, compétences et culture, et les programmes des cycles 1 à 4. Des connaissances et compétences en didactique du français et des mathématiques ainsi que des autres disciplines pour enseigner au niveau primaire sont nécessaires.

Voir l'arrêté complet du 25 janvier 2021 publié le 29 janvier 2021 sur : https://www.legifrance.gouv.fr/jorf/id/JORFTEXT000043075701

ÉPREUVES D'ADMISSIBILITÉ			
Épreuve écrite disciplinaire de français	3 heures	20 points	Coef. 1
Épreuve écrite disciplinaire de mathématiques	3 heures	20 points	Coef. 1
Épreuve écrite d'application Le candidat a le choix entre l'un des domaines suivants : – Sciences et technologie – **Histoire, géographie, enseignement moral et civique** – Arts	**3 heures**	**20 points**	**Coef. 1**
Toute note égale ou inférieure à 5 à l'une des trois épreuves est éliminatoire.			

ÉPREUVES D'ADMISSION			
Épreuve de leçon Conception d'une séance d'enseignement de français puis de mathématiques de l'école primaire La note de 0 est éliminatoire.	2 heures de préparation, 1 heure d'exposé et d'entretien	20 points	Coef. 4

ÉPREUVES D'ADMISSION			
Épreuve d'entretien 1re partie relative à l'éducation physique et sportive intégrant la connaissance scientifique du développement et la psychologie de l'enfant La 2e partie porte sur les motivations du candidat et son aptitude à se projeter dans le métier de professeur au sein du service public de l'éducation. La note de 0 à l'une ou l'autre des deux parties est éliminatoire.	30 minutes de préparation 1 h 05 de présentation et échange	20 points	Coef. 2

2. L'épreuve écrite d'application

Lors de l'épreuve écrite d'application, il faut montrer sa capacité à proposer une **démarche d'apprentissage progressive et cohérente**. La **maitrise de la langue française** (vocabulaire, grammaire, conjugaison, ponctuation, orthographe) est aussi un critère important que le jury prendra en compte.

Pour l'épreuve d'application, quelle qu'elle soit, le candidat dispose d'un **dossier** comportant notamment des travaux issus de la recherche et des documents pédagogiques.

L'épreuve d'histoire-géographie-enseignement moral et civique
Au titre d'une session, la commission nationale compétente mentionnée à l'article 12 détermine deux composantes parmi les trois enseignements suivants : histoire, géographie, enseignement moral et civique.
L'épreuve consiste en la conception et/ou l'analyse d'une ou plusieurs séquences ou séances d'enseignement à l'école primaire (cycle 1 à 3). Elle peut comporter des questions visant à la vérification des connaissances disciplinaires du candidat.
L'épreuve est notée sur 20. Une note globale égale ou inférieure à 5 est éliminatoire.

Arrêté du 25 janvier 2021.

Pour réussir l'épreuve, il faut donc maitriser **trois types de compétences : scientifiques (voir partie 2), didactiques (voir parties 1 et 3) et pédagogiques (voir partie 3).**

Il faut également savoir anticiper ses révisions et acquérir les bons réflexes (voir conseils, **p. 247 et suivantes**).

Textes incontournables

- Programmes en vigueur de la maternelle au cycle 3 selon le bulletin officiel n° 31 du 30 juillet 2020 accessibles à :
https://www.education.gouv.fr/pid285/bulletin_officiel.html?pid_bo=39771
- Socle commun de connaissances, de compétences et de culture (S4C) relevant des cycles 2 à 4 inclus (bulletin officiel n° 17 du 23 avril 2015) accessible à :
https://www.education.gouv.fr/bo/15/Hebdo17/MENE1506516D.htm?cid_bo=87834

Ce qu'il faut savoir sur l'enseignement de ces disciplines

1 Ce qu'il faut savoir sur l'histoire

L'histoire est à la fois une discipline scientifique, un objet d'étude à l'école, mais aussi une préoccupation de la société. Les enjeux de ces trois aspects ne sont pas les mêmes. Pour beaucoup, l'histoire se résume à des dates, des personnages importants et des grands évènements. Pourtant, l'histoire, c'est avant tout une science sociale, avec une méthodologie et une historiographie très dense. L'histoire, c'est l'étude du passé à partir de ses traces, pour les chercheurs, mais aussi à l'école où elle est enseignée avec des documents. Revenir sur l'histoire de cette discipline, c'est mieux la comprendre, pour mieux l'enseigner.

1 Histoire de l'histoire

1 1. La méthode historique

À la fin du XIXe siècle, les historiens Langlois et Seignobos[1] cherchent à affirmer la scientificité de l'histoire et définissent une méthode critique pour faire de l'histoire. Ils participent ainsi de manière significative à la structuration de la science historique au XIXe siècle et jusqu'à aujourd'hui. Pour Langlois et Seignobos, des auteurs de l'Antiquité, du Moyen Âge ou même contemporains, n'appartenant pas à une communauté scientifique organisée, peuvent prendre des libertés avec leurs objets d'études. C'est ce que l'on pourrait dire de Jules Michelet qui, dans sa célèbre *Histoire de France*, en personnifiant la France par une illustre destinée, écrit un récit que l'on peut qualifier de « roman national ».

Face à cet état de fait, les historiens Langlois et Seignobos (les fondateurs de ce qu'on appelle l'École méthodique) considèrent qu'il est nécessaire d'instituer une méthode historique qui devient le préalable à tout travail de recherche. Ils distinguent par exemple la critique interne de la critique externe des sources. La **critique externe** permet dans un premier temps de s'assurer de la provenance de la source : ce texte de loi ou ce témoignage n'est-il pas un faux ? La date de rédaction est-elle plausible ? Ensuite, la **critique interne** permet de ne pas se contenter de recopier ce que nous disent les sources, mais bien d'interroger celles-ci au regard de son auteur et de son contexte de production. Ainsi, l'historien mène l'enquête et questionne les sources pour produire du savoir répondant aux questions qu'il se pose.

1. Les références des ouvrages ou des auteurs cités dans cette partie sont regroupées dans une bibliographie indicative en annexe, p. 315.

> « Comment atteindre un fait dont aucun élément ne peut plus être observé ? [...] Mais souvent les faits disparus ont laissé des traces, quelquefois directement sous forme d'objets matériels, le plus souvent indirectement sous la forme d'écrits rédigés par des gens qui ont eux-mêmes vu ces faits. Ces traces, ce sont les documents, et la méthode historique consiste à examiner les documents pour arriver à déterminer les faits anciens dont ces documents sont des traces. [...] Toute connaissance historique étant indirecte, l'histoire est essentiellement une science de raisonnement. Sa méthode est une méthode indirecte, par raisonnement. »
>
> Charles Seignobos, *La Méthode historique appliquée aux sciences sociales*, Paris, Felix Alcan, 1901.

HISTOIRE

2. L'histoire des Annales

La recherche historique connait un autre tournant majeur à la fin des années 1920 avec l'École des Annales (par opposition à l'École méthodique), qui domine le paysage scientifique durant une cinquantaine d'années, adossée à la revue du même nom. Les historiens Lucien Febvre et Marc Bloch renouvellent profondément la façon de faire de l'histoire, sans pour autant renier les apports méthodologiques de leurs prédécesseurs. Leur objectif est de sortir de l'histoire-bataille centrée sur les évènements politiques et les grands personnages, pour une histoire plus globale, s'intéressant aux sociétés dans leur ensemble. Le temps long (*La Méditerranée* de Braudel qui ne se focalise pas sur un évènement, mais sur la compréhension globale d'un espace durant un siècle) comme le temps court (*Le dimanche de Bouvines* de Georges Duby ou *Varennes* de Mona Ozouf qui se focalisent chacun sur un évènement pour le remettre en perspective) permettent de varier les échelles temporelles d'études. Mais les Annales, c'est aussi l'histoire quantitative (à partir de données statistiques) avec Pierre Chaunu, qui s'intéresse à des sources jusqu'alors délaissées (les registres des églises par exemple) et donc à de nouveaux questionnements (sur la démographie, l'histoire familiale...). Dans les années 1970, l'histoire culturelle renouvelle encore les objets d'étude avec une transdisciplinarité affirmée des historiens qui travaillent avec des sociologues, des anthropologues ou encore des ethnologues. L'histoire des mentalités fait alors aussi la renommée de la revue des Annales avec des historiens comme Philippe Ariès et son ouvrage sur la mort. C'est finalement l'éclectisme qu'il convient de retenir de cette École des Annales, qui a su se renouveler et varier ses questionnements sur le passé.

Définition

Histoire globale : courant historiographique qui s'intéresse à la remise en question du savoir historique basé sur des sources limitées. Les historiens explorent de nouvelles sources pour changer d'échelles ou de perspectives et produire de nouvelles explications sur le passé. Par exemple, la prise en compte de sources arabes et indiennes pour la biographie de Vasco de Gama permet le renouvellement de l'étude de cet explorateur.

> « L'histoire se fait avec des documents écrits, sans doute. Quand il y en a. Mais elle peut se faire, elle doit se faire, sans documents écrits s'il n'en existe point. Avec tout ce que l'ingéniosité de l'historien peut lui permettre d'utiliser pour fabriquer son miel, à défaut des fleurs usuelles. »
>
> Lucien Febvre, *Combats pour l'histoire*, Paris, Armand Colin, 1952.

3. La diversification des recherches en histoire

Aujourd'hui, il n'existe plus de courants dominants en histoire, on parle d'histoire « plurielle », voire d'histoire « en miettes » (François Dosse). Cela signifie qu'il n'est plus possible de parler de courants majoritaires chez les historiens tant les objets de recherches sont variés avec des angles sans cesse renouvelés. L'histoire des minorités, l'histoire des femmes ou encore l'histoire du genre permettent l'étude de pans entiers du passé qui étaient peu questionnés jusqu'ici. Ainsi, l'ouvrage sur l'histoire populaire de la France de Gérard Noiriel réinterroge les siècles écoulés depuis le Moyen Âge en s'intéressant plus particulièrement au peuple. L'histoire globale (Patrick Boucheron) ou encore la micro-histoire (Carlo Ginzburg) définissent de nouvelles méthodes. La micro-histoire investigue l'histoire de cas très précis (un meunier italien pour Carlo Ginzburg, par exemple). L'histoire globale élargit son champ de recherche à l'échelle mondiale, comme la biographie de Vasco de Gama par Sanjay Subramanhyam qui utilise des sources non européennes inédites. L'histoire contre-factuelle suscite aussi beaucoup de recherches avec un renouvellement méthodologique conséquent : il s'agit de repenser l'histoire en imaginant qu'un évènement ne se soit pas produit, pour mieux penser ce qui est advenu (Deluermoz et Singaravélou). Les objets d'étude des historiens ont évolué dans le temps, mais cela n'a pas remis en cause la méthode historique fondée sur la critique des sources.

> «On n'écrit pas l'histoire pour remplacer des écrits plus anciens, on écrit l'histoire pour s'inscrire dans une conversation infinie, où hier n'a pas toujours tort par rapport à aujourd'hui.»
>
> Patrick Boucheron (dir.), *Initiation aux études historiques*, Nouveau Monde, 2020.

2 Comment enseigne-t-on l'histoire aujourd'hui ?

2 1. Au cycle 1

À l'école maternelle, il n'existe pas de programme d'histoire, mais celle-ci s'inscrit dans « Explorer le monde, Se repérer dans le temps et l'espace ». Les apprentissages visés, bien qu'ils ne relèvent pas de la discipline historique, sont des préalables indispensables à celle-ci. Les premiers repères temporels doivent être construits en fonction du développement des élèves. Ainsi, il est intéressant, à partir du temps vécu par les élèves, d'identifier ce qui se passe le matin ou l'après-midi en fonction des activités récurrentes réalisées dans la classe, avant de différencier les jours de la semaine, voire les mois de l'année. Les saisons peuvent être appréhendées par l'observation de la nature (les feuilles des arbres).

> **Programmes de maternelle, 2020**
>
> «L'école maternelle vise la construction de repères temporels et la sensibilisation aux durées : temps court (celui d'une activité avec son avant et son après, journée) et temps long (succession des jours dans la semaine et le mois, succession des saisons). L'appréhension du temps très long (temps historique) est plus difficile notamment en ce qui concerne la distinction entre passé proche et passé lointain.»

La chronologie doit aussi être travaillée. Ainsi, les élèves doivent apprendre à reconstituer ce qui se passe avant ou après un évènement (« après manger, je fais la sieste »). Les activités orales sont privilégiées pour des enfants si jeunes, et cela participe du développement du langage. Il est possible d'aller jusqu'au questionnement réflexif (se poser des questions sur les savoirs appris) : pourquoi la journée s'organise-t-elle ainsi ? Pourquoi cette histoire ne peut se dérouler que dans cet ordre-là ?

Il s'agit aussi d'initier les élèves à la durée. Avec des sabliers de durées différentes par exemple, ils accèdent progressivement à la façon de compter le temps qui passe, tout en comprenant la subjectivité de la perception qu'ils ont du temps qui a passé : pour certaines activités de mêmes durées, le temps passe vite, alors que pour d'autres, il semble long.

Il est tout à fait possible, en plus des attentes du programme précédemment expliquées, de parler du passé avec les élèves, en s'appuyant sur des documentaires : le temps des châteaux forts et des chevaliers, par exemple. Il ne s'agit pas de faire de l'histoire à proprement parler, il est plutôt question d'établir un récit sur le passé (on raconte, on ne questionne pas). Cela peut leur permettre de comprendre que ce qui existe aujourd'hui n'a pas toujours existé, et qu'il a pu en être autrement autrefois.

❷ 2. Au cycle 2

Au cycle 2, on commence à initier les élèves à des apprentissages en histoire, même si le programme s'intitule « Questionner l'espace et le temps ». La première attente est de permettre aux élèves de se situer dans le temps. Les jours de la semaine, les mois, les saisons ne sont pas maitrisés par tous en fin de maternelle et il est indispensable d'y revenir. Cela peut se faire par le jeu, par les rituels du matin (écrire la date), par l'explicitation du temps qui passe avec des observations des saisons dans la nature. Les durées et l'ordre chronologique de situations continuent d'être travaillés.

L'étude du passé se centre à la fois sur l'identification des caractéristiques des grandes périodes de l'histoire (Antiquité, Moyen Âge, Époque moderne, Époque contemporaine) et sur une réflexion sur le temps des grands-parents. Nadine Fink et Sylvain Doussot[2] ont expérimenté la problématisation en histoire dès le cycle 2. Les élèves choisissent un questionnement. Par exemple, l'école d'autrefois était-elle sévère ? Ils recueillent les témoignages de personnes âgées qu'ils connaissent et comparent les dates de ces témoignages. Des incohérences apparaissent : les réponses diffèrent aux mêmes dates où ces personnes étaient à l'école. Doit-on en déduire que certains mentent ou peut-on faire des hypothèses pour expliquer les différences ? Ils ne sont pas tous allés dans les mêmes écoles, n'ont pas eu les mêmes expériences, et ils n'analysent pas tous la sévérité de la même façon. Les personnes âgées sont réinterrogées pour compléter l'enquête. Cette piste produite par une recherche en sciences de l'éducation montre qu'il est possible de commencer une pratique de l'histoire dès le début de l'école primaire.

2. Sylvain Doussot, Nadine Fink, *Faire problématiser des élèves de CE2 en histoire à partir de témoignages*, Recherches en didactiques, 2019, n° 27.

Enfin, il est demandé d'étudier l'évolution des sociétés à travers leur mode de vie. Ces activités en histoire se croisent avec la géographie par l'étude des organisations actuelles du monde. La liberté pédagogique de l'objet d'étude est entière : les vêtements, l'alimentation, l'habitat, les guerres, les jardins… Il n'y a pas de limites aux choix possibles. On peut alors se servir du projet annuel de l'école s'il y en a un, ou de l'existence de ressources locales pertinentes (un château ou un musée à proximité). Ce travail sur le temps long n'a pas pour enjeu de lister les évolutions, mais d'amorcer la réflexion sur celles-ci avec des enquêtes historiennes menées par les élèves : partir de questionnements, se servir de sources, construire du savoir par la réponse aux questionnements de façon réflexive. Des exposés, des affichages, des livrets peuvent être des réalisations très intéressantes si elles sont guidées et adaptées à l'âge des élèves.

❷ 3. Au cycle 3

En CM1 et CM2 (nous ne traiterons pas de la sixième, qui est au collège), le programme d'histoire se densifie en termes de connaissances et de compétences attendues. Avec 45 minutes par semaine, trois thèmes sont à traiter chaque année, comprenant chacun plusieurs aspects à étudier. L'ordre chronologique des périodes à étudier est à respecter. Le programme de CM1 commence à la Préhistoire et va jusqu'à l'Empire napoléonien, avec une centration sur la France. Celui de CM2 commence avec la Troisième République jusqu'à la construction européenne. Même si les programmes explicitent de nombreux points à traiter, la liberté pédagogique permet de choisir la façon d'aborder les différentes périodes ainsi que le temps à y consacrer. Ainsi, concernant François Ier, prince des Arts et des Lettres, il est possible d'aborder rapidement les peintres de la Renaissance ou bien de consacrer plusieurs séances à Léonard de Vinci, par exemple. Les documents d'accompagnements des programmes (Eduscol) donnent des pistes sur des façons de traiter les thématiques à étudier.

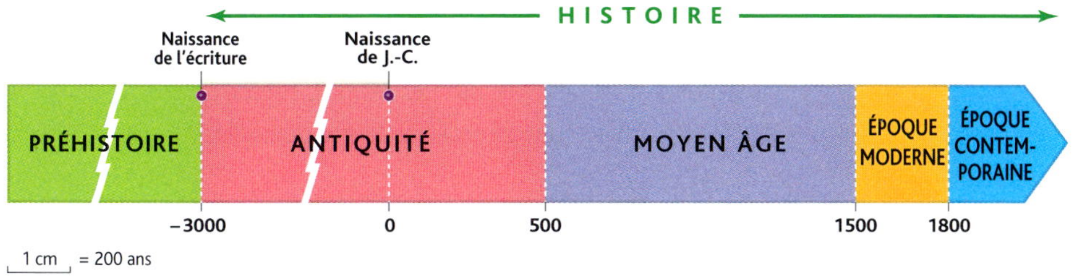

Les grandes périodes de l'Histoire
Manuel Histoire-Géographie 6e, Éditions Hatier, 2016.

L'enseignement de l'histoire au cycle 3 permet de construire des repères chronologiques, mais ceux-ci sont à utiliser avec parcimonie pour que les élèves se concentrent sur ceux qu'il convient de mémoriser (ceux qui permettent de mieux réfléchir aux thématiques abordées). L'usage des sources est fortement recommandé. Les élèves doivent apprendre la critique documentaire : un texte, une image, un tableau, une carte, un graphique ne « donnent » pas des informations, mais ils sont des indices pour l'enquête[3]. Or les élèves sont souvent trompés par ce qu'ils lisent ou ce qu'ils voient, pensant que les sources donnent un accès direct au passé : c'est ce qu'on appelle un obstacle épistémologique[4]. L'enquête problématisée[5] à partir d'un ou plusieurs documents doit permettre d'accéder au raisonnement historien : construire du savoir par le débat entre pairs (socio-constructivisme) favorise aussi le développement de l'esprit critique.

3. Didier Cariou, « Information ou indice ? Deux lectures d'une image en classe d'histoire », *Revue française de pédagogie*, n° 197, 2016.

4. Gomes, L., « L'objectivité du document en classe d'histoire : un obstacle à dépasser pour être compétent », *Recherches en Éducation*, n° 37, 2019.

5. Y. Le Marec, S. Doussot, A. Vézier, « Savoirs, problèmes et pratiques langagières en Histoire », *Éducation & Didactique*, 3 (3), 7-27, 2009.

Programmes de cycle 3, 2020

Comprendre un document
– Comprendre le sens général d'un document.
– Identifier le document et savoir pourquoi il doit être identifié.
– Extraire des informations pertinentes pour répondre à une question.
– Savoir que le document exprime un point de vue, identifier et questionner le sens implicite d'un document.

Les modalités pédagogiques doivent varier en fonction des enjeux choisis (connaissances et compétences travaillées). L'utilisation d'Internet, les visites scolaires, les exposés, les enquêtes de terrain sont autant de moyens pour que les élèves questionnent le passé. Les évaluations sont en concordance avec les modalités retenues. Il s'agit de vérifier où en est l'élève dans sa pratique de l'histoire et non de l'engager dans une mémorisation superficielle de dates et de grands personnages. Ainsi, si l'objet du cours a été d'étudier une peinture de Louis XIV en majesté, il est pertinent d'en proposer une autre en évaluation.

3 Les concepts fondamentaux pour enseigner

3 1. Les chrononymes

Les chrononymes correspondent à la façon de nommer des périodes plus ou moins longues : guerre froide, Antiquité, Première Guerre mondiale, Renaissance, etc. Ils sont le produit de la réflexion des historiens sur le passé, et ils sont sujets à débat. Ainsi, le choix de nommer le Moyen Âge en un terme peu flatteur (en anglais : *Dark Ages*, « les Âges sombres ») permettait de mieux mettre en valeur la période humaniste qui suit. Mais cela enfermait alors cette période dans une représentation négative. Apprendre aux élèves les périodes de l'histoire n'empêche pas de les initier à la réflexivité sur celles-ci : c'est leur faire comprendre que ces dénominations sont le fruit de débats et qu'il aurait été possible de découper le temps autrement.

3 2. Les faits en histoire

En histoire, un fait est une construction de l'historien établie après son enquête à partir des sources disponibles. Les historiens arrivent ainsi à déterminer ce dont on est sûrs et ce qu'il convient de discuter. Ainsi, il est certain que les jeunes Français ont été mobilisés pour partir à la guerre en août 1914. En revanche, les historiens débattent encore aujourd'hui sur la façon dont cela a été reçu par les jeunes soldats : la fleur au fusil ou la résignation ? La factualisation en histoire (la construction des faits) permet de mettre en débat les intentions des acteurs du passé dans les sources à partir des indices à disposition (on n'a pas de sources sur tout). L'enseignant apprend aux élèves à distinguer ce qui peut être soumis à la discussion et ce qui est un repère indiscutable.

3 3. Les représentations des élèves sur le passé

La didactique de cette discipline, comme pour les autres, demande de s'intéresser aux représentations des élèves sur les apprentissages visés, car celles-ci peuvent faire obstacle à la construction de nouveaux savoirs. Les élèves ont déjà des connaissances sur le passé : ils ont vu des films, des dessins animés, ils ont pu visiter des bâtiments historiques, voire des parcs à thèmes sur le passé. Ils ne connaissent pas toutes les périodes à étudier, mais ils imaginent déjà à leur façon ce qu'est un roi, ce qu'est une croyance ou ce que peut être la guerre. Commencer sa séquence en interrogeant les élèves sur ce qu'ils savent déjà n'est pas seulement une amorce, c'est un indicateur pour enseigner. En CM1, s'apercevoir au début du thème du « Temps des rois » que les élèves voient le roi comme dans les contes pour enfants, c'est avoir une entrée pour s'appuyer sur des invariants de toute monarchie, mais aussi pour préciser les spécificités historiques de la monarchie à cette époque.

3 4. Les questions socialement vives

Les questions socialement vives[6] sont les objets d'étude en classe qui peuvent être source de risques pour plusieurs raisons. Ainsi, il existe des thématiques qui peuvent faire émerger des tensions en classe à cause des contextes sociaux des élèves, lorsque les savoirs scolaires viennent contredire les valeurs et les savoirs personnels. En histoire, l'enseignement du fait religieux est l'exemple le plus vif puisque les élèves et leurs parents peuvent ne pas comprendre qu'on leur impose la Charte de la laïcité à l'école, alors qu'on étudie la place de l'Église au Moyen Âge. Il ne s'agit pas de s'empêcher d'enseigner les sujets qui peuvent mener à des tensions, mais de les appréhender différemment : imposer le discours scolaire par l'autorité professorale ne peut suffire. On peut par exemple questionner les enjeux de tels enseignements à l'école : peut-on comprendre la société médiévale sans comprendre les croyances de l'époque ? Sur le négationnisme (la négation de l'existence du génocide des juifs), des discours antisémites tenus par des élèves ne seraient pas tolérables en classe. Il serait alors pertinent de travailler parallèlement en EMC sur l'antisémitisme et le respect de l'autre, tout en travaillant en histoire sur les sources permettant d'établir de tels faits.

6. Alain Legardez et Laurence Simonneaux, *L'école à l'épreuve de l'actualité - Enseigner les questions vives*, ESF, 2006.

4 Des points de vigilance à garder en mémoire

4 1. La critique documentaire

Travailler à partir de documents est une évidence en histoire : le passé ne se livre pas directement, mais il est questionné à partir des sources. Il existe plusieurs types de documents. Les documents sources et les documents contextuels (faits soi-même ou par le manuel scolaire). Les documents contextuels sont l'équivalent du cours : ils apportent des informations pour comprendre une période. Les documents sources ont un tout autre statut, car ils ne sont pas produits pour la séquence, mais ils sont des traces du passé : la critique documentaire est alors indispensable. Il s'agit d'articuler ce qu'on sait de l'auteur, de la date et du contexte de production avec ce qui est dit dans le document. Cette critique documentaire peut faire l'objet de débats par petits groupes ou de travaux individuels. Les élèves s'exercent alors à la pratique de l'histoire. La variété des types de documents proposés permet de les rendre compétents : des peintures, des photographies, des témoignages, des textes de loi, des cartes, des graphiques...

4 2. Les liens de causalité

En histoire, il faut prendre garde au déterminisme inhérent à la pensée habituelle de l'élève : les faits s'enchaineraient logiquement, comme si tout était écrit par avance. L'exploration des possibles (la recherche des causalités multiples par exemple) en classe redonne de la profondeur à l'étude du passé. Pour la Première Guerre mondiale, ce n'est pas parce que l'archiduc François-Ferdinand est assassiné à Sarajevo que tous les pays européens décident de s'affronter. Les causes sont multiples : le nationalisme, la guerre de Prusse (1870-1871), les alliances, la situation dans les Balkans... Rechercher une seule cause à un évènement ne permet pas d'enseigner l'histoire dans toute sa complexité.

4 3. Le « roman national »

L'histoire est une discipline utile au futur citoyen parce qu'elle lui permet de comprendre en partie le passé de la France ou de ce qui l'a précédée. Cependant, certains discours politiques tendent à vouloir faire de cette matière un usage favorisant la glorification de notre passé. Les programmes sont clairs sur le sujet : on n'aborde pas les périodes passées en fonction du présent, mais on étudie ces périodes pour ce qu'elles sont, en les questionnant. L'étude de la colonisation, de l'esclavage ou encore de la collaboration sont à faire scientifiquement, comme les autres thématiques : ni pour glorifier, amoindrir ou justifier ce qui s'est passé, ni pour culpabiliser le pays.

4 4. Les catégories

De nombreuses catégories sont utilisées en histoire pour désigner des groupes de personnes : les nobles, les chevaliers, les Gaulois, les esclaves, les résistants, les républicains. Ces catégories sont à définir en classe pour permettre aux élèves d'acquérir le vocabulaire indispensable pour comprendre les thématiques étudiées. Il faut cependant prendre garde à deux éléments : l'évolution spatio-temporelle des catégories et une dénomination générique qui gomme les nuances et les différences. En premier lieu, les catégories recouvrent des réalités différentes selon les périodes et les espaces géographiques : on ne définit pas de la même façon un esclave dans l'Antiquité, un esclave durant la colonisation ou un esclave aujourd'hui. Apporter aux élèves des éléments de réflexion sur les termes employés leur permet de mieux contextualiser. De plus, les catégories ne sont pas uniformes. Par exemple, le tiers état au XVIIIe siècle est constitué d'une majorité de paysans plutôt pauvres, mais aussi d'avocats, de médecins, de vendeurs d'esclaves, d'artisans.

❹ 5. L'histoire des arts

La Parcours d'éducation culturelle et artistique (PEAC) incite à enseigner l'histoire des arts. De nombreuses thématiques le permettent puisque chaque époque possède ses courants picturaux, littéraires ou architecturaux. Mais l'histoire diffère de l'histoire des arts. Lors de l'étude de la Renaissance, l'objectif ne peut pas être d'étudier dans le détail toutes les caractéristiques artistiques de celle-ci. Les questionnements restent avant tout historiens : questionner la société, les relations de pouvoir, l'influence du religieux, etc. L'histoire des arts est un moyen pour questionner le passé, mais son étude n'est pas à déconnecter des enjeux de la séquence.

❹ 6. La trace écrite

La trace écrite est un moment-clé de la séquence d'histoire. Celle-ci permet de stabiliser le savoir construit et d'indiquer ce qui sera utile pour une éventuelle évaluation. La traditionnelle trace écrite prend la forme d'un résumé, de ce qui a été vu avec les élèves. D'autres possibilités existent : lorsque les élèves mènent une enquête à partir de documents, ils répondent à des questions, remplissent des tableaux, font des cartes mentales, réalisent des affiches ou encore des exposés. Ces différentes productions sont déjà des traces écrites de la séquence. Les doubler d'une trace écrite plus formelle, c'est leur faire perdre leur statut de savoirs construits. Il est en revanche très instructif pour les élèves d'apprendre à apprendre sur les travaux faits en classe.

2 Ce qu'il faut savoir sur la géographie

Qu'est-ce que la géographie ? Question évidente ? Peut-être. Pourtant il n'est pas inutile de la poser tant les réponses peuvent varier en fonction des interlocuteurs. Pour le grand public ou les médias, la géographie est avant tout affaire de localisation : il suffit, pour s'en rendre compte, de faire un petit tour sur le Net et d'observer les jeux en ligne les plus pratiqués. Tous ces jeux dits éducatifs proposent des activités de localisation (villes de France, villes du monde, capitales, États du monde...) et certains sont très populaires. Parallèlement, les globes virtuels tels Google Maps sont fréquemment consultés par tous les usagers du Net pour localiser leur résidence, leur destination de vacances... devenant ainsi un outil de localisation incontournable. On pourrait ainsi se demander à quoi cela sert aujourd'hui d'apprendre la géographie puisque, en un seul clic, on peut trouver un lieu et même s'y balader de manière virtuelle.

Cette vision de la géographie comme science de la localisation correspond à une des fonctions historiques de la géographie qui fut d'abord un moyen de classer et de répertorier le monde afin de le décrire. Pourtant, les géographes ne définissent plus ainsi leur science et cela depuis des décennies. Aujourd'hui, ***la géographie est une science sociale qui vise d'abord à comprendre et questionner les espaces dans lesquels nous vivons, à interroger la dimension sociale du spatial****. Comment s'est réalisé ce changement de paradigme ? C'est ce que nous allons essayer de comprendre.*

GÉOGRAPHIE

1 La géographie d'hier à aujourd'hui

1. D'abord classer, répertorier, décrire

C'est l'étymologie même du terme *géographie* (en grec, *ge*, « la Terre » et *graphein*, « écrire, graver ») qui nous renvoie à une des fonctions de la géographie : observer la Terre, la décrire, la mesurer et ordonner le réel. Dans l'Antiquité, Strabon se livre à une description du monde alors connu et classe les régions du monde. Pour chaque contrée connue, il répertorie les cours d'eau, les montagnes, les côtes et décrit les peuples qui les habitent, ainsi que leurs coutumes et leurs principales ressources et activités. La géographie actuelle est en partie héritière de cette démarche, lorsque les enseignants apprennent aux enfants à repérer et nommer les continents et les océans sur un planisphère.

Petite biographie

Strabon (né en 58 av. J.-C., mort en 21-25 ap. J.-C.) : auteur d'une *Géographie* en 17 volumes décrivant l'Europe, l'Asie Mineure, l'Orient, l'Égypte et la Libye.

2. Explorer et représenter la Terre

Dès l'époque médiévale et plus encore à partir du XVIIIe siècle et jusqu'à la fin du XIXe siècle, faire de la géographie, c'est aussi explorer le monde et partir à la découverte d'une *terra incognita*. On veut compléter les blancs de la carte, on cherche à explorer l'ensemble de la planète. Au fur et à mesure des découvertes et des conquêtes, la maitrise des nouveaux territoires passe aussi par un travail systématique de représentation du monde et c'est ainsi que s'inventent progressivement des cartes de plus en plus détaillées et précises visant à représenter fidèlement tout ce qu'on voit à la surface de la Terre. Aller sur le terrain pour mesurer, observer, faire des croquis afin de représenter ensuite cette exploration au moyen de plans et cartes demeure au cœur de la démarche géographique même si aujourd'hui méthodes et outils ont changé.

Définition

***Terra incognita* :** les terres inconnues, qui n'ont pas encore été explorées par l'être humain.

1 3. De la géographie classique à la Nouvelle géographie

Dès le XVIIIe siècle, à mesure que le monde est de mieux en mieux connu, décrit et cartographié, l'objet de la géographie change progressivement. On cherche à comprendre et surtout à expliquer ce que l'on décrit et cartographie. On essaie d'établir des relations de cause à effet. En France, Paul Vidal de la Blache (1845-1918) cherche à expliquer le monde à partir de l'étude des interactions entre l'humain et le milieu qui l'entoure. Pour lui, les contraintes imposées par la nature (climat, altitude, cours d'eau...) sont déterminantes et expliquent le fonctionnement et l'organisation des sociétés. L'influence de Paul Vidal de la Blache sera déterminante dans la construction de l'école française de géographie et par conséquent dans son enseignement. La géographie est ainsi, pendant la première moitié du XXe siècle, une discipline qui étudie les composantes naturelles d'un milieu en lien avec les activités humaines que ce milieu porte. C'est ce qu'on appelle la « géographie classique », encore très prégnante dans les programmes d'enseignement et manuels actuels, malgré le tournant pris par la géographie dans les années 1960.

Dans la deuxième moitié du XXe siècle, l'évolution économique, l'urbanisation, la croissance démographique, la mondialisation, la révolution de l'information et de la communication conduisent les géographes à renouveler leurs approches, leurs outils et leurs questionnements. La géographie se donne alors pour objet non plus le milieu naturel, mais l'espace, et devient selon Jacques Lévy une « science qui a pour objet l'espace des sociétés[1] ». Il s'agit d'une véritable rupture, on parle alors, dès les années 1970, de « Nouvelle géographie » par ses concepts et ses méthodes, mais aussi parce qu'elle rejette en partie la démarche déterministe et descriptive de la géographie classique. Parallèlement, se développe une géographie culturelle qui prend mieux en compte les productions artistiques et ce qu'elles nous disent sur le rapport des sociétés à leur territoire, aux idéologies, aux croyances, aux loisirs.

Petite biographie

Jacques Lévy : géographe qui participe depuis la fin des années 1970 à la rénovation épistémologique et théorique de la géographie. Il a théorisé la dimension sociale de l'espace. En 2003, avec Michel Lussault, il a créé et dirigé le *Dictionnaire de la géographie et de l'espace des sociétés*. Réédité, revu et augmenté en 2013, ce dictionnaire est aujourd'hui la référence majeure des géographes.

1. Jacques Lévy, *Dictionnaire de la géographie et de l'espace des sociétés*, Belin, 2013.

2 L'enseignement de la géographie d'hier à aujourd'hui

L'enseignement de la géographie n'a pas débuté avec l'école laïque, gratuite et obligatoire de la Troisième République, même si c'est à cette période qu'elle s'institutionnalise comme discipline obligatoire et emblématique d'une idéologie nationale en construction. Établir une chronologie de l'enseignement de la géographie à l'école primaire implique de prendre en compte les évolutions des programmes et des méthodes (qu'est-ce que les élèves doivent apprendre ?) mises en relation avec les évolutions de la demande sociale (qu'est-ce que les parents, donc le grand public, et plus globalement la société, attendent de l'enseignement de la géographie à l'école ?) et celles de la géographie universitaire et savante (qu'est-ce que les géographes attendent de l'enseignement de leur discipline à l'école ?).

2 1. 1833-1870 : le laboratoire de la géographie scolaire

En 1833, sous la Monarchie de Juillet, la loi Guizot rend obligatoire la création d'une école pour les garçons dans toutes les communes de plus de 2 000 habitants. La géographie y est enseignée dans les dernières classes de l'école primaire (en fait, pour les enfants de plus de dix ans). Son enseignement prend la forme d'un inventaire : les élèves doivent savoir répondre à des questions fermées visant à évaluer leur capacité à décompter des objets politiques classés en fonction de leur situation géographique. Sous le Second Empire, la géographie devient facultative à l'école primaire. Elle est alors réservée à l'enseignement « spécial » (que l'on appellerait aujourd'hui « technique ») fréquenté par les enfants des classes moyennes se formant aux métiers de l'industrie et du commerce et à qui l'on délivre un enseignement tourné vers la géographie économique. Même si la géographie ne concerne donc pendant cette période qu'une petite part des élèves, c'est aussi pour la géographie scolaire un temps de maturation.

2 2. 1870-1970 : l'âge d'or de la géographie classique à l'école primaire

La fin du Second Empire et la défaite de 1870 représentent un tournant pour la géographie puisque son enseignement obligatoire, et cela dès le plus jeune âge, apparait comme une des conditions du redressement de la France après la défaite. Ainsi, avec les lois Ferry de 1881-1882 qui rendent l'école obligatoire, gratuite et laïque, l'enseignement de la géographie est présent dans le programme des cours élémentaire, moyen et supérieur. Il est également préconisé dans les salles d'asile (école maternelle) dès 1881.

C'est à partir de cette période que s'institutionnalise la géographie scolaire et que se mettent en place les bases de son enseignement, qui a alors des finalités à la fois pratiques (savoir situer et nommer les lieux, s'orienter, savoir utiliser une carte) et civiques (faire découvrir et aimer la richesse des ressources du territoire français afin de galvaniser le sentiment national et ainsi développer l'amour de la patrie pour être prêt s'il le faut à la défendre). La maitrise des cartes à toutes les échelles – et en particulier à grande échelle – devient aussi un enjeu de l'enseignement de la géographie (on attribuait en effet la victoire des soldats prussiens à leur connaissance précise du terrain appuyée sur la lecture de cartes à grande échelle). La démarche adoptée restera la même jusqu'à la fin des années 1960 : on présente aux élèves le milieu naturel (relief, cours d'eau, climats), puis on décrit les activités humaines en lien avec ce milieu et la manière dont les Hommes se sont plus ou moins bien adaptés à celui-ci. C'est la démarche vidalienne, celle de la géographie classique, qui est donc mise en œuvre. La géographie savante et universitaire coïncide donc dans son approche avec la géographie scolaire.

GÉOGRAPHIE

2 3. 1970-1985 : la période des mutations

La géographie scolaire est bouleversée à la fin des années 1960 par les pratiques de la pédagogie de l'éveil et l'émergence de la psychologie constructiviste, mais aussi par un contexte global de redéfinition de l'enseignement primaire et de ses finalités. En 1967, tous les enfants entrent en sixième et l'enseignement primaire devient peu à peu une préparation au collège pour tous et à l'enseignement secondaire. Les territoires dans lesquels vivent les élèves subissent aussi de profondes mutations : fin des colonies, construction et affirmation d'un nouveau territoire de référence, celui de l'Union européenne, poids de plus en plus fort de l'économie mondiale sur les économies régionales. En 1969, les programmes changent complètement : la géographie proprement dite disparait et est classée dans un tiers-temps pédagogique nommé « activités d'éveil » qui comprend également l'histoire, la morale, les sciences, le dessin, le travail manuel et le chant. En géographie, la démarche classique est proscrite : on part désormais du vécu des élèves et donc de l'environnement local qui ne sert pas seulement la géographie, mais toutes les disciplines comprises dans ce tiers-temps. Il n'y aura pas de programmes détaillés pour ces « activités d'éveil » avant 1977. Les enseignants sont donc pour la plupart dans le flou, et ces instructions de 1969 seront dans la réalité peu appliquées. L'objectif de ces activités d'éveil est de favoriser la construction de compétences par l'élève et de développer son autonomie plutôt que la mémorisation de connaissances transmises par l'enseignant. Sur le terrain, on constate indéniablement un certain laxisme et des apprentissages peu nombreux. En 1984, les activités d'éveil disparaissent et les instructions officielles de 1985 réintroduisent la géographie comme une des sept disciplines obligatoires de l'école primaire tout en revenant à des méthodes où la mémorisation et la transmission magistrale des connaissances reprennent leur place. Mais, dans le même temps, comme nous l'avons vu, la géographie a changé d'objets (voir Nouvelle géographie ci-dessus). Les enseignants et les acteurs des politiques scolaires sont confrontés à un double défi à partir de la fin des années 1980 : comment mieux prendre en compte les évolutions de la géographie universitaire et savante tout en préservant les finalités pratiques et civiques de l'école ?

2 4. De la fin des années 1980 à 2015 : tourments, replis et avancées

Depuis la fin des années 1980, la géographie scolaire peine à retrouver un nouveau souffle et les écarts se creusent de plus en plus entre les trois grands acteurs de la géographie scolaire : les concepteurs des programmes, le grand public et les géographes.

Du côté de l'action publique, l'accent est mis sur les fonctions civiques de la géographie : comprendre les enjeux et les évolutions du monde contemporain, assurer la cohésion nationale par la connaissance du territoire français. Ces années sont aussi marquées par de nombreux changements de programme (1984, 1985, 1990, 1995, 2002, 2008) qui ne facilitent pas l'appropriation des programmes par les enseignants, surtout dans le cas d'une discipline comme la géographie qui subit dans le même temps d'importantes mutations épistémologiques.

En 1995, la « géographie » disparait des petites classes (cycles 1 et 2) et c'est une « initiation à l'approche géographique » qui est proposée au sein d'un ensemble plus vaste, celui de la « Découverte du monde ».

Afin de mieux prendre en compte les évolutions de la géographie savante et universitaire, les programmes de 2002 introduisent une véritable rupture en définissant la géographie comme « l'étude de l'organisation de l'espace par les sociétés » reprenant ainsi la définition donnée par Jacques Lévy. Les programmes de 2008, construits sans doute en réaction aux programmes de 2002, mettent l'accent sur le territoire national, produit de l'organisation de l'espace par les sociétés.

3 Comment enseigne-t-on la géographie aujourd'hui ?

3 1. Au cycle 1

• Explorer l'espace à la maternelle

À l'école maternelle, l'apprentissage de l'espace se situe dans le domaine « Explorer le monde » et a pour objectif de faire passer les élèves d'un espace vécu à un espace perçu. En effet, à leur entrée en petite section de maternelle, les enfants ont un rapport à l'espace essentiellement égocentré. Ils vivent l'espace en lien avec leur propre corps, qui est donc leur principal repère spatial. Tout part du corps de l'élève et c'est à partir de celui-ci qu'il s'oriente. L'objectif fondamental des trois années du cycle 1 est donc de permettre progressivement aux enfants de considérer l'espace non plus de manière relative (par rapport à la manière dont chacun le vit, le perçoit, le ressent par son corps), mais de manière plus objective, soit comme un espace partagé au sein duquel il faut se situer en fonction de points de repères extérieurs à notre propre corps. Par ailleurs, c'est également à la maternelle que les élèves apprennent au fur et à mesure à représenter l'espace et qu'ils s'initient à la découverte d'environnements familiers d'abord, puis plus lointains ensuite. Le programme est organisé autour de trois grands axes :

– Faire l'expérience de l'espace
– Représenter l'espace
– Découvrir différents milieux

Le tableau ci-dessous extrait du site Éduscol[2] précise les attentes pour chacun des axes :

Se repérer dans l'espace

Objectif(s) visé(s) :	Ce qui est attendu des enfants en fin d'école maternelle :
Faire l'expérience de l'espace	Situer des objets par rapport à soi, entre eux, par rapport à des objets repères.
Représenter l'espace	Se situer par rapport à d'autres, par rapport à des objets repères.
Découvrir différents lieux	Dans un environnement bien connu, réaliser un trajet, un parcours à partir de sa représentation (dessin ou codage).
	Élaborer des premiers essais de représentation plane, communicables (construction d'un code commun).
	Orienter et utiliser correctement une feuille de papier, un livre ou autre support d'écrit, en fonction de consignes, d'un but ou d'un projet précis.
	Utiliser des marqueurs spatiaux adaptés (devant, derrière, droite, gauche, dessus, dessous...) dans des récits, des descriptions ou explications.

2. http://cache.media.education.gouv.fr/file/explorermonde/35/1/Ress_c1_Eval_Indic_progres_se_reperer_temps_espacevu_546351.pdf

• Les premiers outils pour apprendre à représenter l'espace : cartes et plans, globes et planisphère

La question de la représentation de l'espace est centrale dans l'enseignement de la géographie et cela dès la maternelle. La représentation est l'évocation mentale (ou au moyen d'un support : image, dessin, carte, etc.) d'un lieu en son absence. La relation que nous entretenons avec les lieux peut s'établir par l'expérience directe ou par l'intermédiaire de médiations (images, films, textes, cartes, etc.). La lecture et la compréhension de ces artefacts ne va pas de soi et, dès la maternelle, les élèves sont donc initiés à ces formes spécifiques que sont les cartes, globes et planisphères qui s'organisent autour d'un code commun : le langage cartographique. Les élèves peuvent donc dès la maternelle apprendre à représenter un espace vu d'en haut, à décentrer leur point de vue pour, à partir de leur expérience spatiale de la classe ou de la cour, produire de premiers essais de représentation plane de l'espace.

❸ 2. Au cycle 2

Après être passé au cycle 1 de l'espace vécu à l'espace perçu, les élèves sont amenés progressivement à passer du cycle 2 au cycle 3 à l'espace conçu ainsi que le synthétise le schéma suivant proposé sur le site Éduscol[3].

3. https://cache.media.eduscol.education.fr/file/Temps_et_espaces/20/0/RA16_C2_QMON_Intro-espace_DM_577200.pdf

GÉOGRAPHIE

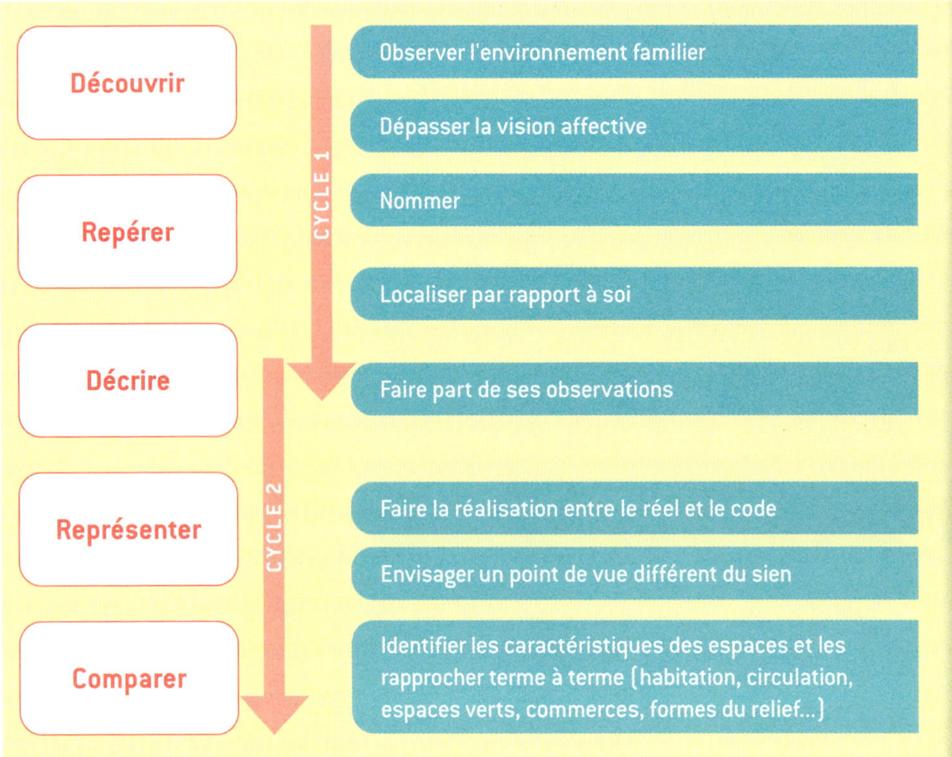

L'espace s'inscrit dans le domaine « Questionner le monde » et a pour objectif d'apprendre aux élèves à devenir de véritables acteurs spatiaux, responsables et conscients du monde qui est le leur. L'apprentissage des repères spatiaux se poursuit ; on s'intéresse autant à ceux qui sont liés à l'orientation (lexique de position, latéralisation) du corps dans l'espace qu'à ceux qui relèvent de l'espace géographique, plus abstraits et de plus en plus lointains (points cardinaux, lignes imaginaires, principaux traits du relief, etc.). Ces repères doivent permettre aux élèves de se situer dans l'espace et d'être capables de situer un lieu (le nommer, le localiser, le situer). Au cycle 2, on commence à initier les élèves à la géographie en leur montrant que l'espace s'organise et que les humains mettent en place des aménagements leur permettant au quotidien de vivre. Les besoins de chaque habitant – se loger, circuler, consommer, se divertir, travailler – peuvent commencer à être identifiés au travers de documents simples (photographies de paysages), mais surtout au travers de leurs propres pratiques de l'espace. Au cycle 2, les expériences des élèves demeurent la matière première de l'enseignement. Enfin, une mise en perspective est proposée au travers d'une démarche comparative. En explorant des espaces qu'ils ne connaissant pas à travers le monde, les élèves sont amenés à comparer leur lieu de vie avec ceux des autres régions de France, d'Europe ou du monde. Cette comparaison est aussi l'occasion de mémoriser les principaux repères spatiaux (océans, continents, principaux repères en France et en Europe).

- **Le paysage, outil et concept, pour apprendre à observer et décrire l'espace**

La définition du paysage en géographie peut parfois être ambiguë, car le mot désigne tout à la fois le phénomène (le paysage comme assemblage d'objets dans l'espace, agencés en un certain ordre par l'humain) et sa représentation (photographie, peinture, dessin voire sons, musiques ou textes littéraires). Un paysage n'existe pas en soi et il est d'abord l'expression d'un point de vue, le point de vue de celui qui observe, regarde et cadre (le photographe, le peintre, etc.). Aujourd'hui, nous sommes tous et toutes producteurs de paysages. L'usage des smartphones et des réseaux sociaux a engendré la diffusion massive et le partage d'une multitude de photographies de paysages, retouchées, transformées, filtrées et répondant également à des constructions sociales et culturelles qui déterminent un point de vue esthétique (beau et/ou laid). Les géographes n'abordent cette dimension esthétique que parce qu'elle est une excellente indication du rapport entretenu par une société avec son territoire. Ainsi, les éoliennes, qui sont une réalité de notre paysage contemporain, sont encore accusées d'enlaidir les paysages. C'est partir du principe qu'il y a donc en soi de « beaux » paysages. En fait, ce « beau » est une construction culturelle, il est déterminé. L'observation des paysages est bien à l'origine de la réflexion géographique. En regardant un paysage, on s'interroge sur notre rapport au monde. S'approprier un paysage, beau ou pas, est un moyen de comprendre la société dans laquelle nous vivons. Un paysage dit beaucoup de choses au géographe qui l'observe. Pour l'observer, le décrire puis le comprendre, il faut être attentif à plusieurs points :

– **le point de vue** : celui qui regarde, qui cadre, délimite un paysage. Ce cadrage (oblique frontal) est subjectif et donc relatif. Ce qui est vu n'est que partiel, c'est un morceau du réel. On peut photographier un vallon verdoyant et ne pas insérer dans son cadrage le pylône électrique ou l'éolienne ;

– **l'histoire du lieu** : fondamentale, car le paysage est le fruit des aménagements des humains et des collectivités sur plusieurs générations ; on y lit donc aussi l'épaisseur du temps ;

– **les aménagements** : qui a façonné le paysage ? Les habitants, les aménageurs, des urbanistes, des agriculteurs, les industriels, etc. Tous les acteurs spatiaux, à leur échelle, ont une vision différente du paysage qu'ils souhaitent façonner et ils interagissent pour le construire, parfois de manière conflictuelle.

Le paysage est donc une perception du réel à un instant donné, perception qui est le fruit d'une identité et d'une culture.

❸ 3. Au cycle 3

• Le concept de l'Habiter, nouveau fil rouge de l'enseignement de la géographie

Les programmes de 2015 proposent une réelle rupture avec les programmes précédents en prenant comme fil conducteur le concept de l'Habiter. Introduit au début des années 2000 dans la réflexion géographique, ce concept est ainsi défini dans l'introduction des programmes :

Programmes Cycle 3, 2015

« La notion d'habiter est centrale au cycle 3 ; elle permet aux élèves de mieux cerner et s'approprier l'objectif et les méthodes de l'enseignement de géographie. En géographie, habiter ne se réduit pas à résider, avoir son domicile quelque part. S'intéresser à l'habiter consiste à observer les façons dont les humains organisent et pratiquent leurs espaces de vie, à toutes les échelles. Ainsi, l'étude des "modes d'habiter" doit faire entrer simplement les élèves, à partir de cas très concrets, dans le raisonnement géographique par la découverte, l'analyse et la compréhension des relations dynamiques que les individus-habitants et les sociétés entretiennent à différentes échelles avec les territoires et les lieux qu'ils pratiquent, conçoivent, organisent, représentent. Les élèves découvrent ainsi que pratiquer un lieu, pour une personne, c'est en avoir l'usage et y accomplir des actes du quotidien comme le travail, les achats, les loisirs... Il faut pour cela pouvoir y accéder, le parcourir, en connaître les fonctions, le partager avec d'autres. Les apprentissages commencent par une investigation des lieux de vie du quotidien et de proximité ; sont ensuite abordés d'autres échelles et d'autres "milieux" sociaux et culturels ; enfin, la dernière année du cycle s'ouvre à l'analyse de la diversité des "habiter" dans le monde. »

C'est une véritable révolution dans la manière d'aborder l'enseignement de la géographie car le point de vue de départ n'est pas celui des lieux ou du territoire, mais les pratiques des Hommes. Il s'agit donc d'abord de faire observer aux élèves les pratiques des habitants, mais aussi leurs propres pratiques. Car le rapport que nous entretenons avec un lieu n'existe pas en soi, il est toujours relié à ce qu'on y fait (pourquoi là et pas ailleurs ?). Nous vivons dans une société mobile, mondialisée et urbanisée, constituée d'habitants mobiles (tour à tour habitants permanents et temporaires). Pédagogiquement, le fil conducteur de l'Habiter implique de nouvelles ressources pédagogiques : interviews, récits, enquêtes de terrain, tracés de parcours, analyses de blogs ou de témoignages. Les élèves sont amenés, en tant qu'acteurs spatiaux et habitants, à produire des récits, des images, des films et à se confronter aux débats du monde de demain par des débats ou des jeux de rôle liant ainsi la géographie à la construction d'une culture civique.

- **La sortie de terrain : une démarche majeure en géographie**

Tout au long des années du cycle, la sortie sur le terrain, c'est-à-dire hors de la classe, doit être privilégiée. Elle permet, outre l'apprentissage du repérage dans l'espace (élaborer un trajet, un itinéraire, lire un plan, une carte, un GPS), d'enquêter et de comprendre la démarche du géographe. Qu'observe-t-il ? Pourquoi ? Comment collecte-t-il les informations ? Comment prend-il des notes ? Voici une typologie des sorties ordinaires :

	Modalité pédagogique	Nature du parcours	Places du professeur et des élèves
Sortie-conférence	Cours magistralo-dialogué, proche des pratiques de classe ordinaires.	Itinéraire, d'un point A à un point B puis C, etc.	Le professeur (ou le conférencier) parle, les élèves écoutent et prennent des notes. Les élèves sont invités à prendre des notes. Les bavardages sont considérés comme une gêne.
Sortie-questionnaire	Mise en activité des élèves, assez proche des pratiques de classes ordinaires.	Itinéraire, d'un point A à un point B puis C, etc.	Par groupe de deux ou trois, les élèves sont invités à retrouver différentes informations dans l'espace, formulées sous la forme de questions fermées.
Sortie jeu de piste / chasse	Mise en activité des élèves sous la forme d'une investigation et par le recours à des modalités ludiques.	Parcours libre : l'espace est une surface délimitée, dans laquelle les élèves sont libres de se rendre où ils veulent.	Sous la forme de questions fermées, les élèves sont invités à retrouver différents indices identifiés par leur professeur.

Source : Sophie Gaujal, « Sortir hors de la classe : apports didactiques d'un dispositif d'expérimentations sensibles en géographie », *Mappemonde*, n° 130, 2021.

À cette liste s'ajoute la sortie sensible qui laisse une plus grande part aux sens, à l'imaginaire, aux émotions et qui s'acclimate bien des enjeux d'un programme de cycle 3 orienté vers l'Habiter et les pratiques spatiales.

3 Ce qu'il faut savoir sur l'enseignement moral et civique

L'enseignement moral et civique (EMC), ainsi dénommé, est un enseignement relativement récent, puisque sa mise en application date de 2015, à l'occasion de la loi sur la refondation de l'école de 2013. Il puise cependant son origine sous la Troisième République, dans la volonté politique de construire une unité républicaine qui partage les mêmes valeurs. Les premiers programmes d'instruction morale et civique voient le jour en 1882 avec la laïcisation de l'enseignement public sous l'égide de Jules Ferry. Au gré des changements politiques de la France, cet enseignement laïc et associé à l'idéal républicain va connaitre des interludes. Ces dernières décennies, il s'agit davantage de lui trouver un nom. Mais qu'il s'appelle « Éducation civique » en 1985, « Instruction civique et morale » en 2008, ou encore « Enseignement moral et civique » depuis 2015, l'objectif final reste toujours le même : amener les élèves à appréhender leur future citoyenneté et transmettre les valeurs républicaines : liberté, égalité, fraternité ; laïcité ; refus de toutes les discriminations.

Définitions

Instruction : action d'instruire, donner des connaissances.
Éducation : conduite de la formation.

1 Un peu d'histoire

1. De la Révolution à la naissance de la Troisième République

Philosophe des Lumières, le député girondin Nicolas de Condorcet écrit dans ses *Mémoires sur l'Instruction publique*, en 1791 : « La société doit au peuple une instruction publique. » Mais si la Révolution française veut rompre avec les structures sociales et éducatives de l'Ancien Régime en s'appuyant sur l'idée que l'État doit former les futurs citoyens dans une école gratuite et obligatoire, l'« instruction civique » n'apparait pourtant pas dans les projets de constitutions (Constituante et Convention). Les débats à l'assemblée n'aboutissent pas. En 1795, la loi Daunou sur l'instruction publique, qui délègue notamment l'organisation de l'enseignement primaire aux communes, revient ainsi sur le caractère gratuit et obligatoire de l'école. La volonté d'instaurer un enseignement à caractère civique qui se substitue à l'éducation religieuse ne fut donc que de courte durée.

Sous le Premier Empire, l'école primaire redevient une école confessionnelle et payante et est soumise à la tutelle de l'Université. L'enseignement élémentaire retourne ainsi progressivement au système de l'Ancien Régime. On instaure un nouvel enseignement scolaire en 1806 : le catéchisme impérial. Il s'agit d'un enseignement dédié à la formation des fidèles catholiques dans le respect des institutions impériales et particulièrement celle de la figure de l'Empereur.

En 1833, sous le règne de Louis Philippe, la loi Guizot, alors ministre de l'Instruction publique, qui instaure un enseignement public et gratuit pour les enfants des familles pauvres, institue une instruction morale et religieuse dans les programmes d'enseignement.

Petite biographie

François Guizot (1787-1874) : homme politique, plusieurs fois ministre dont ministre de l'Instruction publique entre 1832 et 1834. La loi qui porte son nom demande la création d'une école primaire par commune et d'une école normale par département pour la formation des instituteurs et institutrices.

EMC

2. Les lois Ferry et la naissance de l'Instruction morale et civique

Avec l'avènement de la Troisième République en 1870, la formation des citoyens aux valeurs républicaines devient une priorité à partir de 1879. L'école doit permettre aux jeunes Français de devenir des citoyens instruits conscients de leurs droits et de leurs devoirs. Alors que la France est secouée par de vives oppositions politiques entre les monarchistes et les Républicains, l'Église est accusée par ces derniers de soutenir les adversaires de la République. Dans ce contexte, Jules Ferry fait promulguer des lois rendant l'instruction publique gratuite, obligatoire et laïque. Dans les programmes scolaires, l'instruction religieuse est ainsi remplacée par l'instruction morale et civique. Un jour de congé est toutefois prévu pour les familles souhaitant que leurs enfants suivent un enseignement religieux.

Les programmes de 1882 définissent l'éducation morale comme « l'art d'incliner la volonté libre vers le bien ». Pas très éloignés de la morale religieuse, les contenus d'enseignement soulignent notamment la nécessité de respecter les parents et l'autorité paternelle ainsi que le bien-fondé de la charité. Mais ils promeuvent aussi la culture républicaine. Les auteurs de manuels scolaires valorisent alors l'ordre social, le patriotisme, le suffrage universel, les devoirs du citoyen, l'obligation fiscale, la foi dans le progrès.

Le 17 novembre 1883, pour appuyer le bien-fondé de sa nouvelle politique éducative très controversée, Jules Ferry envoie une lettre aux instituteurs (voir Sujet zéro, p. 274) dans laquelle il insiste sur la mission « d'enseignement moral » des enseignants qui « fait la dignité de [leur] profession ».

À l'aube de la Première Guerre mondiale, le programme républicain n'a pas complètement réussi à unifier et démocratiser le système scolaire. L'enseignement religieux par des enseignants confessionnels reste courant, surtout en milieu rural. Et les « hussards noirs de la République » sont de moins en moins nombreux, car le gouvernement a refusé la création d'un syndicat enseignant (1887), et la loi sur les traitements (1889) les déçoit beaucoup.

Petite biographie

Jules Ferry (1832-1893) : homme politique français, avocat de formation. Plusieurs fois ministre de l'Instruction publique et des Beaux-Arts entre 1879 et 1883, il restaure l'instruction gratuite et obligatoire et promeut l'école laïque. Avec les lois de 1881 et 1882 qui portent son nom, il est perçu comme un des pères fondateurs de l'école républicaine.

Définition

Hussards noirs : surnom donné aux instituteurs, alors vêtus de noir, par Charles Péguy dans son livre *L'Argent* en 1913, en référence à la bravoure des escadrons de cavalerie constitués en 1793 pendant la Révolution française (voir Sujet zéro, p. 274).

3. Au XXe siècle

• Dans la période de l'entre-deux-guerres

La pédagogie et l'enseignement au XXe siècle connaissent de profondes transformations. De nouveaux programmes, moins directifs, plus fonctionnels et surtout plus légers, voient le jour en 1923 (sous l'égide du ministre de l'Éducation nationale Pierre-Olivier Lapie). Dans l'entre-deux-guerres, l'éducation doit poursuivre un but utilitariste mais aussi désintéressé. Il ne s'agit plus uniquement d'instruire, mais aussi d'éduquer « le travailleur, le citoyen, l'homme qui ne forme qu'une seule et même personne ». Les méthodes d'enseignement changent pour devenir intuitives et déductives.

Avec le Front Populaire au pouvoir en 1936, le ministre de l'Éducation nationale Jean Zay va plus loin dans la mise en place d'une pédagogie novatrice : les classes promenades, les activités dirigées, l'étude du milieu par l'observation active, le cinéma éducatif. Il s'agit donc d'un tournant important, car l'apprentissage de la citoyenneté sort de la classe et des cours théoriques pour s'exprimer dans la vie scolaire des élèves, préfigurant leurs futurs engagements sociaux à l'âge adulte.

• Sous le régime de Vichy

La Seconde Guerre mondiale marque une rupture dans cette évolution avec la réintroduction de l'enseignement religieux et le retour à des méthodes plus encadrées. Dès juillet

1940, le régime de Vichy instaure que l'école publique doit enseigner les « devoirs envers Dieu ». Mais, après de nombreuses oppositions et de vifs débats, le mot « Dieu » est remplacé par « les valeurs spirituelles, la patrie, la civilisation chrétienne » en mars 1941. Si l'enseignement moral, civique et patriotique subsiste dans les salles de classe, l'enseignement religieux est, lui, toutefois dispensé, certes en dehors des édifices publics, mais pendant les horaires scolaires.

En 1944, la Libération de la France conduit le GPRF (Gouvernement provisoire de la République française) à annuler toutes les lois et les arrêtés du régime de Vichy, y compris les contenus d'enseignement.

- **De l'après-guerre à aujourd'hui**

Après la guerre et son traumatisme, la formation civique est réintégrée aux enseignements. En 1947, un chapitre entier du plan Langevin-Wallon, visant la refonte du système éducatif français, est consacré à l'« Éducation morale et civique. Formation de l'homme et du citoyen ». Mais dans la France pacifiée des Trente Glorieuses, l'éducation civique tombe progressivement en désuétude pour être abandonnée en 1969.

Toutefois, au milieu des années 1980, dans un contexte d'accroissement du chômage, des inégalités et de crispations politiques autour de l'immigration, le risque de perdre la cohésion sociale impose l'école comme un remède aux maux de la société. L'école fait elle-même face à de nombreux problèmes dont une recrudescence des incivilités, voire de violence. Nombre d'élèves ont le sentiment de ne plus y trouver leur place. En 1985, l'éducation à la citoyenneté fait son retour avec l'intégration aux enseignements de « l'éducation civique ». Progressivement, cet enseignement fait l'objet d'une évolution pédagogique où la pratique du débat prend sa place (en 2002). Il est également envisagé en transversalité. Ainsi, les institutions de la République, la réflexion sur les valeurs morales, la participation au destin humain collectif doivent aussi être abordées dans toutes les disciplines de la classe.

En 2008, cet enseignement, rebaptisé « Instruction morale et civique », a pour objectif de permettre à chaque élève de mieux s'intégrer à la collectivité de la classe et de l'école. Chaque élève est ainsi conduit à réfléchir sur les problèmes concrets posés par sa vie d'écolier et, ainsi, à prendre conscience de manière plus explicite des fondements mêmes de la morale : les liens qui existent entre la liberté personnelle et les contraintes de la vie sociale, la responsabilité de ses actes ou de son comportement, le respect de valeurs partagées, l'importance de la politesse et du respect d'autrui.

Enfin, en 2015, suite à la loi de refondation de l'école votée deux ans plus tôt, de nouveaux programmes instaurent l'« Enseignement moral et civique ». L'objectif affiché réaffirme les valeurs républicaines : il s'agit de « faire connaitre, comprendre et pratiquer, à tous les élèves, les valeurs (liberté, égalité, fraternité) et principes (indivisibilité, laïcité, démocratie, solidarité) de la République qui sont la condition de la capacité à vivre ensemble » (loi de refondation, 2013). Ces programmes encouragent l'exploitation de la Charte de la laïcité (Bulletin officiel du 12 septembre 2013), car c'est un texte accessible aux élèves qui éclaire le sens de la laïcité dans son rapport avec les autres valeurs républicaines. Ils préconisent de partir de situations concrètes pour les élèves afin de donner du sens à cet enseignement.

Cependant, cette volonté politique affirmée par des textes officiels ambitieux ne doit pas cacher la difficulté de la mise en œuvre de cet enseignement sur le terrain.

2 Comment enseigne-t-on l'EMC aujourd'hui ?

2 1. Au cycle 1

Il n'y a pas d'enseignement moral et civique à proprement parler au cycle 1. Mais « **apprendre ensemble et vivre ensemble** » constitue bien l'enjeu de formation central pour les enfants de l'école maternelle. Et, comme le précisent les programmes de maternelle publiés en 2020, « [l]a classe et le groupe constituent une communauté d'apprentissage qui établit les bases de la construction d'une citoyenneté respectueuse des règles de la laïcité et ouverte sur la pluralité des cultures dans le monde ».

Tout au long du cycle 1, en s'appuyant notamment sur le développement du langage, l'enfant tire de ses activités, souvent collaboratives, des connaissances et des savoir-faire à l'aide des autres enfants et de l'enseignant. Il entre en même temps dans un rythme collectif qui l'oblige à renoncer à ses désirs immédiats. Les enfants peuvent être aussi amenés à découvrir les fondements du débat collectif en étant consultés sur certaines décisions les concernant. L'école maternelle initie ainsi **la construction progressive d'une posture d'élève**.

Le cycle 1 permet aux jeunes élèves d'acquérir progressivement les principes de la vie en société. On les invite à repérer les rôles des différents adultes, à assimiler la fonction des différents espaces dans la classe, dans l'école et les règles qui s'y rattachent. Dans cette perspective, il est important d'être particulièrement attentif à **construire les conditions de l'égalité**, notamment entre les filles et les garçons. L'accueil et la scolarisation des enfants handicapés participent également à cet enjeu et contribuent à développer pour tous un regard positif sur les différences.

Il s'agit pour l'enseignant de rendre explicites les exigences que requièrent les situations d'apprentissage en fournissant des explications qui permettent aux enfants – et à leurs parents – de les identifier et de se les approprier.

« **Se construire comme personne singulière au sein d'un groupe**
Dans un premier temps, les règles collectives sont données et justifiées par l'enseignant qui signifie à l'enfant les droits (s'exprimer, jouer, apprendre, faire des erreurs, être aidé et protégé, etc.) et les obligations dans la collectivité scolaire (attendre son tour, partager les objets, ranger, respecter le matériel, etc.). Leur appropriation passe par la répétition d'activités rituelles et une première réflexion sur leur application. Progressivement, les enfants sont conduits à participer à une élaboration collective de règles de vie adaptées à l'environnement local.
À travers les situations concrètes de la vie de la classe, une première sensibilité aux expériences morales (sentiment d'empathie, expression du juste et de l'injuste, questionnement des stéréotypes, etc.) se construit. Les histoires lues, contes et saynètes y contribuent [...]. Au fil du cycle, l'enseignant développe la capacité des enfants à identifier, exprimer verbalement leurs émotions et leurs sentiments. Il est attentif à ce que tous puissent développer leur estime de soi, s'entraider et partager avec les autres. »

Extrait des programmes de cycle 1,
d'après le BOEN n° 31 du 30 juillet 2020.

② 2. Aux cycles 2 et 3

Depuis la publication du BO du 26 juillet 2018, les finalités de l'enseignement moral et civique, **identiques du cycle 2 au cycle 4**, sont au nombre de trois et « intimement liées entre elles » :

– **Respecter autrui**
– **Acquérir et partager les valeurs de la République**
– **Construire une culture civique**

Cette relecture des programmes de 2015 met l'accent sur la culture civique, mais aussi sur la notion de règle et de respect, comme le montrent les préconisations dans les attendus de fin de cycle 2 et de fin de cycle 3 : « Tout au long du cycle, le respect par les élèves des adultes et des pairs fait l'objet d'une attention particulière, notamment pour lutter contre toute atteinte à la personne d'autrui. »

Les compétences travaillées en EMC s'articulent autour de quatre grands domaines de la culture civique :

– **La culture de la sensibilité** doit permettre aux élèves d'identifier, d'exprimer leurs émotions, et de comprendre ce que ressentent les autres, en faisant preuve d'empathie.
– **La culture de la règle et du droit** doit conduire les élèves à respecter les règles de la vie commune en leur donnant du sens. Elle familiarise également les jeunes élèves avec la connaissance des lois.
– **La culture du jugement** est double : elle doit permettre d'appréhender notamment ce qui peut être source de conflits (comme les conflits de valeurs, les dilemmes moraux), mais elle développe également l'esprit critique des élèves, pour qu'ils puissent apprendre à s'informer de manière éclairée.
– **La culture de l'engagement** vise à développer le sens des responsabilités chez l'élève envers lui-même et les autres, mais aussi envers l'environnement. Elle doit encourager la mise en œuvre d'actions concernant l'éducation au développement durable, au service de la prise de conscience écologique.

• Des repères annuels

Ces programmes 2018 sont également complétés de repères annuels pour les cycles 2 et 3 qui permettent d'organiser année après année les enseignements sur l'ensemble de la scolarité. Ces repères peuvent servir également de supports pour programmer les évaluations dans l'année. Sachant que les compétences civiques sont, par nature, toujours en cours d'acquisition, il est recommandé de procéder à l'identification de plusieurs niveaux de réussite identiques à l'évaluation des objectifs d'apprentissage proposée par le nouveau livret scolaire : non atteints / partiellement atteints / atteints / dépassés.

• Un enseignement transversal

Cette culture civique se conçoit à partir de situations concrètes et en transversalité. Elle ne s'arrête pas au seul temps consacré à l'EMC, mais elle « irrigue l'ensemble des enseignements, elle est au cœur de la vie de l'école et de l'établissement, elle est portée par certaines des actions qui mettent les élèves au contact de la société ».

Dans cette perspective, l'EMC contribue d'autant plus au renforcement à l'éducation au développement durable voulu par les programmes de 2020. Ces derniers préconisent de mener des débats contradictoires, pouvant prendre appui sur la littérature jeunesse, des écrits documentaires ou journalistiques, afin de développer « les capacités [des élèves] à établir des liens entre des choix, des comportements et leurs impacts environnementaux (climat, biodiversité, développement durable) et à comprendre les perspectives des acteurs impliqués dans les problématiques [écologiques] abordées ».

Tout au long de l'année, de nombreuses situations peuvent mettre en jeu des compétences relevant de l'EMC, même si les objets d'enseignement concernent d'autres disciplines. C'est notamment le cas de :
– l'utilisation de la presse à l'école ;
– la pédagogie coopérative ;
– la pédagogie de projet (voyages scolaires, sorties, aides à des écoles de pays en développement...) ;
– le tutorat entre élèves ;
– le débat de régulation (gestion liée à la vie de classe, au traitement des conflits) ;
– le débat d'actualités ;
– les dilemmes moraux (situation où le devoir n'apparait pas clairement, du fait d'exigences contradictoires. Clarification des valeurs morales dont chaque enfant est porteur) ;
– la discussion à visée philosophique (DVP).

> **Définition**
> **Discussion à visée philosophique :** aussi appelée DVP ou oral réflexif. Échange oral ayant pour objet de faire réfléchir au sens des choses, en dehors de toute prise de décision et sans viser l'action.

- **La pratique du débat**

Comme l'histoire et la géographie, l'EMC requiert l'acquisition de connaissances et de compétences et donne lieu à des traces écrites et à une évaluation. Mais, si la traditionnelle leçon d'instruction civique peut être tentante sur des sujets complexes, l'enseignant aura avantage à placer les élèves en situation de coopération et de mutualisation favorisant les échanges d'arguments et la confrontation des idées. La pratique du débat réglé ou argumenté est un dispositif essentiel pour cela. Elle peut suivre trois types de démarches différentes : les élèves choisissent leur propre opinion ; ils défendent une opinion tirée au sort ; ils assument l'opinion d'une catégorie d'acteurs dans un jeu de rôles.

> **Définition**
> **Débat réglé ou argumenté :** moyen, pour tout individu, d'exprimer son point de vue dans le cadre d'un échange régi par des règles.

La préparation du débat est essentielle à sa réussite. L'aménagement de l'espace de la classe, par exemple, facilite la communication des élèves entre eux (dispositif en U, en cercle, etc.).

Avant le débat, les règles de prise de parole et d'écoute sont rappelées. Chaque élève doit également essayer de comprendre le point de vue de ses camarades, même s'il cherche à les convaincre en argumentant. Il est important d'introduire l'idée que ce n'est pas un affrontement avec un gagnant et un perdant.

Dans ces discussions, le rôle de l'animateur (le plus souvent l'enseignant à l'école) est important pour encourager des débats sereins, même si l'animateur intervient le moins possible pour laisser s'exprimer tous ses élèves. La difficulté pour l'enseignant vient souvent du fait de devoir animer et observer en même temps les compétences mises en œuvre par les élèves afin d'identifier les difficultés et de pouvoir ensuite en faire un objet de travail et de progression.

Enfin, le bilan peut être réflexif en proposant aux élèves une grille d'auto-évaluation individuelle qui sera ensuite confrontée aux retours des élèves auxquels on a assigné le rôle d'évaluateurs ou à ceux de l'ensemble du groupe en vue de l'élaboration d'un bilan collectif. Il ne faut pas oublier que le bilan du débat est également l'occasion d'apporter des éléments de l'instutionnalisation des savoirs.

Exemple de grille d'observation des débats pour l'enseignant

ÉVALUATION DE MES COMPÉTENCES PENDANT LES DÉBATS EN CLASSE	
SAVOIR ÉCOUTER	
Je ne sais pas encore écouter	**Je sais écouter**
Je me distrais Je m'agite Je coupe la parole	Je suis concentré J'approuve ou je n'approuve pas Je suis la discussion et je peux intervenir
SAVOIR PRENDRE LA PAROLE	
Je ne sais pas encore prendre la parole	**Je sais prendre la parole**
Je ne dis rien Je me moque Je coupe la parole J'impose mon idée Je monopolise la parole Je suis agressif	Je demande la parole Je respecte l'avis des autres Je suis clair Je m'exprime calmement J'apporte une idée nouvelle
SAVOIR ARGUMENTER	
Je ne sais pas argumenter	**Je sais argumenter**
Je ne parle que de moi Je suis violent, j'insulte Je ne cherche pas à comprendre les autres Je défends seulement mon intérêt	J'essaie d'expliquer mon idée Je tiens compte de tous quand je défends mon idée

Extrait de *Pourquoi, comment philosopher avec des enfants*, dir. Olivier Blond-Rzewuski, Éditions Hatier, 2018.

❷ 3. L'EMC dans le dispositif du parcours citoyen de l'élève

« De l'école au lycée, **le parcours citoyen**[1] vise à la construction, par l'élève, d'un jugement moral et civique, à l'acquisition d'un esprit critique et d'une culture de l'engagement. [...]
Adossé à l'ensemble des enseignements, en particulier l'enseignement moral et civique, l'éducation aux médias et à l'information, et participant du socle commun de connaissances, de compétences et de culture, le parcours citoyen concourt à la transmission des valeurs et principes de la République et de la vie dans les sociétés démocratiques. »

Site eduscol.fr, « Le parcours citoyen de l'élève », https://eduscol.education.fr/1558/le-parcours-citoyen-de-l-eleve

1. La circulaire du 23 juin 2016 en précise les grands objectifs ainsi que les modalités de pilotage et de mise en œuvre.

L'enseignement moral et civique, obligatoire du CP à la Terminale, permet de structurer la continuité et la progressivité des apprentissages et des expériences de l'élève. Il apparait donc comme le fil rouge de la construction du parcours citoyen des élèves.

En effet, les programmes d'EMC entrent en résonance avec les grands domaines que doivent aborder les élèves dans le cadre de leur parcours :
- la transmission des valeurs républicaines et le principe de laïcité ;
- la culture de l'égalité entre les sexes et du respect mutuel ;
- la lutte contre toutes les formes de discriminations ;
- la prévention et la lutte contre le harcèlement ;
- la lutte contre l'homophobie ;
- l'éducation à l'environnement et au développement durable ;
- l'éducation aux médias et à l'information ;
- l'éducation à la défense.

- **L'EMC et le suivi du parcours de chaque élève**

Pour donner corps à ce parcours citoyen personnel à chaque élève, un outil de suivi régulièrement renseigné (FOLIOS) doit garder trace des projets et actions à dimension morale et citoyenne dans lesquels l'élève s'est engagé. Cet outil, qui n'est pas un outil d'évaluation des acquis des élèves, mais de valorisation du parcours accompli, peut avantageusement accueillir les projets réalisés dans le cadre de l'EMC. Le parcours valorise la pratique commémorative. La participation à des journées de commémoration, comme celle de la laïcité du 9 décembre, peut faire l'objet d'un travail spécifique que les élèves déposeront dans ce folio. La participation à des campagnes nationales de solidarité, des concours et des olympiades scolaires constituent également des traces possibles. Le parcours doit proposer des situations d'apprentissage nombreuses et variées pour prendre en compte les rythmes d'acquisition selon une approche par compétences, en s'appuyant notamment sur des tâches complexes qui doivent contribuer à la construction de l'autonomie intellectuelle.

Les savoirs disciplinaires à maitriser

THÈME 1

Et avant la France ?

Le premier thème de l'année de CM1 est une interrogation posée aux élèves : ***qu'est-ce qu'il y avait avant la France ?*** *Ce repère territorial, celui de leur pays, est ainsi questionné sur ce qu'il a pu être avant de se stabiliser dans les frontières qu'ils connaissent aujourd'hui.* ***De la Préhistoire jusqu'au xe siècle****, c'est le thème de l'année qui s'étale sur la période la plus longue. C'est donc l'occasion de travailler* ***les repères historiques et le découpage du temps*** *qu'ils ont déjà commencé à appréhender au cycle 2. Il est utile pour les élèves de comprendre très tôt que les découpages utilisés aujourd'hui sont à la fois logiques (des explications les sous-tendent) et arbitraires (d'autres découpages auraient été possibles).*

La Préhistoire *se définit comme la période qui précède la naissance de l'écriture, fait majeur qui fait entrer l'humanité dans l'ère historique.* ***L'histoire est donc faite de traces*** *écrites et de témoignages laissés par les acteurs du passé, mais pas seulement : l'archéologie, la numismatique (les monnaies), les peintures, les outils, etc. Les traces de l'histoire ont donc beaucoup de points communs avec celles de la Préhistoire, si on excepte l'écrit.*

Les élèves vont ensuite aborder ***l'Antiquité****, période qui s'étale de la naissance de l'écriture à la chute de l'Empire romain. Ce découpage est européo-centré puisqu'il n'a pas de sens pour les Amérindiens ou les Asiatiques, par exemple. L'étude de l'Antiquité préconisée par les programmes, tout comme celle de la Préhistoire, se fait à l'intérieur des frontières actuelles de la France. Ce sont ainsi les traces romaines, grecques et gauloises laissées sur notre territoire qui nous intéressent. L'enjeu est de permettre aux élèves d'avoir des premiers savoirs historiques dans une zone géographique restreinte, en parallèle de ce qui est fait en géographie avec l'étude de leur espace plus ou moins proche.*

Le thème se termine avec le ***Haut Moyen Âge*** *: il s'agit d'étudier les mouvements de populations, longtemps appelés « les invasions barbares », et les premiers royaumes en construction, en se centrant sur les personnes de Clovis et de Charlemagne. À la fin du thème, les élèves ont parcouru plusieurs millions d'années et ont appris à interroger des traces lointaines du passé sur notre territoire.*

Notions fondamentales

- Humanité ; faits religieux ; peuples ; civilisations ; monarchie ; guerre ; héritages.
- **Ce qu'il faut enseigner** : découpage des périodes de la Préhistoire, de l'Antiquité et du Moyen Âge ; ruptures qui modifient les équilibres territoriaux en France ; traces possibles des sociétés selon les périodes.

❶ Quelles traces d'une occupation ancienne du territoire français ?

❶ 1. Enjeu : étudier la Préhistoire

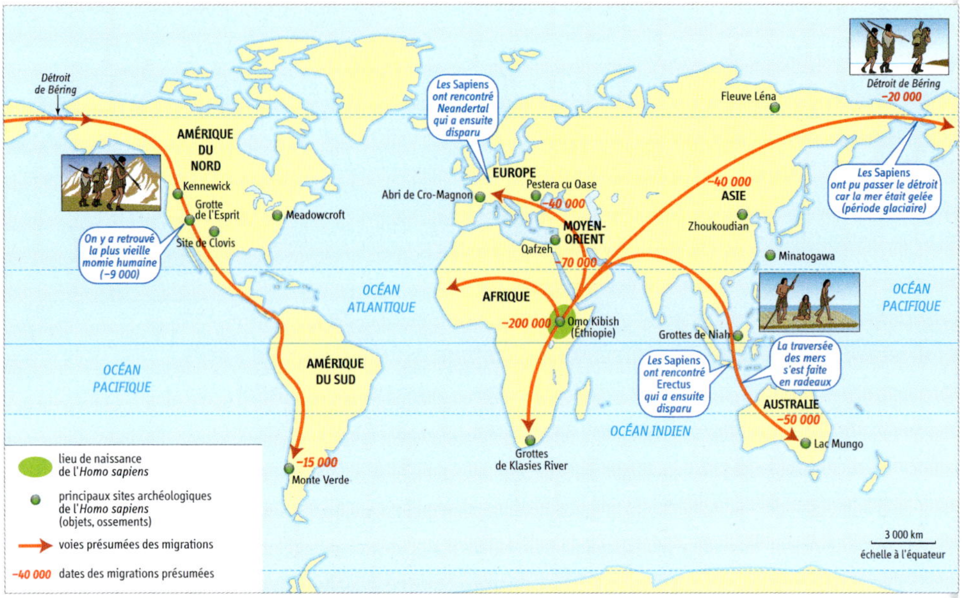

Le peuplement de la Terre par les *Homo sapiens*
Manuel Histoire-Géographie 6e, Éditions Hatier, 2016.

Les premiers hominidés, les ancêtres des êtres humains (l'espèce *Homo sapiens*), prennent naissance en Afrique et se diffusent à des périodes différentes sur le reste de la terre, d'après les sources dont nous disposons actuellement. Des premiers Australopithèques aux *Homo sapiens*, l'évolution de l'espèce humaine est difficile à reconstituer de manière certaine en raison de traces parfois difficiles à interpréter et de techniques de recherche évolutives. Yuval Noah Harari montre ainsi que les différentes espèces d'*Homo* ont eu des échanges entre elles, visibles aujourd'hui dans notre ADN qui emprunte aux Néandertaliens. Pendant longtemps, on a pensé que ces derniers n'entraient pas en relation avec *Homo sapiens*. La présence de gènes de Neandertal chez l'homme d'aujourd'hui contredit cette théorie.

La Préhistoire se découpe en deux grandes périodes (J. Lubbock, 1865) : le Paléolithique (l'âge de la pierre taillée) et le Néolithique (l'âge de la pierre polie), mais chacune de ces périodes recouvre des réalités différentes sur un si long temps en fonction des espaces étudiés. Les débats d'interprétation des traces sont nombreux : pendant longtemps, on a par exemple exclusivement parlé du rôle des « hommes préhistoriques », sans soupçonner que les femmes pratiquaient elles aussi les travaux difficiles, comme l'a montré Randall Haas dans ses travaux.

Étudier la Préhistoire, c'est donc se plonger dans des époques très lointaines, aux traces ténues, ce qui nécessite de rester humbles face à ce qu'il est possible de connaitre.

❶ 2. Le Paléolithique et le Néolithique

Plusieurs hominidés se développent en Afrique il y a 2,8 millions d'années : c'est le « berceau de l'humanité[1] ». Le genre humain (*Homo*) évolue différemment selon les périodes et les espaces. Toumaï (– 7,2 millions d'années) et Lucy (– 3,2 millions d'années) sont les

1. Ce terme, très utilisé pa les paléoanthropologues, fait aujourd'hui débat : il n'existerait pas un seul berceau, mais plusieurs.

plus célèbres traces (des fossiles) des ancêtres des humains. Les spécialistes ont pris l'habitude de désigner les hominidés en fonction d'une évolution perceptible de leur mode de vie. *L'Homo habilis* (habile) travaille la pierre pour en faire des outils. L'*Homo erectus* (debout) se déplace en Europe et en Asie. L'*Homo sapiens* (savant) finit par peupler toute la terre. C'est cette espèce qui finit par remplacer toutes les autres. Au Paléolithique, les hominidés sont des chasseurs-cueilleurs dont l'habitat change régulièrement. L'utilisation du feu (il y a 400 000 ans) va modifier leur façon d'habiter, de se déplacer et de manger.

Le Néolithique se caractérise par un changement de mode de vie des humains vers – 8000 : ils développent l'agriculture, la domestication des animaux, l'artisanat et se sédentarisent. En France, la « révolution néolithique[2] » se produit entre – 6000 et – 2200. Les objets fabriqués par les artisans sont plus diversifiés (on parle de « l'âge de la pierre polie »), l'usage des métaux devient courant et les premiers villages sont construits. Les sociétés humaines deviennent plus complexes : la démographie s'accroît, les rites funéraires se multiplient, les hiérarchies sociales se stabilisent, les guerres commencent.

2. Concept créé en 1925 par l'archéologue australien Vere Gordon Childe.

1 3. Les traces de la Préhistoire en France

Sur notre territoire, l'installation des premiers humains est facilitée par la présence abondante de gibier (rennes, bisons, chevaux). Ils ont laissé de nombreuses traces en France : leur habitat avec les grottes ou les premiers villages, les outils très présents dans les fosses qui leur servaient de poubelles, les pratiques funéraires avec les tumulus, mais aussi de l'art pariétal (peintures d'animaux dans les grottes) comme à Lascaux ou à Chauvet[3]. D'autres traces suscitent encore des controverses quant à leurs intentions : c'est le cas des alignements de Carnac.

3. www.lascaux.fr/fr www.grottechauvet2-ardeche.com/

Repères chronologiques

- **2800000 :** Premiers fossiles d'hominidés en Afrique.
- **400000 :** La maitrise du feu s'observe sur tous les continents.
- **45000 :** Les premiers Homo sapiens arrivent en Europe.
- **8000 :** Le développement de l'agriculture marque le début du Néolithique.
- **3300 :** Les débuts de l'écriture font entrer les êtres humains dans l'Histoire.

Document analysé et exploité

• Présentation et définition du document

Le document présenté est une photographie du site de Carnac. Entre – 5000 et – 2000, *Homo sapiens* érige en Bretagne des dolmens et des menhirs sur 4 km, ce qui est actuellement la plus forte concentration de mégalithes au monde. Pourquoi ont-ils fait cela? L'hypothèse d'un site astronomique comme à Stonehenge en Angleterre (le solstice d'hiver) est contredite aujourd'hui par les scientifiques, après avoir été longuement discutée. En effet, selon les premières explications, ce site avait été conçu en lien avec un alignement d'étoiles ou une position solaire spécifique à certains moments de l'année. Après de nombreuses recherches, rien n'a permis d'identifier une logique de ce type. Aujourd'hui, des spécialistes penchent davantage pour une frontière symbolique entre le littoral et l'intérieur des terres.

Il semblerait que les populations côtières vivaient à l'écart des populations rurales. L'alignement de pierres pourrait marquer symboliquement les territoires de chacun.

- **Analyse du document en lien avec le thème 1**

Les alignements de mégalithes de Carnac

Les sources archéologiques sont nombreuses sur le territoire français. Le choix de ce document est guidé par les questionnements et l'incertitude quant à son interprétation. Le site est gigantesque (plusieurs kilomètres) et permet d'aborder à la fois l'habitat (par le fait de marquer la frontière), les techniques (comment transporter ces pierres?), les croyances (un rite est-il à l'origine du site?) et la fonction postérieure de telles traces (utilisation des pierres pour construire des maisons). Cette photographie du site de Carnac ne «dit» rien elle-même et c'est en cela qu'il peut être pertinent de l'interroger.

- **Piste d'exploitation pédagogique**

En CM1, les élèves savent que la Préhistoire a existé il y a très longtemps. Les dessins animés et la culture populaire de façon plus générale la représentent avec des dinosaures, puis des hommes préhistoriques le plus souvent brutaux, pas très ingénieux, rustres et menacés par leur environnement (voir le film d'animation *Les Croods*, par exemple), véhiculant une certaine image de la Préhistoire, non fondée scientifiquement. En classe, il est donc possible de déconstruire cette représentation. Les élèves peuvent proposer des hypothèses sur la construction de ce site. Il peut être alors intéressant de leur exposer les hypothèses sur Stonehenge (l'explication astronomique) afin de compléter leur débat. On expose ensuite que les scientifiques n'associent pas ces deux sites et proposent l'hypothèse de la frontière. Revenir ensuite avec les élèves sur ce qu'est une hypothèse, sur les indices qui permettent de la supposer, et non de l'affirmer, leur permettra de mieux comprendre comment on interprète les traces du passé. Si une sortie pédagogique sur place est organisée, il faut penser à réserver un guide pour aller se promener au milieu des mégalithes. En effet, le site est aujourd'hui grillagé, l'accès n'est donc pas libre.

2 Celtes, Gaulois, Grecs et Romains : quels héritages des mondes anciens ?

2 1. Enjeu : étudier l'Antiquité

Avec l'invention de l'écriture, les êtres humains entrent dans l'Histoire. Les historiens s'accordent pour marquer la différence avec la Préhistoire, puisque l'arrivée de sources écrites change le rapport aux traces. Sur notre territoire, des peuples celtes s'installent. C'est Jules César qui, le premier, distingue dans ses écrits les Gaulois des autres Celtes, comme les Germains. Selon l'historien C. Goudineau, la distinction se fait parce que César ne parvient pas à battre les Germains. Le mythe de « nos ancêtres les Gaulois » popularisé dans les manuels scolaires au XIXe siècle contribue à forger une image caricaturée de ce peuple : grands, blonds, longues chevelures, teint clair... S. Citron montre que c'est à cette même période que Vercingétorix, inconnu auparavant, devient le héros mythique dont il faut connaitre le nom. Il convient donc de faire la distinction entre la construction mythique de cette période et ce qu'on en connait aujourd'hui.

❷ 2. Les Gaulois et la conquête des Gaules par les Romains

À partir du IXe siècle av. J.-C., la civilisation celte se développe en Europe. Cette civilisation est principalement connue par les traces archéologiques et les récits des Romains. La société gauloise, comme les autres sociétés celtes, est aristocratique. Elle comprend des cavaliers (certains sont désignés comme des chefs) et la place des druides y est centrale. Ce sont des polythéistes. Les Gaulois habitent dans des villes et des villages fortifiés. L'agriculture et l'artisanat sont très présents dans le monde gaulois. Avant les conquêtes romaines, ils vivent au contact des Grecs dans le sud du territoire : Marseille, Agde, Nice. Entre le IIIe et le Ier siècle av. J.-C., Rome décide de lancer des expéditions dans plusieurs directions. Le sud-est de la Gaule (la Narbonnaise) est conquis au IIe siècle av. J.-C. Jules César mène la Guerre des Gaules de 58 à 51 av. J.-C. et il finit par l'emporter face au chef gaulois Vercingétorix à Alésia (– 52). Il fait de nombreux prisonniers, vendus comme esclaves. À partir de la conquête, les échanges entre Gaulois et Romains s'intensifient, même si des liens commerciaux entre les deux civilisations existaient déjà auparavant.

La Gaule romaine
Manuel Histoire-Géographie 6e, Éditions Hatier, 2016.

Repères chronologiques

IXe siècle av. J.-C. : Les peuples celtes s'installent en Europe.
IIe siècle av. J.-C. : Début de la conquête romaine en Gaule.
de – 58 à – 51 : Guerre des Gaules, opposant Jules César et Vercingétorix.
212 : Édit de Caracalla ; les Gaulois deviennent citoyens de l'Empire romain.
313 : Édit de Milan ; liberté des cultes dans l'Empire romain.

❷ 3. La romanisation

Les Gaulois adoptent progressivement le mode de vie romain : routes, temples, thermes, forums, amphithéâtres sont construits dans les villes. Les Gaulois, qu'on nomme alors Gallo-romains, deviennent citoyens de l'Empire avec l'édit de Caracalla en 212. Les religions gauloises et romaines cohabitent longtemps, et seul le culte impérial est obligatoire : il assure la stabilité dans le monde romain en plaçant l'Empereur au-dessus de toute autorité. Les légions romaines stationnent dans des garnisons pour assurer la *Pax*

Romana (la paix garantie par la présence de la puissance romaine). Le développement du christianisme bouleverse les équilibres religieux : ce monothéisme issu du judaïsme n'est pas compatible avec le culte impérial, puisque l'Empereur ne peut être honoré au même titre que le dieu des chrétiens. L'Empire romain se convertit progressivement à cette nouvelle religion, aidé par l'édit de Milan de Constantin en 313, qui assure la liberté des cultes.

Document analysé et exploité

Les arènes de Nîmes (Ier siècle)

• Présentation et définition du document

Cette photographie représente l'amphithéâtre le mieux conservé de la période gallo-romaine. Jusqu'à 24 000 spectateurs pouvaient venir assister aux combats des gladiateurs. Construit au Ier siècle, c'est une trace archéologique de la romanisation. Ainsi, les pratiques festives romaines s'exportent dans les provinces conquises et participent aux changements culturels en Gaule. Il est intéressant de constater l'emprise monumentale des arènes qui devaient déjà impressionner il y a 2 000 ans.

• Analyse du document en lien avec le thème 1

La romanisation des Gaulois se traduit par des évolutions culturelles progressives. Celles-ci ont laissé peu de traces (à Nîmes, les arènes sont le seul bâtiment restant). Les constructions monumentales, comme les arènes, sont les éléments les plus notables de cette romanisation. Elles viennent marquer l'empreinte romaine sur le territoire et sont en même temps des traces de la romanisation des Gallo-romains.

• Piste d'exploitation pédagogique

Le monument peut être étudié pour ce qu'il est (construction, éléments du monument) et pour sa fonction (loisirs, spectacles). Une fois cette première étape faite avec les élèves, ils peuvent commencer à mener l'enquête : Comment les Gaulois ont-ils vécu cette romanisation ? Qu'est-ce que cela représente pour eux ? Comment peut-on imaginer cette romanisation à travers les yeux des Gaulois ? Qu'a pu représenter une telle construction monumentale pour des Gaulois, pas encore complètement romanisés ? Les possibilités sont multiples : on peut imaginer le rejet de cette présence imposante, mais aussi l'admiration, voire l'envie d'adopter ces nouvelles pratiques. Ce qui importe, c'est de ne pas être binaire ou déterministe (considérer qu'il ne pouvait pas en être autrement). Les Gaulois ne deviennent pas des Romains du jour au lendemain, cette acculturation est lente et a dû susciter une multitude de réactions.

3 Les grands mouvements et déplacements de populations (IVe-Xe siècles)

3 1. Enjeu : étudier des migrations

À partir de la fin de l'Antiquité, de nombreux peuples majoritairement venus de l'Est migrent pour aller s'installer plus à l'Ouest. Certains peuples concluent des accords avec l'Empire romain pour pouvoir s'installer, notamment en participant à l'armée romaine. Au Ve siècle,

Les royaumes « barbares » *in* C. Grataloup, *Atlas historique mondial*, Les Arènes, 2019, 6799.

les migrations s'accélèrent tant qu'on a longtemps désigné cette période comme celle des « invasions barbares ». Ces mouvements de populations, pas toujours violents, déstabilisent l'Empire romain en venant aggraver la crise économique que celui-ci traverse depuis un siècle. L'historien B. Dumézil insiste sur le fait que cet épisode est aujourd'hui davantage compris des historiens comme une recomposition des peuples dans l'Empire romain que comme une conquête militaire brutale et désordonnée. Ces peuples revendiquent le statut de « barbares », non pas au sens qu'on lui connait aujourd'hui, mais parce que ce statut veut dire « étranger à Rome » et les dispense donc de certains impôts. Étudier ces peuples comme des « barbares » au sens actuel serait donc anachronique. R. Boyer fait une analyse similaire sur les Vikings, longtemps montrés comme des guerriers sanguinaires, alors qu'on sait désormais que ce sont majoritairement des paysans, des pêcheurs et des commerçants qui ont su exploiter la décomposition de l'Empire de Charlemagne (partition de son empire à sa mort).

❸ 2. Des peuples venus s'installer en Gaule

Les Huns, venus d'Asie, vont vers l'Ouest dès le IVe siècle, franchissent la Volga et repoussent d'autres peuples (Wisigoths et Ostrogoths) qui entrent dans l'Empire romain. Ce sont ensuite les Vandales, les Suèves et les Alains qui franchissent le Rhin, suivis des Burgondes, des Alamans et des Francs. Les Huns, avec leur roi Attila, parviennent en Gaule en 451, où ils perdent définitivement à la bataille des Champs catalauniques. Ces mouvements de populations précipitent la chute de l'Empire romain en 476. Cependant, beaucoup vivaient déjà comme les Romains, c'est pourquoi on parle plutôt de fusion des modes de vie que de collision entre des mondes opposés.

Des peuples « barbares » fondent des royaumes : les Wisigoths au Sud, les Burgondes à l'Est, les Francs au Nord. Ces derniers progressent au Haut Moyen Âge et deviennent dominants sur le territoire. D'autres mouvements de populations viennent plus tard les déstabiliser : les Vikings venus du nord, les Sarrasins du sud et les Hongrois venus de l'est.

Repères chronologiques

IVe-VIIe siècles : Grands mouvements de populations en Europe.

375 : Les Huns franchissent la Volga et repoussent d'autres peuples.

451 : Arrivée des Huns en Gaule.

476 : Fin de l'Empire romain.

885 : Siège de Paris par les Vikings.

Document analysé et exploité

• Présentation et définition du document

Cette peinture est présente sur un plafond du Palais Bourbon, l'actuelle Assemblée nationale. Elle date du XIXe siècle, lorsque le célèbre peintre Eugène Delacroix est particulièrement demandé pour des peintures historiques. Cette œuvre représente Attila, le chef des Huns, venu se battre, de façon sauvage, féroce et barbare.

Eugène Delacroix (1798-1863), ***Attila***
Plafond peint, 1838-1847, huile et cire sur enduit, H. 7,35 m ; L. 10,98 m, Paris, Palais Bourbon – Assemblée nationale.

• Analyse du document en lien avec le thème 1

L'utilisation d'une peinture du XIXe siècle est anachronique. Il ne s'agit donc pas de savoir ce que cette peinture nous apprend sur les Huns, mais plutôt d'essayer de comprendre avec les élèves comment ce peuple est perçu au XIXe siècle. Il s'agit donc de déconstruire l'image du barbare pour la comprendre comme une construction tardive. Il ne faut pas s'interdire de telles peintures postérieures, mais il est nécessaire de les étudier dans leur contexte.

• Piste d'exploitation pédagogique

Les élèves peuvent commencer par décrire la peinture. Cette activité, qui n'est pas complexe, peut se faire de façon individuelle ou en classe. Cela viendra conforter la tradition de voir les Huns comme des barbares sanguinaires. Mener les élèves vers l'interprétation de cette peinture, c'est introduire la nécessité de replacer la source dans son contexte : qui l'a peinte ? À quelle période ? Que pensait-on des Huns à ce moment-là ? Cela permet de transformer la question : avec cette peinture on n'étudie pas ce qu'étaient les Huns, mais plutôt la façon dont ils sont perçus longtemps après leur passage. Cela interroge donc à la fois l'histoire et la mémoire, question nécessaire au développement de l'esprit critique.

4 Clovis et Charlemagne, Mérovingiens et Carolingiens dans la continuité de l'Empire romain

4 1. Enjeu : étudier le Haut Moyen Âge

Les historiens ont choisi la fin de l'Empire romain comme l'une des premières ruptures fondamentales de l'histoire. La période suivante, le Moyen Âge, est empreinte de représentations de temps difficiles où règnent les guerres, les famines et les maladies. Bien que cela corresponde à une forme de réalité, c'est aussi une période de renouvellement architectural, avec des créations artistiques riches, le développement de liens commerciaux et où se constituent les premiers royaumes. Les frontières de la France ne sont pas celles d'aujourd'hui et c'est ce qui rend difficile l'étude de cette partie : il ne faut pas penser le territoire dans ses frontières actuelles. On est sur une histoire plus mouvante au niveau territorial, mais qui pose les bases de la structuration de l'État.

4 2. Clovis et les Mérovingiens

Clovis est un chef de guerre appartenant aux Francs saliens. Il unit les Francs et est reconnu comme « roi barbare » par l'Empire romain d'Orient. Il se convertit au christianisme et se fait baptiser (entre 496 et 511), ce qui lui permet d'être reconnu par les évêques et les aristocrates du territoire qu'il gouverne. La couronne se transmet ensuite chez les Mérovingiens (du nom de Mérovée, le père de Clovis) avec la primogéniture mâle, le premier né masculin, durant trois siècles. Cependant, le royaume se morcelle à plusieurs reprises. Les rois mérovingiens perdent en influence face aux Maires du Palais, on les surnomme alors les « rois fainéants ».

Définition

Maire du Palais : au départ intendant du royaume, le Maire du Palais devient le plus haut dignitaire.

4 3. Charlemagne et les Carolingiens

Charles Martel, Maire du Palais, repousse les invasions des Sarrasins à Poitiers en 732. Il fonde la dynastie des Carolingiens avec l'accession au trône de son fils Pépin le Bref, soutenu par le pape en raison de ses nombreuses victoires.

Charlemagne est le fils de Pépin le Bref. Il agrandit le royaume, le structure, protège les frontières et s'installe dans sa capitale Aix-la-Chapelle. Le pape Léon III le couronne empereur en 800, faisant de Charlemagne l'héritier de l'Empire romain, mais aussi le supérieur des autres rois. Il parvient à diriger un grand territoire en déléguant son pouvoir aux grands seigneurs qui sont ses vassaux. Sous le règne de Charlemagne, on observe donc les prémices de la féodalité. Il envoie partout des *missi dominici* (les envoyés du maître) qui contrôlent le bon respect des mesures prises par Charlemagne. À sa mort en 814, son Empire est divisé en plusieurs royaumes.

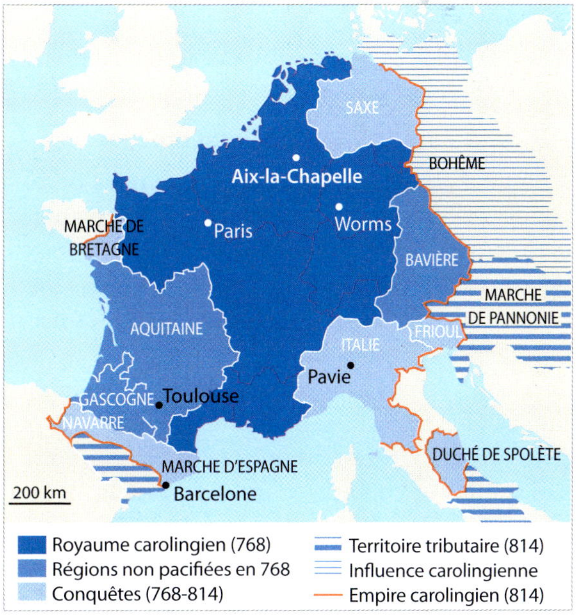

L'Empire carolingien
in C. Grataloup, *Atlas historique mondial*, Les Arènes, 2019, 6478.

HISTOIRE

Repères chronologiques

496 : Clovis remporte la bataille de Tolbiac contre les Alamans.
511 : Mort de Clovis, baptisé avant (entre 496 et 511).
732 : Charles Martel repousse les Sarrasins à la bataille de Poitiers.
800 : Charlemagne est couronné Empereur par le pape Léon III.
814 : Mort de Charlemagne.

Document analysé et exploité

« Venant à Rome pour rétablir la situation de l'Église, qui avait été compromise, il [Charlemagne] y passa toute la saison hivernale. Et, à cette époque, il reçut le titre d'empereur et d'auguste. Il y fut d'abord si opposé qu'il s'affirmait ce jour-là, qu'il ne serait pas entré dans l'église, s'il avait pu savoir à l'avance le dessein du pontife. »

Éginhard, *Vie de Charlemagne*, vers 830.

• Présentation et définition du document

Le biographe de Charlemagne écrit, après la mort de celui-ci, un ouvrage destiné à encenser l'ancien empereur. On sait qu'Éginhard était proche de lui et très admiratif. Le contexte est celui de la difficulté pour le pape à imposer son pouvoir aux souverains. Charlemagne décide de se rendre à Rome afin d'apporter au pape son appui. Éginhard raconte ensuite que le pape (le pontife) décide en retour de le nommer empereur, qui est un titre supérieur au titre de roi, et le relie directement aux empereurs romains.

• Analyse du document en lien avec le thème 1

Utiliser une source écrite permet aux élèves de savoir comment on a aujourd'hui des connaissances sur la période étudiée. Les sources sont incomplètes et partiales, ce dont ils n'ont pas conscience. Apprendre la façon dont on interroge les sources écrites est donc intéressant pour les élèves.

• Piste d'exploitation pédagogique

L'étude d'un tel document peut se faire de deux façons. La première est de prélever des informations : Charlemagne ne demandait pas le titre d'empereur puisque c'est le pape qui lui impose de l'accepter. Mais ce n'est pas faire de l'histoire que de faire ainsi. Éginhard cherche à glorifier Charlemagne : pourquoi veut-il nous donner une version de cet épisode où ce dernier n'est pas au centre de la décision de prendre ce titre ? Plusieurs hypothèses à travailler sont possibles, mais il est nécessaire de ne pas prendre le récit du biographe pour une description de la réalité : celui-ci a bien une intention derrière cette publication. Les élèves peuvent, en petits groupes, essayer d'imaginer la scène, voire la jouer de façon théâtrale. Une fois qu'ils ont compris ce qu'il s'y passait, il faut introduire le questionnement : pourquoi un ami fidèle décide-t-il de raconter cela de cette façon ? Cela permet de différencier ce dont on est sûrs (Charlemagne sacré empereur par le pape en 800) et ce qui relève des hypothèses (était-ce la volonté du pape ou Charlemagne l'y a-t-il poussé ?).

En savoir plus sur les programmes du collège
hatier-clic.fr/crpe23hgen

TEST D'AUTO-ÉVALUATION 1

Corrigé p. 228

1 Compléter le tableau des thématiques du programme avec les mots-clés.

Mots-clés : Alésia, Suèves, Ossements, Australopithèques, Pax Romana, Barbares, Rois fainéants, Alignements de Carnac, Mérovée, Caracalla, Pépin le Bref, Alaman, Toumaï.

Thématiques du programme	Des exemples de traces
Quelles traces d'une occupation ancienne du territoire français ?	Ossements Alignements de Carnac
Thématiques du programme	**Des héritages**
Celtes, Gaulois, Grecs et Romains : quels héritages des mondes anciens ?	
Thématiques du programme	**Des populations**
Les grands mouvements et déplacements de populations (IVe-Xe siècles)	
Thématiques du programme	**Rois et empereurs**
Clovis et Charlemagne, Mérovingiens et Carolingiens dans la continuité de l'Empire romain	

2 Compléter la frise sur la préhistoire.

Premiers fossiles d'hominidés — Maitrise du feu — Premiers Homo Sapiens en Europe — Début du Néolithique

3 Compléter les dates de l'Antiquité.

.... : Les peuples celtes s'installent en Europe

.... : Début de la conquête romaine en Gaule

.... : Guerre des Gaules opposant Jules César et Vercingétorix

.... : Édit de Caracalla : les Gaulois deviennent citoyens de l'Empire romain

.... : Édit de Milan : liberté de cultes dans l'Empire romain

4 Compléter les phrases en expliquant ce qui s'est passé aux dates données au sujet des mouvements de populations du IVe siècle au VIIe siècle.

375 : Les .... franchissent la Volga et repoussent d'autres peuples vers l'ouest de l'Europe

451 : Arrivée des .... en Gaule

476 : Fin de ....

885 : Siège de Paris par les ....

5 Indiquer les dates clés des dynasties mérovingienne et carolingienne.

.... : Mort de Clovis

.... : Victoire de Charles Martel contre les Sarrasins à Poitiers

.... : Couronnement de Charlemagne comme Empereur

.... : Mort de Charlemagne

THÈME 2

Le temps des rois

Le second thème de l'année de CM1 porte sur une période plus restreinte que pour le thème 1 : ***du*** ***XIII**^e^* ***siècle au début du*** ***XVIII**^e^* ***siècle****. La thématique débute donc au Bas Moyen Âge et se termine à l'époque moderne avec les explorations de Christophe Colomb. En effet, 1492 est pour les historiens la fin d'une période et le début d'une nouvelle ère. La focale est annoncée dans le titre : les rois. Quatre rois sont ainsi cités dans les programmes :* ***Louis IX****,* ***François I**^er^**,* ***Henri IV*** *et* ***Louis XIV****. Mais, bien que centrés sur une histoire monarchique, les programmes demandent explicitement d'aborder chaque règne sous un angle précis, orientant ainsi le prisme des séquences à construire. L'histoire du* ***fait religieux*** *est très présente :* ***Louis IX****, devenu Saint Louis après sa mort, place la religion au centre de ses décisions. Le règne d'****Henri IV*** *est marqué par les* ***guerres de religion*** *entre catholiques et protestants, et sa conversion au catholicisme ne l'empêchera pas de se faire assassiner par un fanatique religieux. C'est donc l'occasion d'étudier la pluralité religieuse, ses conflits et ses remédiations, comme l'Édit de Nantes. Mais ce thème est aussi celui de l'ouverture artistique. Avec* ***François I**^er^**, les élèves découvrent la* ***Renaissance*** *et l'Humanisme, le pouvoir des rois sur le devenir des artistes par leurs commandes et leurs protections. Ce n'est pas de l'histoire de l'art qu'il convient de faire en classe, mais il s'agit de comprendre l'évolution des mouvements artistiques dans le contexte plus large d'une société en mouvement. Avec* ***Louis XIV*** *et* ***Versailles****, l'art est aussi très présent, au service de la grandeur du « Roi Soleil », faisant l'admiration de toute l'Europe, d'hier à aujourd'hui. Mais Versailles n'est pas le seul angle à traiter : il est demandé d'aborder* ***les premières explorations*** *des Européens partant à la découverte de terres qu'ils ne connaissent pas, donnant lieu à la mise en place des* ***premiers Empires*** *et la mise en* ***esclavage*** *des populations africaines. Leur étude vient élargir la focale territoriale, afin d'étendre les connaissances des élèves sur le reste du monde.*

Définition

Féodalité : relations de dépendance entre un suzerain et son vassal. Le suzerain donne un fief (une terre) à son vassal, qui lui doit en échange l'hommage. Il doit aussi l'accompagner dans la guerre. Au Moyen Âge, la féodalité est un réseau complexe, les suzerains pouvant être les vassaux d'autres suzerains. Le roi et l'Église ont leurs propres vassaux.

Notions fondamentales

- Monarchie ; guerre ; absolutisme ; faits religieux ; Empires coloniaux ; esclavage ; art.
- **Ce qu'il faut enseigner** : les règnes des quatre rois et leurs moments forts : Louis IX (1226-1270), Henri IV (1589-1610), François Ier (1515-1547), Louis XIV (1643-1715) ; repères religieux et artistiques.

1 Louis IX, le « roi chrétien » au XIIIe siècle

1 1. Enjeu : étudier un règne de transition

Selon J. Le Goff[1], le règne de Saint Louis est celui de la transition de l'État féodal à l'État moderne. Il ne s'agit pas d'une rupture de régime politique, puisque la féodalité, marquée par des relations vassaliques, reste la base du pouvoir de Louis IX. C'est un roi qui transforme la relation à la justice dans le royaume, se plaçant comme le recours ultime de ses sujets. L'image d'Épinal du roi rendant justice sous son chêne est attestée par les historiens.

1. https://www.humanite.fr/node/134599

Le prisme du « roi chrétien » permet d'aborder la religion, qui est au centre des préoccupations des sociétés médiévales. L'Église a une place très importante de la naissance à la mort ; on ne peut comprendre cette période sans en tenir compte. Louis IX dit toujours prendre ses décisions en étant guidé par sa foi. C'est le cas lorsqu'il décide de faire porter une pièce de tissu aux Juifs pour les distinguer. Ceux-ci vivent déjà dans des ghettos dans la majorité des villes européennes.

1 2. Un long règne, la féodalité comme mode de gouvernance

De 1226 à 1270, Louis IX règne sur le royaume de France dès l'âge de 12 ans, succédant à son père Louis VIII. Il étend considérablement le domaine royal et il s'attache à organiser l'administration de l'État pour mieux gouverner ses sujets. En 1256, il promulgue la « grande ordonnance » qui permet à tous de bénéficier d'un procès avant une condamnation. Inspiré par sa mère Blanche de Castille, il permet à ses sujets de faire appel à la justice royale si nécessaire. Il utilise aussi ses capacités de médiation à l'étranger en servant d'intermédiaire à la discussion entre Henri III d'Angleterre et ses barons. Il meurt à Tunis lors de la huitième croisade. C'est son fils Philippe III qui lui succède.

Bien que le pouvoir royal se renforce, la féodalité est la base des relations politiques. Le vassal s'engage dans un hommage à servir son seigneur, le suzerain, en échange d'un fief (une terre) et de sa protection. Le roi se situe alors tout en haut de cette société pyramidale puisque les nobles sont ses vassaux, et ils ont eux-mêmes leurs propres vassaux.

Définition

Croisades : guerres saintes pour les Chrétiens, vécues comme des pèlerinages avec l'objectif de libérer la Terre Sainte. La première est demandée par le pape Urbain II en 1095. De nombreux chevaliers s'engagent dans les croisades, ce qui, selon eux, leur garantit l'accès au Paradis.

1 3. Le « roi chrétien »

En 1297, Louis IX est canonisé et devient alors le roi Saint Louis. Il était déjà appelé « prud'homme » (le sage) durant son règne. Très croyant, il laisse toute sa place à l'Église pour organiser le clergé et participe notamment à la septième et à la huitième croisades. Poussé par ses croyances, il impose aux Juifs de porter un signe distinctif, renforçant la stigmatisation de cette population. Il décide aussi de punir le blasphème, les jeux d'argent, les prêts à intérêts et la prostitution. Son surnom de « roi chrétien » lui vient de sa volonté de moraliser les pratiques de ses sujets.

Repères chronologiques

1214 : Naissance de Louis, fils de Blanche de Castille et de Louis VIII.

1226 : Début du règne de Louis IX, à l'âge de 12 ans.

1256 : Grande ordonnance qui réforme la pratique de la justice.

1270 : Mort de Louis IX à Tunis durant la huitième croisade.

1297 : Louis IX est canonisé et devient alors Saint Louis.

Document analysé et exploité

• Présentation et définition du document

La scène représentée par la miniature décrit la condamnation du seigneur Enguerrand de Coucy. Celui-ci avait pendu trois hommes soupçonnés de braconnage, alors qu'ils étaient innocents. Louis IX lui impose une amende importante : il lui retire son droit de justice et il doit effectuer des messes et des pèlerinages. La scène se lit de gauche à droite chronologiquement. Elle est représentée cinquante ans après la mort du roi, dans un ouvrage destiné à le glorifier.

- **Analyse du document en lien avec le thème 2**

Le choix d'un document sur la justice rendue par Louis IX permet d'insister sur un des aspects caractéristiques de son règne : la justice royale, avec le roi comme ultime recours pour tous ses sujets. Celui-ci fut **réputé pour être juste, et cette réputation** s'est transmise par des ouvrages qui vantent cet aspect de sa vie.

Jugement de sire Enguerrand de Coucy par Louis IX
Miniature extraite de *Vie et Miracles de Saint Louis*, Guillaume de Saint-Pathus, vers 1320.

- **Piste d'exploitation pédagogique**

Il est donc intéressant de se demander quel message l'illustrateur veut faire passer : probablement celui d'un roi respecté et qui combat les injustices. Mais, comme il est représenté longtemps après, il est nécessaire d'être critique en tenant compte de cette donnée. On peut commencer par se concentrer sur la construction de la miniature qui oppose deux scènes : une très violente et effroyable à gauche (les pendaisons, corps blancs sans vie, visages marqués), et une apaisée permettant le retour à l'ordre public à droite (le procès). Cette description permet à la classe de se mettre d'accord sur ce qui est observé. L'étude consiste ensuite à se demander ce qui pousse à représenter cet épisode d'une telle façon. Saint Louis a été canonisé et cette décision rend le personnage digne de tous les miracles. L'enjeu de cet ouvrage est d'expliquer cette vie sainte. Les élèves peuvent émettre des hypothèses sur la façon dont on peut glorifier la vie d'un homme après sa mort.

2 François Ier, un protecteur des arts et des lettres à la Renaissance

2 1. Enjeu : étudier un mouvement artistique

Avec François Ier, c'est bien un mouvement artistique sur lequel il est demandé de se pencher : celui de la Renaissance. Le terme choisi pour désigner cette période qui met fin au Moyen Âge a déjà pour enjeu de marquer une rupture avec la période précédente. Cependant, l'historien J. Delumeau[2] rappelle qu'il n'y a pas de coupure brutale avec l'émergence de la Renaissance. Celle-ci possède ses caractéristiques propres, mais elle est le produit des évolutions progressives médiévales. La figure artistique emblématique du règne de François Ier est celle de Léonard de Vinci, qui, bien qu'il n'ait séjourné en France que peu de temps, est resté une fierté nationale par son choix d'accepter l'invitation du roi de France. P. Boucheron[3] invite ainsi, dans un portrait de l'artiste, à questionner les différentes façons d'aborder son œuvre : avec ses sens ou avec sa connaissance du contexte.

2. Jean Delumeau, *La Civilisation de la Renaissance*, Flammarion, 1984.

3. Pierre Boucheron, « Le mystère Léonard », *L'Histoire*, n° 299, juin 200

❷ 2. Le règne de François Ier

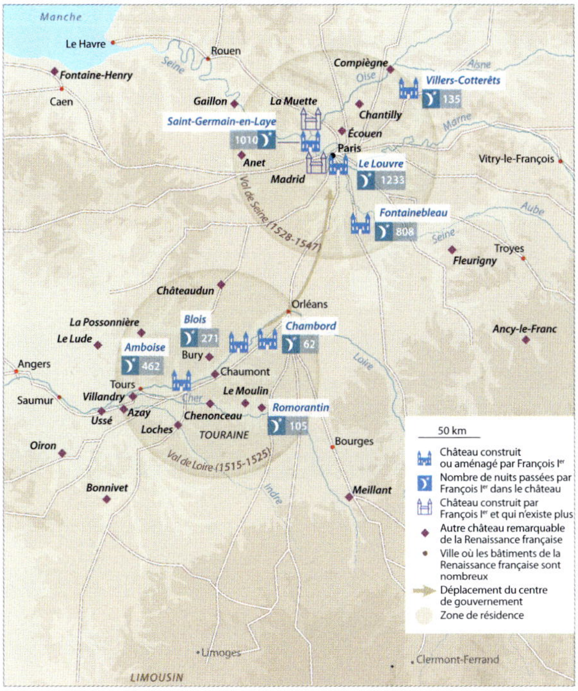

Châteaux et nuitées de François Ier (XVIe siècle)
C. Grataloup, *Atlas historique mondial, 7871*, Les Arènes, 2019.

Louis XII meurt sans héritier en 1514. C'est son cousin de la branche des Valois qui hérite de la couronne. François Ier règne de 1515 à 1547. Il remporte tout de suite la victoire de Marignan contre les Suisses et les Milanais. En 1525, à la bataille de Pavie (Italie), il est fait prisonnier pendant près d'un an par Charles Quint, son grand rival. Sa cour, composée d'environ 15 000 personnes, l'accompagne sur tout le territoire, car ce « roi nomade » séjourne dans plusieurs résidences. Il rattache la Bretagne à la France en 1532. En 1539, avec l'ordonnance de Villers-Cotterêts, il fait du français la langue de l'administration, en remplacement du latin. Il meurt de maladie en 1547.

Petite biographie

Charles Quint : de 1519 à 1556, il est l'empereur du Saint-Empire romain germanique. Cela fait de lui le souverain le plus puissant d'Europe. Il possède des territoires à la fois dans l'Empire, mais aussi en Italie, aux Pays-Bas et en Espagne. C'est le grand rival de François Ier.

❷ 3. L'action de François Ier pour les arts et les lettres

La Renaissance est un mouvement artistique européen qui se caractérise par un élan créatif dans de nombreux domaines. Mais il s'agit plus d'une transition que d'une complète rupture. Les humanistes s'inspirent souvent de l'Antiquité et des dieux romains et grecs. Les cités italiennes abritent alors des écoles artistiques réputées dans toute l'Europe. Les techniques pour la peinture et l'architecture évoluent. Ce renouveau est aussi perceptible dans le domaine des sciences avec le développement de l'imprimerie ou les théories sur l'héliocentrisme.

François Ier invite en France de nombreux artistes italiens, comme Léonard de Vinci, qu'il installe au Clos-Lucé près d'Amboise. Il fait venir des œuvres d'art pour orner ses résidences. Il contribue aussi à diffuser l'imprimerie avec la fondation de l'Imprimerie royale et fait déposer dans la Bibliothèque royale des copies de tous les livres imprimés.

Définition

Héliocentrisme : théorie selon laquelle les planètes de notre système tournent autour du soleil (qui est au centre). Cette théorie s'oppose à celle du géocentrisme, selon laquelle c'est la Terre qui est au centre de l'univers. C'est Copernic qui développe le premier la théorie de l'héliocentrisme. Plus tard, Galilée prouve qu'elle est valide grâce à des instruments d'observation.

Repères chronologiques

1515 : Début du règne de François Ier, cousin de Louis XII.
1516 : Installation de Léonard de Vinci au Clos-Lucé.
1532 : La Bretagne est rattachée à la France.
1539 : Ordonnance de Villers-Cotterêts sur l'utilisation du français.
1547 : Mort de François Ier.

HISTOIRE

Document analysé et exploité

Le château de Chambord

• Présentation et définition du document

En 1519, la construction du Château de Chambord, un des nombreux châteaux de la Loire, commence. François Ier n'y passa que très peu de temps, mais ce château est à la fois un symbole et une exception dans la France de la Renaissance. Il est intéressant d'étudier avec les élèves la transition qu'il représente : il a l'allure d'un château fort médiéval avec ses neuf tours d'enceintes, mais les décors sculptés sont inspirés de l'Italie de la Renaissance. Comprendre cette transition, c'est comprendre un changement de société : le château n'est plus défensif du fait de l'évolution de l'armement, mais il est le miroir de la puissance.

• Analyse du document en lien avec le thème 2

Ce document, qui représente le Château de Chambord, est patrimonial sur la période étudiée. Il est un des châteaux de la Loire les plus visités et les plus médiatisés, bien que l'intérieur de celui-ci soit vide. C'est donc son allure extérieure sur laquelle il est intéressant de se pencher.

• Piste d'exploitation pédagogique

Les élèves connaissent déjà les châteaux du Moyen Âge qui sont bien plus présents que ceux de la Renaissance dans l'imaginaire de l'enfance. L'étude peut donc être comparative : une photographie du Château d'Angers, médiéval, et celle du Château de Chambord. Le jeu des différences permet de comparer les décors, les tours, etc. Cela peut mener ensuite à des débats sur leurs fonctions : la défense ? le logement ? le rayonnement ? En montrant ensuite d'autres châteaux de la Renaissance, les élèves peuvent caractériser les ressemblances entre tous (ornements sur les façades, symétrie, longues galeries, larges fenêtres, jardins aménagés).

Le château d'Angers

3 Henri IV et l'Édit de Nantes

3 1. Enjeu : étudier des faits religieux

Les connaissances des élèves sur les religions sont très hétérogènes dans les classes et cela dépend de leurs propres pratiques familiales. Cependant, celles-ci n'ont pas leur place à l'école et il peut leur paraitre incongru de parler de religion en histoire, alors qu'il leur est demandé de respecter la charte de la laïcité. C'est pourquoi les historiens parlent de faits religieux. Il ne s'agit pas de faire du catéchisme avec les élèves, mais d'étudier les sociétés par le prisme de leurs croyances.

Sous Henri IV, le catholicisme est critiqué, ce qui permet au protestantisme de se développer. En classe, on ne cherche pas à choisir qui pratique le mieux la religion chrétienne, mais plutôt à comprendre pourquoi certains chrétiens ont ressenti le besoin de créer un nouveau mouvement religieux, et quelles conséquences conflictuelles cela a engendré en Europe. La publication de l'Édit de Nantes (1598) pour apaiser les tensions permet aux élèves de comprendre comment l'État tente de réguler de tels conflits.

Au XVIe siècle, les critiques contre l'Église chrétienne se multiplient, au sujet de l'enrichissement de celle-ci au détriment des croyants. En 1517, Martin Luther propose de revenir aux textes de l'Évangile, ce qui lui vaut d'être excommunié : c'est le début du protestantisme, une religion chrétienne, mais dont certaines croyances et pratiques diffèrent du catholicisme. Rapidement, 40 % des Européens se convertissent à ce nouveau culte, dont de nombreux souverains souhaitant être autonomes vis-à-vis du pape. De 1562 à 1598, des guerres civiles éclatent en France entre protestants et catholiques, avec, comme point culminant, le massacre de la Saint-Barthélemy en 1572.

3 2. Le règne de Henri IV et les guerres de religion

Henri IV succède en 1589 à son prédécesseur Henri III, qui meurt sans héritier. Il est issu de la branche des Bourbons. Il règne en des temps troublés par les guerres de religion. Celles-ci se composent de huit conflits s'apparentant à la fois à une guerre civile, mais aussi à des opérations militaires plus classiques. Le point d'orgue est la Saint-Barthélémy : le 24 aout 1572 commence à Paris le massacre des protestants par les catholiques sur fond de rivalités entre maisons nobiliaires. En province, dans de nombreuses villes, des massacres similaires se produisent. Le roi, Charles IX, est alors impuissant pour arrêter les massacres. Le règne d'Henri IV est donc un moment d'apaisement de ces luttes. Il assoit aussi l'absolutisme dans sa façon de gouverner, aidé de son ministre Sully. Il meurt en 1610, assassiné par Ravaillac dans son carrosse.

> **Définition**
>
> **Absolutisme :** dans la monarchie absolue, le roi gouverne seul. Il considère détenir son pouvoir de Dieu par le sacre. Il s'entoure de ministres qui ont une fonction de conseil, mais il prend les décisions lui-même. Le roi absolu en France a tout de même quelques limites : ce n'est pas lui qui peut choisir son héritier (règle de la primogéniture mâle) et il ne peut se séparer d'une partie du royaume.

3 3. Henri IV et l'Édit de Nantes

D'abord protestant, Henri IV doit se convertir au catholicisme pour pouvoir régner sur la France. Préoccupé par les guerres de religion qu'il a vécues, il échappe de peu à la mort lors de la Saint-Barthélemy. Il décide alors d'agir pour rétablir la paix dans le royaume. En Allemagne, où des guerres civiles éclatent aussi, la paix d'Augsbourg est signée en 1555 pour accorder la liberté religieuse. Henri IV fait de même avec l'Édit de Nantes en 1598. Et bien que la religion catholique reste la religion officielle du royaume, les protestants peuvent désormais exercer librement leur culte, sans avoir à s'en cacher. Cette liberté subsistera jusqu'en 1685 quand Louis XIV décide de révoquer l'Édit.

Repères chronologiques

1572 : Massacre de la Saint-Barthélemy

1589 : Début du règne de Henri IV de la branche des Bourbons.

1598 : Édit de Nantes proclamant la tolérance religieuse.

1610 : Henri IV est assassiné par Ravaillac.

1685 : Révocation de l'Édit de Nantes par Louis XIV.

Document analysé et exploité

« **Article 1.** Défendons à tous nos sujets de se provoquer l'un l'autre sur ce qui s'est passé.
Article 3. Ordonnons que la religion catholique soit rétablie en tous les lieux et endroits de notre royaume pour y être paisiblement et librement exercée.
Article 6. Avons permis et permettons à ceux de la religion prétendue réformée[4] de vivre partout dans notre royaume sans être vexés, brutalisés, ni astreints à faire quelque chose contre leur conscience.
Article 22. Ordonnons qu'il ne sera fait aucune différence entre les religions pour être admis dans les universités, collèges et écoles, dans les hôpitaux. »

Édit de Nantes, 1598.

4. Les protestants.

• Présentation et définition du document

L'Édit de Nantes est un texte de loi promulguée par le roi. Il n'est pas anodin de rappeler qu'Henri IV a été protestant, puis qu'il s'est converti au catholicisme. Il occupe donc une position particulière dans ce conflit religieux. Les articles mentionnés dans le document permettent aux deux religions de s'exercer librement et empêchent les croyants de subir des discriminations. C'est donc bien un édit de tolérance, mais qu'il convient de questionner de façon critique.

• Analyse du document en lien avec le thème 2

Choisir d'étudier directement le texte de loi mettant fin aux conflits religieux en France permet aux élèves de comprendre la puissance du pouvoir royal, qui peut, par ses décisions, mettre fin à des guerres incessantes. Les élèves peuvent faire le rapprochement avec la laïcité qu'ils connaissent aujourd'hui, et il convient de distinguer avec eux un édit de tolérance d'une laïcité d'État : la religion catholique reste la religion du royaume, le protestantisme n'étant que « toléré ».

• Piste d'exploitation pédagogique

L'étude d'un texte de loi est difficile en classe, le vocabulaire utilisé et la syntaxe des phrases rendant complexe la compréhension de celui-ci. On peut imaginer présenter ce document aux élèves en début d'étude sur Henri IV. Dans un premier temps, il est utile de prélever les informations contenues dans le texte de loi et d'éclaircir certains mots de vocabulaire. Ensuite, il est intéressant de dépasser l'aspect officiel du texte pour se questionner, non pas sur ce que permet cet édit, mais sur ce qui a nécessité sa promulgation. L'enquête peut alors commencer pour comprendre l'impact des guerres civiles dans le royaume. On peut faire le rapprochement avec les guerres de religion pour penser le conflit dans sa globalité et se demander si d'autres causes sont sous-jacentes (conflits de territoires, de pouvoirs, etc.). Ainsi, l'activité place les élèves dans une démarche de questionnement sur la période étudiée.

4 Louis XIV, le Roi Soleil à Versailles

4 1. Enjeu : étudier l'absolutisme

Louis XIV symbolise l'affirmation de l'absolutisme en France : le roi règne presque seul et peut presque tout faire (il ne peut pas choisir son héritier ou se séparer d'une partie de son royaume). Pourtant, certains historiens incitent à revoir cette étiquette de l'absolutisme qui serait un prisme imposé par la Révolution et ses conséquences[5]. L'étude de ce concept doit donc se faire dans la construction de celui-ci avec les élèves, plus que dans une définition imposée. Il faut aussi aborder les autres aspects de la monarchie française avec les constitutions des premiers empires coloniaux et la mise en place de l'esclavage. L'historiographie a aussi évolué sur la nomination de cette période : on ne parle plus désormais des « Grandes Découvertes », terme très européocentré, mais plutôt des « Explorations », terme qui ne néglige pas l'existence de civilisations antérieures à l'arrivée des Européens.

5. https://www.ehess.fr/fr/ouvrage/labsolutisme-en-france

4 2. Louis XIV et Versailles

Louis XIV devient roi à l'âge de 5 ans, en 1643. Sacré en 1654, il est considéré comme le roi symbole de l'absolutisme de droit divin. La révolte des nobles, « la Fronde » (1643-1651), l'a beaucoup marqué dans son enfance. En conséquence, dès 1661, il exerce sans ministre principal. En 1685, il révoque l'Édit de Nantes pour affirmer son pouvoir de droit divin. De nombreux soulèvements parcourent son règne, en raison de la pression fiscale qui augmente sur la population. Il meurt en 1715 à 72 ans.

De 1661 à 1710, Louis XIV fait construire le château de Versailles par les architectes Le Vau et Mansart. Ce dernier est décoré par Le Brun, et les jardins sont aménagés par Le Nôtre. Il nécessite la construction d'un grand canal pour approvisionner en eau le palais. Louis XIV en fait sa résidence principale, où il habite avec sa cour. Les fêtes, les jeux et la ritualisation de la vie du roi font de la vie à Versailles une vie hors du temps. Le château est envié en France et à l'étranger où de nombreuses répliques sont construites.

Définition

Absolutisme de droit divin : le monarque décide seul et affirme tenir son pouvoir de Dieu. C'est pourquoi il reçoit le sacre à son couronnement. Cela implique qu'on ne peut pas le contester puisque son règne est validé par l'Église. Les croyances allaient même jusqu'à porter des pouvoirs de guérisons miraculeuses au roi lorsqu'il touchait les malades.

HISTOIRE

4 3. Les explorations, les empires coloniaux et l'esclavage

Avec Vasco de Gama (portugais), Christophe Colomb (italien) ou encore Jacques Cartier (français), les explorateurs européens partent vers de nouvelles routes maritimes dès la fin du XVe siècle. De nouveaux territoires sont ainsi connus des Européens, qui s'y installent. Les monarchies européennes, en quête de richesses, constituent progressivement des empires coloniaux. La main-d'œuvre manquant, des entrepreneurs décident d'acheter en Afrique des esclaves pour

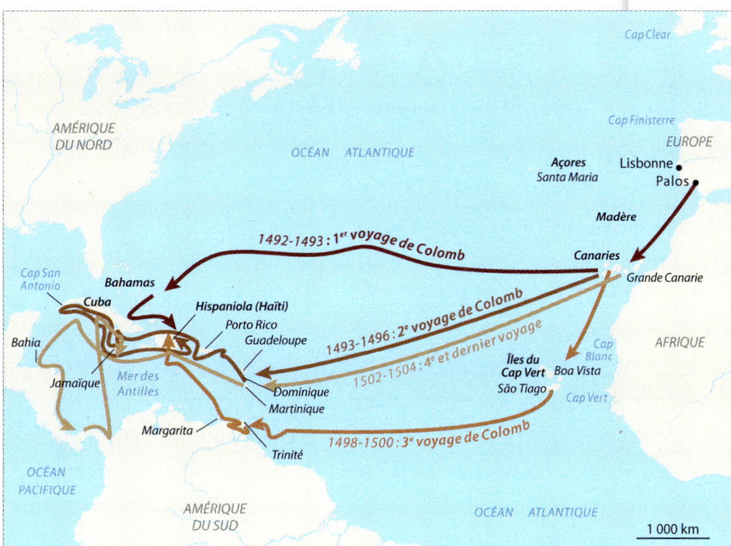

Les quatre voyages de Christophe Colomb (1492-1504)
in C. Grataloup, *Atlas historique mondial*, 9285, Les Arènes, 2019.

les revendre aux colonisateurs. C'est ce qu'on appelle le commerce triangulaire, qui dure plusieurs siècles. Les colonies sont organisées en exploitations esclavagistes, avec une codification précise des sanctions possibles à l'encontre des esclaves, comme avec le Code noir.

Repères chronologiques

1492 : Christophe Colomb arrive en Amérique, croyant être en Inde.
1643 : Louis XIV devient roi à 5 ans.
1661 : Début du règne personnel de Louis XIV.
1661-1710 : Construction du château de Versailles.
1685 : Ordonnance royale du Code noir réglementant l'esclavage.

Document analysé et exploité

Hyacinthe Rigaud (1659-1743), *Portrait de Louis XIV (1638-1715) en costume de sacre*, 1701

• Présentation et définition du document

La célèbre peinture de Louis XIV en majesté était destinée à Philippe V d'Espagne, son petit-fils. Louis XIV en fit réaliser deux exemplaires, mais n'en envoya aucun, les deux étant restés à Versailles. Tous les symboles de la monarchie absolue sont présents et cette peinture est une construction visant à montrer la puissance du roi de 63 ans.

• Analyse du document en lien avec le thème 2

Ce document est présent dans tous les manuels scolaires pour illustrer le règne de Louis XIV, il est donc emblématique de l'étude du règne de celui-ci. Cette œuvre permet aux élèves de mettre un visage sur le roi qu'ils étudient, mais aussi d'avoir accès à toute la symbolique de l'absolutisme.

• Piste d'exploitation pédagogique

Pour la plupart des élèves de CM1, cette peinture se rapprocherait d'une photographie, qui montrerait comment Louis XIV s'habillait à son époque. Le travail consiste donc à déconstruire cet *a priori* et à faire comprendre que cette œuvre est construite, et qu'il est possible d'interpréter le message que le Roi Soleil a voulu faire passer. Les élèves ont besoin d'être aidés sur les symboles qu'ils ne connaissent pas (le sceptre, la couronne, l'épée, la fleur de lys), mais l'étude ne s'arrête pas là. Pourquoi se faire représenter de cette façon? Les hypothèses des élèves peuvent être très variées: du déguisement au message de puissance. On les aidera à apprendre à éliminer les hypothèses farfelues et à retenir celles qui leur semblent cohérentes. Le fait de décider de ne pas envoyer la peinture à son petit-fils, mais de la garder pour l'exposer chez lui, est un autre indice à mettre dans ce débat.

En savoir plus sur les programmes du collège
hatier-clic.fr/crpe23hgem

TEST D'AUTO-ÉVALUATION 2

Corrigé p. 229

1 Choisir la bonne réponse.

a. La première croisade a lieu en :

- 814
- 1226
- 1095
- 1297

b. François Ier accueille en France l'artiste :

- Van Eyck
- De Vinci
- Delacroix
- Picasso

c. Qui n'a pas joué de rôle pendant les guerres de religion ?

- Ravaillac
- Henri IV
- Louis IX

d. Que ne peut pas faire un roi exerçant un pouvoir absolu ?

- Choisir sa femme
- Choisir son héritier
- Choisir les lois du royaume

2 Compléter le tableau avec les caractéristiques de chaque type de château.

a. Tours volumineuses
b. Symétrie et larges fenêtres
c. Constructions défensives
d. Ornements des façades
e. Douves
f. Jardins aménagés et longues galeries

Les châteaux du Moyen Âge	Les châteaux de la Renaissance

3 Associer le souverain à un concept ou une caractéristique de son époque.

Louis IX ●	● Absolutisme
François Ier ●	● Renaissance
Henri IV ●	● Féodalité
Louis XIV ●	● Guerre de religion

HISTOIRE

THÈME 3

Le temps de la Révolution et de l'Empire

*Le dernier thème de l'année de CM1 rompt avec le temps long du temps des rois. La **Révolution française** et l'**Empire napoléonien** sont regroupés pour marquer une **rupture** conséquente dans la société française. En quelques années, la stabilité du régime monarchique établi depuis plusieurs siècles vole en éclat : en vingt-cinq ans, la France va connaitre une monarchie absolue, une monarchie constitutionnelle, une République, un Consulat et un Empire. Pour la première fois, les Français ne sont plus des sujets, mais des **citoyens**, avec des droits et des devoirs. L'étude de la fin du règne de Louis XVI permet de comprendre la société d'**Ancien Régime** et son système de privilèges. Cette période prérévolutionnaire est aussi celle de la critique de l'absolutisme avec la diffusion des idées des philosophes des **Lumières**. L'année **1789** concentre de nombreux évènements et marque ainsi un tournant avec le passé : la convocation des **États généraux**, le Serment du Jeu de paume, la prise de la **Bastille**, la Grande Peur, **l'abolition des privilèges** et la **Déclaration des droits de l'Homme et du Citoyen** sont autant d'évènements marquants qui permettent de tourner définitivement la page du passé. Mais la Révolution ne s'arrête pas en 1789 : la décennie qui suit est marquée par des décisions fortes (la mort du roi), des guerres (intérieures et extérieures), des hésitations dans le régime à mettre en place (suffrage censitaire ou universel), des dérives (la Terreur et les tentatives de coups d'État). L'arrivée au pouvoir de **Napoléon Bonaparte**, le 18 Brumaire 1799, pour former dans un premier temps le Consulat, puis sa décision de devenir Empereur constituent deux évènements qui marquent un autre tournant. C'est le retour d'un pouvoir fort et concentré entre les mains d'un homme. Les « masses de granit » (terme utilisé par Napoléon) qu'il met en place (lycées, Banque de France, préfets, Code civil) changent en profondeur le pays. Les **guerres** nombreuses sont souvent victorieuses et permettent l'invasion d'une majeure partie de l'Europe et la diffusion des idées napoléoniennes. Les défaites finales en 1814 et 1815 marquent un coup d'arrêt dans cette période de profonds changements. Le frère de Louis XVI, Louis XVIII, est, quant à lui, mis sur le trône par les souverains européens. Il faudra attendre 1848 pour que la France essaie à nouveau un régime républicain avec la Deuxième République (1848-1852).*

Notions fondamentales

- Absolutisme ; privilèges ; rupture ; révolution ; république ; empire ; citoyen ; guerre.
- **Ce qu'il faut enseigner** : les grandes dates de l'année 1789, mais aussi les périodes qui découpent la Révolution et l'Empire.

1 De l'année 1789 à l'exécution du roi : Louis XVI, la Révolution, la Nation

1 1. Enjeu : étudier la rupture révolutionnaire

La période de la Révolution française a intéressé de nombreux historiens. Celle-ci constitue une rupture forte dans l'histoire du pays. En quelques mois, la société d'Ancien Régime n'existe plus et les révolutionnaires se cherchent un nouveau régime. Il est difficile de dater le début de cette période : les spécialistes s'accordent tous sur l'année 1789, mais ils ne sont pas tous d'accord sur l'évènement qui fait entrer dans la Révolution. La prise de la Bastille est l'épisode le plus connu, mais le Serment du Jeu de paume ou encore l'abolition des privilèges marquent aussi des temps forts pouvant être considérés comme le début de cette rupture. L'historien François Furet[1], grand spécialiste de la période, incite à penser cette période à la fois comme une fin (un produit de la société de son temps) et comme un début (qui inaugure une ère nouvelle). Les remises en cause et les débats historiographiques sont nombreux. La Terreur par exemple a fait l'objet de travaux contradictoires. Jean-Clément Martin[2], qui a beaucoup travaillé sur Robespierre, réinterprète cette période sombre. Selon lui, la dénomination de cette période a pour but, dès 1794, de mettre sur Robespierre toute la responsabilité des années de violences précédentes. Son interprétation ne fait pas consensus, mais elle permet d'interroger la période la plus décriée de la Révolution française.

1. François Furet, *Penser la Révolution française*, Gallimard, 1985.

2. « Jean-Clément Martin révolutionne la Terreur », lemonde.fr, décembre 2018.

Définition

La Terreur : terme utilisé pour désigner la période qui s'étend de 1793 à 1794.
La France est alors en guerre contre l'extérieur et contre l'intérieur (guerre de Vendée).
Le Comité de salut public dirigé par Robespierre se charge d'éliminer les traitres. Une simple suspicion de trahison suffit pour être guillotiné (voir l'historien Jean-Clément Martin).

1 2. La société d'Ancien Régime

Au XVIIIe siècle, la société française est organisée selon trois ordres. Le premier ordre est le clergé : il correspond aux membres de l'Église, qui ont pour mission de prier pour la population. Le clergé ne constitue pas un groupe homogène. Il se compose du clergé régulier (qui vit selon la « règle »), vivant à l'écart de la société dans des monastères et des abbayes, et le clergé séculier (qui vit dans le « siècle »), organisant la société majoritairement catholique. On distingue également le haut clergé, qui est composé de dignitaires ecclésiastiques riches (les évêques, les archevêques) et le bas clergé, qui est au contact du peuple (comme le curé des campagnes qui vit très modestement). La noblesse, considérée comme le second ordre, est issue de deux traditions : la noblesse d'épée (les chevaliers) et la noblesse de cour (l'entourage du roi). Certains membres de la noblesse sont très riches (la haute noblesse) et d'autres non (la basse noblesse, surtout dans les campagnes). Ces deux ordres (noblesse et clergé) ont des privilèges, comme ceux de ne pas payer d'impôts ou de bénéficier d'une justice plus clémente. Mais ce ne sont pas les seuls privilégiés : les bourgeois de certaines villes et certaines corporations ont négocié depuis longtemps de bénéficier de privilèges. Les privilèges sont parfois contraignants : un noble pauvre ne peut pas travailler pour s'enrichir puisque son ordre le lui interdit. Le troisième ordre est le tiers état. Il regroupe environ 97 % de la population. Cet ordre est très hétérogène. Il se compose à la fois des pauvres paysans, mais aussi des commerçants, des médecins ou de riches bourgeois. Ce qui les rassemble est le fait de payer les impôts servant à faire fonctionner le pays, à faire la guerre et à payer les dépenses de la cour. Et toutes ces dépenses augmentent fortement au XVIIIe siècle. La France s'endette et le roi Louis XVI ne parvient pas à trouver de solutions financières : le tiers état paie déjà beaucoup d'impôts alors que les privilégiés ne veulent pas renoncer à leur statut. La société inégalitaire d'Ancien Régime empêche l'augmentation fiscale nécessaire au royaume.

1 3. L'année 1789

Pour trouver une solution au problème d'endettement, Louis XVI convoque, le 5 mai 1789, les États généraux, très ancienne assemblée, composée de représentants de chaque ordre et rarement réunie. En prévision des débats, les sujets du royaume doivent rédiger des cahiers de doléances par « ordre » (clergé, noblesse, tiers état). Dans ces cahiers, les Français font remonter ce qui ne leur convient pas dans le royaume et proposent parfois des solutions. Très vite, un problème se pose : les votes doivent-ils se faire par ordre (les privilégiés l'emporteraient avec deux ordres contre un) ou par tête (le tiers état serait majoritaire) ? Les débats sont houleux. Le 17 juin, des représentants du tiers état, rejoints par quelques représentants des autres ordres, décident de se déclarer Assemblée nationale constituante. Ils s'attribuent donc des missions très différentes : donner à la nation (terme nouveau) une Constitution et donc en finir avec la monarchie absolue. Le 20 juin, trouvant porte close de la salle habituelle de réunion, ils changent de salle et se retrouvent dans la salle du Jeu de paume. Ils prêtent alors serment de se réunir jusqu'à avoir écrit la Constitution. À Paris, des rumeurs se diffusent sur un éventuel recours à l'armée par Louis XVI. Pour protéger l'assemblée, le peuple parisien rassemble des armes : ils vont en chercher à la prison de la Bastille, le 14 juillet. Les gardes à l'entrée sont tués, leurs têtes sont plantées au bout de piques et montrées dans la capitale : c'est le premier acte violent de la Révolution. Mais c'est aussi un acte symbolique, puisque la Bastille représente le pouvoir absolu du roi de pouvoir emprisonner quiconque selon son bon vouloir. Les nouvelles des évènements parisiens mettent parfois plusieurs jours à arriver en province. Dans les campagnes, des paysans attaquent des châteaux et brulent les actes qui les lient aux nobles, c'est ce qu'on appelle la Grande Peur. La nuit du 4 aout, l'Assemblée nationale constituante vote la fin des privilèges et signe ainsi la fin de l'Ancien Régime. Le 26 aout, les députés approuvent la Déclaration des droits de l'Homme et du citoyen. Tous les hommes naissent et demeurent libres et égaux en droits (article 1) et le fonctionnement idéal de la société est expliqué (justice, police, impôts). Ainsi, l'année 1789 a profondément bouleversé l'ordre existant.

Définition

Nation : avant la Révolution, les Français ne constituent pas une nation, ils sont des sujets du roi, et ils vivent sur son royaume. Le concept de nation présuppose une adhésion au vivre ensemble, avec des valeurs communes et la volonté d'aller dans une même direction. La monarchie continue d'exister jusqu'en 1792, mais elle est alors au service des Français.

1 4. De la monarchie parlementaire à l'avènement de la République

Les députés résolvent le problème financier du royaume en juillet 1790 en confisquant les biens du clergé. Cela participe alors à la défiance de certains Français vis-à-vis des révolutionnaires. Louis XVI, jusqu'alors très attentiste face aux évènements, décide de fuir pour chercher de l'aide dans les monarchies voisines, mais il est arrêté à Varennes le 21 juin 1791. Cet évènement est annoncé par l'Assemblée comme une tentative

Jacques-Louis David, *Le Serment du Jeu de paume*, 1791-1792

d'enlèvement du roi : cela permet de ne pas réécrire la Constitution, qui est bientôt achevée et qui prévoit un roi avec peu de pouvoir à la tête du pays (une monarchie parlementaire). Celle-ci est adoptée le 13 septembre 1791. Le suffrage est censitaire : seuls les citoyens les plus riches ont le droit de voter. En avril 1792, pour devancer les assaillants de la France, l'Assemblée décide de déclarer la guerre à l'Autriche. Cela nécessite la levée de soldats dans tout le pays. Soupçonnant le roi d'informer les puissances ennemies, les révolutionnaires vont le chercher au palais des Tuileries le 10 aout 1792 pour l'emprisonner : la monarchie parlementaire se retrouve sans roi. Le 22 septembre, l'Assemblée adopte alors une Constitution républicaine : c'est la Première République. Les partis des Jacobins (les républicains qui veulent poursuivre la Révolution) et des Girondins (les républicains les plus modérés) sont les plus influents. Le roi est jugé lors d'un procès et condamné à mort pour trahison : il est exécuté le 21 janvier 1793. À la suite de cela, des révoltes éclatent dans le pays : dans certaines campagnes, la Révolution anticléricale et qui a tué le roi n'est pas acceptée (guerres de Vendée, par exemple). Les révolutionnaires affrontent alors des ennemis de l'intérieur (guerre civile) et de l'extérieur. Autour de Robespierre, un groupe de députés fait régner la Terreur : toute personne suspectée de trahison peut être emprisonnée et exécutée, la guillotine est alors très utilisée. En juillet 1794, Robespierre est à son tour condamné et décapité, mettant fin à cette période trouble de la Révolution. Le régime politique est modifié : la République est organisée en Directoire, avec cinq directeurs et deux assemblées pour éviter la concentration des pouvoirs. Ce Directoire est toutefois menacé : les révolutionnaires le trouvent trop bourgeois, alors que les royalistes voudraient le retour d'un pouvoir fort (un roi).

Document analysé et exploité

• Présentation et définition du document

Caricature sur les trois ordres,
« A faut espérer qu'eu jeu la finira ben tôt »
Gravure anonyme, 1789, musée Carnavalet.

Le document est une estampe caricaturant la société d'ordres. Il en existe beaucoup, elles sont très répandues avant la Révolution française. Le tiers état est représenté sous les traits d'un vieil homme fatigué : il tient un outil (une houe) pour être reconnaissable, c'est un travailleur. Il porte sur son dos deux hommes, qui sont des allégories de la noblesse et du clergé. La noblesse se reconnait par les habits d'apparats, la collerette et le chapeau à plume. Le clergé porte les habits des hauts dignitaires de cet ordre. Des lapins mangent des feuilles de chou et des oiseaux picorent à leurs pieds. En légende, l'auteur a inscrit : « A faut espérer qu'eu jeu la finira ben tôt » (Traduction du patois : « il faut espérer que ce jeu finisse bientôt »). On ne connait pas l'auteur de cette caricature, puisqu'il était dangereux pour lui d'afficher son opposition à la société d'ordres.

• Analyse du document en lien avec le thème 3

Le choix de ce document est intéressant, car il représente ce qui vole en éclat avec la Révolution française : à partir du 4 aout 1789, les ordres basés sur les privilèges n'existent plus. L'existence de telles estampes montre l'ancienneté de revendications plus égalitaires. Celles-ci émanent plutôt de la partie riche du tiers état puisqu'il faut savoir lire et écrire pour les produire, et être en capacité de les diffuser.

• **Piste d'exploitation pédagogique**

Lorsque les élèves sont soumis à un tel document, l'injustice leur paraît évidente : pourquoi ces deux hommes épuisent-ils ce pauvre vieillard en lui montant dessus ? Mais attention : les élèves ont une vision réaliste des images et ils ne perçoivent pas que ce sont des allégories. Le travail peut donc être organisé en deux temps. Tout d'abord, le travail de description de l'image permet de mettre en évidence à quels ordres appartiennent ces trois hommes. Ayant étudié le Moyen Âge, les élèves peuvent avoir des souvenirs sur la société tripartite. Ensuite, la question posée à la classe peut être : que veut dénoncer l'auteur de cette image et pourquoi est-il anonyme ? Les hypothèses réfléchies puis proposées par de petits groupes doivent permettre de sortir du réalisme pour aller vers la caricature. Les élèves sont capables de comprendre qu'il vaut mieux parfois rester anonyme quand on dénonce quelque chose, surtout si on risque une sanction forte. Il faudra tout de même se méfier d'une conclusion hâtive : cette situation d'inégalités et d'injustice existe depuis des siècles et cela ne peut donc pas être la seule explication au déclenchement de la Révolution française.

Repères chronologiques

5 mai 1789 : Ouverture des États généraux.

14 juillet 1789 : Prise de la Bastille par les révolutionnaires parisiens.

4 aout 1789 : Abolition des privilèges, fin de l'Ancien Régime.

26 aout 1789 : Déclaration des droits de l'Homme et du citoyen.

21 juin 1791 : Arrestation de Louis XVI et de sa famille à Varennes.

13 septembre 1791 : L'Assemblée nationale constituante adopte la constitution.

10 aout 1792 : Louis XVI et sa famille sont emprisonnés.

22 septembre 1792 : Début de la Première République (an I de la République).

1793 : Début de la Terreur et des guerres de Vendée.

21 janvier 1793 : Exécution de Louis XVI, après sa condamnation pour trahison.

2 Napoléon Bonaparte, du général à l'Empereur, de la Révolution à l'Empire

2 1. Enjeu : étudier le destin d'un général victorieux et de son Empire

L'histoire est faite de ruptures et de continuité. Dans le cadre de l'étude du Consulat et de l'Empire, il est difficile de dire si on se situe dans la première ou dans la deuxième configuration. Par son coup d'État du 18 brumaire 1799, Napoléon Bonaparte met un terme à la Première République, c'est donc une rupture. En revanche, lorsqu'il rédige le Code civil pour en faire un document de portée universelle destiné à toute l'Europe, Napoléon est dans la continuité de la Révolution française. Dans son *Dictionnaire amoureux de Napoléon*, l'historien Jean Tulard[3] veut embrasser toute la complexité du personnage à la fois détesté et admiré. Il se donne comme objectif d'expliquer cette admiration, tout en revenant sur les erreurs et les faiblesses de Napoléon. C'est cette ambivalence du personnage qui empêche des commémorations importantes[4], comme il a été possible de le faire pour la Révolution française avec le bicentenaire. Ainsi, étudier Napoléon Bonaparte, c'est étudier une histoire encore très vive dans les débats de société.

3. Jean Tulard, *Dictionnaire amoureux de Napoléon*, Plon, 2012.

4. Guillaume Perrault, « Patrice Gueniffey : "Nos dirigeants répugnent à commémorer Napoléon" », lefigaro.fr, aout 2019.

❷ 2. Du coup d'État au Consulat

Napoléon Bonaparte est un général victorieux de la période révolutionnaire. Né en Corse, il a gravi progressivement les échelons de l'armée. Il s'est particulièrement illustré lors des campagnes d'Italie et d'Égypte. En 1799, il organise un coup d'État contre le Directoire, imaginé par Sieyès, un des cinq Directeurs. Le 18 brumaire an VII (9 novembre 1799), il met fin à la République et il installe un nouveau régime : le Consulat. Composé de deux assemblées avec peu de pouvoirs, le régime politique est entre les mains de trois Consuls, le Premier (Napoléon Bonaparte) ayant davantage de pouvoir que les deux autres. Bonaparte fait adopter la Constitution par plébiscite (référendum). En 1802, il obtient le titre de Consul à vie. En 1804, le Sénat lui donne le titre d'Empereur : il devient Napoléon Ier. Un autre plébiscite vient valider cette décision : il est important pour l'Empereur d'avoir l'appui du peuple. Cependant, ces votes organisés par Napoléon ne sont pas libres et la population est fortement contrôlée. De plus, en devenant Empereur, il a désormais beaucoup de pouvoir : il peut prendre ses décisions seul. Aussi, il choisit d'être sacré, comme l'étaient les rois de France, afin de montrer l'origine divine de son empire. Il crée une noblesse d'empire pour l'entourer en accordant des titres à ses proches.

❷ 3. Les « masses de granit »

Les « masses de granit », ainsi que les appelle l'Empereur, désignent les décisions prises par Napoléon lors du Consulat et de l'Empire, qui transforment la France en profondeur. Il réorganise l'État en créant le Conseil d'État à l'échelle nationale et les préfets dans chaque département. Cela lui permet de mieux surveiller la population. Au niveau économique, il instaure le franc germinal (une monnaie forte) et la Banque de France pour la gestion monétaire du pays. Il crée les lycées pour l'élite, la Légion d'honneur pour récompenser les méritants et il signe le Concordat avec le pape afin d'apaiser les tensions religieuses avec les catholiques, nées durant la Révolution française. La rédaction du Code civil en 1804 uniformise les règles de vie en société sur le territoire. Il garantit notamment le droit de propriété et la liberté de conscience. Notons que la femme est explicitement inférieure à l'homme dans ce texte (règles dans le mariage, vêtements). Toutes ces nouveautés stabilisent le pays, dirigé par un pouvoir autoritaire.

❷ 4. Les conquêtes napoléoniennes

Après avoir ponctuellement signé la paix avec ses voisins durant le Consulat, les guerres reprennent. La « Grande armée » de Napoléon (600 000 hommes) conquiert une grande partie de l'Europe. Le nord de l'Italie, la Belgique et les Pays-Bas sont annexés à la France. Napoléon place, à la tête des pays conquis, des personnes de sa famille, comme en Espagne par exemple. Il impose le Code civil dans ces différents territoires. Il ne parvient pas à envahir l'Angleterre, mais il envahit Moscou, en Russie. Il doit ensuite reculer dans le froid russe, ce qui causera la mort de nombreux soldats. Par la suite, les conquêtes de l'Empereur ne font que reculer face à ses adversaires ; la coalition des souverains européens parvient à vaincre Napoléon en 1814 : il est envoyé sur l'île d'Elbe, au large

L'Europe à l'apogée de la domination française (1811)
Manuel Histoire-Géographie 4e, Éditions Hatier, 2016.

de l'Italie. Mais quelque temps plus tard, il s'en échappe et tente de revenir au pouvoir : on appelle cette période les Cent Jours. Il est vaincu définitivement à Waterloo en 1815 par la coalition européenne. Il est alors déporté au milieu de l'océan Atlantique, sur l'île de Sainte-Hélène où il finira ses jours en 1821. Les souverains européens, réunis au Congrès de Vienne, remettent en place la monarchie en France : c'est Louis XVIII, frère de Louis XVI, qui régnera alors sur le pays. Même s'il n'arrive pas à réinstaller l'absolutisme, il clôturera tout de même la période révolutionnaire et impériale.

Repères chronologiques

1799 : Coup d'État du 18 brumaire contre le Directoire ; instauration du Consulat.

1802 : Napoléon Bonaparte devient Consul à vie.

1804 : Adoption du Code civil.

1804 : Fin du Consulat, Napoléon Ier devient Empereur.

1814 : Défaite de Napoléon, il est déporté sur l'île d'Elbe, il revient pour les Cent Jours.

1815 : Défaite définitive de Napoléon à Waterloo, il est déporté sur l'île de Sainte-Hélène.

1815 : Louis XVIII, roi de France, placé par les souverains européens.

Document analysé et exploité

«**Art. 1.** Les lois sont exécutoires dans tout le territoire français [...].
Art. 9. Tout individu né en France d'un étranger pourra, dans l'année qui suivra l'époque de sa majorité, réclamer la qualité de Français [...].
Art. 213. Le mari doit protection à sa femme, la femme doit obéissance à son mari. [...]
Art. 227. Le mariage se dissout: 1° Par la mort de l'un des époux; 2° Par le divorce légalement prononcé. [...]
Art. 745. Les enfants ou leurs descendants succèdent à leurs père et mère, aïeuls ou aïeules, ou autres ascendants, sans distinction de sexe ni de primogéniture, et encore qu'ils soient issus de différents mariages. [...]
Art. 1781. Le maître [des ouvriers ou des domestiques] est cru sur son affirmation:
– pour la quotité des gages;
– pour le paiement du salaire de l'année échue;
– et pour les acomptes donnés pour l'année courante.»

Extraits du Code civil, 1804.

• Présentation et définition du document

Rédigé durant le Consulat, le Code civil est promulgué en 1804. Ce texte reprend de nombreuses idées de la Révolution française (liberté, propriété) et il permet l'égalité de tous les Français sur le territoire. Il uniformise les règles de vie en société et apporte des précisions sur ce que doit être la famille, ou encore le travail. Le texte est encore en vigueur aujourd'hui, mais il a subi de nombreuses modifications comme la très récente autorisation pour les femmes de porter un pantalon en 2013, ce qu'interdisait le Code civil (mais aucune femme n'était attaquée pour cette raison).

• Analyse du document en lien avec le thème 3

Le Code civil ne peut pas être étudié dans son ensemble, mais l'étude de quelques articles choisis permet à la fois de comprendre comment on peut codifier une société, tout en se questionnant sur les règles choisies dans ce texte. Les articles ci-dessus traitent de l'égalité législative territoriale, de l'acquisition de la nationalité, du mariage et du divorce, des héritages familiaux et des relations employeurs-employés.

• Piste d'exploitation pédagogique

Les articles peuvent être difficiles à comprendre et il est utile d'expliquer en classe entière le vocabulaire qui manque aux élèves. En ce sens, on peut répartir les articles dans des groupes différents pour en faciliter la compréhension. Ainsi, la première étape est la compréhension de la règle édictée par le Code civil: que peut-on faire ou ne pas faire? Ensuite, le questionnement historien intervient: pourquoi une telle règle a-t-elle été choisie? Quelles autres règles pouvaient être prises? Cela interroge les élèves sur la volonté de Napoléon Bonaparte concernant les choix de société. L'exposé des hypothèses de chaque groupe permet ensuite à la classe d'avoir une vision plus vaste des choix adoptés.

En savoir plus sur les programmes du collège
hatier-clic.fr/crpe23hgemc03

TEST D'AUTO-ÉVALUATION 3

Corrigé p. 229

1 Remettre les évènements suivants dans l'ordre.

1. Déclaration des droits de l'homme et du citoyen
2. Prise de la Bastille
3. L'Assemblée constituante adopte la constitution
4. Début de la Première République
5. Début de la Terreur et des guerres de Vendée
6. Ouverture des États généraux
7. Exécution de Louis XVI
8. Arrestation de Louis XVI à Varennes
9. Abolition des privilèges
10. Louis XVI emprisonné

2 Quel ordre représente chaque personnage repéré sur cette estampe ?

1. ....
2. ....
3. ....

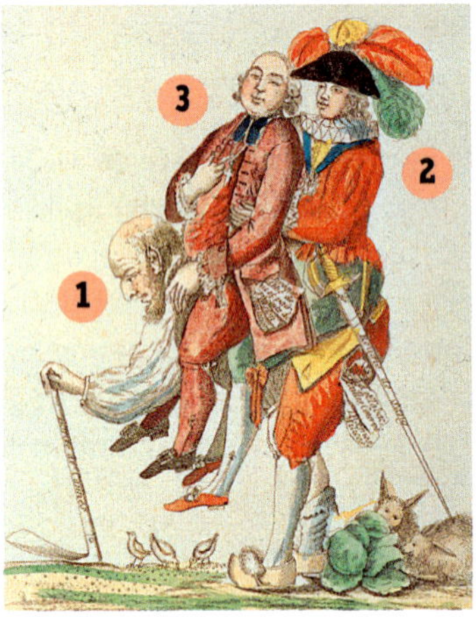

Caricature sur les trois ordres, « A faut espérer qu'eu jeu la finira ben tôt » Gravure anonyme, 1789, musée Carnavalet.

3 Comment appelle-t-on la réunion de ces trois ordres ?

....

4 Classer chaque création selon qu'elles datent de la Révolution ou de l'Empire.

a. Légion d'honneur – **b.** Départements – **c.** Les partis Jacobins et Girondins – **d.** Les lycées – **e.** L'égalité devant la loi – **f.** Le Code civil

Pendant la Révolution	Pendant l'Empire

THÈME

4 Le temps de la République

L'intitulé du premier thème de CM2 est dans le ***prolongement*** *de ceux étudiés l'année précédente avec le « temps des rois » et le « temps de la Révolution et de l'Empire ». Il s'agit de poursuivre la réflexion sur les régimes politiques qui traversent la France, avec un* ***panorama du XIX****e* ***siècle*** *et l'instauration d'un* ***régime*** *que nous connaissons toujours aujourd'hui. Le thème s'appuie à la fois sur les* ***symboles*** *(commémorations, cérémonies, drapeau,* Marseillaise*…), sur la place de l'****école*** *dans la consolidation du projet républicain (les lois de Jules Ferry), mais aussi sur les* ***valeur****s sur lesquelles le régime s'appuie (les droits, les devoirs, les libertés). C'est une réflexion sur le temps long qui implique de* ***s'éloigner de tout dogmatisme républicain****.*

En effet, ce thème reste une étude historique et nécessite donc toute la réflexivité critique inhérente à cette discipline. Il ne s'agit pas de prouver aux élèves qu'il fallait arriver à ce régime, qui surpasserait les autres expérimentations (risque du déterminisme ou du roman national). Au contraire, ***la pluralité des expériences républicaines*** *(la Deuxième République 1848-1852, la Troisième République 1870-1940, la Quatrième République 1944-1958, la Cinquième République 1958-nos jours) montre des organisations du pouvoir et des luttes pour des droits dont les enjeux évoluent au cours du siècle. L'enjeu ne peut pas être la connaissance fine de chacun de ces régimes, mais plutôt l'amorce de la* ***réflexion critique sur les choix*** *portés par ses décideurs.*

Le thème se rapproche de l'EMC, mais ne doit pas être confondu : la formation du futur citoyen peut être une conséquence de l'enseignement de l'histoire, mais la démarche diffère. L'étude du passé à travers ses traces engage ***un regard distancié*** *avec l'objet d'étude, et il sera alors important d'en marquer l'écart avec les enjeux de l'EMC. Cependant, il convient tout de même de se saisir de l'opportunité d'une transdisciplinarité évidente et bienvenue.*

Notions fondamentales

- République ; symboles ; école ; droits ; devoirs ; libertés ; démocratie.
- **Ce qu'il faut enseigner** : les caractéristiques des régimes républicains ; les valeurs portées par la République ; les choix des symboles ; les évolutions des droits, devoirs et libertés.

1 1892 : la République fête ses cent ans

1 1. Enjeu : étudier la Troisième République

La Troisième République est un objet d'étude politique puisqu'il s'agit de se questionner sur l'instauration d'un régime sous des angles très différents : les expériences politiques qui l'ont précédé, le choix de la symbolique républicaine et le nouveau processus de colonisation à l'œuvre. On n'embrasse donc pas tous les questionnements qui peuvent se poser sur cette période, mais on en étudie des aspects qui donnent des clés de compréhension sur cette nouvelle expérimentation politique française. Il faut éviter le déterminisme : quand

HISTOIRE

naît le régime, peu de personnes pensent qu'il durera et il ne faudrait donc pas imaginer que c'est un aboutissement logique à l'histoire du XIXe siècle. C'est d'ailleurs pour cela que l'étude des symboles est si importante : le nouveau régime, par une mise en scène réfléchie et des symboles choisis, vise à s'installer dans la durée. Pierre Nora, dans l'ouvrage qu'il dirige sur les lieux de mémoires[1], s'emploie à questionner les symboles de la république qui sont devenus des évidences, des lieux communs, mais qui ont à la fois une histoire et une mémoire. Les symboles ont une histoire, car ils ont été choisis par des acteurs qui avaient des raisons de le faire. Mais ils ont aussi une mémoire, puisqu'en choisissant cette symbolique, on réécrit d'une certaine façon le passé qu'on se choisit.

Affiche pour le centenaire de la République

❶ 2. Les expériences politiques depuis l'Empire

On commence le thème avec un panorama des régimes politiques qui se sont succédé depuis l'Empire, ainsi que des révoltes des Français à plusieurs moments du XIXe siècle. En 1814-1815, les puissances européennes imposent à la France le retour de la monarchie avec le frère de Louis XVI : Louis XVIII (il ne prend pas le titre de Louis XVII par respect pour son neveu, mort pendant la Révolution). Celui-ci ne peut pas réinstaurer une monarchie absolue, mais il restreint fortement le pouvoir des citoyens. Son autre frère, Charles X, lui succède à sa mort en 1824. Il restreint encore davantage les libertés, souhaitant se rapprocher de l'absolutisme d'Ancien Régime. Cela provoque les journées des Trois Glorieuses en 1830 avec des révoltes immortalisées par Delacroix dans son tableau *La Liberté guidant le peuple*. Charles X est remplacé par son cousin Louis-Philippe d'Orléans, devenu Louis-Philippe Ier, roi des Français et non plus roi de France. Il se place en souverain libéral et ouvert à plus de droits pour les citoyens. Mais il évolue progressivement vers un régime de restrictions et de censure.

Cela conduit à de nouvelles révoltes en février 1848, dans un contexte européen de printemps des peuples (des révoltes simultanées permises par une intense diffusion des idées nationalistes et libérales). Les révoltés instaurent la Deuxième République et prennent rapidement des décisions importantes : abolition de la peine de mort pour raison politique, droit au travail pour tous, abolition de l'esclavage. Les élections présidentielles sont remportées par le neveu de Napoléon Ier : Louis-Napoléon Bonaparte. En 1852, il fait valider aux Français un nouveau changement de régime de façon à devenir Empereur. Il se nomme alors Napoléon III (et non Napoléon II, par respect pour le fils de Napoléon mort quelques années auparavant). Le Second Empire est marqué par des phases de restrictions des libertés et d'autres phases de plus grande ouverture libérale. De grands travaux sont réalisés à Paris, permettant une certaine modernisation de la capitale. En 1870, la guerre contre la Prusse débute suite à un différend diplomatique. La France est rapidement envahie et Napoléon III est contraint d'abdiquer.

La Troisième République est alors proclamée en plein conflit, celui-ci se terminant en 1871 avec la perte de l'Alsace et de la Moselle. Les dix premières années sont très instables : des révolutionnaires tentent d'instaurer un régime communiste à Paris (la Commune), les monarchistes veulent le retour de la royauté, les bonapartistes le retour d'un pouvoir fort et les républicains ne sont pas unis sur le régime qu'ils souhaitent instaurer. La stabilisation dans les années 1880 passe en partie par le consensus autour

1. Pierre Nora (dir.), *Les Lieux de mémoire*, tome I : *La République*, Gallimard, 1984.

des symboles républicains et par des changements sociétaux conséquents avec l'école gratuite, laïque et obligatoire. À la tête de la Troisième République est élu un président qui a peu de pouvoir. C'est le président du Conseil (sorte de Premier ministre) qui gouverne avec ses ministres. Le suffrage est dit universel (mais il reste masculin) et les Français sont représentés par deux assemblées : la Chambre des députés et le Sénat. La Troisième République dure jusqu'en 1940 quand le Maréchal Pétain instaure le régime de Vichy.

❶ 3. Les cérémonies et les symboles républicains

En 1892 a lieu la commémoration du centenaire de la naissance de la Première République. Celle-ci est importante puisque la république est plus solidement implantée que dans les premières années de la Troisième République et que cette célébration vise à rappeler le rôle de la période révolutionnaire. Cela permet au nouveau régime de préciser qu'il ne se situe pas dans la lignée de la Terreur, mais qu'il reprend à son compte une partie des héritages de la Révolution française. Les campagnes françaises sont encore peu républicaines et cette commémoration permet de favoriser l'acceptation de ce régime.

Une série de lois permet au régime républicain de préciser sur quelle symbolique celui-ci s'appuie. *La Marseillaise* devient l'hymne national. Ce chant guerrier, écrit par Rouget de Lisle pendant la Révolution, rappelle ainsi la nécessaire union du peuple contre ses adversaires. Le jour de la fête nationale fait en revanche beaucoup plus débat. Le 14 juillet est choisi, mais pas seulement pour la référence à la prise de la Bastille de 1789 jugée comme un souvenir trop violent par de nombreux députés. Il s'agit de commémorer aussi la Fête de la Fédération qui a eu lieu en 1790 et dont l'ambition était de faire venir des représentants de tout le pays pour célébrer les changements en cours. Sans être nouveaux, d'autres symboles sont réaffirmés. Le drapeau tricolore vient de la Révolution française et reprenait alors les couleurs de la ville de Paris (bleu et rouge) avec le blanc de la monarchie inséré en son centre. Il en va de même pour Marianne, l'allégorie de la République. Elle porte un bonnet phrygien en référence aux esclaves affranchis de la période antique et symbolise donc la liberté. De nombreux bustes de Marianne sont érigés pendant la Troisième République et placés dans les bâtiments administratifs. La devise Liberté-Égalité-Fraternité fait aussi son grand retour, tout en suscitant des débats. Certains représentants auraient préféré la Solidarité à l'Égalité et d'autres trouvent que la Fraternité est trop connotée religieusement. Lors de la fête nationale, le 14 juillet 1880, la devise commence à être apposée sur les frontons des édifices publics.

Cette symbolique républicaine rappelle ainsi aux Français qu'ils vivent en république et que celle-ci est porteuse de valeurs issues de la période révolutionnaire.

❶ 4. L'expansion de la colonisation

En 1870, la France possède déjà des colonies aux Caraïbes, à La Réunion, dans des comptoirs en Inde, en Algérie et en Indochine. L'Empire français s'étend de façon importante durant la Troisième République avec la création de l'AOF (Afrique occidentale française) et de l'AEF (Afrique équatoriale française), par exemple. Pour le régime en place, l'expansion coloniale permet de valoriser la fierté nationale après la défaite face à la Prusse. Jules Ferry justifie cette idéologie coloniale par la mission civilisatrice de la métropole vis-à-vis des populations locales. D'autres pays européens sont en pleine expansion, ce qui aboutit à la conférence de Berlin en 1885 pour un partage pacifique de l'Afrique. Mais les conquêtes sont souvent très violentes et engendrent des déplacements forcés de population. L'Empire français est, à la veille de la Première Guerre mondiale, le deuxième empire du monde après le Royaume-Uni. Il s'étend sur 10 millions de km² et la France administre 50 millions de colonisés. Certains territoires sont des colonies de peuplement (Algérie) quand d'autres sont des colonies d'exploitation (AOF). La France pratique à la fois une politique coloniale d'assimilation (usage de la langue française) et une politique d'association en se servant des élites locales. Les ressources économiques locales sont exploitées par la métropole et les populations doivent souvent faire du travail forcé.

Les empires coloniaux en 1914

Manuel Histoire-Géographie 4ᵉ, Éditions Hatier, 2016.

Repères chronologiques

1830 : Les Trois Glorieuses mettent fin au règne de Charles X.

Février 1848 : Printemps des peuples en France : début de la Deuxième République.

1870-1940 : La Troisième République.

Les années 1880 : Stabilisation de la Troisième République.

1885 : Conférence de Berlin actant le partage de l'Afrique par les Européens.

Document analysé et exploité

• Présentation et définition du document

Dans la nuit du 25 au 26 avril 1792, le capitaine Rouget de Lisle compose le « Chant de guerre pour l'armée du Rhin ». La France vient alors de déclarer la guerre au roi d'Autriche. Il se trouve chez le maire de Strasbourg. Le document se diffuse rapidement en Alsace et il est repris par des éditeurs à Paris. Lors de l'insurrection des Tuileries, le 10 aout 1792, les fédérés de Marseille le chantent,

«Allons enfants de la Patrie,
Le jour de gloire est arrivé!
Contre nous de la tyrannie,
L'étendard sanglant est levé, (bis)
Entendez-vous dans les campagnes
Mugir ces féroces soldats?
Ils viennent jusque dans vos bras
Égorger vos fils, vos compagnes!
Aux armes, citoyens,
Formez vos bataillons,
Marchons, marchons!
Qu'un sang impur
Abreuve nos sillons»

Rouget de Lisle, *La Marseillaise*, 25 avril 1792

ce qui lui donne une aura nationale. Il est déclaré hymne national le 14 juillet 1795. Le chant est interdit durant l'Empire et la Restauration, considérant qu'il est trop subversif. Il est à nouveau chanté durant les Trois Glorieuses en 1830, mais Louis-Philippe ne le reprend pas comme hymne. Il le redevient donc avec la Troisième République en 1879.

• **Analyse du document en lien avec le thème 4**

Inclus dans ce thème, ce document a un double ancrage historique: il est créé pendant la Révolution française, mais ce qui nous intéresse, c'est la décision prise d'en faire l'hymne national pendant la Troisième République. Il s'agit de faire le lien avec la période révolutionnaire, en choisissant ce qui fait sens un siècle plus tard. La France venant de perdre la guerre contre la Prusse, un chant guerrier se justifie par le côté revanchard de la fin du XIXe siècle. L'installation difficile de la République nécessite aussi de faire union autour de valeurs et de symboles communs, ce qui est le propre d'un hymne. Celui-ci devra être explicité, car il peut être mal compris: le «sang impur» n'en fait pas un chant raciste, c'est une référence à la différence entre les nobles et le tiers état durant l'Ancien Régime.

• **Piste d'exploitation pédagogique**

L'intérêt du choix de ce document est qu'il permet de faire des rappels avec le dernier thème de l'année de CM1 sur le «Temps de la Révolution et de l'Empire». Une fois ces rappels faits avec la classe, il s'agit de s'interroger sur ce choix: que veut dire ce texte? Que peut-on ressentir en l'entendant? Pourquoi faire le choix d'un chant martial? Les élèves pourront émettre des hypothèses, notamment celle évoquant le besoin d'union de toute la population, mais il est peu probable qu'ils évoquent la guerre de Prusse si celle-ci n'a pas été mentionnée. Il est possible ensuite d'expliquer cet évènement afin de valider des hypothèses qui iraient dans le sens d'un pays aux abois.

2 L'école primaire au temps de Jules Ferry

2 1. Enjeu : étudier l'école d'autrefois

Le point spécifique sur l'école est en lien direct avec celui qui précède. En effet, c'est dans l'adhésion à la République que sont pensées les lois scolaires. Il s'agit aussi de contrer l'influence de l'Église, qui est peu favorable au régime républicain. Beaucoup de jeunes Français vont déjà à l'école : en 1833, la loi Guizot permet la création des écoles pour garçons dans toutes les communes de plus de 500 habitants. La loi Falloux de 1850 l'élargit aux filles et crée l'enseignement secondaire. Beaucoup d'enseignants sont issus des rangs de l'Église. Les lois scolaires révolutionnent l'accès à l'école en rendant l'instruction gratuite, laïque et obligatoire. Rebecca Rogers et Françoise Thébaud[2] s'intéressent à un pan de cette histoire peu étudiée : l'éducation des filles, en prenant comme point de départ l'école de Jules Ferry. Elles explorent ainsi tout particulièrement les programmes dévolus aux jeunes filles, comme les leçons de broderie, afin d'étudier la lente émancipation des femmes à travers l'école.

2. Rebecca Rogers & Françoise Thébaud, *La Fabrique des filles. L'éducation des filles de Jules Ferry à la pilule*, Éditions Textuel, 2010.

❷ 2. Les lois de Jules Ferry

C'est une série de lois qui fonde l'école de la Troisième République, portées par Jules Ferry en tant que ministre de l'Instruction publique. En 1879 sont fondées les Écoles normales primaires pour former et élever le niveau des enseignants. De nombreuses écoles sont créées dans de petits hameaux dans le but, fixé par le ministre, qu'aucun enfant n'ait plus de 3 km à parcourir pour aller en classe. En 1881, les instituteurs deviennent des fonctionnaires de l'État et l'école devient gratuite. C'est un point fondamental pour permettre aux enfants d'ouvriers et de paysans d'aller en classe. En 1882, l'école devient laïque et l'instruction obligatoire de 6 à 13 ans. La religion n'a donc plus sa place dans l'enseignement et cela oblige tous les parents à scolariser leurs enfants. Les filles, comme les garçons, vont à l'école, mais souvent dans des bâtiments séparés. La laïcité est étendue en 1905 avec la loi de séparation des Églises et de l'État.

❷ 3. Les programmes scolaires

Les programmes scolaires sont aussi influencés par les exigences républicaines. L'instruction morale et civique remplace le catéchisme et permet de véhiculer rapidement les valeurs républicaines. Les enseignants sont désormais des laïcs. Mais on retrouve aussi l'esprit revanchard de la France dans les programmes de géographie, où il convient de penser aux territoires récemment perdus ; en histoire, où on magnifie le roman national conduisant à la Troisième République ; en sport, où il faut préparer les futurs soldats citoyens de demain. L'usage du français est alors obligatoire, ce qui ne va pas sans poser problème aux territoires qui le pratiquent peu (la Bretagne, la Corse, le Pays basque, mais aussi tous les espaces patoisants). Les langues régionales perdent peu à peu leur place. Mais l'école de la Troisième République permet avant tout l'alphabétisation massive des jeunes Français et Françaises. Les conséquences seront importantes sur la diffusion de la presse et sur l'accès à l'ascenseur social pour ceux qui obtiennent les meilleurs résultats scolaires.

Repères chronologiques

1879 : Création des écoles normales primaires.
1881 : L'école devient gratuite ; les enseignants sont des fonctionnaires.
1882 : L'école devient laïque et obligatoire.
1886 : Les enseignants sont laïcisés.
1905 : Loi de séparation des Églises et de l'État.

Document analysé et exploité

Classe de filles au XIXe siècle, École d'Hellemes (Nord)

• Présentation et définition du document

Ce document est issu d'une série de photographies des archives départementales du Nord sur l'école d'Hellemes. La classe des filles est ici représentée, mais il existe aussi la classe des garçons, puisque la mixité n'existe pas. C'est une classe nombreuse : on autorise jusqu'à 40 enfants par classe. La leçon de couture, représentée sur la photographie, est un classique de l'enseignement pour les filles, les programmes étant différents selon le sexe. La hauteur sous plafond et les nombreuses lampes montrent les préoccupations hygiénistes de l'époque. Les coiffures des jeunes filles dégagent leur front, ce qui est une norme à l'école. Les élèves portent toutes une blouse : c'est leur uniforme pour aller en classe. L'enseignante est une femme, ce qui est une obligation pour enseigner aux filles à l'époque.

• Analyse du document en lien avec le thème 4

L'arrivée de la photographie au XIXe siècle permet d'avoir accès à de nouveaux documents. Les photographies de salles de classe sont très nombreuses puisque beaucoup de communes tiennent à photographier leurs jeunes enfants au travail. Ce document nous donne accès à l'organisation de la salle de classe, mais aussi aux enseignements dispensés aux jeunes filles. Cependant, le risque de rester descriptif est grand : une photographie est souvent perçue comme un instantané, qui nous montre le passé. Il est important de contextualiser les techniques de l'époque : installer un appareil photo prenait beaucoup de temps et nécessitait beaucoup de matériel. Comme dans les photographies de classe d'aujourd'hui, l'enseignante demande aux enfants de se tenir d'une certaine façon : elles posent pour la photographie. Ce document nous donne donc des indices sur les salles de classe du passé, mais il nous informe surtout sur la façon dont l'enseignante, le maire ou le photographe veulent montrer cette salle de classe.

• **Piste d'exploitation pédagogique**

Les élèves de CM2 peuvent commencer le travail par un jeu de différences entre cette salle de classe et la leur : qu'est-ce qui est commun et qu'est-ce qui est différent ? L'intérêt est ensuite de se focaliser sur ce qui diffère afin d'essayer d'en apprendre davantage sur l'école d'autrefois : les bureaux, l'espace, la non-mixité, les programmes. Pour développer leur esprit critique, il peut être intéressant de les mener au débat en faisant le parallèle avec l'organisation de leur photographie de classe : peuvent-ils se mettre où ils souhaitent ? se tenir comme ils veulent ? Cela permet aussi d'évoquer ce que la photographie ne peut pas montrer. Par exemple, la photographie donne l'impression d'élèves très sages et très studieuses. En réalité, nous ne pouvons tirer de telles conclusions, car il s'agit d'une mise en scène.

3 Des républiques, une démocratie : des libertés, des droits et des devoirs

3 1. Enjeu : étudier l'évolution de régimes politiques

L'enjeu de ce dernier point est d'avoir un regard décentré sur l'évolution des républiques en France. En effet, celles-ci portent le même nom de régime, mais les fonctionnements, les droits, les devoirs et les libertés accordés ne sont pas identiques dans toutes les républiques connues, et c'est parfois la raison de leur changement : on passe ainsi de la Quatrième République à la Cinquième République à cause de dysfonctionnements importants de celle-là (et de la crise coloniale). L'ouvrage de Jacques de Saint-Victor et de Thomas Branthôme[3] permet d'avoir cette réflexivité des débuts de la Première République à nos jours afin d'en saisir les évolutions et les grandes ruptures. Cela évite d'avoir des définitions sur la république trop éloignées de la réalité effective de ce régime politique qui s'est exercé de multiples façons.

3. Jacques de Saint-Victor et Thomas Branthôme, *Histoire de la République en France*, Economica, 2018.

3 2. Les libertés

La liberté est inscrite dans la devise nationale. Celle-ci se décline à travers plusieurs libertés accordées dans l'histoire des républiques. En 1881, la liberté de réunion et la liberté de presse sont votées à la Chambre des députés. Ce sont des garanties fondamentales dans l'exercice de la démocratie puisqu'elles permettent la contestation et la critique du pouvoir en place et donc la liberté d'expression. En 1884, la liberté syndicale accorde aux travailleurs français le droit de former des organisations pour défendre leurs droits. La même année, la liberté de divorcer entre aussi en vigueur, permettant là aussi des évolutions sociétales majeures. Ainsi, les années 1880 constituent un tournant dans la libéralisation de la vie des Français. En 1901, la liberté d'association (la célèbre loi de 1901 dont se réclament encore aujourd'hui toutes les associations) donne un cadre aux organisations sportives, culturelles, politiques, etc. La liberté de culte est aussi proclamée avec la loi de séparation des Églises et de l'État en 1905.

3 3. Les droits

Les droits des citoyens sont multiples. Le premier de ces droits est celui de voter. Les constitutions de la Troisième République, de la Quatrième République et de la Cinquième République sont toutes démocratiques. Les femmes sont cependant écartées du droit de vote jusqu'en 1944.

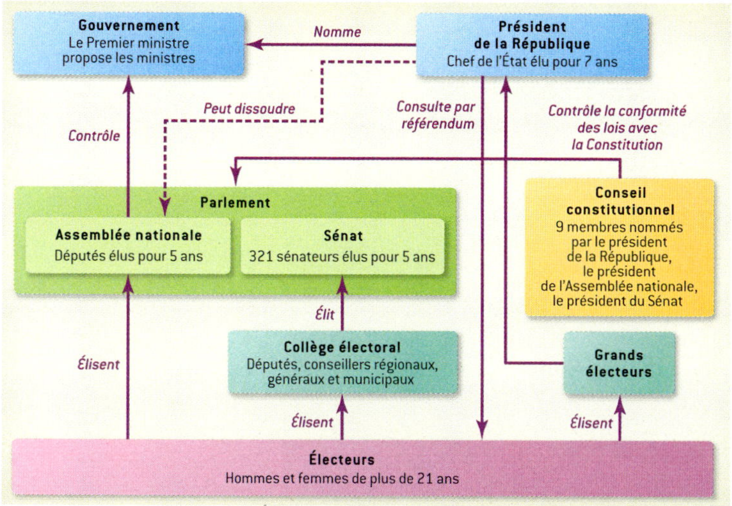

La Constitution de la Cinquième République (1958)

Le pouvoir part toujours des électeurs (voir ci-dessus : Constitution de la Cinquième République). Les électeurs élisent leurs députés au suffrage universel direct, ainsi que le président de la République à partir de 1962. Le gouvernement est nommé par le président, et il est contrôlé par l'Assemblée nationale. Le Sénat est élu au suffrage indirect. Le Conseil constitutionnel se charge de vérifier si les lois votées sont conformes à la Constitution.

Le droit de vote évolue en 1944 avec l'ouverture faite aux femmes d'être citoyennes. C'est le fruit de longues années de lutte, la France étant précédée dans cette ouverture par de nombreux pays européens. D'autres droits sont conquis sous la Quatrième et la Cinquième Républiques, comme les droits sociaux : les congés payés, la retraite, le chômage, l'assurance maladie, l'accès à la contraception ou encore le salaire minimum.

❸ 4. Les devoirs

Le premier devoir du citoyen est celui de respecter les lois en vigueur. Le devoir de payer l'impôt évolue pendant la Troisième République. Avant l'entrée en guerre, en 1914, est instauré l'impôt sur le revenu. Cela permet aux Français de participer aux finances publiques (pour l'école, l'hôpital, etc.) en proportion de leurs revenus.

Le devoir de défendre son pays est aussi inscrit pour les citoyens. En 1872 est votée la première loi de conscription nationale (le service militaire). Sa durée varie : deux ans en 1905, trois ans en 1913 quand la guerre se prépare, dix-huit mois en 1923. Le service national est aujourd'hui remplacé par la JDC : Journée « Défense et Citoyenneté ».

Enfin, un autre devoir du citoyen est celui de devoir être juré s'il est tiré au sort dans sa commune.

Repères chronologiques

1881 : Liberté de réunion et liberté de la presse.

1882 : Liberté syndicale et de divorcer.

1901 : Liberté associative.

1905 : Loi de séparation des Églises et de l'État.

1944 : Droit de vote des femmes.

Document analysé et exploité

Les femmes votent pour la première fois
lors du premier tour des élections municipales le 29 avril 1945.

• Présentation et définition du document

Cette photographie a été prise lors du premier tour des élections municipales d'avril 1945. Un an plus tôt, Charles de Gaulle signait l'ordonnance accordant ce nouveau droit aux femmes, après la décision de l'Assemblée consultative d'Alger. C'est donc une décision prise par la Résistance. On peut voir ici de nombreuses femmes qui se pressent pour exercer leur droit. Cependant, la participation des femmes aux scrutins reste basse jusqu'aux années 1960 (entre 7 et 12 points de plus d'abstentions que les hommes). L'élection de 1945 fait office d'exception, ce qui peut s'expliquer par le fait que de nombreux hommes ne sont pas encore revenus au foyer et que les femmes votent « à leur place ».

• Analyse du document en lien avec le thème 4

Comme pour la photographie d'école plus haut, il ne faut pas aborder celle-ci comme un instantané du passé. C'est l'œil du photographe qui fait le choix de prendre ce moment en photo : un moment où les femmes sont nombreuses et agglutinées pour exercer leur droit de vote. C'est une photographie intéressante pour comprendre aussi comment se déroule un scrutin avec le passage très codifié devant les assesseurs.

• Piste d'exploitation pédagogique

Il est possible de proposer une situation problème aux élèves. Sur la photographie, on voit beaucoup de femmes venues voter pour la première fois, et les chiffres confirment l'impression donnée par la photographie (la participation des femmes est égale à celle des hommes). Pourquoi les femmes ne sont-elles pas venues en masse voter pour les scrutins des années suivantes ? Les hypothèses produites par les élèves peuvent être de tout ordre. De nombreux témoignages existent et peuvent venir les conforter dans leurs hypothèses ou au contraire les faire mettre de côté. L'explication n'est pas unique et c'est ce qui est intéressant dans l'histoire des sociétés.

En savoir plus sur les programmes de collège

hatier-clic.fr/crpe23hgem

TEST D'AUTO-ÉVALUATION 4

Corrigé p. 230

1 Relier chaque régime politique à ses dates de début et de fin.

La Troisième République •	• 1815-1830
La Restauration •	• 1830-1848
La monarchie de Louis-Philippe Ier •	• 1848-1852
Le Second Empire •	• 1852-1871
La Deuxième République •	• 1871-1940

2 Classer chaque colonie dans la colonne de la métropole correspondante.

a. Kenya
b. Gabon
c. Guadeloupe
d. Égypte
e. Indes
f. Madagascar
g. Algérie
h. Nigeria

Empire français	Empire britannique

3 Compléter le texte qui explique le fonctionnement de la Cinquième République à partir de 1962.

Les électeurs .... le président de la République et les députés à l'Assemblée nationale au suffrage .... Le gouvernement est .... par le président, et .... par l'Assemblée nationale. Le Sénat est élu au suffrage .... Le Conseil constitutionnel vérifie si les lois votées sont conformes à la Constitution.

Le statut de citoyenne à part entière et le droit de vote ont été accordés aux femmes en ....

4 Schématiser le fonctionnement de la Cinquième République à l'heure actuelle.

HISTOIRE

THÈME 5

L'âge industriel en France

*Étudier l'âge industriel en France permet de faire avec les élèves de l'***histoire sociale et économique***. Ils ont, avec le premier thème de CM2, un cadrage politique de la période. Le phénomène majeur qui bouleverse la société européenne et a* fortiori *française en moins d'un siècle est le démarrage de l'***âge industriel***. Longtemps, cette période a été appelée «* **Révolution industrielle** *» dans les programmes.*

On lui préfère aujourd'hui le terme d'« âge industriel » pour plusieurs raisons. C'est tout d'abord une histoire de rythme : les évolutions se font sur **le temps long***, avec des procédés qui se mettent au point sur des dizaines d'années. C'est aussi lié à* **l'ampleur géographique très limitée** *au XIXe siècle : le nord et l'est de la France, ainsi que quelques sites industriels comme Le Creusot, mais qui restent des ilots dans une* **France majoritairement rurale***.*

L'intégralité du thème n'est pas à traiter en classe. Les enseignants ont à choisir deux sujets parmi les quatre entrées proposées. Il leur est demandé de partir de **cas concrets***, et d'éviter ainsi un cours théorique sur les évolutions économiques et sociales du pays.*

Quels que soient les sujets choisis, il sera important de faire le lien avec le processus d'industrialisation que connait le pays. Ce processus se caractérise par des changements de modes de production et de transports, avec une première phase au milieu du XIXe siècle et une deuxième accélération à partir des années 1880. S'il est plus complexe de dater la fin de l'âge industriel, on peut dire qu'il continue d'exister durant la première moitié du XXe siècle, avec de nouvelles mutations. Les ajouts au programme de 2020 doivent être pris en compte : les **dégâts environnementaux** *causés par l'âge industriel doivent être questionnés, puisqu'on observe les premières pollutions conséquentes liées à l'activité humaine, avec notamment une forte évolution des rejets des gaz à effet de serre.*

C'est donc un objet d'étude sur un temps long qui est proposé comme second thème dans l'année de CM2, et les élèves doivent percevoir qu'on ne passe pas d'une société paysanne à une société industrielle de façon brutale.

Notions fondamentales

- Industrialisation ; urbanisation ; travail ; mécanisation ; énergies.
- **Ce qu'il faut enseigner** : les deux périodes d'industrialisation ; les changements sociétaux et les résistances rurales.

1 Les énergies majeures de l'âge industriel (charbon, puis pétrole) et les machines

1 1. Enjeu : étudier les révolutions industrielles ou l'âge industriel ?

Les programmes d'histoire oscillent ces dernières années entre ces deux façons de nommer les profonds changements économiques et sociaux au XIXe siècle. Ce débat est assez ancien, puisque c'est l'économiste Jean-Baptiste Say qui explique vers 1830 qu'il s'agit d'une révolution, tout comme la conquête des libertés pendant la Révolution française. C'est ce que développe Liliane Hilaire-Pérez avec d'autres historiens lors d'une table ronde aux Rendez-vous de l'histoire de Blois en 2017[1] sur la question : les révolutions industrielles ont-elles existé ? En parlant d'âge industriel, ils replacent cette phase historique, qui pouvait paraitre soudaine et brutale avec le concept de révolution, dans la perspective d'un temps long.

1. Voir l'édition 2017 des Rendez-vous de l'histoire de Blois : http://rdv-histoire.com/

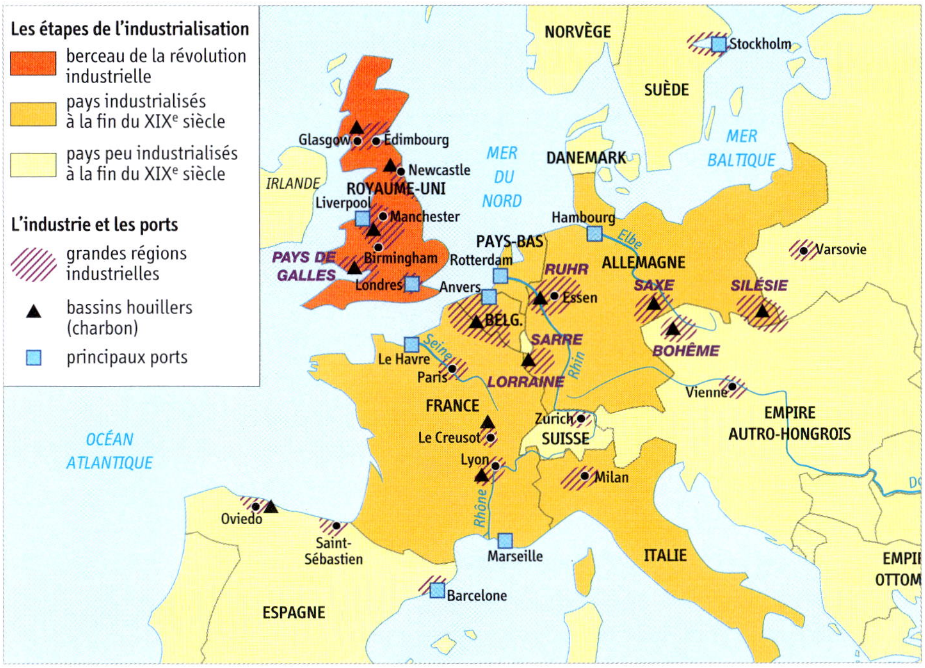

L'Europe industrielle en 1900
Manuel Histoire-Géographie 4e, Éditions Hatier, 2016.

1 2. La première vague d'industrialisation

C'est à partir de 1830 que la première vague d'industrialisation débute en France, plusieurs dizaines d'années après l'Angleterre. Ce processus est à la fois économique, technologique et social. Les artisans, qui travaillaient auparavant chez eux, sont embauchés dans des manufactures, dirigées par des patrons qui achètent la matière première et l'outillage nécessaire. Cela permet des productions en plus grande quantité, pour répondre à une demande plus forte, dopée par la croissance économique. Le développement des machines à vapeur permet plus de productivité avec des machines qui remplacent la force humaine ou animale. Ces machines fonctionnent au charbon, ce qui nécessite un développement de l'industrie minière pour alimenter en énergie les usines. L'utilisation du charbon (une énergie fossile venant de la dégradation des végétaux) noircit les paysages et les villes où il est utilisé, puisque cette énergie est très polluante. Le textile et la

Définition

Industrialisation : processus de transformation des modes de production. Il s'agit du développement de la mécanisation associée au regroupement des ouvriers dans des usines, et non plus dans les ateliers de l'artisan. Ce processus implique des transformations techniques (nouvelles machines), sociales (nouveaux modes de travail) et économiques (banque, bourse et grands patrons). L'industrialisation naît en Angleterre au XIXe siècle et se répand ensuite en Europe et en Amérique du Nord à des rythmes variables.

sidérurgie sont les deux autres secteurs les plus touchés par ces transformations. Cette première vague d'industrialisation ne touche pas toute la France de façon uniforme : le Nord, l'Est et certaines villes comme Lyon entrent dans ces transformations industrielles, alors que la France reste majoritairement rurale.

Définition

Sidérurgie : travail du fer, de la fonte et de l'acier. Elle se développe surtout avec l'industrialisation pour produire les machines nécessaires, mais aussi pour réaliser les voies ferrées en plein essor. Le procédé Bessemer (1855) est un exemple d'innovation qui permet d'obtenir un acier de grande qualité et peu couteux.

1 3. La deuxième vague d'industrialisation

Les années 1880 marquent un tournant dans l'âge industriel en Europe, avec de nouvelles innovations qui continuent de transformer le pays. L'électricité est inventée (Edison) et ses usages sont tout de suite multiples : pour faire fonctionner les machines, mais aussi pour l'éclairage des villes et des usines. La recherche en chimie produit aussi des innovations importantes avec le développement de l'usage du pétrole, qui sert pour faire fonctionner les moteurs des premières automobiles. Issus de la pétrochimie, les plastiques commencent à être produits en masse, tant ce matériau apparait comme révolutionnaire, avec des applications très variées : petits objets dans un premier temps (boules de billard, peignes, boutons), puis objets plus imposants (téléphone en 1929). La radioactivité est aussi découverte et permet d'envisager des progrès médicaux conséquents (la « curiethérapie » contre les cancers). C'est aussi le cas avec les premières mises au point des vaccins (celui contre la rage avec Pasteur). Au XXe siècle, la façon de travailler à l'usine continue aussi de se transformer avec le taylorisme (une tâche par ouvrier), puis le fordisme (simplification du travail à la chaine, meilleure rémunération pour que les ouvriers consomment).

1 4. Les conséquences sur les transports

Les deux vagues d'industrialisation ont des conséquences sur le développement des transports. Lors de la première phase, les évolutions de la sidérurgie et la mise au point de la machine à vapeur conduisent au développement des voies ferrées et des trains. Le réseau est encore très limité, mais les perspectives laissent entrevoir un raccourcissement progressif de la durée des trajets dans le pays. L'implantation des gares, en plein centre des villes, devient primordiale pour que celles-ci soient connectées au réseau et développent ainsi leurs capacités industrielles. Le réseau ferroviaire prend de l'ampleur sous le Second Empire et s'accélère encore sous la Troisième République avec le « Plan Freycinet » (du nom du ministre des Travaux publics) qui vise à développer le réseau secondaire. Le transport maritime est aussi touché par toutes ces innovations, puisque la vapeur est utilisée pour les premiers bateaux à moteur, ce qui permet de ne plus dépendre de la force du vent ou des hommes. À la fin du XIXe siècle, l'offre de transports commence à se diversifier avec les premiers métros, l'automobile, l'autobus, le vélo, les dirigeables et les premiers avions. Cela permet de développer les mobilités, qui sont favorables aux échanges commerciaux (importation comme exportation) et au développement économique du pays.

Repères chronologiques

1830 : Début de la première vague d'industrialisation.

1855 : Mise au point du procédé Bessemer, un nouvel acier très performant.

1875-1891 : Doublement du réseau ferroviaire français.

1880 : Début de la deuxième vague d'industrialisation.

1900 : Mise en service du premier métro à Paris.

Document analysé et exploité

«Saisissant de longues tenailles, ils retiraient des fours les masses de fer rouge; puis, les plaçant dans des charriots qu'ils poussaient devant eux, ils les amenaient en face d'énormes enclumes pour être frappés par le marteau. Mais ce marteau ne ressemblait en rien aux marteaux ordinaires; c'était un lourd bloc de fer qui, soulevé par la vapeur entre deux colonnes, montait jusqu'au plafond et retombait droit de tout son poids sur l'enclume. [...] Là, le fer rouge passait entre des rouleaux, sortait aplati en lames semblables à de longues bandes de feu.»

G. Bruno (pseudonyme d'Augustine Fouillée-Tuillerie), *Le Tour de France par deux enfants*, Belin, 1877.

• Présentation et définition du document

Cet extrait est issu du *Tour de France par deux enfants*, édité à parti de 1877. Il s'agit d'un livre de lecture, que presque toutes les écoles se procurent à l'époque. En voyageant de région en région, les deux enfants exposent à la fois l'histoire de France, sa géographie, mais aussi les morales importantes à retenir pour une bonne éducation. Dans l'extrait proposé, les enfants arrivent au Creusot, la ville de l'usine des Schneider. Cette famille de riches entrepreneurs a permis la croissance de la ville par ses investissements industriels dans la sidérurgie. En 1876, ils achètent un marteau-pilon de 100 tonnes qui révolutionne la production.

• Analyse du document en lien avec le thème 5

L'étude de cet extrait de manuel se fait dans un langage accessible, ce qui n'est pas toujours le cas lorsqu'il s'agit d'histoire économique et sociale. Le processus de production raconté est celui qui mène à l'utilisation du marteau-pilon. La description montre l'engouement pour les prouesses technologiques réalisées, ce qui nous permet d'étudier les innovations de la période. Celles-ci nécessitent de lourds investissements, mais assurent ensuite des profits importants. On devine le travail difficile des ouvriers lors de ces manipulations.

• Piste d'exploitation pédagogique

Il existe plusieurs représentations iconographiques de ce marteau-pilon (photographies, peintures, dessins, schémas). Il est nécessaire de s'appuyer sur celles-ci pour étayer ce que la description du manuel nous explique. Une fois le processus compris par les élèves, on peut les questionner ainsi: quel est l'intérêt d'expliquer l'usage du marteau-pilon du Creusot dans un manuel de lecture à destination des enfants? Cela permet de travailler avec eux l'importance de l'innovation, ses impacts sur la société, mais aussi la glorification nationale du progrès, et implicitement de ces grandes familles industrielles.

Joseph-Fortuné Layraud, *Le Marteau-pilon à vapeur*, 1889
Huile sur toile, 151 × 254 cm, écomusée de la communauté urbaine du Creusot, Montceau-les-Mines.

2 Le travail à la mine, à l'usine, à l'atelier, au grand magasin

2 1. Enjeu : étudier l'histoire ouvrière

Ce point s'intéresse tout particulièrement aux nouveaux travailleurs du XIXe siècle, qui vivent pour beaucoup dans des conditions difficiles, que ce soit au travail ou chez eux. L'enjeu n'est pas de faire une histoire misérabiliste, mais de s'interroger sur l'histoire sociale. C'est ce que Gérard Noiriel[2] a entrepris dans son ouvrage *Une histoire populaire de la France, de la guerre de Cent Ans à nos jours*. Son objectif est d'interroger les dominations mises en œuvre et les conséquences de celles-ci. Plusieurs chapitres de cet ouvrage abordent les travailleurs du XIXe siècle et permettent de comprendre l'organisation de ces sociétés très hiérarchisées.

2. Gérard Noiriel, *Une histoire populaire de la France, de la guerre de Cent Ans à nos jours*, Agone, 2018.

2 2. Le travail à la mine

Les mines sont nombreuses au XIXe siècle et elles emploient une main-d'œuvre conséquente pour l'extraction du charbon ou encore du fer. Les trois quarts des mines se concentrent dans le nord du pays. Les mineurs sont aussi bien des hommes que des femmes et des enfants, ces derniers étant utilisés pour accéder à des filons trop étroits pour les adultes. L'extraction se fait de façon manuelle, avec des outils rudimentaires, même si l'arrivée de l'électricité facilite l'éclairage des galeries. C'est un travail dangereux en raison du risque d'effondrement, mais aussi des « coups de grisou » résultant des poches de gaz explosif libérées lors de l'extraction. En 1906, la catastrophe de Courrières marque les esprits : l'explosion dans la mine fait 1 099 morts. Alors que les premiers syndicats sont créés afin de lutter pour de meilleures conditions de travail (grèves), des lois sociales sont votées à la fin du XIXe siècle, interdisant le travail des femmes et des enfants, et améliorant les conditions de travail des mineurs. Les mines attirent des migrants étrangers dans les zones frontalières.

2 3. Le travail à l'usine et à l'atelier

Les ateliers sont les formes les plus anciennes de manufactures existantes dans le pays, ils permettent le regroupement des artisans pour un travail plus efficace. Ces ateliers perdurent durant toute la période, mais ils représentent une part de plus en plus minime de la production industrielle, et sont progressivement remplacés par les usines. Les patrons des usines sont souvent de très riches entrepreneurs. La vie à l'usine est très surveillée, avec des horaires de travail importants (douze à quatorze heures par jour), peu de repos et des salaires assez bas, bien que ceux-ci augmentent en fin de période en raison des luttes sociales. Le développement du paternalisme (la famille Schneider au Creusot, par exemple) améliore en partie les conditions de vie, le patron finançant les logements et les loisirs de ses ouvriers, en échange d'une productivité accrue.

2 4. Le travail dans les grands magasins

Le développement de la production industrielle et la croissance économique accentuent la demande de consommation. Durant le Second Empire, dans les grandes villes, s'ouvrent de grands magasins, qui regroupent en un même lieu des produits vendus auparavant dans des magasins bien distincts. Le premier est le Bon Marché à Paris en 1852. Une hiérarchie entre les métiers s'y déploie : le patron, les chefs de rayons, les vendeuses et les ouvrières à domicile. Les conditions de travail dans les grands magasins sont plus enviables qu'à l'usine et à la mine, d'autant que les entreprises permettent parfois la création de caisses de retraite pour leurs employés.

Repères chronologiques

1852 : Ouverture du premier grand magasin à Paris, le Bon Marché.

1874 : Les femmes ne peuvent plus travailler dans les mines.

1900 : Limitation du temps de travail journalier.

1906 : Obligation du repos hebdomadaire.

1906 : Catastrophe de la mine de Courrières, 1 099 morts.

Document analysé et exploité

Charlie Chaplin, *Les Temps modernes*, 1936.

• Présentation et définition du document

Le film de Charlie Chaplin n'a pas à être vu dans son intégralité en classe; le début permet d'avoir une entrée concrète dans la vie à l'usine. Ce film muet met en scène le personnage de Charlot, employé dans une usine métallurgique, qui est rapidement licencié et se retrouve au chômage. Ce document est une satire du monde industriel. Même si le film a été tourné aux États-Unis, le taylorisme et son travail à la chaine sont largement répandus dans tous les pays industriels et *a fortiori* en France. La première partie du film montre des ouvriers chargés de serrer des boulons toute la journée, jusqu'à en devenir fous. Le directeur de l'usine fait venir un inventeur pour tester une machine permettant de nourrir les ouvriers pendant qu'ils travaillent afin de gagner du temps de production.

• Analyse du document en lien avec le thème 5

Le document n'est pas une source directe puisqu'il s'agit d'une fiction, mais qui s'inspire du monde réel pour en décrire les excès. Les élèves peuvent ne pas être familiers du monde de l'usine puisqu'il en reste peu en France, et que les conditions de travail se sont transformées depuis cette époque. Ce document permet à la fois de découvrir un mode de fonctionnement du travail en usine, le taylorisme, tout en continuant à exercer son esprit critique en tenant compte du fait qu'il s'agit d'une satire (le document dénonce des faits par l'humour).

• Piste d'exploitation pédagogique

Il est important de ne pas montrer l'extrait (les quinze premières minutes) qu'une seule fois aux élèves. Le premier visionnage est celui de la découverte, mais aussi du rire puisque les scènes sont grotesques et accessibles pour des enfants de CM2. Il faut ensuite revoir l'extrait pour décrire ce qu'est le travail d'usine représenté dans le film. Enfin, il convient de se demander pourquoi Chaplin veut dénoncer les conditions de travail à l'usine, avant d'avoir une réflexion plus large sur les raisons de telles conditions de travail.

3 La ville industrielle

3 1. Enjeu : étudier l'urbanisation

Avec l'industrialisation qui progresse, l'exode rural s'amplifie. Le nombre d'habitants dans le pays augmente fortement en raison de la transition démographique. Celle-ci se caractérise par une baisse de la mortalité en raison des progrès médicaux et d'une meilleure hygiène, alors que la natalité baisse plus tardivement, par la réduction volontaire du nombre d'enfants dans les familles (puisque presque tous survivent désormais). Ce décalage dans le temps entre la baisse de la mortalité et la baisse de la natalité produit un accroissement démographique. Pendant ce temps, les besoins en main-d'œuvre diminuent dans les campagnes avec les débuts de la mécanisation. Une partie des jeunes part donc travailler dans les mines et les industries qui ont besoin de main-d'œuvre. La croissance urbaine est notable, que ce soit à Paris ou dans les grandes villes industrielles. Ainsi 18,6 % des Français vivent en ville en 1831, 41 % en 1901 et 51,1 % en 1931.

Définition

Exode rural : phénomène de départ des habitants des campagnes vers la ville pour trouver du travail. Celui-ci est particulièrement massif au XIXe siècle en France.

3 2. La ville se transforme

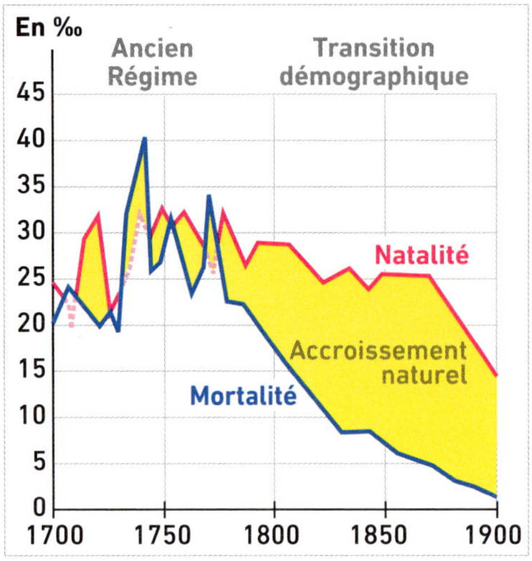

Natalité et mortalité en Europe de l'Ouest

Manuel Histoire-Géographie 4e, Éditions Hatier, 2016.

Les villes se modifient : l'implantation des usines, des grands magasins, des gares occasionne des profonds changements. Pendant le Second Empire, Napoléon III charge le préfet Haussmann de moderniser la capitale. Il crée les grands boulevards et les avenues, il développe les équipements permettant l'arrivée de l'eau, du gaz et fait creuser le réseau des égouts. Il définit de nouvelles normes architecturales pour uniformiser les quartiers. Par souci sanitaire, il laisse une place à la nature dans la ville avec le bois de Vincennes et le bois de Boulogne, qui sont des poumons verts en périphérie de Paris. Certains de ses contemporains comme Victor Hugo déplorent la destruction de l'ancien Paris. C'est ce que l'historien Patrice de Moncan[3] questionne dans son ouvrage sur le Paris d'avant et d'après Haussmann en comparant des photographies sous le même angle de vue afin de saisir l'ampleur des changements apportés par le préfet. Son questionnement est intéressant puisqu'il déconstruit la nostalgie du vieux Paris en se focalisant sur chaque quartier.

3. Myriam Chauvot, « La réputation de destructeur d'Haussmann n'a pas lieu d'être », lesechos.fr, 9 décembre 2010.

Repères chronologiques

1850 : Début de l'intensification de l'exode rural.

1853-1870 : Grands travaux initiés par le préfet Haussmann.

Document analysé et exploité

• Présentation et définition du document

Pour peindre cette toile, Monet s'installe directement dans la gare, sur le quai. Cette œuvre impressionniste donne à voir l'activité intense de ces lieux centraux des villes industrielles. Des trains arrivent, d'autres repartent, des voyageurs se pressent. La halle de la gare est typique de l'époque avec un mélange de fer et de verre très symétrique. Les critiques de l'époque ont dit que le peintre réussissait à faire ressentir les couleurs et les bruits de ce lieu. Dans le fond, on aperçoit le quartier de l'Europe, modernisé par Haussmann avec son architecture typique.

Claude Monet, *La Gare Saint-Lazare, arrivée d'un train*, 1877.

• Analyse du document en lien avec le thème 5

Le regard porté par Monet est celui d'un peintre fasciné par les changements de son temps. Il utilise la gare comme il aurait pu le faire d'un paysage naturel, une belle montagne ou un littoral majestueux. La ville moderne est donc vue comme un aspect très positif de la période. Cette œuvre peut nous permettre de nous questionner sur les profonds changements amenés par ce nouveau moyen de transport dans les grandes agglomérations.

• Piste d'exploitation pédagogique

L'œuvre peut être difficile d'accès pour les élèves, s'ils ne connaissent pas les méthodes des peintres impressionnistes. Il peut être intéressant de travailler avec eux cette technique en Arts visuels. La description du paysage peut se faire en classe entière puisque ce n'est pas l'enjeu majeur de l'analyse. Le questionnement de savoir si le peintre porte un regard positif ou négatif sur la gare permet de s'interroger sur l'intérêt du train au XIXe siècle et sur les transformations qu'il a pu engendrer.

Définition

Impressionnisme : mouvement artistique de la fin du XIXe siècle, caractérisé par des petites touches de peintures pour représenter des paysages et des scènes de la vie moderne, donnant des effets lumineux particuliers et une sensation visuelle spécifique à ce procédé.

4 Le monde rural

4 1. Enjeu : étudier une société encore très rurale

La population reste majoritairement rurale en France tout au long du XIXe siècle. L'agriculture y occupe une place prépondérante, mais elle recouvre des réalités variées sur le territoire. À l'Ouest, la polyculture est répandue, permettant à la fois l'élevage et les cultures de céréales. Dans le Bassin parisien, les plaines se spécialisent dans les céréales avec de grands propriétaires à la tête des exploitations, contrairement à la province où les petites exploitations familiales dominent. Des cultures spécialisées existent aussi : les vignobles, par exemple, comme à Bordeaux, en Bourgogne et en Champagne.

④ 2. Les lentes évolutions du monde rural

L'industrialisation bénéficie aussi au monde agricole : l'arrivée du chemin de fer ou encore les canaux creusés donnent un meilleur accès aux marchés. La mécanisation (les machines à battre et les moissonneuses) commence à se répandre, même si elle reste longtemps réservée aux plus gros exploitants. La technique de l'assolement, qui permet une rotation des cultures, est en revanche répandue partout sur le territoire. Les intrants (engrais, pesticides) commencent à être testés, mais c'est vraiment au siècle suivant que ceux-ci se répandront.

Document analysé et exploité

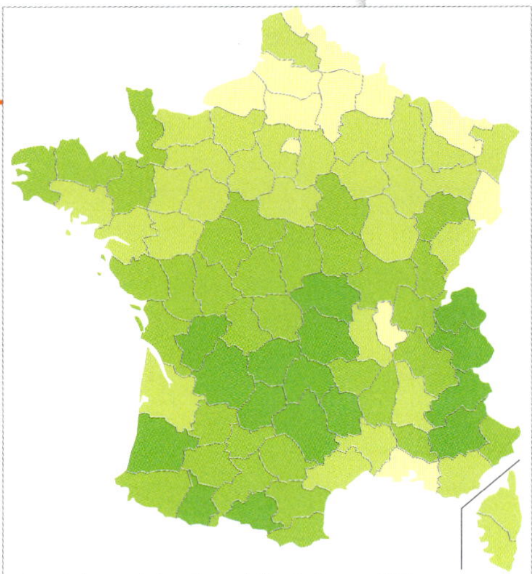

La population vivant de l'agriculture au XIXe siècle
in C. Grataloup, *Atlas historique mondial*, 8130, Les Arènes, 2019.

• Présentation et définition du document

L'étude de documents statistiques est importante dès l'école primaire pour familiariser les élèves avec ce type d'outil. Il s'agit là d'une carte représentant la part de la population vivant de l'agriculture en 1861. Il faut différencier cette catégorie de la population rurale qui est la population ne vivant pas en zone urbaine. En effet, à la campagne peuvent vivre aussi des cléricaux, des mineurs, des ouvriers, des artisans, des commerçants…

• Analyse du document en lien avec le thème 5

En 1861, la population vivant de l'agriculture est très majoritaire sur de nombreux territoires, notamment une proportion très conséquente dans les régions montagneuses. Mais les reliefs ne peuvent pas être les seules explications. Cette carte recoupe en grande partie celle de l'industrialisation de la France. Là où les usines et les mines se déploient, l'agriculture recule dans la part des actifs concernés. Ce qui est invisible en revanche, c'est que l'augmentation de la part d'actifs dans l'industrie ne résulte pas seulement de la transformation d'activités locales, mais aussi de migrations massives d'autres régions (voire d'autres pays) vers les espaces industriels.

• Piste d'exploitation pédagogique

Pour lire cette carte, les élèves auront préalablement travaillé les pourcentages en mathématiques, afin de comprendre ce que peuvent représenter 80 % par rapport à un pourcentage plus faible. Il faut passer du temps sur la compréhension et la lecture de cette carte, qui n'est pas si évidente en CM2. Ensuite, on peut faire formuler des hypothèses pour expliquer cette inégale répartition de l'agriculture en France. Les élèves vont potentiellement mettre cela en rapport avec le thème de l'industrialisation, voire identifier les montagnes. S'ils font cela, c'est déjà une analyse pertinente, mais il est très probable qu'il faille les guider. Il peut être intéressant ensuite de leur apporter des informations qui ne sont pas visibles sur la carte, comme les migrations, afin de compléter leur raisonnement.

En savoir plus sur les programmes de collège

hatier-clic.fr/crpe23hgem

TEST D'AUTO-ÉVALUATION 5

Corrigé p. 231

1 Classer dans le tableau ce qui correspond à la première ou à la deuxième phase de l'industrialisation.

a. Charbon
b. Chimie
c. Électricité
d. Machine à vapeur
e. Sidérurgie
f. Automobile

Première phase de l'industrialisation	Deuxième phase de l'industrialisation

2 Choisir la définition de la transition démographique.

a. Une augmentation de la mortalité, une baisse de la natalité donc une baisse démographique.

b. Une baisse de la mortalité, une baisse de la natalité plus tardive donc une hausse démographique.

c. Une baisse de la natalité, une baisse de la mortalité plus tardive donc une baisse démographique.

3 Relier les évènements aux bonnes dates.

1852 ●	● Les femmes ne peuvent plus travailler dans les mines
1874 ●	● Obligation du repos hebdomadaire
1900 ●	● Limitation du travail journalier
1906 ●	● Ouverture du premier grand magasin à Paris, le Bon Marché

4 Donner des dates significatives qui marquent les progrès des transports en France et à Paris pendant l'âge industriel.

....

....

....

....

HISTOIRE

THÈME 6

La France, des guerres mondiales à l'Union européenne

La première partie du dernier thème de l'année CM2 porte sur les deux guerres mondiales et sur la construction européenne. C'est un thème particulièrement **dense historiquement, mais aussi émotionnellement** *pour des élèves de cet âge. Les deux guerres sont étudiées conjointement pour faire ressortir* **les points communs et les spécificités** *de chacune d'elles. Il faut que les élèves comprennent qui sont les belligérants, mais ils doivent aussi aborder les horreurs de ces conflits : les bombardements, la mortalité, les tranchées, les génocides…*

Tenir compte de l'âge des enfants est alors essentiel : non pas pour amoindrir les évènements qui ont eu lieu, mais pour ne pas les traumatiser et les empêcher alors de réfléchir. La **portée mémorielle** *de ce thème est en effet très forte, et il est important de bien distinguer ce qui relève de la mémoire de ce qui relève de l'histoire. Faire participer les élèves aux commémorations du 11 novembre, c'est faire acte de mémoire. Les faire réfléchir sur les raisons d'édifications des monuments aux morts et des célébrations, c'est faire de l'histoire.*

L'autre difficulté est qu'on se situe dans une **question socialement vive** *(voir Partie 1, p. 14). Dans la société, et donc parfois dans les classes, ces thématiques peuvent être source de tensions, et les élèves peuvent arriver en classe avec des idées posant problème sur les faits historiques.*

La deuxième partie du thème porte sur la construction européenne comme réponse à l'horreur de la Seconde Guerre mondiale. Cette construction n'a pas été linéaire (des avancées, des reculs, des moments de blocages) en raison des idées de projets très différents des pays et des acteurs concernés. Réfléchir au **projet européen**, *cela permet de comprendre l'évolution de son ampleur géographique (des adhésions, un départ) et de ses enjeux (l'agriculture au début, l'euro plus tard, la santé aujourd'hui).*

Ainsi, la densité de cette thématique peut tout à fait aboutir au choix pédagogique d'y consacrer plus de temps qu'aux autres thèmes de l'année, afin de ne pas passer trop vite sur des enjeux essentiels de l'enseignement de l'histoire aujourd'hui.

Notions fondamentales

- Guerre ; génocide ; résistance ; collaboration ; construction européenne.
- **Ce qu'il faut enseigner** : les débuts et fins des deux conflits ; les peuples victimes de génocide ; les acteurs majeurs des guerres et de la construction européenne ; les étapes de la construction européenne.

1 Deux guerres mondiales au XXe siècle

1 1. Enjeu : prendre en compte des historiographies renouvelées

Les deux guerres mondiales sont des sujets très prisés des historiens qui engendrent des débats historiographiques intenses. Antoine Prost et Jay Winter[1] ont retracé l'historiographie de l'histoire de la Première Guerre mondiale et ils ont montré que trois configurations historiographiques existent et orientent différemment les recherches : la première est diplomatique et militaire, la seconde est sociale, la troisième est culturelle et sociale. Au sein de cette dernière configuration, ils expliquent les débats qui existent entre des historiens qui défendent le point de vue de l'engagement des soldats par la contrainte ou par le consentement.

L'étude de la Seconde Guerre mondiale connait aussi un renouvellement conséquent, évoqué notamment dans un ouvrage de Tal Bruttmann et Christophe Tarricone, *Les 100 mots de la Shoah*[2]. Ils reviennent par exemple sur le terme de « camps d'extermination », abandonné par les historiens au profit de « centres de mise à mort ». En effet, le terme de camp implique de dormir dans cet espace concentrationnaire. Or, hormis le contre-exemple d'Auschwitz, les lieux d'extermination ne comprenaient pas de dortoirs ; on gazait les prisonniers dans les heures qui suivaient leur arrivée. La publication de ces travaux de recherche des historiens apporte des éclairages nouveaux à l'histoire des deux guerres.

1. Antoine Prost et Jay Winter, *Penser la Grande Guerre*, Le Seuil, 2004.
2. Tal Bruttmann et Christophe Tarricone, *Les 100 mots de la Shoah*, « Que sais-je ? », PUF, 2020.

1 2. La Première Guerre mondiale

La Première Guerre mondiale débute en aout 1914, à la suite de l'assassinat de François-Ferdinand d'Autriche, l'héritier au trône d'Autriche-Hongrie, à Sarajevo. C'est l'évènement déclencheur, mais les tensions étaient anciennes entre pays européens : le Royaume-Uni, la France, la Russie et leurs alliés (la Triple Entente) contre l'Allemagne, l'Autriche-Hongrie, l'Empire ottoman, l'Italie (qui change de camp au début de la guerre) et leurs alliés (la Triple Alliance). Plusieurs espaces sont touchés par des batailles intenses : le front de l'Ouest entre la France et l'Allemagne, le front de l'Est entre l'Allemagne et la Russie, les Dardanelles (Empire ottoman), l'Atlantique (des batailles navales), mais aussi en Afrique et en Asie (Japon). Concernant la France, les premiers mois de la guerre se caractérisent par une guerre de mouvement avec l'avancée des Allemands, leur recul, puis leur stabilisation. Ensuite, une très longue guerre des tranchées s'installe et, malgré un front qui ne bouge pas, la mortalité pour chaque camp est très importante.

Ainsi, de grandes batailles (La Somme, Verdun) durent plusieurs mois, font des centaines de milliers de morts, sans que cela ne change le cours de la guerre. Les soldats vivent dans des conditions très difficiles : des armes chimiques et une artillerie dévastatrice, peu de permissions, une vie dans les tranchées soumise aux aléas climatiques et au manque d'hygiène (poux, rats) provoquant des maladies. Des mutineries éclatent en 1917, mais elles sont sévèrement réprimées. Les populations civiles sont très affectées par la guerre : celles qui vivent à proximité du front en subissent les effets directs, mais l'arrière doit aussi se mobiliser pour financer la guerre et permettre l'approvisionnement des troupes en armes et en nourriture. Cela est notamment rendu possible grâce au travail des femmes.

Les populations des colonies et du Commonwealth sont également mobilisées, parfois sous la contrainte. Dans l'Empire ottoman, soupçonnés de collusion avec la Russie, les Arméniens subissent un génocide : les élites sont assassinées, la population est déportée dans le désert où beaucoup sont exécutés. En 1917, la Russie entre en révolution et se retire du conflit, alors que les États-Unis décident de rallier la France et le Royaume-Uni dans l'effort de guerre. En 1918, la guerre de mouvement reprend avec des percées allemandes dans le front au printemps, repoussées par la contre-offensive des alliés ensuite. En octobre 1918, en Allemagne, le pouvoir impérial est renversé par une révolution socialiste. La fin de l'Empire allemand le 9 novembre 1918 précipite la fin de la guerre, avec la signature de l'armistice le 11 novembre. En 1919, réunis à Versailles, les vainqueurs décident de faire payer l'Allemagne en imposant de lourdes réparations et une occupation temporaire de ses régions minières par la signature d'un traité.

Avec plus de 18 millions de morts, dont plus de 9 millions de soldats, la Première Guerre mondiale dépasse de loin les autres conflits dans l'histoire, c'est pourquoi elle est rapidement surnommée en France la « der des ders » (la dernière des dernières guerres). Les « gueules cassées », ces soldats défigurés et blessés au front, rendent visible pendant de nombreuses années l'horreur du conflit. En France, chaque commune prend en charge la construction d'un monument aux morts où sont inscrits les soldats tombés au front.

Les fronts européens de 1914 à 1917

Manuel Histoire-Géographie 3e, Éditions Hatier, 2016.

❶ 3. Les fronts de la Seconde Guerre mondiale

La Seconde Guerre mondiale débute en septembre 1939 avec l'invasion de la Pologne par l'Allemagne de Hitler. La France et le Royaume-Uni, alliés de la Pologne, répliquent en déclarant la guerre à l'Allemagne. L'Allemagne, l'Italie et le Japon forment l'Axe et ont pour points communs d'être des dictatures, voire des totalitarismes pour les deux premiers.

L'Allemagne, qui avait déjà annexé l'Autriche et envahi une partie de la Tchécoslovaquie, poursuit son invasion de l'est de l'Europe. Hitler fait envahir l'ouest à partir de mai 1940. Celle-ci est rapide avec la tactique de la Blitzkrieg (guerre éclair) : des bombardements aériens précèdent l'arrivée des chars, eux-mêmes suivis de l'infanterie. Les armées françaises et britanniques reculent. En France, le Maréchal Pétain, devenu chef du gouvernement, décide de signer l'armistice. Obtenant les pleins pouvoirs, il déclare l'État français, dont le siège s'établit à Vichy. Le gouvernement de Vichy entame une collaboration active

Définition

Totalitarisme : défini par Hannah Arendt en 1951, le totalitarisme est un régime politique qui se caractérise par un parti unique, un culte du chef orchestré dans une propagande d'Éta l'embrigadement de la jeunesse, le contrôl de la population à tous les niveaux (école, syndicats, travail, médias), une violence instituée contre les opposants (emprisonnement, torture, camps). L'Italie ne correspond qu'en partie à ce modèle.

avec l'Allemagne nazie. De son côté, le Royaume-Uni et son empire colonial résistent aux assauts de l'Armée allemande. L'Allemagne ne parvient pas à envahir le Royaume-Uni malgré d'importantes destructions par des bombardements aériens massifs. À partir de juin 1941, Hitler lance l'assaut contre l'URSS de Staline, rompant ainsi le pacte germano-soviétique signé avant la guerre et ayant permis l'invasion de la Pologne. En décembre 1941, la base militaire américaine de Pearl Harbor dans le Pacifique subit une attaque aérienne de la part des Japonais. Les États-Unis, qui aidaient jusqu'ici le Royaume-Uni (financement de la guerre, livraison d'armes), décident d'entrer dans le conflit. L'année 1942 est un tournant puisque l'Allemagne rencontre ses premières défaites, comme sur le front de l'Est à Stalingrad. L'armée allemande ne cessera alors de reculer. À l'Ouest, les États-Unis, le Royaume-Uni, le Canada et leurs alliés, après avoir pris pied au Maghreb, débarquent le 6 juin 1944 en Normandie et le 15 aout 1944 en Provence. L'Allemagne recule aussi sur ce front. La jonction se fait à Berlin en avril 1945, où Hitler s'est suicidé, les dernières batailles se faisant quartier par quartier avec de très jeunes soldats embrigadés refusant de céder à la défaite. La capitulation a lieu le 8 mai 1945, la guerre est finie en Europe. Elle continue en Asie avec des batailles navales et aériennes, ainsi que des milliers d'iles à conquérir pour les États-Unis. Les Américains décident d'utiliser la bombe atomique le 6 et le 9 aout 1945 à Hiroshima et Nagasaki. Le Japon capitule alors en septembre 1945. La Seconde Guerre mondiale, qui a fait 62 millions de morts sur tous les continents, est terminée. Les vaincus sont occupés par les vainqueurs, le temps de la transition vers la reconstruction des pays conquis.

Définition

Génocide : terme inventé en 1943 par le juriste Raphaël Lemkin. Il s'agit de l'extermination planifiée d'une population en raison de sa nationalité, de sa race supposée ou de sa religion.

❶ 4. Les génocides juifs et tziganes

La Seconde Guerre mondiale est un conflit idéologique, les idéologies fascistes et nazies combattant les démocraties et le communisme. Dès son accession au pouvoir en 1933, Hitler organise une politique racialiste et antisémite dans son pays, visant à exclure de l'espace public et de nombreux métiers les juifs (port de l'étoile jaune) et tous ceux qu'il souhaite discriminer, car ils ne font pas partie de ce qu'il considère comme la race supérieure : la race aryenne. Les premiers camps de concentration sont construits très vite après son accession au pouvoir, majoritairement pour ses opposants politiques dans un premier temps. Le discours nazi se radicalise progressivement, encourageant les persécutions à l'encontre de la population juive d'Allemagne. La guerre précipite les décisions avec l'invasion des pays de l'est de l'Europe où les communautés juives sont nombreuses. Des soldats sont formés à l'exécution de masse (les *Einsatzgruppen*), et ils avancent en même temps que l'armée pour commencer à exterminer progressivement ces populations, c'est le début du génocide des juifs. Dans les villes, ces derniers sont regroupés dans des ghettos où ils subissent de nombreuses privations et répressions. En janvier 1942, à la conférence de Wannsee qui rassemble les plus hauts responsables du régime, la décision de la « solution finale » est annoncée. Des centres de mises à mort sont mis au point en plus des très nombreux camps de concentration, où la mortalité est déjà très élevée. Des juifs de toute l'Europe sont envoyés en train, les ghettos sont évacués. En France, c'est la rafle du Vel d'Hiv' (Vélodrome d'Hiver) qui marque le début des vagues de déportations. Les détenus sont triés afin de sélectionner ceux qui sont aptes au travail ; les plus jeunes, les plus âgés, les plus fragiles sont gazés puis brulés dans des fours crématoires. Des résistants, des homosexuels, des malades psychiatriques subissent le même sort. La population tzigane, dernier peuple nomade d'Europe, après avoir subi de longs internements, sera exterminée, victime ainsi d'un second génocide. À la fin de la

Définition

Fascisme : idéologie du régime instauré par Mussolini en Italie à partir de 1922. Le terme vient des faisceaux, symbole du pouvoir dans la Rome antique, dont Mussolini s'inspire pour redonner de la puissance à son pays. Le régime fasciste est nationaliste, considérant l'intérêt de l'Italie comme supérieur à celui des autres pays. Dans ce type de régime, un chef glorifié dirige une politique populiste et autoritaire avec l'élimination des oppositions et la propagande d'État.

guerre, on dénombre entre 5 et 6 millions de juifs morts de la Shoah et 250 000 Tziganes, soit un tiers de ce peuple. Les camps de concentration et les centres de mises à mort sont libérés avec l'arrivée des Alliés : le monde prend alors connaissance de leur existence.

En 1946, au procès de Nuremberg, l'ampleur des crimes génocidaires nazis est exposée au monde entier. C'est alors que la communauté internationale définit pour la première fois ces crimes comme des crimes contre l'humanité.

1 5. La résistance et la collaboration, la France de Vichy

En juillet 1940, les parlementaires accordent les pleins pouvoirs au Maréchal Pétain : la moitié nord de la France est occupée par l'Allemagne, donc seule la partie sud est administrée par le gouvernement français avec Vichy pour capitale. Rapidement, Pétain et ses ministres décident de commencer une collaboration active en devançant les demandes allemandes : déportation, STO (Service du travail obligatoire). Certains Français décident aussi de collaborer en facilitant l'installation des nazis pour des raisons variées (adhésion aux valeurs, sécurité pour leurs familles). Mais d'autres Français s'engagent dans des mouvements de résistance. Au début, ce sont surtout des communistes et des juifs, groupes persécutés par le régime, mais aussi ceux qui décident de suivre l'appel lancé par le général de Gaulle depuis la radio de Londres le 18 juin 1940. Avec l'instauration du STO, des jeunes rejoignent les mouvements, refusant de participer à l'effort de guerre en Allemagne. Peu de temps avant la fin de la guerre, les résistants et les résistantes sont ainsi de plus en plus nombreux. Ils fournissent une aide conséquente lors des débarquements alliés en Normandie et en Provence. Ils subissent des représailles pour chacune de leurs actions. En juin 1944, le village d'Oradour-sur-Glane est ravagé par les nazis, à la recherche de résistants. Après la guerre, les résistants sont particulièrement glorifiés comme des héros. La très grande majorité des Français ne collabore ni ne résiste.

La France après l'armistice du 22 juin 1940
Manuel Histoire-Géographie 3e, Éditions Hatier, 2016.

Définitions

Nazisme : idéologie du régime instauré par Hitler en Allemagne à partir de 1933. Le terme vient de la contraction de « national-socialisme ». Le régime nazi repose sur l'autorité et le culte d'un chef, le Führer. Si ce régime autoritaire ressemble en partie au fascisme, il s'en distingue par une idéologie fondée sur les races. D'après les nazis, il existe des races supérieures qui devraient bénéficier de privilèges, se reproduire et avoir un espace vital à leur disposition et des races inférieures qui devraient être séparées du reste de la population, et pour certaines éliminées.

Shoah : en hébreu, ce terme signifie « anéantissement ». On désigne ainsi l'extermination des juifs par l'Allemagne nazie. On parle aussi de génocide des juifs ou d'Holocauste. Cette extermination concerne à la fois les pogroms (massac dans les villes et les villages) et les victimes des cam de concentration et des centres de mis à mort.

Repères chronologiques

1914-1918 : Première Guerre mondiale.
1915 : Début du génocide arménien.
1939-1945 : Seconde Guerre mondiale.
1940-1944 : France occupée par l'Allemagne.
1942 : Début du génocide des juifs et des Tziganes.

Document analysé et exploité

• Présentation et définition du document

En 1941 ou 1942, le Centre de propagande de la Révolution nationale d'Avignon réalise une des affiches les plus connues et les plus diffusées en France durant la guerre. L'objectif est d'opposer la France de la Troisième République (à gauche) à la France de Vichy (à droite). La première repose sur des qualificatifs décriés par le pétainisme, ce qui la rendrait bancale et ferait flamber le pays. La maison de droite en revanche est très stable et s'inspire des valeurs prônées par Vichy, avec une mise en valeur de la nouvelle devise: «Travail, Famille, Patrie». Tout va bien dans cette maison où il semble bon vivre. Les étoiles au-dessus sont une allégorie de Pétain (elles représentent son grade de Maréchal).

La maison France
Affiche de R. Vachot, centre de propagande d'Avignon, 60 × 120 cm, entre 1940 et 1942.

• Analyse du document en lien avec le thème 6

Le document n'est pas très complexe à analyser puisqu'il a pour principe de se vouloir très explicite afin d'être compris de tous. Il permet de comprendre quels étaient les principes idéologiques du régime de Vichy: contre l'internationalisme et le communisme, pour l'antisémitisme et bâti sur des valeurs patriarcales conservatrices, nationalistes et sur certaines formes de travail: celui de la terre est particulièrement valorisé. La façon d'afficher ces valeurs reflète la nécessité d'expliciter les changements en cours pour favoriser l'adhésion de la majorité des Français.

• Piste d'exploitation pédagogique

La construction binaire de l'affiche permet de fonctionner en dédoublant la classe: une partie travaille sur la première maison, et l'autre sur la deuxième, à l'aide d'un dictionnaire ou d'autres documents explicitant les termes mentionnés. C'est la confrontation des deux maisons qui permet ensuite de comprendre le message de l'affiche. Les élèves peuvent alors répondre au problème suivant: pourquoi était-il nécessaire de produire cette affiche en grande quantité? Les hypothèses produites doivent permettre de mettre en valeur la propagande indispensable après un changement de régime aussi soudain.

2 La construction européenne

2 1. Enjeu: la CEE, création et élargissements

L'idée d'une construction européenne est assez ancienne puisqu'on trouve des projets très concrets avant la Seconde Guerre mondiale. Deux façons d'envisager l'Europe s'affrontent: les fédéralistes voudraient une fédération européenne (les États-Unis d'Europe), alors que les unionistes sont davantage favorables à une confédération entre États souverains. Le débat n'a jamais été tranché, et la construction européenne s'est toujours faite en mélangeant les deux visions, ce qui explique en partie la complexité des institutions. L'historien Gérard Bossuat explique ces différentes visions de l'Europe dans un ouvrage[3] destiné à comprendre le processus d'unification des pays européens. Il montre ainsi le passage d'une Europe des fondateurs à une Europe des citoyens.

3. Gérard Bossuat, *Histoire de l'Union européenne*, Belinsup, 2009.

À la sortie de la Seconde Guerre mondiale, la guerre froide entre les États-Unis et l'URSS incite les États d'Europe de l'Ouest à créer leur première communauté, dans la perspective de maintenir la paix entre des pays autrefois ennemis.

C'est le ministre français des Affaires étrangères Robert Schuman qui est à l'initiative de cette idée de communauté européenne avec la création en 1951 de la CECA (Communauté européenne du charbon et de l'acier). Cet accord économique fait naitre un premier marché européen avec la suppression des droits de douane entre la France, la RFA (l'Allemagne de l'Ouest), l'Italie, la Belgique, le Luxembourg et les Pays-Bas. En 1957, ces mêmes pays signent les Traités de Rome pour élargir le marché commun à plus de produits échangés : c'est la création de la CEE (Communauté économique européenne). En 1962, la PAC (Politique agricole commune) entre en vigueur. Elle permet de subventionner l'agriculture européenne, dans un objectif de modernisation des exploitations. En 1973, le premier élargissement a lieu avec l'entrée du Royaume-Uni (longtemps refusé par la France), de l'Irlande et du Danemark. En 1986, l'arrivée de l'Espagne et du Portugal marque une nouvelle étape puisque ce sont alors des pays plus pauvres que les autres membres de la CEE. L'objectif est de leur permettre de se développer pour que le marché commun s'élargisse et bénéficie à tous.

2. L'Union européenne : des changements et des élargissements

En 1993, le Traité de Maastricht est ratifié par tous les pays membres de la CEE. Il permet la création de l'Union européenne (UE). Les compétences de l'UE sont plus importantes : l'environnement, l'éducation, la pêche, le tourisme, la santé, la culture, la politique étrangère, la coopération judiciaire. Une citoyenneté européenne est créée pour chaque citoyen d'un pays membre. En 1995, les accords de Schengen entrent en vigueur et permettent la libre circulation des personnes pour les pays signataires. Cela nécessite de gérer ensemble les frontières extérieures. En 2002, la monnaie commune, l'euro, commence à être utilisée pour les pays qui ont souhaité adhérer à la Zone euro. En 2005, le projet de Constitution européenne est rejeté par la France et les Pays-Bas, pays marqués par l'euroscepticisme grandissant. Le traité est alors modifié et il est ratifié à Lisbonne en 2007. L'UE s'est aussi considérablement agrandie. L'Autriche, la Suède et la Finlande la rejoignent en 1995, puis s'ensuit l'élargissement le plus massif en 2004 et 2007 avec douze nouveaux pays, majoritairement d'Europe de l'Est. Le dernier en date est l'arrivée de la Croatie en 2013. Mais en 2020, l'Union européenne perd son premier membre avec la mise en œuvre du Brexit (*British-Exit* : les Britanniques sortent de l'UE) après des années de négociations faisant suite au référendum au Royaume-Uni de 2016. Les défis sont aujourd'hui très nombreux : l'abstention aux élections européennes montre le peu d'implication des citoyens européens dans l'UE, la crise de la Covid-19 révèle la difficulté à mettre en œuvre une politique sanitaire commune et une gestion des frontières adéquate.

Définition

Euroscepticisme : terme qui regroupe plusieurs courants de pensée hostiles à la construction européenne. Les raisons sont variées : refus de la délégation d'une partie de la souveraineté des pays à l'Union européenne, refus des décisions prises par l'UE (sur l'agriculture ou la politique sanitaire, par exemple) ou encore critique de la façon dont fonctionne l'instituti[on] (surtout à l'encontre de la Commission européenne). L'euroscepticisme se caractérise par des manifestations et l'abstention aux élections européenn[es]

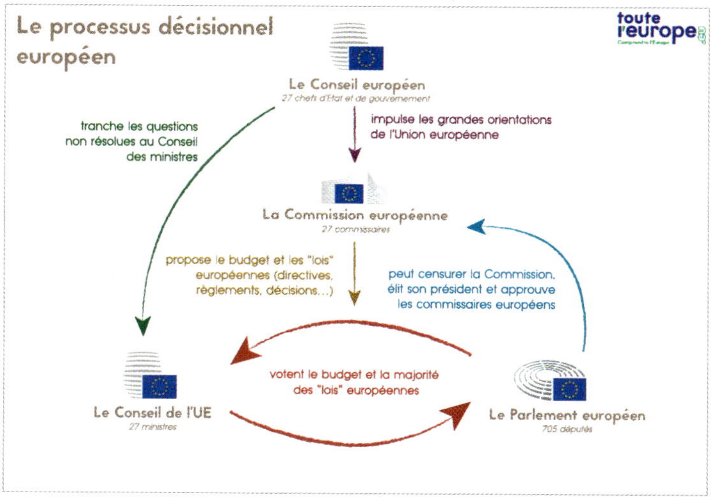

Le processus décisionnel européen en 2021

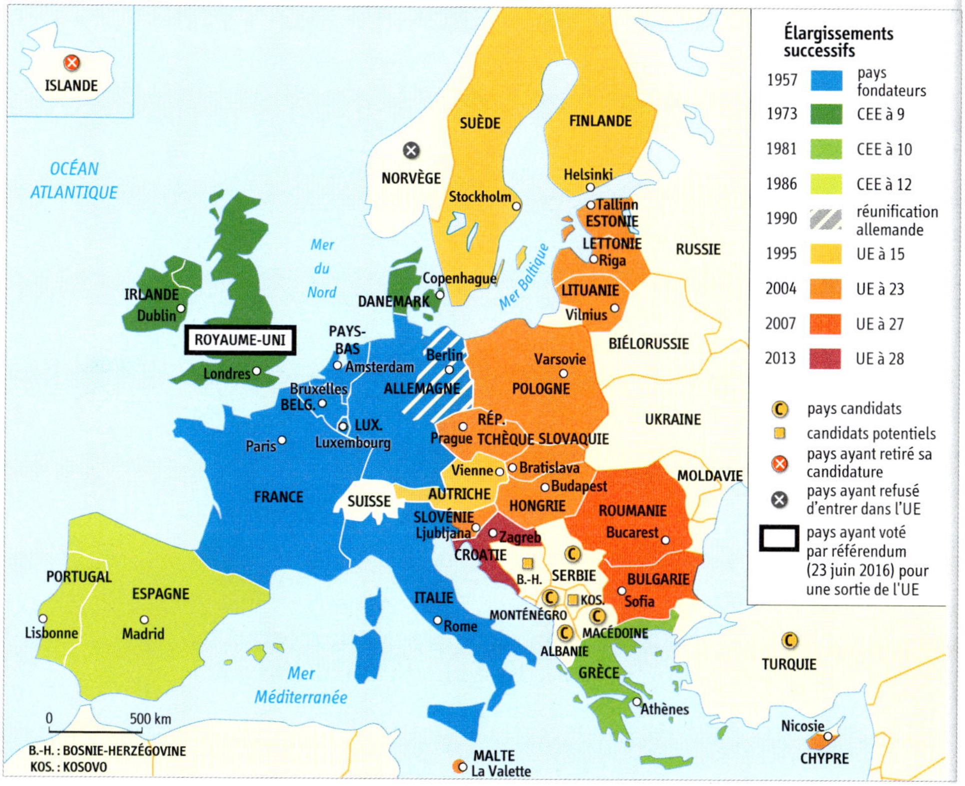

Carte des élargissements de l'Union européenne

Manuel Histoire-Géographie 3e, Éditions Hatier, 2016.

Repères chronologiques

1951 : Création de la CECA, premier marché commun européen.

1957 : Traités de Rome, six pays européens forment la CEE.

1986 : Acte unique pour approfondir le projet européen de marché unique.

1993 : Traité de Maastricht créant l'Union européenne.

2002 : Entrée en vigueur de l'euro.

Document analysé et exploité

Présentation et définition du document

L'étude de la numismatique est toujours intéressante en histoire : dès l'Antiquité, les hommes ont frappé de la monnaie et ont inscrit sur celle-ci différents symboles. L'euro, comme monnaie commune à plusieurs pays, n'échappe pas à cette pratique. Le document est extrait d'une présentation de la Banque de France sur la façon dont sont conçues les pièces de monnaie. On y voit la face commune à tous les pays, et celle qui au contraire est spécifique à chaque pays membre et met en scène des personnes, des allégories ou tout autre objet se rapportant aux États concernés.

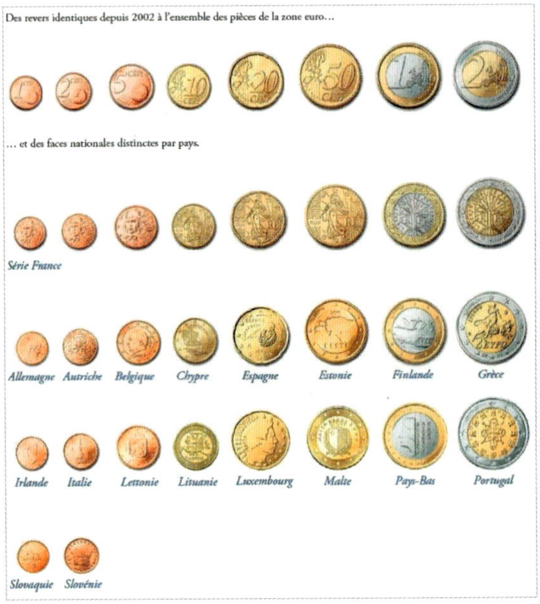

Pièces d'euro provenant de différents pays

Définition

Numismatique : étude des monnaies et des médailles. En histoire, elle est très utilisée, car ces objets du quotidien permettent de s'intéresser à la fois à l'économie et aux représentations symboliques. Ainsi, à Athènes au ve siècle, l'image de la chouette sur les pièces se réfère à la déesse Athéna.

• Analyse du document en lien avec le thème 6

L'étude de ces pièces est une façon de partir du vécu des élèves, avec les pièces de monnaie qu'on utilise tous les jours, pour ensuite se questionner sur la construction européenne autour de l'euro. Les pièces sont révélatrices de la diversité des pays concernés, mais aussi de leur attachement à leur histoire propre, qui ne doit pas s'effacer pour se fondre dans le projet européen. Pour autant, les pièces venues de chaque pays se retrouvent dans les porte-monnaie des Français, ce qui démontre l'intensité des échanges entre Européens (avec notamment la libre circulation des marchandises et des habitants entre les États signataires des accords de Schengen).

• Piste d'exploitation pédagogique

Dix-neuf pays utilisent l'euro comme monnaie. Il est donc possible de répartir chacun de ces pays entre les élèves de classe, seul ou en binômes, afin qu'ils dressent le portrait des symboles utilisés dans les monnaies. Cette première activité permet la découverte de pays et la recherche sur la représentation symbolique. Ensuite, par petits groupes, les élèves s'interrogent sur le choix de garder des symboles propres à chaque pays derrière les pièces, sur l'absence de pays de l'UE dans la Zone euro et sur les raisons de la présence de pièces avec des symboles d'autres pays dans les porte-monnaie de leurs parents. Ces différents questionnements amènent ensuite à expliciter en classe entière l'histoire de l'euro et l'intensité des échanges dans le marché unique.

En savoir plus sur les programmes de collège

hatier-clic.fr/crpe23hgem

TEST D'AUTO-ÉVALUATION 6

Corrigé p. 232

1 Relier chaque guerre mondiale à ce qui lui correspond.

- La Première Guerre mondiale
- La Seconde Guerre mondiale

- Le génocide des Juifs et des Tziganes
- La bataille de Verdun
- Le Traité de Versailles
- La bataille de Stalingrad
- La bombe nucléaire sur Hiroshima
- Les camps de concentration et les centres de mises à mort
- La bataille de la Somme
- Les gueules cassées

2 Remplir la frise avec l'entrée ou la sortie de pays dans la CEE puis l'Union européenne.

1957 — 1973 — 1981 — 1986 — 1995 — 2004 — 2007 — 2013 — 2020

3 Donner la signification des sigles suivants.

STO : ....

URSS : ....

CECA : ....

CEE : ....

UE : ....

PAC : ....

HISTOIRE

THÈME 1

Découvrir le(s) lieu(x) où j'habite

*Le thème 1 du programme de cycle 3 invite les élèves à entrer de plain-pied en géographie grâce au concept de l'**Habiter**[1], fil conducteur de l'ensemble du cycle. Pour les géographes, ce verbe, parfois utilisé comme un substantif, n'est pas synonyme de « résider » ou de « se loger » et a un sens bien plus large qui désigne la manière dont les individus et les groupes lient leur existence aux lieux. Ceux dans lesquels ils résident au quotidien – et c'est ce premier sens qui organise le thème 1 –, mais aussi ceux dans lesquels ils passent leur temps de vacances, ceux dans lesquels ils travaillent, ceux qui sont dans nos mémoires (individuelles ou collectives ; réelles ou virtuelles) et que nous nous représentons par le biais d'artefacts en tous genres (photographies, films, œuvres d'art, littérature, etc.). **Habiter est donc la relation entretenue par des individus et des groupes à l'espace géographique, c'est la manière dont ils pratiquent ces lieux et dont ils les appréhendent**. Pour les géographes, le concept est ontologique, car il désigne dans nos modes d'existence les interactions permanentes que nous entretenons aux lieux, que nous y soyons ou non présents physiquement. En effet, nous habitons les lieux autant qu'ils nous habitent et nous construisons pour chacun d'eux un vécu spatial individuel qui entre en résonance ou non avec un vécu collectif commun. Les programmes proposent dans ce thème de partir **des lieux fréquentés quotidiennement pas les élèves**, plaçant ces derniers en situation d'**acteurs spatiaux**, afin qu'ils les décrivent et les caractérisent en maniant les principaux outils de la géographie, **les échelles et les repères** déjà abordés en cycle 2.*

Définition

Ontologie : du grec *ontos* (« étant ») et *logos* (« discours »), désigne un discours sur ce qui existe, sur ce qui est. Aussi, « habiter » désigne autant les lieux tels qu'ils existent réellement – dans leur réalité empirique –, mais aussi tels qu'ils existent dans leur conceptualisation à partir du réel (l'idée, l'imaginaire que l'on se fait des lieux).

1. Sur l'histoire de ce concept et son usage en géographie, voir Partie 1, p. 19 et suivantes.

Notions fondamentales

- Habiter ; lieu ; localiser et situer ; acteur spatial ; échelles ; vocabulaire de base lié à la description des milieux (relief, hydrologie et climat, végétation) et aux formes d'occupation humaine (urbain, rural).

Repères géographiques

- Carte des régions françaises ; carte de France (relief, hydrographie) ; carte de l'Europe (relief, hydrographie) ; carte du monde (grands repères).
- **Outils du géographe** : plan ; échelle ; carte mentale ; SIG.

1 Identifier les caractéristiques de mon (mes) lieu(x) de vie

1 1. Qu'est-ce qu'un « lieu » en géographie ?

Un lieu est une portion de l'espace terrestre qui a été appropriée par un individu ou un groupe et qui fait par conséquent l'objet d'une mise en discours. Les lieux n'existent pas en eux-mêmes. Un morceau de l'espace devient un lieu à partir de l'instant où il est nommé, délimité, pratiqué, fréquenté et où l'on y agit. Tout est ici question d'échelle et un lieu peut être un micro-espace (une pièce, un jardin…) ou bien un espace plus vaste (une région, un continent…), voire la Terre tout entière dans la mesure où, grâce à la vue satellite, l'œil humain peut l'embrasser du regard. Le lieu peut porter une dimension imaginaire ou symbolique forte qui dépasse sa réalité concrète pour une personne ou pour l'ensemble de la planète. Il en est ainsi des hauts-lieux touristiques (les lieux inscrits par l'Unesco au patrimoine mondial de l'humanité[2], par exemple). Le lieu est donc plus qu'un point, un nom ou une localisation, il a un sens et est donc la base de l'entrée dans l'Habiter puisque ce sens est celui qui est tissé par la relation entretenue entre un (ou des) individu(s) avec un (ou plusieurs) lieu(x).

2. Liste des lieux français inscrits au patrimoine mondial : https://whc.unesco.org/fr/etatsparties/fr

À l'échelle des élèves, c'est le (ou les) lieu(x) de vie qui sont abordés. Cela signifie que l'échelle envisagée est celle du quotidien, celle de l'espace proche, de l'espace familier et vécu. Cela dit, le pluriel introduit une nuance et invite à dépasser ce cadre strict. Il est ainsi possible d'envisager que des enfants de 8-9 ans vivent aujourd'hui dans un Habiter polytopique (la pratique de lieux multiples) accéléré et accru par les mobilités nombreuses et croissantes, mais aussi par le développement sans précédent depuis 2020 des pratiques virtuelles qui connectent par le réseau immatériel (Internet) des lieux et des individus entre eux. Il n'est pas rare qu'au printemps 2020 des élèves, tous confinés dans un lieu, leur domicile, aient pourtant échangé virtuellement à partir de ces lieux. Le lieu commun, habituel et réel, qui est celui de l'école et de son environnement proche, est ainsi, pour un temps, devenu un espace virtuel mettant en relation différents lieux de vie (à proximité ou non de l'école). Cela conduit à considérer que, certes, le lieu de vie est bien celui de l'école et de ses alentours immédiats, mais aussi tous les lieux qu'habitent les élèves de manière réelle ou non (lieux de vacances, lieux de résidence d'amis ou de parents éloignés, mais avec qui on échange régulièrement de manière virtuelle).

1 2. Les élèves, des acteurs spatiaux du quotidien

La délimitation du lieu de vie, de l'espace proche des élèves, n'est pas forcément aisée. En effet, comme ce lieu est avant tout défini par son appropriation, cela implique de savoir quels sont les lieux qui sont importants pour eux, quels sont ceux qu'ils fréquentent et pratiquent au quotidien. On doit donc considérer d'abord l'élève comme un véritable **acteur spatial, soit un individu capable d'avoir une action – directement ou indirectement – sur les lieux qu'il pratique dans sa vie de tous les jours**. En partant des actes du quotidien (se loger, se déplacer, faire ses courses, aller au parc, se divertir, faire du sport, etc.) et des lieux de vie des élèves (l'usage du « je » et du « mon » indique bien cela), les programmes déterminent l'élève et ses représentations comme un sujet possible de connaissance. Cela implique pour les enseignants la maitrise pédagogique d'outils permettant de questionner le rapport au monde de chaque élève, de pouvoir l'exploiter et de considérer que la somme des expériences spatiales singulières des élèves d'une classe ou d'une école est objectivable en une connaissance transmissible sur les lieux partagés (ainsi des élèves d'une même classe peuvent faire leurs courses au même endroit, aller jouer dans le même parc et partagent tous le lieu commun qu'est celui de l'école). Les principales démarches pédagogiques pour investiguer ces dimensions avec les élèves sont la sortie de terrain dans le quartier de l'école et le dessin de paysage ou la carte mentale du lieu où habitent les élèves. Ces deux démarches ne sont ni concurrentes ni substitutives l'une à l'autre et permettent de prendre en compte l'espace vécu des élèves dans une dimension réelle et objective (par le biais de la sortie autour de l'école) et également de manière plus sensible et individuelle (par le biais des dessins ou des cartes mentales). Dans tous les cas, ces démarches introduisent l'élève comme acteur spatial de l'environnement au sein duquel il vit et lui font prendre conscience de sa place, entendue comme position géographique au sein d'un lieu envisagé à différentes échelles et également comme position au sein d'un groupe social et culturel formé par l'école.

Document analysé et exploité

Carte mentale du quartier Pigalle/Chaptal (Paris, IXe) de Salomé, 9 ans, CM1

• Présentation et définition du document

La carte mentale en géographie doit être distinguée du schéma ou de la carte heuristique (en anglais *mindmap*). Pour les géographes, la carte mentale est une traduction sous une forme cartographique de l'espace tel qu'un individu se le représente ou se l'imagine. Il s'agit de dessiner, sous la forme d'un plan ou d'une carte sur un support donné (le plus souvent une feuille blanche), de mémoire et sans aide, des lieux qu'il pratique quotidiennement. Il s'agit donc d'une représentation subjective de l'espace qui est de surcroit, dans le cas des enfants, conditionnée par leur maitrise graphique de la représentation de l'espace sous la forme d'une carte ou d'un plan.

• Analyse du document en lien avec le thème 1

Dans le cas présenté ici, l'élève a représenté l'espace de manière hybride. En effet, certains éléments (les rues) sont bien dessinés vus d'en haut alors que d'autres (son immeuble, les boulangeries, le garage ou les portes des immeubles) sont dessinés en vue paysagère ou tridimensionnelle, comme vus de face. Ce mélange des perspectives est caractéristique d'un apprentissage en cours de la représentation vue d'en haut. Ce plan montre que la plupart des lieux du quotidien dessinés correspondent à des actes spatiaux effectués par une jeune habitante d'un espace urbain dense : se déplacer (les rues, les signalisations au sol, les moyens de transport) ; consommer (boulangeries, fromager, Picard) ; se loger (la mention « chez moi » indique explicitement l'appropriation personnelle du lieu). Les éléments végétaux (cerisier, arbres colorés en vert) témoignent de l'importance relative de leur observation dans le cadre urbain très dense. Les lieux du travail ne sont pas mentionnés dans la mesure où ils ne concernent pas le quotidien de cette élève. En revanche, l'indication « mon école » indique le chemin pour aller de chez elle à l'école. Cette carte est donc révélatrice de la manière dont une enfant de 9 ans en CM1 peut représenter son lieu de vie quotidien. Pédagogiquement, la comparaison des productions de l'ensemble des élèves d'une classe permet de distinguer des points communs et des différences. Les invariants (les éléments que l'on retrouve dans presque toutes les productions) permettent de donner une définition commune de l'Habiter en ville, alors que les différences permettent de faire prendre conscience que, au sein de cet espace partagé, commun, chacun déploie un vécu émotionnel et sensible singulier. L'Habiter se trouve donc bien à la jonction entre le singulier et le pluriel, entre le « je » et le « nous ».

• Piste d'exploitation pédagogique

Dans un premier temps, d'environ vingt minutes, on distribue une feuille blanche A4 à chaque élève, puis on inscrit au tableau la consigne suivante : « Dessine le plan de ton quartier. » Aucune autre consigne n'est donnée à ce stade.
Les productions sont collectées, ce qui permet de préparer la suite de la séance en effectuant un premier tri (sur la forme comme sur le fond).
Les élèves sont alors répartis en groupes de trois ou quatre ; chaque groupe observe un lot de dessins à l'aide d'un tableau à deux colonnes indiquant leurs points communs et leurs différences.
Une mise en commun est ensuite effectuée permettant de distinguer les invariants et les différences. Cela peut occasionner un débat sur le vivre ensemble et le partage de l'espace public.

2 Localiser mon (mes) lieu(x) de vie et le(s) situer à différentes échelles

2 1. Localiser et situer en géographie

Localiser et situer sont deux compétences fondamentales dans l'apprentissage de la démarche géographique. En effet, elles s'inscrivent toutes deux dans la compétence « Se repérer dans l'espace : construire des repères géographiques ». Pour l'atteindre en fin de cycle 3, les élèves doivent savoir « nommer et localiser les grands repères géographiques, un lieu dans un espace géographique » et « situer des lieux et des espaces les uns par rapport aux autres ». Ainsi « localiser » et « situer » sont deux opérations intellectuelles qui ne peuvent être confondues.

Localiser (du latin *localis*, venant de *locus*, « un point », « une position »), c'est indiquer l'emplacement précis de quelque chose dans un endroit déterminé. Il s'agit donc de pointer un lieu quelque part sur le globe pour répondre à la question « où ? ». C'est donc la première tâche du géographe qui, en pointant un lieu sur l'espace terrestre grâce à un système de repères, indique où celui-ci se trouve. Cela permet déjà de donner des informations sur le milieu, les espaces voisins, le tissu de relations entretenues par ce lieu avec les autres. Localiser précède donc l'opération suivante qui consiste à situer ce lieu. En effet, chaque lieu est situé par rapport à d'autres lieux. Si la localisation d'un lieu est toujours unique et objective (les coordonnées ou le point GPS d'un lieu le localisent précisément), en revanche la situation est toujours relative et dépend des informations utilisées pour situer ce lieu.

On peut situer un lieu en fonction de plusieurs critères, comme par exemple les points cardinaux, les mers et les océans, les villes à proximité, le milieu, l'hydrographie, le climat, les limites territoriales (commune, région, État, continent) ou bien encore par rapport à la situation sociale, culturelle, géopolitique voire historique. **Situer un lieu est véritablement le cœur de la démarche géographique ; il s'agit non pas seulement de répondre à la question « où ? » (localiser) mais également et surtout à la question « Où par rapport à qui ? Où par rapport à quoi ? »**. Cette opération nécessite donc l'apprentissage et la connaissance de repères spatiaux fondamentaux et fait appel aux notions de distance et d'échelles. Les outils tels que les GPS ou les globes virtuels permettent de localiser un lieu mais pas de le situer, étape qui ne peut se réaliser que grâce à l'acquisition durable de repères géographiques.

Repères géographiques

Situer des lieux

- **La rose des vents**

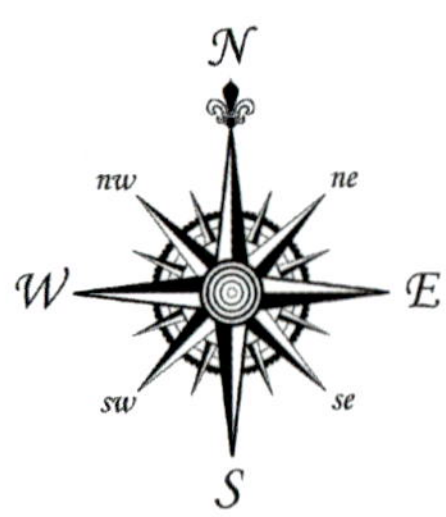

- **Carte A :** Les régions françaises actuelles

Manuel Histoire-Géographie 3e, Éditions Hatier, 2016.

- **Carte B :** Les reliefs et l'hydrographie de la France

Manuel Histoire-Géographie 3e, Éditions Hatier, 2016.

• Carte C : Les reliefs et l'hydrographie de l'Europe

Manuel Histoire-Géographie 3e, Éditions Hatier, 2016.

• Carte D : Le globe terrestre

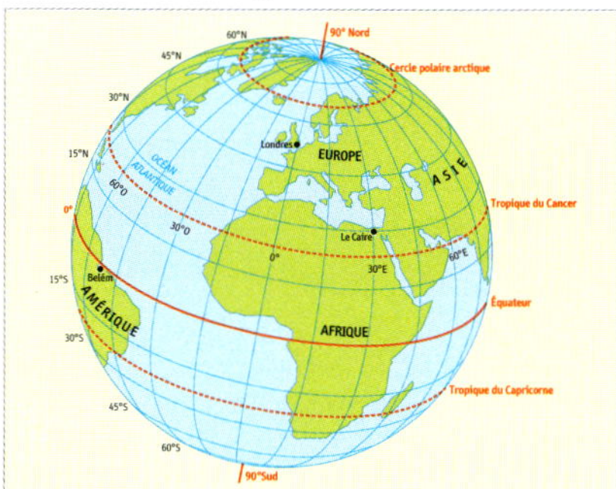

Manuel Histoire-Géographie 6e, Éditions Hatier, 2016.

• Carte E : La Terre : continents et océans

Manuel Histoire-Géographie 6e, Éditions Hatier, 2016.

GÉOGRAPHIE

Les caractéristiques de la France

• Les principaux traits du relief, de l'hydrographie et du climat en France et en Europe

L'Europe est une péninsule située à l'ouest de l'Eurasie et la France y occupe une place particulière : à l'extrémité ouest du continent, elle est, grâce à sa triple bordure littorale, ouverte sur le Nord et le Sud de l'Europe ainsi que sur l'Atlantique.

On retrouve en France toute la palette des domaines structuraux européens : les Flandres, le massif des Ardennes, le fossé rhénan, les Alpes françaises. Schématiquement on distingue :
– au sud et à l'est, des montagnes des formations récentes comme les Alpes, la Corse, les Pyrénées ou le Jura nées de la collision des plaques africaine et eurasiatique. Les bordures orientales des massifs anciens, comme le Massif central ou les Vosges, ont alors été relevées et des volcans sont nés dans Massif central ;
– au nord et à l'ouest (France hercynienne) : plaines, collines et bas plateaux qui ne dépassent guère les 400 mètres (Massif armoricain et bassins sédimentaires parisien et aquitain).

• Les fleuves français sont européens : seul le bassin hydrographique de la Loire ne se déploie qu'en France. Garonne, Rhône, Rhin ou Oise (un de principaux affluents de la Seine qui prend sa source en Belgique) naissent dans des pays voisins, tandis que la Meuse et l'Escaut se dirigent vers le Benelux. La France est divisée en six bassins versants : les bassins Rhône-Méditerranée-Corse, Rhin-Meuse, Loire-Bretagne, Seine-Normandie, Adour-Garonne et Artois-Picardie. Ils correspondent respectivement aux cinq grands fleuves français (Rhône, Rhin, Loire, Seine et Garonne), auxquels s'ajoute la Somme.

• La situation et l'extension en latitude (51° à 43° de latitude nord) de l'isthme français déterminent son appartenance à **différents domaines climatiques européens.** Globalement, le climat est tempéré océanique (des vents d'ouest sont porteurs de pluies toute l'année, les températures sont douces et les contrastes thermiques saisonniers moyens). Le climat océanique se dégrade d'Ouest en Est : les précipitations et les températures moyennes diminuent à mesure que l'on avance vers l'Est et les hivers sont plus froids et plus secs. L'ensoleillement et les températures moyennes augmentent du Nord au Sud. Les régions méditerranéennes connaissent des étés chauds et secs et des précipitations violentes sous forme d'orages en automne et au printemps. En montagne, avec l'altitude, les températures diminuent et les précipitations sont plus abondantes (sous forme de neige).

> **Définition**
> **Bassin hydrographique ou bassin versant :** ensemble de terres irriguées par un même réseau hydrographique : un fleuve, avec tous ses affluents et tous les cours d'eau qui les alimentent.

2. Du local au global : les échelles en géographie

La situation d'un lieu est étroitement liée à la compréhension du raisonnement par échelles et à son maniement. En effet, le lieu de vie des élèves doit être situé d'abord au sein de l'espace proche, l'espace local, puis au sein de territoires plus vastes : « région, France, Europe et monde ». En classe, cela implique l'utilisation de cartes et de planisphères à différentes échelles.

Le terme d'« échelle » est polysémique. Il en existe deux définitions selon Roger Brunet : « celle du géographe liée à l'ordre de grandeur des échelles ; et celle du géomètre comme rapport entre une dimension dans la réalité et sa transcription sur la carte[3] ». Il ne faut donc pas confondre l'échelle graphique ou numérique, qui est le rapport utilisé en cartographie pour repérer un espace avec les échelles d'analyse d'un phénomène. On peut comparer le changement d'échelles à une forme de zoom qui va permettre de voir un espace local à la lumière de ce qui se passe au niveau mondial et inversement. Le changement d'échelles permet d'envisager les ordres de grandeur d'un phénomène. Autrement dit, plus on se situe à petite échelle et plus l'espace est indifférencié. Changer d'échelle est donc un moyen de situer son lieu de vie dans la complexité et l'imbrication des territoires afin de mieux comprendre le monde dans lequel nous habitons.

3. R. Brunet, R. Ferras, H. Théry, *Les Mots de la géographie. Dictionnaire critique*, La Documentation française, 1997.

Repères géographiques

Du plan de ville au planisphère : les échelles de la carte

Toute carte est une miniaturisation, une réduction : celle-ci a une valeur fixe que l'on appelle l'échelle. Il s'agit du rapport entre les distances mesurées sur une carte et les distances réelles mesurées sur le terrain. Plus l'échelle est grande, plus la surface représentée sur le terrain est petite. Dans le langage courant, lorsque l'on dit « à petite échelle » cela signifie que l'on travaille sur une carte de la France, de l'Europe, du monde. Donc plus l'échelle est petite, plus l'espace représenté est grand. À l'inverse, lorsque l'on travaille à grande échelle, l'espace représenté est petit. On parle de grande échelle car elle est très détaillée. L'échelle peut être indiquée soit de manière numérique sous la forme d'une fraction (1/25 000), soit de manière graphique.

- **1 cm pour 250 m = 1/25 000 =** 2 200 cartes pour couvrir toute la France = c'est l'échelle le plus grande car c'est la plus détaillée.
- **1 cm pour 500 m = 1/50 000 =** 1 100 cartes pour couvrir toute la France = c'est une grande échelle mais moins détaillée que la précédente car elle couvre un terrain plus grand.
- **1 cm pour 1 km = 1/100 000 =** 74 cartes pour couvrir la France = c'est une échelle moyenne qui permet d'étudier un espace qui correspond à peu près à la taille d'un département.
- **1 cm pour 2,5 km = 1/250 000 =** 16 cartes pour couvrir la France = c'est une échelle qui permet d'étudier un espace qui correspond à peu près à la taille d'une région (les cartes routières sont souvent à cette échelle).
- **1 cm pour 10 km = 1/1 000 000 =** La France est environ de la taille d'un poster. C'est une petite échelle.

Document analysé et exploité

J'habite au Havre : localiser et situer mon lieu de vie

Je suis élève en CM1 à l'école de la Mailleraye localisée au 40 rue Séry dans la ville du Havre. Cette ville est située au nord-ouest de la France, en Normandie, à l'embouchure de la Seine. La Seine passe par Paris et Rouen avant de se jeter dans la Manche au niveau de l'estuaire du Havre.

Trace écrite extraite d'un cahier d'élève
Capture d'écran Google Maps

• Présentation et définition du document

Le document est constitué d'une carte extraite d'un globe virtuel accessible en ligne et d'un paragraphe écrit par un élève de CM1 (10 ans) d'une école du Havre indiquant la situation de sa ville à l'échelle de la France. Les globes virtuels sont des logiciels qui permettent de représenter la Terre. Le degré de précision atteint est considérable (jusqu'à 50 cm pour Google Maps) et permet des effets de zoom importants. Le premier logiciel et le plus utilisé est Google Earth/Maps, développé en 2005 par la NASA. Il comprend des images satellites en haute résolution, souvent actualisées, ainsi qu'une fonction 3D. La capture d'écran présentée montre également la présence de nombreuses informations à vocation commerciale et touristique.

• Analyse du document en lien avec le thème 1

La carte, assortie du texte, montre qu'il s'agit d'une trace écrite dans un cahier d'élève. Le symbole de l'école permet de localiser celle-ci sur la carte du Havre. Le texte écrit par l'élève témoigne d'un travail progressif de situation du lieu à l'échelle régionale et nationale. De nombreux repères géographiques sont ainsi mobilisés, comme les points cardinaux, les régions, le réseau hydrographique, les mers et océans, mais également du vocabulaire géographique de base tel que prescrit par les programmes : « ville, embouchure, se jeter dans, estuaire ».

• **Pistes d'exploitation pédagogique**

La première partie de cette séance peut se dérouler en salle informatique ou à distance. Les élèves sont invités à entrer l'adresse de leur école dans le moteur de recherche d'un globe virtuel et à localiser leur école dans leur quartier. Ce travail peut être complété individuellement par la recherche de son adresse personnelle.
Dans un second temps, on utilise une carte murale de la France présentant les régions, les principales villes et le réseau hydrographique. On questionne les élèves de la manière suivante :
En vous aidant des points cardinaux (usage d'une rose des vents affichée dans la classe), dites dans quelle partie du territoire se situe notre ville.
Quel est le nom du fleuve qui débouche au Havre ?
Par quelles villes importantes passe ce fleuve ?
Dans quelle mer ou quel océan se jette le fleuve ?
Dans un dernier temps, pour prolonger la séance, on peut aussi replacer à l'échelle européenne la ville sur une carte de l'Europe en montrant que le Havre est un des grands ports du nord-ouest de l'Europe (*Northen Range*). On peut aussi mentionner que la ville est connue à l'échelle mondiale par le classement au patrimoine mondial de l'UNESCO du quartier et des bâtiments conçus par Auguste Perret.

En savoir plus sur les programmes de collège

hatier-clic.fr/crpe23hgemc07

TEST D'AUTO-ÉVALUATION 7

Corrigé p. 233

1 Quelle est la définition en géographie du concept de l'Habiter ?

a. Le lieu où l'on réside

b. La manière dont un individu ou des groupes vivent au quotidien dans un lieu

c. La relation entretenue par un individu ou un groupe à un espace qu'il(s) pratique(nt)

2 Le ou les lieux de vie des élèves sont :

a. Tous les lieux proches de l'endroit où ils résident

b. Polytopiques

c. Tous les lieux qu'ils fréquentent dans leur vie

3 Qu'est-ce qu'une carte mentale en géographie ?

a. Un schéma sous la forme d'une carte

b. Une carte heuristique

c. Une traduction sous la forme cartographique d'un espace tel qu'un individu se le représente ou se l'imagine

4 Compléter ce texte sur la géographie physique de la France.

L'Europe est une .... située à .... de l'Eurasie. La France est située à l'extrémité du continent. Elle a une triple bordure littorale ouverte sur la mer .... l'.......... et la mer ...., la ....

Les principaux massifs montagneux français sont :

– ....

– ....

– ....

– ....

– ....

5 Qu'est-ce qu'un bassin hydrographique ?

a. Un fleuve

b. Un réseau de cours d'eau

c. Un fleuve avec tous ses affluents et tous les cours d'eau qui les alimentent

6 Sur une carte au 1/85 000, combien représente 1 cm ?

a. 8,5 mètres

b. 850 mètres

c. 85 mètres

THÈME 2

Se loger, travailler, se cultiver, avoir des loisirs en France

Le titre de ce deuxième thème du programme de CM1 est formé de quatre verbes d'action à l'infinitif qui l'inscrivent d'emblée dans une géographie dynamique des espaces vécus au quotidien et donnent les clés de compréhension des principales interactions entre l'être humain et son environnement. Celles-ci sont étudiées dans deux types d'espaces : les espaces urbains et les espaces touristiques. Soit, selon deux temporalités : celle du quotidien dans les villes et celle du temporaire, de l'occasionnel, dans les espaces touristiques sans que cela soit exclusif puisque les villes sont aussi des espaces touristiques. Dans les deux cas, l'approche privilégiée est celle des actes spatiaux quotidiens et ordinaires effectués par les habitants d'un espace. L'enjeu est de comprendre comment ces activités façonnent la ville et les espaces du tourisme et, parallèlement, comment les pouvoirs publics et les collectivités territoriales prennent en compte cela pour aménager ces espaces. Le thème recouvre donc les logements, soit les types d'habitat où l'on réside (de manière permanente ou temporaire), les lieux du quotidien au sein desquels on travaille (bureaux, commerces, restaurants, services, etc.), on se divertit (parcs, musées, infrastructures sportives, etc.). C'est à partir du nommage, de la description puis de la caractérisation de ces lieux que les élèves identifient au fur et à mesure la dimension fonctionnelle des espaces et par conséquent leur aménagement et leur organisation. Les échelles d'analyse se situent avant tout à un niveau local (une ville, une station touristique), voire micro-local (un quartier). Parce que l'étude de ce thème s'ancre dans le quotidien et le vécu des habitants, il s'agit de privilégier des sources documentaires directes : plans de ville, brochures touristiques, sites des stations touristiques, témoignages d'habitants par le biais d'interviews, de films, d'enquêtes.

Notions fondamentales

- Espace vécu ; paysage d'un espace urbain ; paysage d'un espace touristique ; organisation et fonctions des espaces urbains et touristiques.

Repères géographiques

- Carte des aires urbaines de France ; carte des espaces touristiques en France.
- **Outils du géographe :** plan ; croquis ; photographie de paysage.

1 Se loger, travailler, se cultiver, avoir des loisirs dans des espaces urbains

1 1. Les espaces urbains en France

Il ne faut pas confondre les termes « ville » et « espace urbain ». En effet, la ville est, dans le langage courant, un mot qui désigne un lieu de concentration des humains. La définition est le plus souvent statistique. En France, l'INSEE définit comme une unité urbaine (soit une ville) toutes les communes qui présentent une continuité du bâti de plus de 200 mètres (pas de coupure de plus de 200 mètres entre deux constructions) et qui compte au moins 2 000 habitants. Mais ce seuil est très variable d'un pays à l'autre (200 habitants au Danemark, 50 000 au Japon). Le mot « ville » relève donc plus du langage courant que du langage des géographes qui utilisent plutôt les termes « urbain », « urbanité » ou « espace urbain ». C'est donc l'expérience collective de la ville, le fait que les habitants se concentrent tous dans un bâti dense qu'ils partagent et utilisent qui définit l'urbanité. Selon Jacques Lévy, « l'urbanité procède du couplage de la densité et de la diversité des objets de société dans l'espace[1] ». La ville est donc un espace aménagé pour susciter et faciliter toutes les formes d'interactions.

1. *Dictionnaire de la géographie et de l'espace des sociétés*, Belin, 2013, p. 966.

Repères géographiques

Les aires urbaines en France

L'aire urbaine désigne un espace comprenant une ville-centre, des banlieues et une couronne périurbaine. À partir de cette carte, on peut distinguer trois types d'espaces en France : une ville de rang mondial (Paris), des métropoles (Lyon, Marseille, Lille…) et enfin des villes petites et moyennes (Orléans, Nîmes, Dunkerque…). Avec plus de 12 millions d'habitants, l'aire urbaine de la capitale domine le réseau urbain français par sa puissance politique, économique et culturelle. Les métropoles sont de vastes espaces urbains qui attirent les Hommes et les activités et concentrent des fonctions de commandement. Les métropoles polarisent les villes petites et moyennes qui l'environnent.

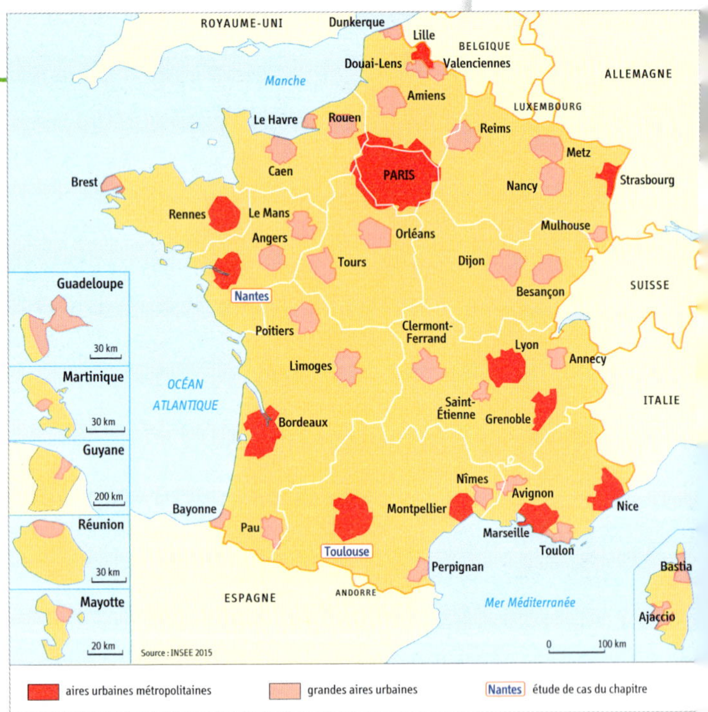

Les aires urbaines en France
Manuel Histoire-Géographie 3e, Éditions Hatier, 2016.

1 2. Se loger, travailler, se cultiver et avoir des loisirs en ville

• Se loger

Les logements en ville sont très divers et varient selon l'endroit où ils sont situés en fonction de leur ancienneté, de leur taille, de leur matériau de construction ou encore du type d'habitat (collectif ou individuel). Dans les centres-villes, les immeubles sont souvent plus nombreux et plus anciens qu'en périphérie : s'y côtoient d'anciennes façades datant des époques médiévales et d'autres plus modernes installées dans des rues au tracé sinueux. Au centre-ville, on trouve aussi et surtout des immeubles de style haussmannien ou post-haussmannien le long des grandes percées (avenues et boulevards) tracées à la fin du XIXe siècle. Ces anciens logements, souvent mal adaptés aux normes du confort contemporain, ont fait l'objet de transformations pour y installer des chauffages performants, des installations sanitaires, des cuisines équipées... Les façades ont bien souvent aussi été rénovées. Dans les quartiers hypercentraux des grandes métropoles, bien desservis et au potentiel touristique fort, ces habitats anciens font l'objet d'une forte spéculation et sont transformés en bureaux, en commerces ou en hôtels. Ces immeubles anciens sont souvent mêlés à des formes architecturales urbaines plus récentes répondant aux principes de l'architecture moderne. Cette dernière a radicalement transformé les formes de l'habitat en proposant des logements plus compacts, plus fonctionnels, mieux isolés et répondant aussi à de nouveaux critères de confort. C'est pourquoi il ne faut pas toujours assimiler, de manière stéréotypée, les immeubles en forme de tour ou de barre aux espaces périphériques. Il existe des immeubles en tour ou en barre dans les centres-villes comme il existe des immeubles anciens dans les espaces périphériques. Au cœur des villes, les maisons sont rares, souvent réservées à une population riche (c'est le cas par exemple des maisons de la Villa Montmorency à Paris dans le XVIe arrondissement). Aussi, pour se loger dans une maison, il faut s'éloigner des centres-villes, parfois à plusieurs dizaines de kilomètres afin de trouver un logement moins couteux et plus grand qui dispose souvent d'un jardin. L'habitat individuel est plus présent et commun dans les banlieues et les zones périurbaines sous la forme de lotissements ou de pavillons.

- **Travailler**

Les espaces urbains sont principalement dédiés aux activités tertiaires qui sont difficiles à localiser géographiquement parce qu'elles sont peu visibles. En effet, la plupart des activités de service se déroulent dans un cadre identique comprenant des bureaux, des salles de réunion et des espaces de vie commune (restaurants d'entreprise, halls d'accueil, etc.) ou à distance, donc dans des espaces de logement. En ville, les lieux du travail sont diffus et variés. Dans les centres-villes, une grande part des emplois urbains sont liés au tourisme. Les restaurants, les hôtels, les commerces, les musées et monuments emploient donc de nombreux habitants de la ville et des communes environnantes pour accueillir et servir ces habitants temporaires que sont les touristes.

Des quartiers dits d'affaires (le quartier de la Part-Dieu à Lyon, Mériadeck à Bordeaux) sont aussi aménagés pour accueillir des espaces de bureaux. Ces quartiers jouent un rôle emblématique dans le paysage urbain, car ils sont souvent un marqueur de l'identité qu'une ville souhaite se donner (par la construction d'une tour, par exemple). Les zones d'activités commerciales, logistiques, technopolitaines (recherche, entreprises et universités) ou encore portuaires ou aéroportuaires se distinguent des espaces urbains précédents, car elles ne se fondent pas à l'intérieur d'un espace urbain préexistant, mais correspondent à un site, précisément délimité par les collectivités territoriales, spécialement et uniquement dédié à l'installation d'entreprises. Ces espaces sont situés généralement à la périphérie des grandes villes et à proximité des infrastructures de transports rapides (un échangeur autoroutier, par exemple). Sous l'effet du développement des transports, mais surtout d'Internet et de la possibilité de s'y connecter partout grâce au Wifi et aux réseaux de téléphonie (4G et 5G), de nouvelles pratiques urbaines du travail se sont mises en place et se sont développées de manière massive au printemps 2020 lors du confinement lié à la pandémie due au Covid-19, en particulier le télétravail. Les manières de travailler sont moins pyramidales, moins localisées en un seul site (un patron qui décide et une chaine d'exécutants des cadres aux employés dans un même espace de travail) et de plus en plus horizontales. Le travail peut se faire en réseau de manière collaborative en agrégeant de manière ponctuelle des compétences différentes autour de projets. Aussi, le travail n'est plus un lieu où l'on se rend tous les jours mais plutôt ce que l'on fait, peu importe l'endroit d'où on le fait.

- **Se cultiver, avoir des loisirs**

Le mot « loisir » vient du verbe latin *licere*, qui signifie « il est permis de... ». Le mot désigne aujourd'hui tout ce que l'on peut faire durant son temps libre, par opposition au temps consacré au travail. Dans les espaces urbains, les loisirs sont très nombreux et, plus une ville est grande, plus la gamme des loisirs qu'elle propose est étendue. Les infrastructures sportives (gymnases, stades, piscines, terrains sportifs, etc.) sont très présentes dans les espaces urbains français. Les villes, quels que soient leur rang et leur nombre d'habitants, ont toutes développé des aménagements et des politiques visant à favoriser la place des équipements sportifs ainsi que leur accessibilité, en particulier pour les plus jeunes. Les villes favorisent également les pratiques sportives urbaines comme le vélo, le running, la randonnée urbaine. L'aménagement de vastes trottoirs ou de zones piétonnes et de pistes cyclables permet de donner une meilleure place aux piétons et aux cyclistes. Enfin, les parcs et bois à proximité des villes sont autant d'espaces aménagés pour le sport grâce à des parcours sportifs ou bien encore à l'aménagement de bases de loisirs. Plus que tout autre lieu, la ville, par son patrimoine, ses monuments, ses musées et ses équipements culturels (bibliothèques, médiathèques, cinémas, festivals de musique, etc.) est un espace privilégié pour se cultiver. Il ne s'agit pas seulement d'infrastructures, mais aussi de politiques incitatives mises en place par les collectivités territoriales pour permettre au plus grand nombre d'accéder à ces équipements (tarifs réduits et gratuité, campagnes de communication, etc.). Grâce à des évènements temporaires comme des festivals, des biennales, des « nuits » (La Nuit des musées, par exemple) ou des fêtes, les villes mettent en lumière leur patrimoine et la diversité culturelle qui les anime. La ville est aussi un espace qui favorise les rencontres, les balades et les échanges. Se promener en ville selon un itinéraire choisi, rencontrer des amis dans un bar ou un café pour discuter font également partie des loisirs urbains.

Document analysé et exploité

- **Présentation et définition du document**

Ce document est une photographie d'un paysage urbain de centre-ville de Montpellier. Il s'agit d'une vue aérienne oblique. Ce type de document permet de mettre en valeur les réalités quotidiennes d'un espace urbain de centre-ville. Le point de vue est large, il embrasse différents plans qui permettent d'envisager les différents aspects du thème 2.

Le centre-ville de Montpellier : la place de la Comédie

• **Analyse du document en lien avec le thème 2**

La photographie permet d'observer une organisation urbaine caractéristique des centres-villes français et européens. En effet, nous remarquons tout d'abord l'absence de voitures. Il s'agit donc d'une vaste place dédiée aux piétons et aux modes de circulation doux et respectueux de l'environnement (tramway, vélos). De part et d'autre de la place, des immeubles de style haussmannien, fraichement ravalés, témoignent de l'histoire architecturale de la ville et de la volonté contemporaine de valorisation de ce patrimoine. Au second plan, un immeuble plus haut et plus contemporain, aux terrasses en escaliers, montre l'imbrication des traces du passé et de ses marques plus contemporaines dans un tissu urbain dense. Sur cette place, le piéton prédomine et peut s'adonner à des loisirs caractéristiques de l'Habiter dans un espace urbain, comme en témoignent les vitrines, les devantures des restaurants, les chaises et les tables : flâner, se rencontrer, faire du shopping, manger au restaurant ou se rencontrer dans des bars. Situés de part et d'autre des rames et de l'arrêt du tramway, la fontaine et le manège organisent des points de centralité, de rencontre et de convivialité pour les plus jeunes et les familles.

• **Piste d'exploitation pédagogique**

Cette photographie peut être observée attentivement avec les élèves et permet de reprendre l'ensemble des entrées de ce thème sous la forme d'un croquis de synthèse. Dans un premier temps, il est indispensable de localiser et situer Montpellier sur une carte de France. Puis, vient ensuite le temps de l'observation et de la description qui peuvent être guidés par des questions organisées selon les types d'activités pratiquées en ville. Les élèves observent donc les logements, puis les activités possibles sur cette place. Dans un dernier temps, sous la forme d'un croquis de synthèse, les élèves peuvent délimiter les différents âges du bâti, les espaces verts, les moyens de transports et les principales activités possibles sur cette place.

2 Se loger, travailler, se cultiver, avoir des loisirs dans un espace touristique

2 1. Les espaces touristiques en France

Depuis les années 1990, La France est la première destination touristique mondiale. En 2018, elle accueillait près de 89 millions de visiteurs étrangers. Cette attractivité s'explique par un grand nombre d'atouts de son territoire. Tout d'abord, la France possède une situation géographique favorable au sein du continent européen qui lui permet de bénéficier d'une très grande variété de climats et de paysages. Les 5 500 km de côtes ont permis de développer de très nombreuses stations balnéaires le long des trois façades maritimes (Méditerranée, Atlantique et Manche, mer du Nord). Le tourisme balnéaire est un des plus attractifs et présente des modes d'Habiter très différents selon qu'il s'agit d'une station fréquentée depuis le XIXe siècle (Cannes, Biarritz, Deauville ou Trouville), d'une station plus familiale (les Sables d'Olonne en Vendée, la Baule) ou bien encore d'une station aménagée *ex-nihilo* par l'État dans le cadre de la planification des années 1960 (La Grande-Motte, par exemple).

Les différents massifs montagneux possèdent des paysages variés et contrastés permettant de proposer des formes de tourisme différentes en fonction des saisons : un tourisme hivernal vers les stations de sports d'hiver (ski, raquettes) et un tourisme estival (randonnées). Les stations alpines proposent des activités de sports d'hiver à de très hautes altitudes. Le domaine des 3 Vallées par exemple est le plus grand domaine skiable au monde. Il s'étend sur trois vallées de la Tarentaise situées sur les versants nord du massif de la Vanoise (les vallées de Saint-Bon, des Allues et des Belleville). Il comprend huit stations interconnectées entre elles pour près de 600 km de pistes de ski (Courchevel, Meribel, Les Ménuires, Val Thorens, Brides-les-Bains, Saint-Martin de Belleville, La Tania, Les Allues et Orelles). Le relief y offre une très grande variété de pentes, des sommets très élevés et une exposition au nord qui maintient le manteau neigeux. Les Pyrénées, le Jura et les Vosges, ainsi que le Massif central possèdent également des atouts en permettant la pratique des sports d'hiver mais aussi d'un tourisme vert et estival.

La France est également riche d'un très grand patrimoine culturel, artistique et architectural, mais aussi gastronomique (musées, châteaux, édifices religieux, villes anciennes, monuments, sites préhistoriques, domaines viticoles ou spécialités culinaires artisanales et régionales) qui attire des millions de touristes tous les ans.

Enfin, c'est en région parisienne qu'est installée la première destination touristique française et européenne : Disneyland Paris, parc à thèmes, qui attire en fonction des années près de 15 millions de visiteurs. À ces aménités et atouts s'ajoutent une vaste capacité d'accueil et des infrastructures nombreuses et de qualité, notamment pour les transports.

Repères géographiques

Les espaces touristiques en France

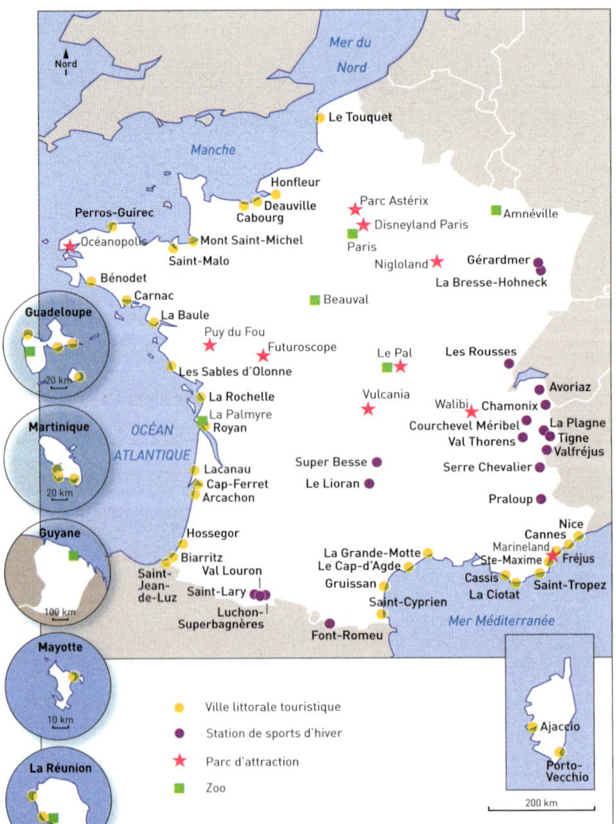

Le tourisme en France

Manuel Magellan, Géographie CM, Éditions Hatier, 2016.

La crise du Covid-19 en 2020 a mis un coup d'arrêt à la dynamique du tourisme, secteur d'activités important pour l'économie française. En février 2021, on estimait que le secteur avait perdu 28,4 milliards d'euros de recettes, soit une baisse de 50 % par rapport à l'année 2019 car la crise a contraint à l'arrêt des activités du secteur (en particulier dans les stations de sports d'hiver dont les remontées mécaniques ont été fermées). La crise a impacté un peu moins fortement les activités littorales et le tourisme vert. La fermeture des frontières et la limitation des déplacements a concentré l'essentiel des flux de vacanciers à l'intérieur du territoire (94 % des Français qui partaient habituellement à l'étranger sont restés dans l'Hexagone). Au cours des étés 2020 et 2021, le littoral et la campagne ont été les destinations les plus prisées tandis que la Corse, l'Outre-mer et les grandes villes ont été plus délaissées.

2 2. Se loger, travailler, avoir des loisirs dans un espace de tourisme

• Se loger

La France a développé une politique économique volontariste en matière de tourisme depuis les années 1960 et, partout sur le territoire, les formes de logement pour les vacanciers, – c'est-à-dire des habitants temporaires qui cohabitent avec des habitants permanents –, sont nombreuses, variées et adaptées à des formes de tourisme et donc de clientèles différentes. Les possibilités de logement sont nombreuses : hôtels, auberges de jeunesse, villages de vacances, campings, gites, chambres d'hôtes, locations saisonnières et ou encore résidences secondaires. Ainsi, chaque vacancier peut faire le choix d'habiter d'une certaine façon sa destination de vacances. Ces choix peuvent s'établir sur des critères économiques (le moindre cout), mais aussi sur des critères de sociabilité (rencontrer des gens ou bien au contraire s'isoler du « monde »), d'accessibilité (proximité d'une gare, d'un aéroport), de variété des services (commerces, bars, restaurants, etc.), d'offres en matière d'activités sportives ou culturelles à proximité du logement (spas, piscines, attractions pour les enfants, etc.).

Les modes d'Habiter ont aussi varié dans le temps. Ainsi, dans la deuxième moitié du XIXe siècle et au début du XXe siècle, le tourisme balnéaire est réservé à une élite. Les stations se développent autour de palaces, d'hôtels ou de résidences luxueuses que les riches vacanciers habitent parfois pendant des semaines ou des mois. Il faut attendre les premiers congés payés en 1936 pour que l'ensemble des Français puissent prendre des vacances et habiter dans un autre lieu que leur lieu de résidence. Des grands plans d'aménagement voient alors le jour et donnent naissance à de grands ensembles intégrés, comme celui de la Grande-Motte conçu sur la côte méditerranéenne par l'architecte Jean Balladur. L'idée est que l'architecture des lieux de vacances doit être à l'opposé du lieu de vie des vacanciers. La Grande-Motte est conçue comme une ville-jardin et se distingue de toutes les autres stations par son architecture en forme de pyramides, structure qui permet de prolonger les appartements par des terrasses permettant aux vacanciers de bénéficier d'un ensoleillement maximal. L'architecture est enclavée dans une végétation omniprésente qui hiérarchise les espaces. En

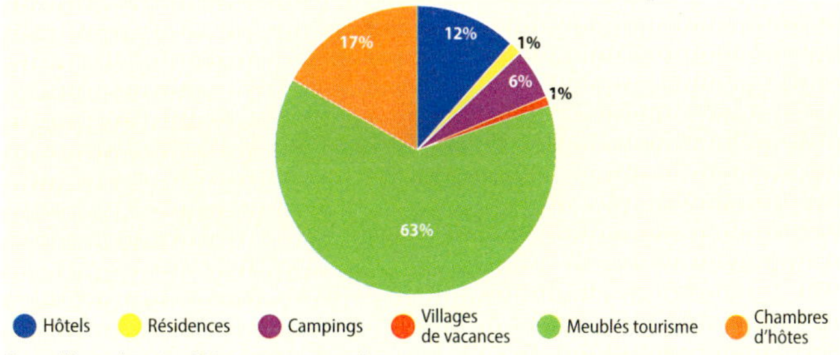

L'offre d'hébergement touristique marchand en France au 1er janvier 2018

front de mer, les espaces verts équilibrent l'architecture verticale tandis que les quartiers pavillonnaires sont entourés d'une végétation abondante et qui semble avoir toujours existé.

- **Travailler**

Envisager la question du travail dans les espaces de tourisme implique de s'intéresser à toutes celles et ceux qui sont employés dans le secteur du tourisme. Il importe de bien distinguer les emplois qui dépendent directement de la fréquentation des touristes (organisateurs de voyages, hébergements, conférenciers et guides) de ceux qui leur sont indirectement liés (restauration, transports, loisirs). Il faut également distinguer les emplois saisonniers et souvent précaires des emplois permanents et à plein temps. Lors des pics des différentes saisons touristiques, en haute saison, les offres d'emplois sont deux fois plus élevées qu'en basse saison. Au total, le tourisme représente 7 % du PIB et près de 2 millions d'emplois directs et indirects. Habiter dans un espace touristique en tant que saisonnier est bien différent de l'habiter en tant que vacancier, comme en témoigne l'extrait d'article sur le quotidien des saisonniers de Val d'Isère (voir ci-dessous).

« C'est une vie de débrouille » : le quotidien des saisonniers de Val d'Isère, la station la plus chère de France

« C'est une vie de débrouille. J'ai des plans ici et là, je suis au taquet sur le moindre truc », raconte Helena. À 42 ans, elle élève seule son garçon de 6 ans et saute de petits contrats en petits contrats. Un seul est déclaré : la distribution de publicités dans les boîtes aux lettres. Le reste ? C'est au petit bonheur la chance. À l'huile de coude, surtout : ménage dans des appartements, repassage de draps, remise de clés et accueil dans des logements type *Airbnb*, Helena promène aussi les chiens de vacanciers pressés... En tout, elle travaille pour une dizaine de clients.
En moyenne, elle se fait payer 20 euros de l'heure. *« Enfin 23 euros maintenant, pour qu'on continue à ne pas me déclarer. J'ai parlé des Contrats emploi solidarité* [des contrats aidés], *mais mes employeurs ne veulent pas. »* Helena estime plutôt bien gagner sa vie : environ 1 000 euros par mois, sans compter des avantages en nature. *« Quand je fais le ménage après le départ des gens, ils laissent souvent plein de choses dans le frigo, alors je récupère. Ils abandonnent aussi parfois des vêtements de ski, je les revends. Ou la dernière fois, on m'a fait changer la télé d'un chalet et on m'a laissé l'ancienne. »* C'est pareil pour son logement. Elle a négocié avec les propriétaires de ne payer aucun loyer, mais de s'occuper de toutes les charges : taxe d'habitation, foncière, syndic, travaux, etc. Mais sans garantie pour les mois, les années à venir. *« Cela fait trois ans que j'attends un logement social. Il y a des gens qui sont moins dans le besoin que moi, mère seule avec enfant, qui me passent devant ! »* dénonce-t-elle. Comme tout le monde ici, Helena ne fait pas ses courses à Val d'Isère. Les petites supérettes sont bien trop chères, même avec la carte de saisonniers, qui accorde une réduction de 15 % sur les produits de première nécessité. Signe d'un décalage de pouvoir d'achat dans cette station courue des Anglais. Quand on travaille à Val d'Isère, on *« descend à Bourg »* pour remplir ses placards. Bourg-Saint-Maurice, une trentaine de kilomètres et un bon nombre de virages plus bas dans la vallée, avec son Super U, qui reste *« le plus cher de France »*, assure-t-on ici. Les propositions et demandes de covoiturage fleurissent tous les jours sur les réseaux sociaux des saisonniers.

Article du 12 septembre 2019, Radio France / France Culture / Noémie Bonnin.

• **Avoir des loisirs, se cultiver**

L'attractivité d'un espace touristique repose en grande partie sur la quantité et la qualité de l'offre de loisirs, soit d'activités permettant de sortir de la routine, de l'espace et du temps du quotidien. Ces activités peuvent être sportives, culturelles, reposantes, relaxantes ou bien encore commerciales. Elles sont nombreuses et variées et peuvent se pratiquer individuellement, collectivement ou en famille. Les lieux de séjour sont souvent choisis en fonction des activités proposées (c'est particulièrement le cas des stations de montagne et des stations balnéaires où l'on pratique d'une part des sports d'hiver et, d'autre part, des activités nautiques en lien avec les aménités du milieu).

Document analysé et exploité

La station de Tignes-le-Lac dans les Alpes (France)

• **Présentation et définition du document**

Il s'agit d'une photographie d'un paysage de montagne. La vue est oblique aérienne et se divise en plusieurs plans qui permettent de mettre en valeur les aménagements touristiques d'une station de sports d'hiver.

• **Analyse du document en lien avec le thème 2**

Le paysage se trouve à la station de Tignes, située dans le massif de la Vanoise en Haute Tarentaise dans les Alpes françaises. Les activités de loisirs liées aux sports d'hiver (ski, snowboard, raquettes) sont visibles au premier plan de l'image où l'on distingue des skieurs et les aménagements des versants liés à la pratique de ces sports. La zone de départ des skieurs est flanquée de part et d'autre de deux gares permettant l'accès à des remontées mécaniques. Une piste aménagée sur la pente est visible et délimitée par des bourrelets de neige. Ces champs à ski sont entretenus tous les jours par les dameuses qui dessinent les espaces de la montagne réservés aux skieurs. Au second plan, les immeubles abritent, au rez-de-chaussée et au sous-sol, des commerces, des restaurants et des services destinés aux vacanciers. Dans les étages supérieurs, des logements (locations saisonnières, le plus souvent à la semaine, et des hôtels) accueillent les touristes. Il s'agit d'une station intégrée. L'ensemble des logements et des services sont pensés pour faciliter la pratique des loisirs liés à la montagne en hiver. La crise du Covid-19, mais aussi les enjeux écologiques liés à la dégradation des milieux montagnards, imposent progressivement de repenser ce modèle en diversifiant les activités – en hiver comme en été – pour qu'il soit plus durable et afin que les emplois ne reposent pas uniquement sur cette activité économique.

- **Pistes d'exploitation pédagogique**

Dans un premier temps, les élèves peuvent localiser et situer Tignes sur une carte du relief français ou sur un globe virtuel. Puis ils identifient les différents plans de l'image en s'appuyant sur les verbes du programme : se loger, travailler, avoir des loisirs.

La photographie peut être projetée numériquement et on peut délimiter le premier plan par un trait. Un questionnement guidé amène à identifier au premier plan les skieurs, les pistes et les remontées mécaniques. Puis, le second plan est délimité et permet d'observer les logements et les services de la station. Au dernier plan, les élèves identifient les versants enneigés de la montagne.

En guise de synthèse et de trace écrite, les élèves réalisent un croquis avec une légende simple à l'aide d'une feuille de calque. Ils délimitent les trois plans, construisent la légende (pistes et remontées mécaniques ; logements et services ; montagne enneigée) et proposent un titre.

En savoir plus sur les programmes de collège

hatier-clic.fr/crpe23hgemc0

TEST D'AUTO-ÉVALUATION 8

Corrigé p. 233

1 Quelle est la différence entre une ville et une aire urbaine ?

a. Une ville est un lieu de concentration des humains dont le seuil statistique peut varier alors qu'une aire urbaine comprend plusieurs villes dont une ville-centre, des banlieues et une couronne périurbaine.

b. Une ville est un regroupement de plus de 2 000 habitants, au-delà il s'agit d'une aire urbaine.

c. Une ville est un lieu de concentration des humains dont le seuil statistique peut varier alors qu'une aire urbaine est un espace sous l'influence de l'urbanité.

2 Quel est le nom du géographe qui a écrit « l'urbanité procède du couplage de la densité et de la diversité des objets de société dans l'espace » ?

a. Michel Lussault

b. Jacques Lévy

c. Yves Lacoste

3 Pourquoi les activités dites « tertiaires » sont-elles difficiles à localiser géographiquement ?

a. Parce qu'elles sont trop nombreuses

b. Parce qu'elles sont trop variées

c. Parce qu'elles sont peu visibles

4 Quelle est la première destination touristique française et européenne ?

a. La tour Eiffel

b. Venise

c. Disneyland Paris

5 Sur cette photographie, indiquer à quel élément correspond chaque chiffre.

a. pistes aménagées pour les skieurs **b.** remontées mécaniques **c.** logements pour les vacanciers

La station de ski du Petit Montrond dans le Jura

GÉOGRAPHIE

THÈME 3

Consommer en France

*De manière générale et étymologiquement, consommer quelque chose, c'est en faire usage jusqu'à sa disparition complète. Ici, le verbe renvoie à des réalités géographiques et spatiales qui sont autant individuelles que collectives et qui questionnent notre mode de vie contemporain. Il s'agit des actes de consommation qui sont les plus visibles et les plus banals, comme l'achat et la consommation de nourriture, mais aussi ceux qui le sont moins, comme la consommation de gaz, d'électricité ou d'eau. L'enjeu de ce thème n'est pas de faire de l'école une fabrique de consommateurs, mais plutôt d'expliquer ce que sont nos actes de consommation au quotidien, ce qui les structure et les organise afin d'amener les élèves dans leur vie future à faire des choix éclairés : de quoi avons-nous réellement besoin ? Comment préserver ce qui est vital ? Comment consommer de manière raisonnée pour préserver les équilibres planétaires à l'heure de l'***anthropocène*** *?*

Ce terme désigne l'époque dans laquelle nous vivons, soit une ère caractérisée par l'impact direct et durable des activités humaines sur la biosphère. Plus qu'une ère géologique, l'anthropocène est considéré par certains chercheurs comme une période historique, celle des phénomènes de Global Change, *dans laquelle nous serions entrés après 1945. Cette période est marquée par l'urbanisation généralisée du monde, qui connecte entre elles de manière cumulative et complexe des réalités économiques, sociales, culturelles, biologiques, physiques reliant chaque individu, à son échelle et dans son quotidien, à un système d'interdépendances et d'interrelations nombreuses et variées. L'objectif est donc est d'aborder la* **notion de ressource** *– renouvelable et non renouvelable – et de comprendre qu'à l'échelle de notre planète, certaines ressources seront un jour entièrement consommées au sens propre, c'est-à-dire épuisées (les hydrocarbures, par exemple).*

La **notion de réseau** *est aussi initiée dans ce thème au travers de l'étude des réseaux de production, acheminement et distribution qui seront étudiés : l'eau, l'électricité, le pétrole, la nourriture. La démarche consiste à partir du quotidien des élèves, à travers des études de cas concrets (d'où vient la banane que je mange ? d'où vient l'eau que je bois ? d'où vient l'essence ?), qui conduisent à répondre à ces questions sans catastrophisme et en aidant les élèves à se construire une vision éclairée de ces enjeux fondamentaux de notre époque.*

Notions fondamentales

- Développement durable ; ressources (renouvelables ; non renouvelables) ; *Global Change* ; réseau ; consommation.

Repères géographiques

- Carte des centrales nucléaires, du parc éolien, des ZIP en France ; carte des hydrocarbures dans le monde ; carte des grandes régions agricoles en France et dans les territoires ultra-marins.
- **Outils du géographe** : graphiques (diagramme circulaire ; histogramme ; courbe) ; carte thématique.

1 Satisfaire les besoins en énergie

1 1. D'où vient l'électricité ?

• Quels sont les besoins ?

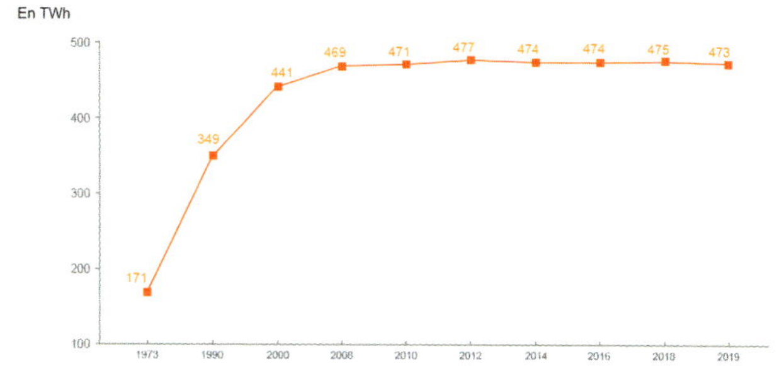

Évolution de la consommation électrique en France entre 1973 et 2019
(en mode corrigé des aléas climatiques et des effets calendaires)
Source RTE - Bilan électrique 2019
© EDF

Qu'il s'agisse de recharger les batteries de nos téléphones, de se connecter à Internet, de faire fonctionner un radiateur, de lever des stores ou de faire cuire un poulet, l'énergie électrique est constamment présente dans notre vie quotidienne. En France, près de 33 millions de foyers et 5 millions d'entreprises consomment de l'électricité. Après une croissance constante et importante entre les années 1970 et les années 2010, la consommation est depuis relativement stable, voire en légère baisse depuis 2019 (voir document ci-dessus).

• Comment est produite l'électricité ?

Pour produire de l'électricité, il faut transformer une source d'énergie fournie par la nature. On distingue la production industrielle d'électricité de la production individuelle (des consommateurs individuels produisent eux-mêmes leur propre électricité grâce au vent, au soleil ou à la chaleur du sous-sol terrestre). Notre territoire possède peu de gaz et de charbon, il nous faut donc importer ces éléments pour produire de l'énergie. C'est grâce à la production d'origine nucléaire que nous assurons notre indépendance énergétique.

La production industrielle d'électricité en France

Type de centrale électrique	Ressources naturelles		Part de chaque ressource dans l'électricité commercialisée[1] en %	
			2014	2019
Nucléaire	Énergie fossile	Uranium	77	70,6
Thermique	Énergie fossile	Charbon	1,5	0,3
		Fioul (issu du pétrole)	0,8	0,4
		Gaz	2,7	7,2
Renouvelable	Énergie renouvelable	Eau	12,6	11,2
		Vent	3,1	6,3
		Soleil	1,1	2,2
		Bioénergies (biogaz, biomasse, déchets ménagers et de papeteries)	1,2	1,8

Source : www.connaissancedesenergies.org

1. Source : RTE : https://www.connaissancedesenergies.org/sites/default/files/pdf-actualites/Bilan%20%C3%A9lectrique%202019.pdf

• Comment est-elle transportée et distribuée ?

L'électricité ne peut pas être stockée. L'énergie électrique produite dans les centrales se déplace donc sur des lignes électriques aériennes ou souterraines du lieu de production vers le lieu de consommation. L'électricité peut se déplacer ainsi partout en France et en

Europe et s'adapter à la demande. Ces lignes sont organisées en réseau. La production, le transport et la distribution en France sont assurés par deux filiales d'EDF :

– RTE (Réseau de transports d'électricité) assure la production et la répartition du courant sur les lignes ainsi que leur entretien et leur développement.

– ENEDIS (Énergie Distribution) assure le transport et la distribution pour les fournisseurs d'électricité.

La consommation électrique est mesurée grâce à une unité, le kWh (kilowatt-heure). Chaque foyer français consomme en moyenne 6 kWh par jour. Avec 1 kWh, on peut regarder la télévision entre trois et cinq heures, faire une lessive dans une machine à laver le linge (mais il faut 3 kWh pour un cycle de sèche-linge), on peut faire fonctionner le chauffage entre quarante-cinq minutes et une heure en hiver ou une climatisation pendant six heures en été ou bien encore faire 2 km avec une petite voiture électrique. Mais, il faut 2 kWh pour prendre une douche et 4 kWh pour un bain.

1 2. D'où vient l'essence nécessaire aux déplacements ?

• Quels sont les besoins ?

En France, la majeure partie des carburants liquides (essence) est fournie par le pétrole. Facile à stocker et à transporter, cette énergie fossile est la première source d'énergie dans le monde (30 % de la demande mondiale). Cependant, c'est une ressource très inégalement répartie, qui engendre des flux de transports entre les pays producteurs et les pays consommateurs (voir carte ci-dessous). En France, la production permet de couvrir seulement 1 % des besoins. Par conséquent, nous importons l'essentiel du pétrole que nous consommons.

Le pétrole est un liquide qui se forme dans le sous-sol terrestre, suite à la décomposition de matières organiques. Ce processus est très lent – plusieurs millions d'années – et donc d'un point de vue géologique strict, le pétrole est « renouvelable ». Le pétrole est pourtant considéré aujourd'hui comme une ressource non renouvelable, car nous produisons et

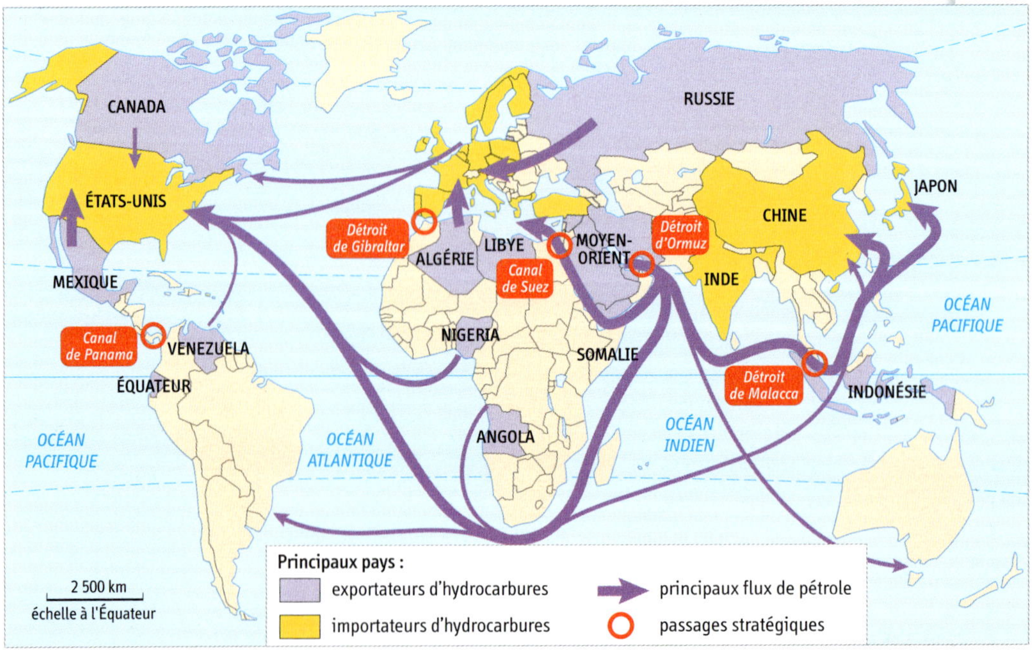

Les hydrocarbures dans le monde

Manuel Histoire-Géographie 5ᵉ, Éditions Hatier, 2016.

consommons cette ressource naturelle bien plus vite que le temps nécessaire pour que la ressource se régénère. On estime que la nature crée environ 100 000 à 300 000 barils de pétrole par an. La consommation en 2019 se situait autour de 100 millions de barils par jour (1 157 barils par seconde). Théoriquement, nous consommons donc en moins de cinq minutes ce que la nature crée en un an. En 2020, suite à la pandémie de Covid-19 et aux épisodes de restriction de déplacements qui ont affecté l'ensemble de la planète, la consommation est descendue à 92 millions de barils par jour. Les économistes estiment que la consommation atteindra 99 millions en 2022 et à nouveau le seuil de 100 millions en 2023. Mais la crise mondiale pourrait avoir à long terme un effet global de diminution de la consommation si des changements de modes de vie s'établissent de manière durable. Un scénario prévoit que le pic de consommation de 2019 ne sera jamais atteint à nouveau et que progressivement, d'ici à 2050, le monde consommerait bien moins de pétrole (54 à 32 millions de barils par jour en 2050 selon les scénarios).

- **Quelles sont les ressources ?**

Pour estimer nos ressources en hydrocarbures (pétrole et gaz) à l'échelle mondiale, les experts utilisent le terme de **réserve**, qui désigne, dans le cas du pétrole, les réserves dites prouvées, c'est-à-dire celles dont on est sûrs aujourd'hui, étant donné nos capacités techniques, de pouvoir les extraire d'un gisement. Ces réserves sont estimées à environ 1 700 milliards de barils, soit cinquante-deux ans de production (au rythme actuel de consommation).

- **Comment la France est-elle approvisionnée en hydrocarbures ?**

Les lieux de production du pétrole sont souvent éloignés des lieux de consommation. Cet hydrocarbure est donc transporté selon deux modes principaux : l'oléoduc (ou *pipeline*) et le navire pétrolier (*tanker*).

Le pétrole brut ne peut pas être utilisé dans son état originel. Il est nécessaire de le transformer : c'est l'étape du raffinage. Il est ensuite transporté grâce à des camions citernes vers les pompes à essence. Le transport du pétrole est, à toutes ces étapes, risqué. La moitié du pétrole brut consommé est transporté par la voie maritime. Son transport comporte plusieurs risques (déversements d'hydrocarbures, piraterie, feu et explosion, échouements et naufrages).

Document analysé et exploité

• Présentation et définition du document

Ce document est un graphique, plus précisément un histogramme. Il nous informe sur la consommation d'électricité des Français dans leur vie quotidienne. Les données proviennent de l'ADEME, l'Agence de la transition écologique, et datent de 2019. Sur l'axe des abscisses sont indiqués les différents postes de consommation et sur l'axe des ordonnées la part de chacun de ces postes exprimées en pourcentages.

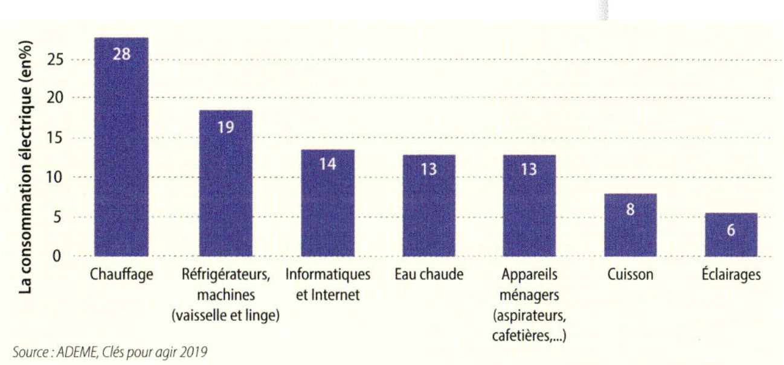

La consommation d'électricité en France

• Analyse du document en lien avec le thème 3

Le graphique nous donne des informations précises sur les usages de l'électricité dans la vie quotidienne. Il permet ainsi aux élèves de prendre conscience de la part que représentent ses usages dans la consommation globale de leur foyer. Dans les espaces domestiques, qu'il s'agisse de maisons ou d'appartements, la consommation d'électricité est le plus souvent due à des usages qui ne peuvent se faire à partir d'une autre source d'énergie. Si le premier système d'éclairage est inventé par Foucault en 1841, il a fallu attendre les années 1950 pour que l'électricité s'installe progressivement dans les habitations et améliore ainsi les conditions de vie. Dans chaque foyer, la consommation électrique est enregistrée grâce à un compteur électrique qui permet d'établir la facture de l'usager. Depuis soixante-dix ans, l'augmentation du nombre de logements, de leur surface et surtout la multiplication des nouveaux besoins (machines, ventilation, informatique et multimédia) ont fait croître la consommation électrique globale qui est aujourd'hui relativement stable (voir graphique, p. 121). L'histogramme étudié nous indique que l'électricité sert principalement au chauffage et aux machines (47 %). En France, un tiers des foyers sont équipés en chauffage électrique et cela peut représenter jusqu'à 40 % de la consommation électrique en hiver. Les machines (lave-linge, lave-vaisselle, sèche-linge) coutent en eau et en électricité. Certaines consommations électriques sont moins visibles (eau chaude, informatique et appareils connectés) et pourtant elles représentent plus du quart des consommations. Les appareils connectés, par exemple, consomment beaucoup moins que de grosses machines, mais leur multiplication et leur croissance (plusieurs appareils connectés par personne d'un même foyer) augmentent de manière presque invisible au quotidien les consommations. L'ADEME recommande de diversifier les sources d'énergies au sein d'un même foyer. Le gaz, le fioul ou la géothermie peuvent être utilisés pour l'eau chaude, la cuisson ou le chauffage en complément de l'énergie électrique. Par ailleurs, depuis les années 2010, la consommation électrique stagne voire diminue un peu sous l'effet d'une meilleure isolation des logements et de l'amélioration technologique des équipements ménagers qui sont moins gourmands en énergie.

• Piste d'exploitation pédagogique

Ce document permet d'atteindre des objectifs d'apprentissage en géographie et en mathématiques (domaine «Organisation et gestion des données») puisqu'il nécessite de lire, comprendre et interpréter des données. En géographie, l'objectif est de faire prendre conscience aux élèves de leur consommation quotidienne et, par conséquent, dans une perspective d'économie d'énergie, des impacts de notre consommation. Avant de questionner ce document, on peut demander aux élèves de lister les différents usages de l'électricité à leur domicile (l'éclairage est souvent l'usage qui est nommé en premier). Puis, à partir de cette liste, leur demander de proposer un classement (de 1 à 6, par exemple en fonction des réponses, 1 étant, selon eux, l'usage quotidien qui consomme le plus et 6, celui qui consomme le moins).

Dans un second temps de la séance, le graphique permet aux élèves de vérifier leur classement en le confrontant aux usages réels. Il est important de bien prendre le temps de présenter les données du graphique. Un questionnement en trois phases peut être proposé :

Phase 1 – Présentation du document en dialogué, vidéoprojeté ou affiché

Quelle est la nature du document ? Un graphique

De quand date-t-il ? 2019

Quel est son titre? La consommation électrique en France par usages de la vie quotidienne
On indique que les données sont fournies par l'ADEME, l'Agence de l'environnement et de la maitrise de l'énergie et que les chiffres peuvent être considérés comme fiables, car c'est une agence officielle qui dépend d'un ministère.
Phase 2 – Lecture du graphique
Les élèves repèrent les axes et les données représentées sur chacun d'eux au moyen d'un questionnement guidé (par exemple: *Que lit-on sous chaque barre bleue? À quoi correspondent les chiffres sur l'axe vertical?*) .
Phase 3 – Classement des données et interprétation
Les élèves relèvent les deux principaux usages en pourcentage et les confrontent à leur propre classement qu'ils corrigent alors à partir de l'histogramme.

2 Satisfaire les besoins en eau

2 1. L'eau en France au quotidien

- **Quels sont les besoins ?**

L'eau est une ressource naturelle, renouvelable et vitale puisque notre corps est constitué à 70 % d'eau. Afin d'évaluer les besoins en eau, on distingue les prélèvements des consommations. L'eau prélevée est l'eau qui est utilisée, traitée puis assainie et restituée à la nature par un vaste réseau de canalisations (c'est le cas de l'eau domestique). L'eau consommée, elle, n'est pas restituée à la nature (c'est le cas de l'eau utilisée par l'agriculture). Les plus gros consommateurs d'eau sont les agriculteurs et les industries. Les besoins en eau domestique sont les moins importants. L'essentiel de l'eau que nous consommons à la maison (93 %) est utilisé pour l'hygiène corporelle, les sanitaires, l'entretien de l'habitat et diverses tâches ménagères. La boisson et la préparation des aliments ne représentent que 7 % de notre consommation totale.

- **Quelles sont les ressources ?**

À l'échelle mondiale, la moitié de l'eau douce prélevée est sous forme solide (glaciers, icebergs). Le reste est disponible sous la forme de nappes souterraines ou d'eaux de surface. En France, les ressources en eau sont importantes. Le territoire français reçoit en moyenne 440 milliards de m^3 de précipitations par an. 61 % de ce total s'évaporent, 16 % alimentent directement les cours d'eau et 23 % s'infiltrent pour reconstituer les réserves souterraines. Le réseau hydrographique est dense (270 000 km de cours d'eau) et les capacités naturelles de stockage importantes (chaines de montagnes et aquifères souterrains).

Définition
Aquifère : couche de terrain ou roche assez poreuse et perméable pour laisser circuler l'eau et permettre de la stocker dans une nappe d'eau souterraine, formant ainsi un réservoir d'eau douce.

2 2. La consommation d'eau potable

L'eau qui coule dans nos robinets est prélevée, soit dans les nappes souterraines par forage (62 %), soit dans des eaux de surface par pompage (38 %). Elle est ensuite acheminée par des canalisations vers des usines où elle subit des traitements physiques, chimiques et biologiques, puis elle est distribuée aux consommateurs. Après usage, les communes ont l'obligation de recueillir les eaux usées et de les assainir avant leur rejet dans la nature dans des stations d'épuration. L'eau est un produit dont le transport est couteux et le stockage difficile. La gestion en a donc été confiée, depuis le XIXe siècle, à la collectivité territoriale

Les aménagements pour l'eau potable dans une commune
Manuel Magellan, Géographie CM, Éditions Hatier, 2021.

la plus proche de ces réalités locales : la commune. La distribution de l'eau, la collecte et le traitement des eaux usées sont donc des services publics municipaux. Dans chaque commune ou groupement de communes, le maire ou le président de l'intercommunalité est responsable de la distribution et de l'assainissement des eaux usées.

Document analysé et exploité

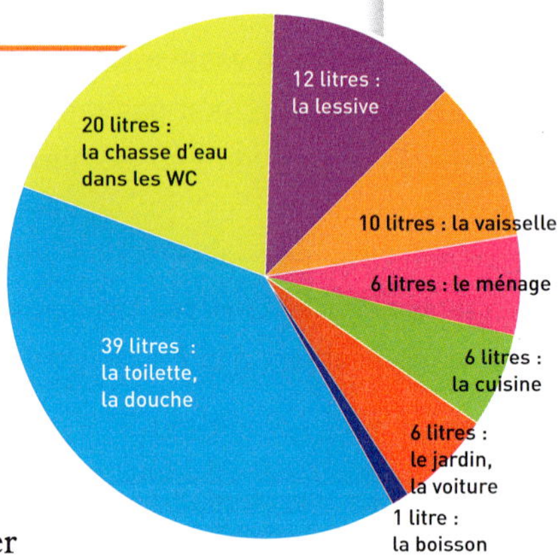

La répartition de la consommation d'eau par foyer en France
Source : CIEAU, 2021, www.cieau.com/le-metier-de-leau/

• Présentation et définition du document

Ce document est un graphique sous la forme d'un diagramme circulaire. Il nous informe sur la consommation d'eau des foyers français et donc sur les usages au quotidien de celle-ci. Les données proviennent du site Internet du CIEAU, le Centre d'information sur l'eau. Un diagramme circulaire a la forme d'un disque dans lequel chaque modalité d'une variable statistique qualitative occupe un secteur du disque (exprimée théoriquement en pourcentage mais ici en litres pour en faciliter la lecture par les élèves) dont l'aire est proportionnelle à l'effectif de la modalité.

• Analyse du document en lien avec le thème 3

On estime qu'à la fin du XVIIIe siècle, chaque individu utilisait, pour ses besoins quotidiens, en moyenne 15 à 20 litres d'eau. Sous l'effet de l'urbanisation, des changements de mode de vie et de l'hygiénisme, les besoins quotidiens en eau n'ont cessé de croître. En France, la consommation par jour et par habitant était de 106 litres en 1975 et elle est aujourd'hui établie en moyenne à 148 litres. Cependant, ces chiffres peuvent être très variables d'un foyer à l'autre en fonction des équipements utilisés et des habitudes et varier selon plusieurs critères : les revenus du foyer, l'âge, le mode de vie (on consomme plus d'eau pendant ses vacances, les sportifs s'hydratent plus et se douchent plus que la moyenne) ou encore le type d'habitation (présence d'un jardin ou d'une piscine) ou le climat (chaleur ou humidité). Ce document montre que la majeure partie des usages domestiques de l'eau est dédiée à l'hygiène et au nettoyage (93 litres sur 100). La cuisine et la boisson ne représentent que 7 litres sur 100. L'eau est une ressource rare et fragile et, même si elle est relativement abondante en France, il est nécessaire de la préserver et de l'économiser, en particulier dans les régions méditerranéennes plus exposées au risque de stress hydrique. Les habitudes de consommation évoluent peu à peu afin d'éviter la surconsommation d'eau (choisir des équipements plus économes en eau, régler correctement les appareils, choisir les heures d'arrosage les plus propices pour éviter l'évaporation, régler les problèmes de fuite).

Définition

Stress hydrique : situation dans laquelle la demande en eau dépasse les ressources disponibles.

• Pistes d'exploitation pédagogique

Dans la lignée du document sur la consommation d'électricité, ce graphique doit permettre aux élèves d'être confrontés à une autre forme de représentation des données. L'exploitation peut donc suivre une démarche similaire en trois temps et qui repose d'abord sur l'estimation par les élèves de leurs propres usages. Le document doit être soigneusement présenté avec l'identification de sa nature, de son titre et de sa source. Dans un second temps, les élèves sont amenés à identifier, à partir du graphique, toutes les consommations en lien avec l'hygiène et le nettoyage. Ces chiffres sont additionnés. Ils constatent alors, grâce à une soustraction, que seuls 7 litres sur 100 sont consacrés à la cuisine et à la boisson. Une recherche en salle informatique sur le site du CIEAU peut prolonger la lecture du graphique afin de compléter les données. Cela peut donner également lieu à une recherche documentaire plus précise, par exemple sur les façons d'économiser l'eau.

3 Satisfaire les besoins alimentaires

3 1. Comment s'alimente-t-on en France ?

• Des habitudes de consommation qui évoluent

En France, les habitudes de consommation alimentaire ont considérablement évolué au cours des cinquante dernières années. La part de l'alimentation dans le budget global des foyers a baissé (35 % en 1960 ; environ 20,4 % aujourd'hui, selon l'INSEE) et, sous l'effet de l'évolution des modes de vie et des enjeux écologiques, les aliments consommés ne sont plus tout à fait les mêmes. D'une manière générale, les Français consomment moins d'alcool, de pain, de pommes de terre et de viande et plus de fruits et de légumes, mais des disparités importantes existent en fonction des milieux sociaux. Les foyers les plus privilégiés consomment plus de produits de la mer, de fruits et de légumes frais, alors que les plus modestes consomment plus de viande, de pain et de produits gras et sucrés. Par ailleurs, les besoins varient aussi en fonction de l'âge, comme le montre le tableau ci-dessus.

L'assiette des Français

Part des aliments consommés, en %

	Chez l'enfant 0-10 ans	Chez l'adulte 18-79 ans
Produits laitiers	24	6
Fruits et légumes (jus compris)	18	16
Viande, poisson, œufs	5	6
Produit à base de céréales	6	6
Eau et boisson	32	55
Autres	15	11

Source : Évolution des habitudes et modes de consommation, ANSES, 2017.

• **Approvisionnements et lieux de consommation**

La satisfaction des besoins alimentaires pose la question du commerce et des lieux d'approvisionnement au quotidien. En 2018, 65 % des achats de produits alimentaires sont faits dans les grandes surfaces – hypermarchés et supermarchés – (72 % en 2011) et 18,5 % dans les commerces de détail spécialisés (15 % en 2011) dont la part est en baisse au profit des sites de e-commerce (drive et livraisons à domicile), tendance qui s'est accentuée depuis la pandémie de Covid-19, puisque les grandes surfaces ont connu des épisodes de fermeture et de restrictions du nombre de clients favorisant les commerces de détails, les petites surfaces d'alimentation générale et le commerce en ligne.

Définition

SAU : surface agricole utile, soit l'ensemble des terres arables, des surfaces toujours en herbe et des cultures permanentes, comme les vignes ou les vergers.

❸ 2. La production agricole en France

• **D'un système agricole productiviste...**

En France, depuis les années 1960, le modèle économique agricole est dit **productiviste**, c'est-à-dire qu'il recherche une production maximale et des rendements élevés grâce à la concentration des terres, à l'élevage hors-sol, à l'utilisation de machines et de produits industriels (engrais et pesticides). La France est ainsi, et ce depuis de nombreuses années, le premier producteur agricole de l'Union européenne. Environ la moitié du territoire métropolitain est couvert de SAU. La moitié de cette SAU est dédiée aux grandes cultures, qui s'étendent sur de vastes surfaces, produisent un faible nombre de variétés de plantes avec une mécanisation importante.

• **... vers un système alimentaire durable**

Remis en question depuis les années 2000, ce modèle économique n'est plus celui qui est officiellement soutenu par le ministère de la Transition écologique. L'enjeu est aujourd'hui la mise en place d'un système alimentaire durable qui se donne pour priorité « la lutte contre le gaspillage alimentaire, l'ancrage territorial de l'alimentation, l'éducation à l'alimentation, la justice sociale et l'accès à tous à une offre alimentaire de qualité[1] ». La protection des écosystèmes permet de préserver nos ressources alimentaires de manière durable. Les questions de l'alimentation et de notre autosuffisance alimentaire, accrue au temps de la pandémie de Covid-19 du fait de l'arrêt plus ou moins prolongé des importations/exportations, deviennent donc les piliers par lesquels on pense la question de la production agricole grâce en particulier au soutien apporté à l'agriculture biologique. Celle-ci représente aujourd'hui 8,5 % de la SAU et 67 % des produits bio consommés sont français (6 % de la consommation alimentaire des ménages est consacrée aux produits issus de l'agriculture biologique). Cela dit, même si cette agriculture occupe une part de plus en plus grande, la majeure partie de la production agricole française repose encore sur les bases du modèle productiviste.

1. www.ecologie.gouv.fr/lagriculture-et-lalimentation-durables

Document analysé et exploité

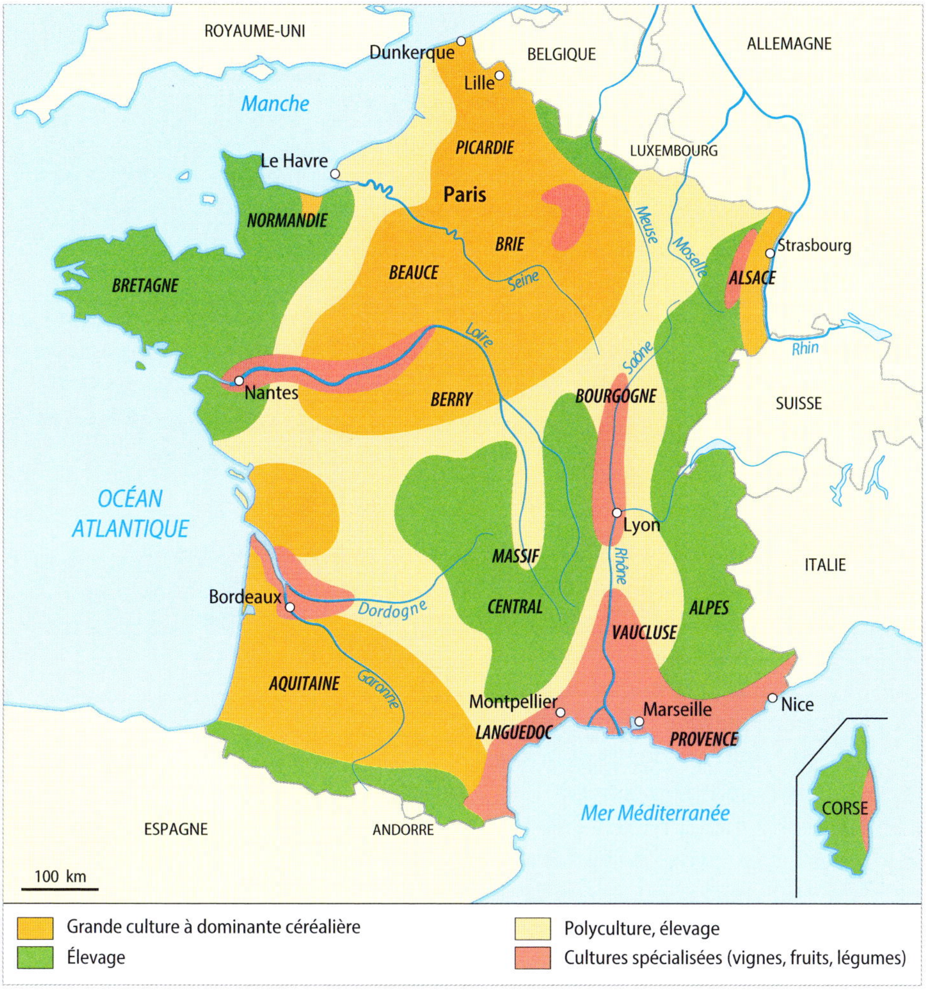

Les grandes régions agricoles en France

• Présentation et définition du document

Ce document est une carte thématique de la France métropolitaine. Elle représente, grâce à des figurés de surface (aplats colorés), les grandes régions agricoles et leurs spécialisations. La légende ne présente pas de difficultés particulières. Le lexique (grande culture, élevage, polyculture et cultures spécialisées) devra être bien précisé au cours du questionnement.

• Analyse du document en lien avec le thème 3

Cette carte permet de montrer la richesse et la variété des productions agricoles françaises et, par conséquent, comment celles-ci concourent de manière essentielle et dynamique à notre alimentation quotidienne. La lecture de cette carte permet d'identifier de grandes régions agricoles : le Bassin parisien, le Nord, le Centre et le Sud-Ouest concentrent les grandes cultures notamment céréalières (blé, seigle, orge, avoine, maïs, etc.) ou oléagineuses (tournesol, colza, etc.). La France est le premier producteur européen de viande bovine. En Bretagne, Basse-Normandie ou Pays de la Loire, l'élevage bovin, pour le lait notamment, occupe une large place. L'élevage bovin, longtemps limité aux bocages de l'Ouest (Normandie) et

aux régions de montagne, est devenu plus intensif, notamment en Bretagne et dans les Pays de la Loire qui concentrent la moitié de l'élevage hors-sol. Ces deux régions regroupent l'essentiel de la production laitière, mais aussi d'autres formes d'élevage intensif hors-sol (porcin et avicole).
Les régions de cultures spécialisées conservent l'essentiel des petites exploitations (cultures maraichères, fruitières, horticoles). Les cultures maraichères se concentrent autour des grandes villes, le long du littoral breton et dans la basse vallée du Rhône. Les cultures fruitières sont souvent méditerranéennes ; la production d'agrumes se situe principalement en Corse. Quelques productions dominent toutefois au Nord, comme les pommiers et les poiriers, dans le Centre, l'Ouest et le Sud-Ouest. La viticulture occupe une place importante dans l'agriculture française et au niveau mondial (avec l'Italie). La France se distingue par sa production de qualité, les appellations de qualité (AOC) s'étant étendues ensuite à d'autres productions que le vin. Les principales régions de production viticole sont le Languedoc-Roussillon, l'Aquitaine, le Poitou-Charentes, la Champagne et la Bourgogne.

En savoir plus sur les programmes de collège
hatier-clic.fr/crpe23hgemc0

• Pistes d'exploitation pédagogique

L'utilisation de cette carte ne vise pas nécessairement l'apprentissage et la mémorisation en tant que telles des grandes régions agricoles. En effet, l'objectif est bien de comprendre comment nous satisfaisons en France les besoins alimentaires. Aussi, ce document doit être utilisé comme un outil permettant de repérer où sont produits les aliments que nous consommons. L'étude de cette carte doit donc s'insérer dans une démarche progressive qui part, en premier lieu, d'un questionnement à partir des aliments que nous mangeons dans la vie de tous les jours. Les menus des cantines sont très souvent des documents qui indiquent la provenance des aliments consommés par les élèves. Il est donc possible, à partir d'un menu, d'identifier les principaux groupes d'aliments, leur provenance, puis de localiser et situer leur probable région de production si celle-ci n'est pas précisément indiquée. On peut également envisager une didactisation de la carte avec des étiquettes vierges permettant de localiser les produits ainsi consommés par les élèves dans leur quotidien. La carte peut ainsi servir de synthèse et de trace écrite en indiquant les cas concrets travaillés avec les élèves.

TEST D'AUTO-ÉVALUATION 9

Corrigé p. 234

1 Quelles sont, parmi ces ressources, celles qui sont renouvelables ?

a. L'eau
b. L'uranium
c. Les hydrocarbures
d. La biomasse

2 Quel est le nom du graphique souvent nommé « camembert » ?

a. Un histogramme circulaire
b. Un cercle proportionnel
c. Un diagramme circulaire

3 Quel est le plus important consommateur d'eau en France ?

a. Les habitants dans leur consommation domestique
b. Les agriculteurs
c. Les grandes villes

4 Compléter la légende de cette carte qui montre la variété de l'agriculture française.

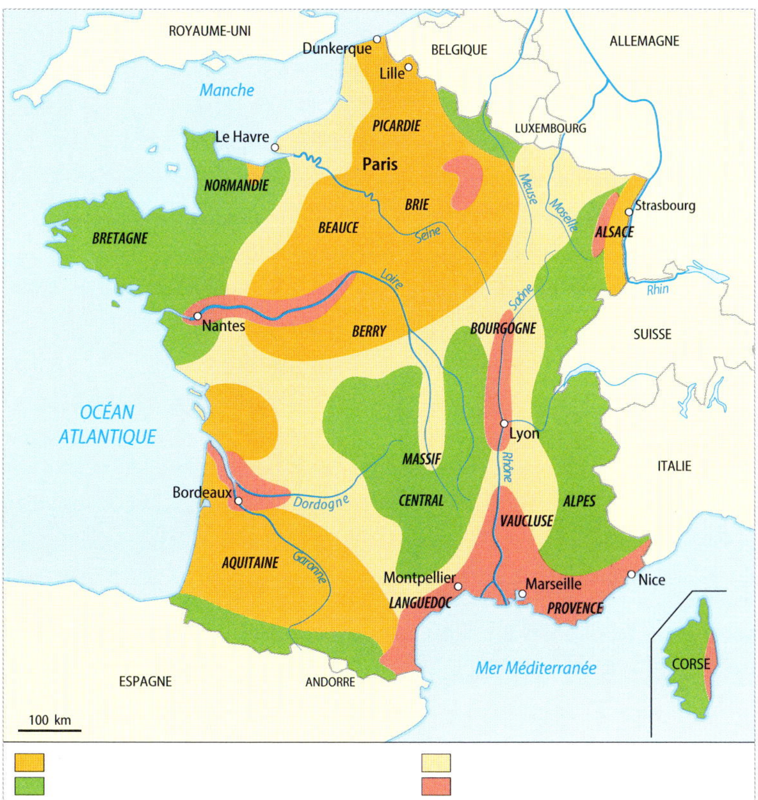

Les grandes régions agricoles en France

5 Qu'est-ce qu'un système alimentaire durable ?

a. Un système alimentaire autosuffisant
b. Un système qui permet de manière juste et équitable d'accéder à une offre alimentaire de qualité
c. Un système alimentaire qui protège les écosystèmes tout en assurant une agriculture productiviste

GÉOGRAPHIE

THÈME

4 Se déplacer

Se déplacer, dans sa forme pronominale, signifie : « changer de place, bouger, se mouvoir » et « aller d'un lieu à un autre ». Le terme implique donc un processus avéré de passage d'un lieu à un autre. Le concept majeur en géographie qui sous-tend ce thème est celui des mobilités, champ de recherche important en géographie tant au niveau de l'étude des pratiques spatiales individuelles qu'en termes d'expertises pour décider des aménagements territoriaux à venir. Dans son sens le plus global, ***la mobilité désigne un changement de lieu accompli par un individu ou un groupe****. Dans ce thème, il importe de distinguer avec les élèves toutes les raisons de se déplacer :*

– On se déplace quotidiennement entre son domicile et d'autres lieux pour aller à l'école, travailler, faire des courses, rejoindre des lieux de loisirs.

– On se déplace sur un temps plus long et souvent plus loin pour des raisons professionnelles ou pour des vacances (ce sont des migrations temporaires définies comme du tourisme d'affaires ou du tourisme de loisirs).

– On se déplace d'un lieu à un autre de manière définitive et parfois contrainte (migrations définitives, d'une région à une autre, d'un pays à un autre).

Le programme proposé ne prend pas en compte tous ces déplacements et il invite à partir de cas concrets, dans une approche comparative. Dans le thème 1, abordé en CM1, les élèves ont déjà pu caractériser les principaux modes de déplacement du lieu où ils habitent. Il s'agit donc ici de remobiliser cette initiation pour caractériser les mobilités quotidiennes en les comparant à d'autres en France, en Europe et dans le monde pour finalement comprendre l'organisation du réseau mondial qui connecte entre elles les grandes villes en France, en Europe et dans le monde par l'étude des réseaux à grande vitesse et des infrastructures qui sous-tendent ce réseau.

Notions fondamentales

- Mobilité ; distance ; infrastructures de transport ; réseau.

Repères géographiques

- Carte des principales infrastructures de transports en France et en Europe : réseau autoroutier, ferré et aérien.
- **Outils du géographe** : SIG (comparateur d'itinéraires) ; plan et carte de réseaux.

1 Se déplacer au quotidien, en France et dans un autre lieu du monde

1 1. Caractériser et définir les mobilités quotidiennes

• Franchir la distance

Parce qu'il y a de l'espace, les individus et les groupes d'humains sont confrontés, depuis qu'*Homo sapiens* s'est levé, à l'exigence de maitrise de l'espace par la mobilité. Les humains ont alors trouvé des moyens pour apprécier les distances et les franchir. La distance est encore aujourd'hui au cœur de nos pratiques sociales de l'espace comme l'a montré la pandémie de 2020. Celle-ci a introduit des ajustements corporels nouveaux en imposant la distanciation sociale (soit le fait – volontairement – de mettre une distance métrique entre chaque individu), qui est en réalité une distanciation physique dans nos déplacements matériels tout en s'appuyant parallèlement sur le télétravail et des pratiques sociales à distance par le biais du réseau immatériel d'Internet (voir thème 5) et en modifiant massivement la liberté de se déplacer. Le document ci-contre, établi en mai 2020, montre bien, selon les modes de transports urbains, les conséquences de cette distanciation physique dans les manières de se déplacer au quotidien.

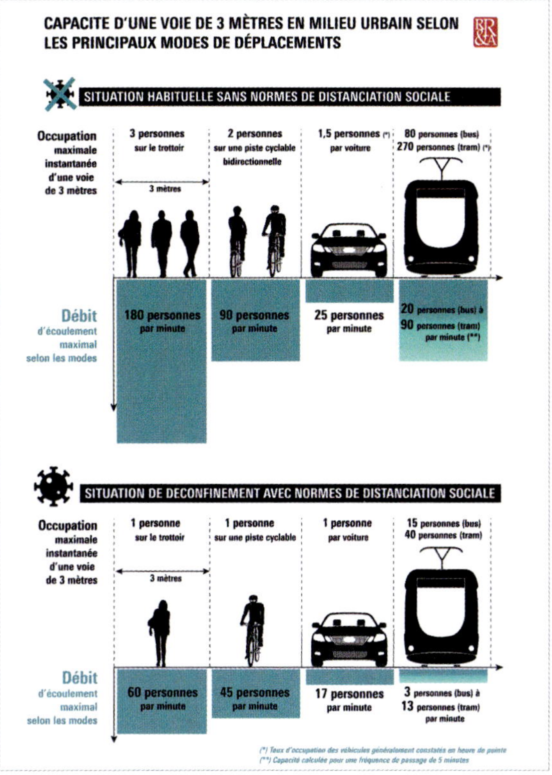

La marche et le vélo plébiscités en période de crise sanitaire

• Définir les mobilités quotidiennes

Les mobilités quotidiennes s'expliquent parce qu'on ne trouve pas tout partout. Les lieux de consommation, de loisirs, de travail sont rarement situés au même endroit, ce qui oblige à des déplacements réguliers. Le choix d'un moyen ou d'un autre s'établit en fonction de plusieurs critères. Le premier est celui de la distance. Elle s'exprime souvent de manière métrique (distance géométrique euclidienne), mais elle est aussi qualifiée par rapport au temps et au cout. La distance/temps est définie par le temps nécessaire pour la parcourir et varie donc selon les espaces parcourus (voir document ci-contre). 10 km peuvent être réalisés en une heure en ville et en cinq minutes sur une autoroute. La distance/cout est définie par le cout engendré pour la parcourir. Entre également en compte le cout écologique, c'est-à-dire le caractère plus ou moins polluant du moyen utilisé. Enfin, des critères individuels liés au mode de vie et aux contraintes plus ou moins grandes qui s'exercent sur chacun peuvent conduire au choix d'un mode de

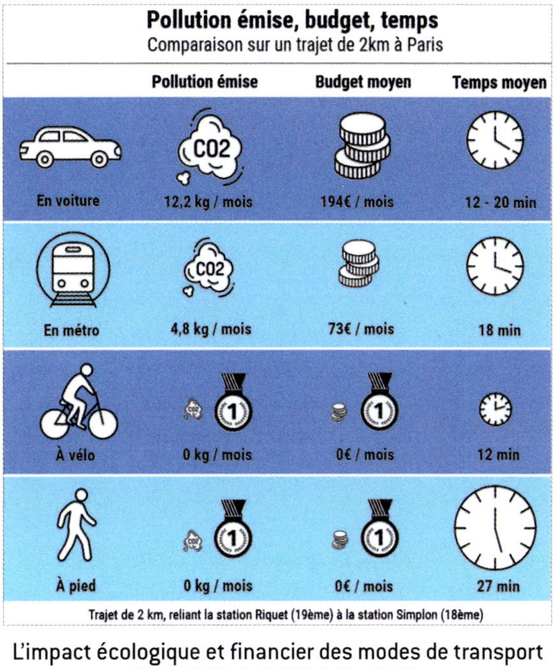

L'impact écologique et financier des modes de transport
Note n° 182 de l'APUR, juillet 2020.

déplacement ou d'un autre. Marcher ou faire du vélo peuvent avoir un effet sur la santé au quotidien et évitent, en particulier dans les grandes agglomérations, la foule des transports en commun, surtout aux heures de pointe.

❶ 2. Les mobilités du quotidien à l'échelle locale en France

• L'échelle locale est privilégiée pour aborder les mobilités quotidiennes

Pour caractériser géographiquement les mobilités quotidiennes, l'échelle locale est la plus adaptée. Elle s'entend à l'échelle d'un réseau de transports dans le cadre des migrations pendulaires, soit l'ensemble du réseau mobilisé pour permettre la plupart des trajets domicile-travail tous les jours à l'échelle d'une ville, d'un département voire d'une région ou de plusieurs régions. À cette échelle, les documents privilégiés sont les plans de transports collectifs (bus, métro, tramway) ou de mobilités durables (pistes cyclables) ainsi que les sites de calcul d'itinéraires (Vianavigo en Ile-de-France, par exemple). Les réseaux de transports sont des espaces où la distance est discontinue. Ils sont formés de points (nœuds) reliés entre eux par des lignes (axes). Ils sont aussi le fait des individus, usagers de ces réseaux, qui renforcent, en se les appropriant, certains points ou axes. Les géographes cherchent à comprendre comment s'organisent les réseaux et comment ils produisent de l'espace. En observant le nombre de nœuds et la distribution des axes autour de ces nœuds, ils distinguent des formes de réseaux (les réseaux dits étoilés ont par exemple un point central qui dessert des axes).

Outil du géographe

Comment lire une carte ou un plan de réseau ?

- Bien observer la légende pour distinguer les types de flux ainsi que l'épaisseur des traits qui correspond à la fréquentation.
- Déterminer quels sont les nœuds et les axes principaux.
- Déterminer quels sont les axes et les nœuds secondaires.
- Se questionner : Quels sont les espaces où tous les réseaux se concentrent ou au contraire ceux qui ne sont pas traversés ? Quels sont les points de sortie et d'entrée et y a-t-il des territoires affectés par l'effet tunnel ?

• Comment les Français se déplacent-ils au quotidien ?

Pour se déplacer au quotidien, les moyens de transport sont très nombreux et variés, en particulier dans les grandes villes. Selon une enquête menée par le ministère de la Transition écologique en 2019, les Français effectuent en moyenne trois déplacements par jour du lundi au vendredi (soit plus de 181 millions de déplacements quotidiens) et y consacrent 1 h 02 de leur temps. Pour ces déplacements, la voiture individuelle est le premier mode choisi (114 millions de déplacements, soit 63 %), suivie en second par la marche à pied (23,5 %), puis viennent les transports en commun (9,1 %) et le vélo (2,7 %). Évidemment, ces choix varient selon le lieu de résidence. Ainsi, les habitants de l'agglomération parisienne sont ceux qui se déplacent quotidiennement le plus longtemps (1 h 18 par jour en moyenne) et qui utilisent le plus les transports en commun (24,9 %) et la marche à pied (37,8 %), la voiture représentant 33 % des usages. En revanche, dans les espaces ruraux et les petites agglomérations, la voiture est le mode utilisé pour quatre déplacements sur cinq (79,5 % des déplacements dans les espaces ruraux). Ces déplacements varient aussi en fonction du genre et de l'âge. Les femmes sont en moyenne moins utilisatrices de la voiture et un peu plus de la marche à pied et des transports en commun. On constate également une augmentation de l'usage des transports en commun (+ 20 % en 2019 par rapport à 2008), de la marche et du vélo aux dépens de la voiture chez les 19-34 ans.

- **Des mobilités quotidiennes durables : la ville du quart d'heure**

Au début des années 2000, plusieurs villes (Portland aux États-Unis, Melbourne en Australie et Copenhague au Danemark) ont initié un plan d'action nommé *20-minute-neighbourhoods* (« voisinages à 20 minutes »). Ce dernier a inspiré depuis de nombreuses villes dans le monde (Ottawa au Canada, Shanghai et Canton en Chine) et en France (Paris, Rennes, Bordeaux). Le concept met fin à l'idée d'une ville fragmentée entre les lieux où l'on travaille, où l'on consomme, où l'on se loge et où l'on se divertit. La ville du quart d'heure consiste à limiter le périmètre d'action à un temps de quinze à vingt minutes et ainsi à privilégier la marche à pied et le vélo. La ville du quart d'heure apparait comme une réponse à la pandémie de 2020 d'autant que la généralisation du télétravail et les mesures de limitation des déplacements ont conduit de fait la plupart des urbains à adopter et à vivre cette ville du quart d'heure.

« La ville du quart d'heure est une réponse à l'urgence climatique et sanitaire »

Entretien avec l'universitaire franco-colombien Carlos Moreno, professeur associé à l'Institut d'administration des entreprises de Paris (Université Paris 1 – Panthéon Sorbonne).

Quelle est la genèse de la ville du quart d'heure ?

En tant que chercheur, je réfléchis depuis plusieurs années aux transformations radicales à apporter face aux changements climatiques. Avec une question : pourquoi nous déplacer autant de manière pendulaire, par exemple d'est en ouest, pour aller travailler, et comment limiter nos émissions de $C0_2$ pour nos déplacements ?

La ville du quart d'heure fait converger trois éléments, qui sont ses trois piliers. Tout d'abord, elle permet de remettre en question la manière dont nous vivons nos déplacements. C'est aussi une réponse à la sous-utilisation de nombreux bâtiments, qui ne sont souvent utilisés que pour un seul usage. Enfin, la ville du quart d'heure est une réponse à l'anonymat de la vie dans la ville et permet que la ville soit plus apaisée, avec notamment plus de végétalisation et plus de convivialité.

La ville du quart d'heure inclut six fonctions sociales principales (se loger et produire dignement, accéder aux soins, s'approvisionner, apprendre et s'épanouir). Comment les avez-vous choisies ?

Avec mon équipe de recherche, nous avons travaillé de manière très concrète, en nous posant une question : qu'est-ce qui peut rendre heureux les habitants ? Quels services leur offrir pour qu'ils soient plus apaisés dans leur vie quotidienne ? Or ce n'est pas la technologie qui peut tout résoudre. Il y a trois priorités : le défi écologique pour atteindre la neutralité carbone à l'horizon 2050, le défi économique en luttant contre la pauvreté, et l'impact social en luttant contre l'exclusion. On a donc bâti un modèle de ville apaisée en identifiant les six thématiques principales de la ville du quart d'heure […].

Extrait du site de la Ville de Paris, www.paris.fr 9 décembre 2020.

GÉOGRAPHIE

❶ 3. Se déplacer au quotidien dans un autre lieu du monde

• Les déplacements quotidiens sont révélateurs des inégalités socio-spatiales

Dans une perspective comparative, après avoir étudié avec les élèves les déplacements au quotidien en France, on leur propose de les confronter avec celles de villes ou de régions différentes. Il est possible de choisir l'étude des mobilités dans une ville d'un autre continent (par exemple, Dakar au Sénégal, Mumbai en Inde, São Paulo au Brésil…), dans un espace de faible densité (espaces ruraux en France ou en Europe) ou sur lequel s'exercent des contraintes climatiques ou liées au milieu (froid, sécheresse, insularité).

Comme le montre l'exemple de la France mais également de la majeure partie des pays européens ou des pays développés, les possibilités de se déplacer au quotidien dépendent en grande partie de la qualité des infrastructures et des plans d'aménagement urbain mis en place par les collectivités pour penser tout à la fois dans le présent et pour le futur les projets d'aménagement nécessaires pour accompagner les besoins (aller plus vite, plus loin, faciliter les correspondances…), mais également inciter à des usages plus respectueux de l'environnement. Par ailleurs, dans les pays les plus riches du monde, les régions sous contraintes ou enclavées bénéficient souvent d'aménagements spécifiques pour permettre le désenclavement et l'accès aux différents réseaux. Dans les pays du Sud, moins riches ou aux organisations politiques et économiques différentes, les déplacements quotidiens sont plus difficiles, plus longs et s'effectuent le plus souvent en voiture ou à pied.

• Au quotidien, la voiture est le mode de transports le plus utilisé dans le monde

La voiture est le moyen de transport le plus utilisé dans les pays riches et développés (80 % des déplacements dans les pays de l'UE, 85,6 % aux États-Unis). À l'échelle mondiale, on compte environ 100 voitures pour 1 000 habitants, la marche à pied et le vélo assurant la majorité des déplacements dans les pays du Sud et en voie de développement, où les transports en commun et la voiture ne représentent que 20 % chacun. La moyenne mondiale de déplacements quotidiens est d'environ 14 km par habitant et par jour avec des écarts très importants (6 km en Inde, 45 km en Amérique du Nord). Mais le temps quotidien consacré aux transports varie assez peu pour les grandes villes du monde et il est compris entre soixante et quatre-vingts minutes par habitant et par jour.

• L'exemple des mobilités quotidiennes à Mexico

La mégapole mexicaine concentre un cinquième des Mexicains (20 millions d'habitants) et a subi une intense croissance dans la deuxième moitié du XXe siècle. Géant urbain, la ville s'étale dans un site contraignant (altitude élevée, relief montagneux, terres insalubres gagnées sur un lac asséché, risque volcanique et sismique, inondations). L'étalement urbain engendre de très nombreux flux quotidiens : environ 30 millions de voyages centre/périphérie par jour avec une durée moyenne pour ces migrations pendulaires de deux heures et demie. Le processus d'urbanisation s'est accompagné d'un développement massif d'autoroutes urbaines généralisant l'usage de la voiture. 30 % des déplacements quotidiens sont réalisés en voiture (soit 5 millions de véhicules en circulation tous les jours), accentuant la pollution de l'air. Dans cette ville, les inégalités socio-spatiales sont très marquées notamment en termes de transports puisque les ménages les plus aisés possèdent trois à quatre voitures alors que deux tiers des foyers n'en possèdent pas. La ville possède également l'une des plus grandes flottes de taxis du monde (140 000 environ) ainsi qu'un réseau de transports en commun qui s'est mis en place très progressivement (Le Métrobus, sept lignes inaugurées progressivement entre 2005 et 2018 ; le métro de Mexico qui comprend douze lignes). Les déplacements pour les piétons sont difficiles et ceux-ci se sentent peu en sécurité. Ils sont très vulnérables et subissent les pratiques transgressives des conducteurs qui ne respectent pas les feux de signalisation, ne donnent pas les priorités de passage, s'arrêtent sur les passages cloutés, roulent vite… Se déplacer à pied à Mexico implique d'être en état d'alerte permanent, de prendre des risques comme courir pour traverser, esquiver les voitures ou bien encore choisir de traverser en groupe ou en se donnant la main.

Document analysé et exploité

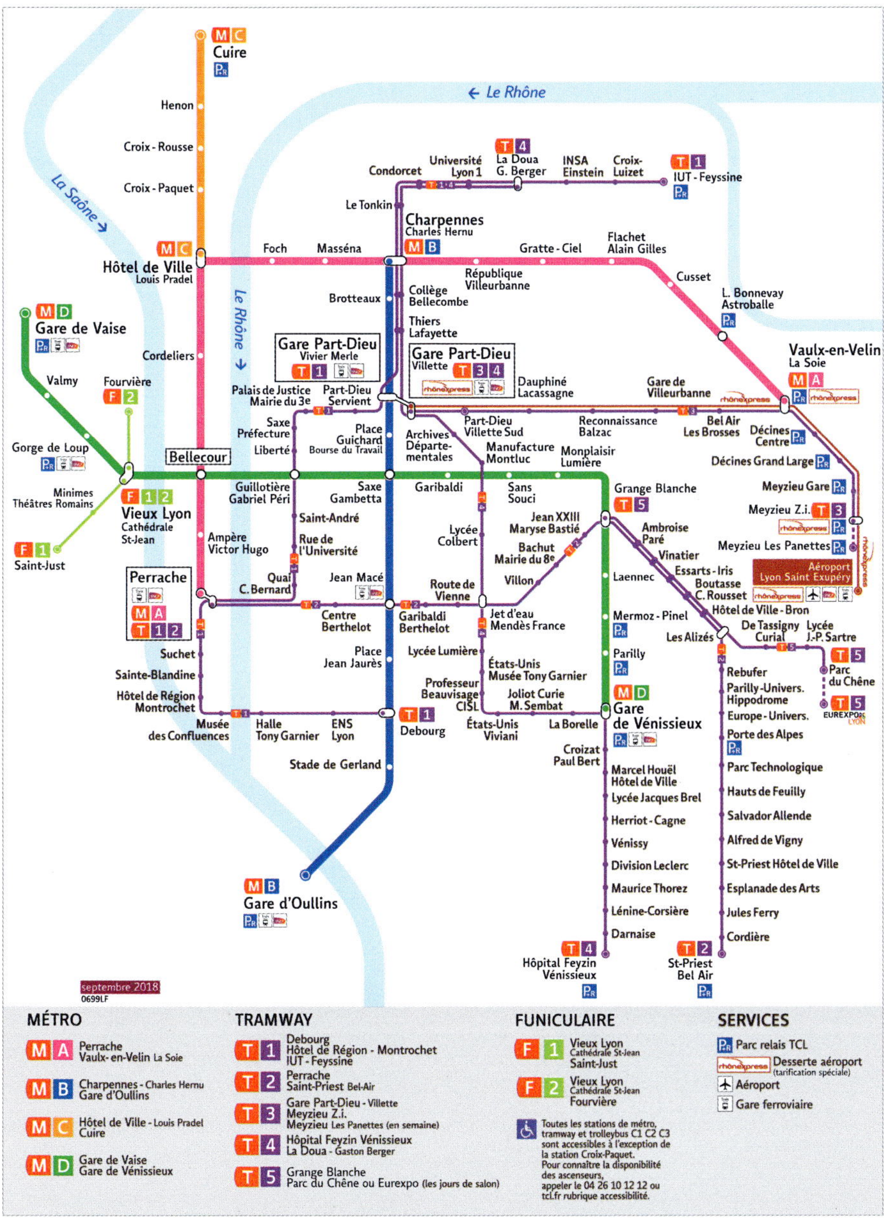

Plan des transports en commun de la ville de Lyon

• Présentation et définition du document

Ce document est un plan de transports en commun de la ville de Lyon, ville située au sud-est de la France, à la confluence du Rhône et de la Saône. Le plan présente les lignes de métro (figurées au moyen de quatre lignes épaisses de quatre couleurs différentes), de tramway (figurées au moyen de lignes violettes, plus fines) ainsi que le funiculaire (figuré au moyen de 2 lignes vertes fines). Le plan ne présente pas le réseau de bus ou de pistes cyclables. Le document, extrait d'un manuel à destination des élèves, est donc simplifié.

• Analyse du document en lien avec le thème 4

Le réseau de transports en commun lyonnais (TCL) est le deuxième de France et dessert les 59 communes que compte l'agglomération. Le réseau est composé de 4 lignes de métro, de 2 lignes de funiculaire et de 7 lignes de tramway (2 ne figurent pas sur le plan car elles ne passent pas par le centre de l'agglomération) auxquelles il faut ajouter la navette Rhônexpress (qui relie l'aéroport Lyon Saint-Exupéry à la Part-Dieu) ainsi que 120 lignes de bus et 9 lignes de trolleybus. Par ailleurs, Lyon, en 2005, fut une des premières villes de France à s'équiper d'un réseau de stations de vélos partagés et en libre-service (Vélo'v) et à mettre en œuvre un aménagement de ses quais facilitant la déambulation des piétons. Le réseau lyonnais est constitué d'un nœud principal et central, la gare Part-Dieu assurant également à une autre échelle l'interconnexion avec l'aéroport et avec les TGV provenant de Paris et se dirigeant vers le Sud-Est et les Alpes. Il s'agit donc d'un réseau complet et accessible qui compense les effets de la création d'une autoroute urbaine au cœur de la ville dans les années 1970 (16 km de l'A6 et de l'A7) à une époque où la voiture domine en maitre dans les projets d'aménagement. Ces autoroutes, déclassées en 2016, sont progressivement transformées en boulevards urbains végétalisés.

• Piste d'exploitation pédagogique

Le plan de transports en commun peut être observé et décrit avec les élèves pour comprendre comment lire un plan de réseau urbain. Dans un premier temps, les élèves identifient le document en relevant le titre et la nature (un plan). À cette occasion, ils situent grâce à une carte murale Lyon en France. On peut leur demander de localiser les deux cours d'eau représentés pour situer la ville. Dans un second temps, les élèves sont amenés à lire la légende en lien avec le plan. Un ensemble de questions leur permet de caractériser les transports présents :

– Nommez les trois moyens de transports représentés.
– Quelles sont les couleurs utilisées pour les tramways et le funiculaire ?
– De quelle couleur est la ligne B du métro ? Quels sont ses terminus ?
– Quelles lignes se croisent à la station Bellecour ?

Puis, par groupes de trois ou quatre, les élèves peuvent créer des itinéraires différents, plus ou moins complexes pour aller d'un point à un autre (par exemple : « tu habites à la gare de Vénissieux, comment peux-tu aller à l'Hôtel de ville ? »). Afin de prolonger la séance, un travail peut être mené en salle informatique à l'aide du site de calcul d'itinéraires TCL (https://www.tcl.fr/itineraires) qui permet de comparer, pour les mêmes déplacements, les temps de parcours et les changements nécessaires. Le site permet de comparer métros, funiculaires, tramways, bus, vélos et parkings relais pour les automobiles. Un groupe peut également utiliser Google Maps afin d'intégrer la marche à pied. La comparaison de ces différentes mobilités permet aux élèves de cerner les choix possibles ou non et de caractériser la plus ou moins grande accessibilité de certaines zones de l'agglomération plus ou moins bien desservies ou reliées.

2 Se déplacer de ville en ville, en France, en Europe et dans le monde

2 1. Le réseau autoroutier

• Le réseau autoroutier en France

Avec 11 882 km, la France a un des réseaux autoroutiers européens les plus denses, derrière l'Allemagne et devant l'Italie. Le premier plan autoroutier est lancé en 1955, mais il est à l'époque encore bien timide et il faut attendre les années 1960 pour qu'un vaste plan soit mis en œuvre. À cette époque, le réseau des routes nationales et départementales, pourtant très dense, ne pouvait plus faire face à l'augmentation constante du nombre de voitures et aux transformations économiques qui impliquaient de nouvelles logiques de localisation (les industries s'installaient sur les littoraux). En 1960, 174 km d'autoroutes parcourent la France et, en 1974, on atteint les 2 874 km d'autoroutes sur le territoire français. Les travaux ont été confiés à des sociétés d'économie mixte associant l'État et des entreprises privées. Celles-ci possèdent aujourd'hui l'essentiel du réseau et en assurent l'exploitation et l'entretien. Le réseau autoroutier français a d'abord été conçu en étoile à partir de Paris. Les axes qui concentrent les flux les plus importants sont :
– les axes Le Havre-Paris, Le Mans-Paris et Orléans-Paris ;
– l'axe Lille-Paris-Lyon-Marseille ;
– l'axe méditerranéen de Nice à Perpignan.

Les axes autoroutiers les moins fréquentés sont Paris-Clermont-Ferrand-Lyon, Montpellier-Bordeaux et Paris-Reims-Metz-Nancy-Strasbourg. Paris et Lyon sont les deux principaux nœuds du réseau français. Aujourd'hui, le but est de désengorger les axes les plus saturés. Ainsi l'autoroute Paris-Clermont-Méditerranée permet de désengorger l'axe rhodanien (surtout durant la période estivale). De même, pour limiter la saturation des axes autour de la capitale, des voies de contournement sont développées par l'Est (Lille-Reims-Dijon) ou par l'Ouest (Rouen-Le Mans-Tours).

• Un réseau intégré au réseau européen

Institués en 1992, les réseaux transeuropéens ont pour objectif d'assurer la continuité des réseaux (de transports, d'énergie et de télécommunications). Il s'agit donc de transformer les réseaux nationaux en un seul réseau européen en les rendant compatibles entre eux et en les connectant. Il s'agit de réduire ou limiter l'effet frontière qui peut imposer un changement de transport ou une rupture de charge. Le réseau autoroutier français a donc été conçu pour s'intégrer dans cette nouvelle logique : construction de raccordements autoroutiers de quelques kilomètres transfrontaliers entre les autoroutes alsaciennes et badoises ou dans les Pyrénées (Biriatou-Le Perthus). En France, l'objectif est également de faciliter le transit du trafic européen le long des axes Lille-Dijon et Metz-Dijon. Il s'agit aussi de mieux rattacher les régions de l'ouest du territoire. L'objectif est de faire de la France un carrefour orientant les flux Nord-Sud et Est-Ouest.

Repères géographiques

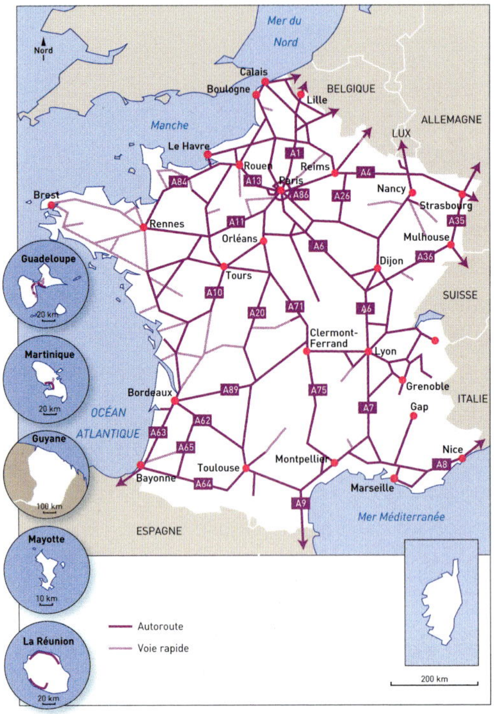

Le réseau routier et autoroutier français
Manuel Magellan, Géographie CM, Éditions Hatier, 2016.

2 2. Le réseau des lignes à grande vitesse en France et en Europe (LGV, TGV)

• Ne pas confondre LGV et TGV

Une ligne à grande vitesse (LGV) diffère d'une ligne ferroviaire classique en plusieurs points :

– la signalisation qui est en cabine, car, à grande vitesse (320 km/h au maximum), les conducteurs de trains ne peuvent pas voir les indications sur le côté de la voie ferrée ;
– l'absence de passages à niveau ;
– toutes les courbes qui ont un rayon de courbure important (à cause de la vitesse) ;
– l'écartement entre les voies qui est plus important que dans un réseau classique.

Les lignes à grande vitesse sont couteuses, car elles nécessitent de nombreux aménagements (pentes, ouvrages d'art, insertion dans le paysage…). Aussi doivent-elles être rentables. Il ne faut pas confondre les lignes à grande vitesse et les trains à grande vitesse qui circulent sur ces lignes. En France, le réseau ferroviaire est exploité et entretenu depuis 1997 par le RFF (Réseau ferré de France). La SNCF utilise le réseau des RFF moyennant un droit d'accès. Les lignes appartiennent donc à RFF alors que les trains appartiennent à la SNCF.

• Le réseau des TGV en France

La SNCF a fait construire près de 2 000 km de voies adaptées à la grande vitesse. Cela représente environ 6 % des lignes ferroviaires en service (12 % des lignes électrifiées). L'ensemble du réseau a été conçu avec Paris comme nœud central, suivant en cela une logique héritée du XIXe siècle. Le cout élevé de la construction des lignes a relativement limité le développement de ces infrastructures. Faute de prolongement ou d'achèvement des lignes à grande vitesse, le TGV doit souvent poursuivre son parcours sur des lignes classiques ou aménagées, à des vitesses allant de 160 à 220 km/h pour atteindre de nombreuses métropoles.

La France a été un pays précurseur en lançant la première LGV par la mise en service de la ligne Paris-Lyon en 1981. Cette ligne fut prolongée jusqu'à Valence en 1988 et depuis 2001, jusqu'à Nîmes et Marseille mettant la Méditerranée à trois heures de Paris et bouleversant ainsi le rapport aux distances. En 1989, une voie nouvelle, toujours au départ de Paris, dessert Tours et Le Mans. Les TGV prolongent depuis ces villes leur parcours jusqu'à Bordeaux (à 2 h 15 de Paris) ou Rennes (à 1 h 40 de Paris).

- **Un réseau conçu pour relier les grandes villes européennes**

En 1993, la ligne Paris-Lille permet au TGV de relier Londres et Bruxelles, Amsterdam et Cologne (Thalys et Eurostar). En 2007, la LGV ouvre la voie vers l'Allemagne. Des projets sont en cours : une ligne Rhin-Rhône, une ligne Lyon-Turin et les prolongations entre Tours et Bordeaux, Le Mans et Rennes, Montpellier et Perpignan ainsi que la connexion au réseau allemand par la LGV Est. Le réseau de la grande vitesse ferroviaire s'étoffe, les distances-temps se réduisent et changent notre rapport à l'espace. La grande vitesse renforce le métropolisation à l'échelle française et à l'échelle européenne, elle favorise le cœur dynamique et attractif de l'Europe. Les réseaux transeuropéens ont permis de limiter les effets de discontinuités et de connecter les réseaux Nord-Sud et Est-Ouest. La France joue un rôle fondamental dans l'organisation de ce réseau : elle est un point de passage obligé parce que les points d'entrée et de sortie du réseau sont sur son territoire. L'objectif est de relier les grandes métropoles et de faire de la France la plaque tournante des transports à grande vitesse.

Repères géographiques

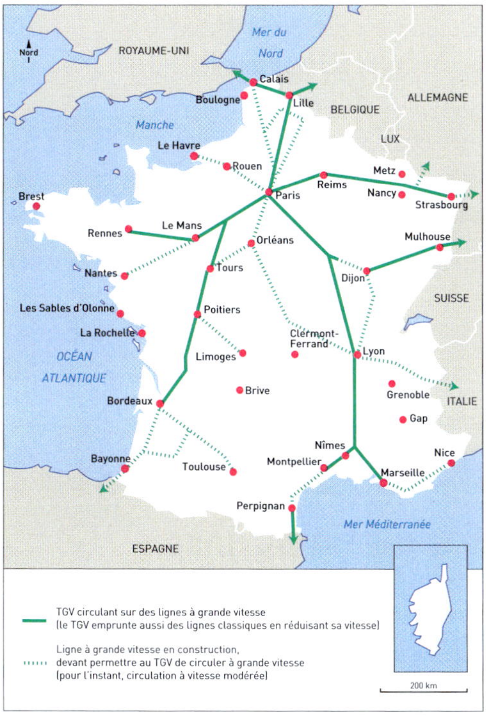

Le réseau ferré français
Manuel Magellan, Géographie CM, Éditions Hatier, 2016.

❸ L'aéroport de Lyon-Saint-Exupéry : une plateforme multimodale

Comme l'indique les accompagnements des programmes[1], ce thème peut être traité « à partir de la présentation d'un aménagement de transports comme un aéroport international ». L'étude de cas concrets permet de mettre en valeur la variété des modes de déplacement, leurs échelles ainsi que les interconnexions.

1. https://cache.media.eduscol.education.fr/file/Geographie/75/0/RA16_C3_HIGE_GEO_CM2_Th1_Se_deplacer_616750.pdf, p. 4

❸ 1. L'intermodalité air/rail/route

• Un aéroport en situation de carrefour

La région lyonnaise est au croisement des flux entre l'Europe du Nord et l'Europe du Sud, et des flux est-ouest entre la péninsule ibérique et l'Europe centrale. C'est donc une région de carrefour en France comme en Europe. En 1968, l'État français lance une politique de développement des grands aéroports et décide la construction d'un nouvel aéroport à Lyon. C'est alors l'État qui dirige, réglemente et organise les transports. Toute ouverture de lignes est soumise à autorisation. Le choix du site (la commune de Satolas) est alors basé sur trois critères :
– la proximité des grandes villes régionales : la plaine agricole de Satolas se situe à environ 20 km de Lyon (à 20 minutes en voiture), à moins de 80 km de Grenoble, Chambéry et Saint-Étienne et au cœur du réseau routier et autoroutier ;
– une zone rurale, encore faiblement urbanisée avec des possibilités d'extension ;
– la géologie et les vents dominants sont propices à l'installation d'un aéroport.

• Les aménagements liés au transport aérien

L'aéroport comprend deux pistes : la première, de 4 000 m de long, fonctionne dès l'ouverture de l'aéroport en 1975 et sert aujourd'hui aux décollages. La deuxième, de 2 670 m de long, est ouverte en 1992 et sert pour l'atterrissage. À titre de comparaison, l'aéroport Roissy-Charles De Gaulle comprend quatre pistes. L'aérogare et les installations portuaires ont été conçues par l'architecte Guillaume Gillet. L'aéroport est constitué d'une gare centrale et de deux bâtiments aérogares en demi-cercle (l'un pour les vols internationaux et parisiens, l'autre pour le trafic local et interrégional), auxquels sont accolés deux parkings de 1 200 places. L'aérogare centrale rassemble un hôtel 3 étoiles, trois restaurants, un commerce, une librairie, une banque, une Poste et une agence de voyage. Dans les deux ailes prennent place des boutiques hors taxes, des bars et des agences de location de voiture.

• L'intermodalité rail/route/air

À la fin de l'année 1987, pour améliorer l'ouverture de l'aéroport au réseau européen, la communauté urbaine de Lyon et la SNCF décident de créer une gare TGV desservant l'aéroport et facilitant l'interconnexion des trois modes de transports rapides : autoroute, lignes à grande vitesse et avions. La réalisation de la gare est confiée à l'architecte espagnol Santiago Calatrava.

L'intermodalité est d'abord difficile à mettre en œuvre car les horaires des trains et des avions ne sont pas coordonnés. Il a donc fallu concentrer des fréquences de passage plus importantes aux heures de pointe. La deuxième difficulté fut celle de la concurrence des prix. Si le train doit servir de pré-acheminement à l'avion, il faut des prix compétitifs.

❸ 2. L'accessibilité et l'attractivité

• L'accessibilité de l'aéroport à l'échelle régionale

La ligne de tramway express Rhônexpress assure le transport des voyageurs entre la Part-Dieu et Saint-Exupéry en moins de trente minutes et dessert toutes les quinze minutes l'aéroport Lyon-Saint-Exupéry depuis la gare de la Part-Dieu. Il existe aussi une desserte par bus qui assure des liaisons avec Grenoble et Chambéry afin de faire de l'aéroport une porte d'entrée vers les stations de sports d'hiver.

• Une plateforme de services

Lyon-Saint Exupéry veut être une véritable plateforme de services assurant à la fois l'accueil des passagers avant et après leur voyage, le transport aérien de passagers et le transport de marchandises ; l'aéroport se veut attractif en proposant des activités diversifiées. Un *Hub business* vise à attirer des entreprises pour organiser des réunions ou des journées de séminaire (un hôtel 4 étoiles, associé à un centre d'affaires intégrant des salles de réunions et de conférences ainsi que des bureaux répartis en trois bâtiments parallèles).

Définition

Hub business : centre d'affaires, de coworking et de réunion.

• Une attractivité européenne et mondiale

Depuis sa création en 1975, le trafic de l'aéroport n'a cessé d'augmenter progressivement. En 2019, l'aéroport a vu passer plus de 11,8 millions de passagers (+ 6,4 % par rapport à 2018). Récompensé en juin 2019 par le prix du meilleur aéroport européen, ce dernier voit son trafic régulièrement augmenter grâce à l'ouverture vers des destinations nouvelles (Maroc, Tunisie, Émirats Arabes Unis) et par le renforcement des vols low-cost.

GÉOGRAPHIE

Document analysé et exploité

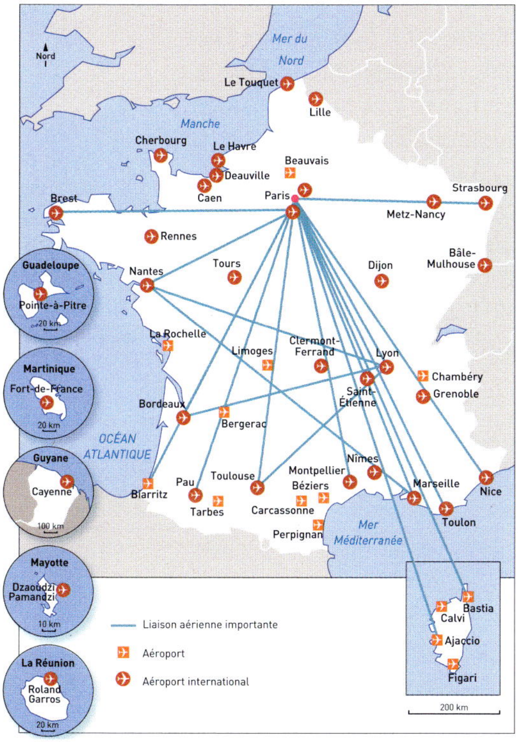

Les aéroports et le réseau aérien en France
Manuel Magellan, Géographie CM, Éditions Hatier, 2016.

• **Présentation et définition du document**

Cette carte thématique extraite d'un manuel à destination des élèves représente le réseau aérien à l'échelle de la France et des régions d'Outre-mer. Des figurés ponctuels orange et rouges permettent de distinguer les aéroports internationaux des aéroports nationaux ou régionaux. Des figurés linéaires bleus indiquent les principales liaisons aériennes.

• **Analyse du document en lien avec le thème 4**

En France, grâce à l'avion, aucune ville moyenne n'est à plus d'une heure et demie de Paris. C'est donc un moyen pour se déplacer de ville en ville. La France est un des pays européens qui possèdent le plus grand nombre d'aéroports. Au total, il y a 157 aéroports en France dont 46 qui ont un trafic supérieur à 200 000 passagers par an. L'avion a un rôle important pour désenclaver certaines villes, c'est donc un outil pour l'aménagement du territoire à l'échelle nationale et européenne. La présence d'un aéroport au sein d'une ville est un élément qui participe à sa hiérarchisation au sein du territoire, hiérarchie qui s'établit entre les aéroports mondiaux, européens et nationaux. Roissy-Charles De Gaulle est un *hub* de rang mondial (au neuvième rang mondial avec plus de 76 millions de passagers transportés en 2019). C'est aussi le deuxième aéroport européen pour le transport de passagers et le premier pour le transport de marchandises (Roissy-Garonor). Nice, Lyon, Marseille, Toulouse, Bordeaux et Strasbourg sont des aéroports de rang européen (Nice et Lyon-Saint-Exupéry se placent au troisième et au quatrième rang français avec respectivement 14,5 et 11,8 millions de passagers transportés). Les autres aéroports ont une place au niveau national. L'essentiel du trafic en France se concentre sur des radiales au départ de Paris (vers Marseille, Nice, Toulouse, Bordeaux), qui est la principale plateforme de correspondances vers les vols internationaux.

• **Pistes d'exploitation pédagogique**

Cette carte doit permettre aux élèves de comprendre quelle est la spécificité du réseau aérien et donc de la nature des déplacements qu'il permet. En effet, puisque le temps de transports en lui-même se déroule dans les airs, l'impact en termes d'aménagement du territoire est ponctuel. Les lignes bleues doivent donc être dans un premier temps caractérisées comme non matérialisables dans l'espace (contrairement aux autoroutes ou aux voies ferrées). La lecture du titre puis de la légende permet dans un premier temps de lever cette ambiguïté. Dans un second temps, on peut demander aux élèves de repérer l'aéroport le plus proche du lieu où ils habitent, puis de déterminer s'il s'agit d'un aéroport international ou national. Dans un dernier temps, le questionnement oriente l'attention des élèves sur la concentration des flux à Paris, cœur du réseau aéroportuaire français et européen.

Définitions

Hub **:** plateforme aéroportuaire pouvant assurer des correspondances rapides pour une même compagnie. Le *hub* est une base pour les compagnies aériennes (base pour la maintenance des avions, par exemple) qui redistribuent ensuite les flux vers des aéroports régionaux de moindre envergure (*spoke*).

Radiale : dans un réseau radial ou central, on distingue un centre ou pôle principal à partir duquel rayonnent des lignes de communication, les radiales, vers des points secondaires.

En savoir plus sur les programmes de collège et sur les déplacements et le développement durable

hatier-clic.fr/crpe23hgem

TEST D'AUTO-ÉVALUATION 10

Corrigé p. 235

1 Que désigne le terme « mobilité » en géographie ?

a. Un déplacement d'un lieu à un autre

b. Un mouvement d'un lieu vers un autre

c. Un changement de lieu accompli par un individu ou par un groupe

2 Quelle est l'échelle privilégiée pour aborder les mobilités quotidiennes ?

a. L'échelle nationale

b. L'échelle départementale

c. L'échelle locale

3 Quel est aujourd'hui le mode de transports le plus utilisé dans les pays du Sud et en voie de développement ?

a. La voiture

b. Le vélo et la marche à pied

c. Les transports ferroviaires

4 Quelle est la méthode pour lire une carte ou un plan de réseau ?

a. Observer les lignes et axes principaux puis secondaires et lire la légende

b. Déterminer l'échelle, lire la légende, déterminer les axes et nœuds principaux puis secondaires puis se questionner

c. Se questionner en trouvant tous les endroits où les lignes se rencontrent et s'aider de la légende pour comprendre

5 Quel est le mode de transports le plus utilisé dans les espaces ruraux ?

a. Le vélo

b. La voiture

c. Le train

THÈME 5

Communiquer d'un bout à l'autre du monde grâce à Internet

Si ce thème a pu, lors de sa publication au programme en 2015, paraitre étonnant, il soulève en réalité une question fondamentalement spatiale et géographique. Dans le thème 4, les élèves ont été confrontés à la distance métrique, celle qui nous sépare matériellement d'un lieu, et aux différents moyens qu'il existe pour la franchir. Depuis la pandémie du Covid-19, le recours au travail à distance, aux échanges, aux cours en ligne et aux pratiques d'école à la maison ont conduit à repenser notre rapport à la distance matérielle. En effet, divers services et pratiques quotidiennes ont pu être réalisés depuis son domicile et ont ainsi contourné l'effet métrique – spatial – de la distance. Mais, le seul et unique moyen qui a permis de faire advenir cette nouvelle réalité et cette nouvelle gestion de l'espace est la possibilité d'utiliser tout le temps et partout Internet, réseau de réseaux, qui interconnecte entre eux les serveurs et les écrans du monde entier. Or ce réseau ne peut exister et fonctionner de manière efficace que parce qu'une infrastructure matérielle existe (des box, des câbles, des serveurs, des antennes-relais) et parce que notre accès à l'électricité est assuré. Ce thème doit donc permettre aux élèves de comprendre d'une part ce qu'est Internet et la place que ce réseau a aujourd'hui dans nos vies et réciproquement aborder aussi sa face invisible, celle de notre dépendance grandissante à cet outil ainsi que l'ampleur des infrastructures nécessaires pour que cela fonctionne. Cette dernière question pose évidemment le problème des inégalités d'accès au réseau à des échelles différentes, et en particulier à l'échelle mondiale, plongeant dans les ombres du réseau des pans entiers de l'Humanité ou bien encore des populations peu à l'aise avec l'écrit et/ou le numérique.

Notions fondamentales

- Réseau ; distance ; flux immatériels ; infrastructures de transport des données ; inégalités socio-spatiales.

Repères géographiques

- Carte des niveaux de développement dans le monde.

1 Des territoires interconnectés grâce à Internet

1 1. Brève histoire d'Internet

• Une invention des années 1960...

Même si l'explosion d'Internet grand public est très récente (dans les années 1990), l'invention de son principe a une histoire qui remonte aux années 1960. C'est dans le contexte de la guerre froide qu'une agence du département américain de la défense, la DARPA (*Defense Advanced Research Projects Agency*), a cherché à réaliser un réseau permettant de transmettre des données d'un centre de recherche à un autre. Jusqu'alors, on ne savait faire communiquer des machines entre elles que de point à point, de manière centralisée, c'est-à-dire d'un émetteur à un récepteur, mais les machines qui recevaient l'information ne pouvaient pas échanger des données entre elles. Ce réseau, étoilé, était donc sensible aux attaques, car si le point central disparaissait, l'ensemble des données ne pouvait plus être échangé. C'est pour éviter cet écueil que fut créé l'ARPANET (*Advanced Resaerch Projetcs Agency Nertwork*) en 1969, fonctionnant selon le principe d'un réseau maillé qui peut continuer à fonctionner même si une machine est touchée. Chaque machine est le maillon d'un réseau en toile d'araignée qui cherche d'elle-même le chemin le plus court vers une autre machine. ARPANET, ancêtre d'Internet, reliait en 1969 quatre universités américaines (l'UCLA à Los Angeles, Stanford, Santa Barbara et l'université de l'Utah) grâce à des câbles et utilisait un langage commun : le NCP (Network Control Protocol).

• ... qui se mondialise dans les années 1990

Pour que la connexion entre tous les réseaux existants soit possible, il fallait créer un langage et des normes communes. C'est en 1974 que les Américains Vint Cerf et Robert Kahn mettent au point le protocole TCP/IP. En 1983, ARPANET devient un réseau civil (un nouveau réseau militaire est alors créé : Milnet). Les particuliers et les entreprises ont la possibilité d'accéder au réseau en 1989 et, dès 1992, près d'un million de machines sont alors interconnectées.

1 2. Internet, un réseau mondial qui permet de connecter entre eux des réseaux

• Comment fonctionne l'interconnexion des réseaux ?

Internet se définit donc comme un **réseau mondial qui permet de connecter entre eux des réseaux** (ordinateurs, tablettes...) grâce à un protocole de communication, une règle commune, qui permet le transfert des données : le protocole TCP/IP. L'**adresse IP** identifie chaque terminal (ordinateur, smartphone, modem, imprimante, etc.) connecté au réseau. Pour les particuliers, ce sont les fournisseurs d'accès à Internet (FAI) qui attribuent une adresse IP. Ainsi, plutôt que de vous identifier sur le réseau avec une adresse postale ou vos nom et prénom, le FAI vous attribue une adresse IP constituée de quatre nombres compris entre 0 et 255 (exemple d'adresse IP : 192.153.205.26). Les milliards d'informations qui circulent via l'ensemble des réseaux toutes les secondes ne sont que des « 0 » et des « 1 ». Cette information minimale est appelée un « bit ». Un bit ne contient donc que très peu d'informations (soit un « 0 », soit un « 1 »). Par conséquent, ces bits sont groupés par 8, en octet, pour constituer des informations plus complexes. Un ordinateur peut traiter des milliards d'octets.

- **Le WWW n'est pas l'Internet**

La **face visible de l'Internet est en réalité constituée par un ensemble d'applications** qui offrent des services aux utilisateurs dont les plus célèbres sont le World Wide Web (WWW) et le courrier électronique (e-mails). C'est la création du WWW en 1990, par Tim Berners-Lee, un ingénieur britannique, et Robert Cailliau, un Belge, qui fait exploser l'usage d'Internet. Le WWW est en réalité une interface graphique très simple d'utilisation qui permet d'aller d'une page à une autre ou d'un site à un autre en cliquant sur un lien « hypertexte » (utilisant le protocole *http* : HyperText Transfer Protocol).

- **L'interconnexion du monde**

La création d'Internet et sa diffusion planétaire sont un phénomène récent dont nous ne mesurons pas encore tous les impacts. Cependant, il est déjà possible de constater dans nos vies quotidiennes la façon dont le réseau des réseaux a modifié nos habitudes et, par conséquent, comment sont impactés nos rapports à l'espace, aux autres, au monde et à notre territoire. Ainsi, qu'il s'agisse de nos loisirs, de notre travail, de nos relations avec autrui, de notre alimentation ou bien encore de la gestion de notre budget ou de la déclaration de nos impôts, une grande partie de nos usages quotidiens passent par Internet. Par conséquent, certains services présents dans notre espace quotidien disparaissent progressivement (librairies, disquaires, poste, etc.) et laissent place à de nouvelles configurations spatiales. Par exemple, les achats de livres et de supports musicaux en ligne ont cru de manière exponentielle dans les vingt dernières années, mais cela a engendré de nouvelles activités : centres logistiques pour stocker les marchandises, acheminement de celles-ci par des sociétés de transports, puis distribution en porte à porte des colis.

Document analysé et exploité

- **Présentation et définition du document**

Il s'agit d'une illustration qui décrit, de manière simplifiée, le fonctionnement du réseau des réseaux, Internet. Document à visée pédagogique, il est destiné aux élèves de cycle 3 et fournit des définitions sous la forme d'un schéma légendé.

- **Analyse du document en lien avec le thème 5**

Le globe, au centre de l'image, permet d'emblée d'identifier le caractère global et mondial d'Internet. Ce dernier est relié au jeune utilisateur devant son ordinateur par un trait jaune figurant parfaitement l'intitulé du programme «Un habitant connecté au monde». Sur le globe, sont également dessinés une antenne-relais et des câbles téléphoniques. Les antennes-relais connectent les serveurs et les appareils de téléphonie mobile grâce à des satellites, tandis que les câbles téléphoniques, en cuivre, permettent la circulation des données des Data centers vers les équipements individuels (modem). Le document ne figure pas les câbles sous-marins, infrastructure importante à l'échelle mondiale, qui assurent la majeure partie de la circulation des données mais les lignes jaunes peuvent les illustrer. De même, les centres de données sont confondus avec les fournisseurs d'accès dans leur représentation. Cela dit, il s'agit d'une image simplifiée qui s'applique essentiellement à montrer l'interconnexion.

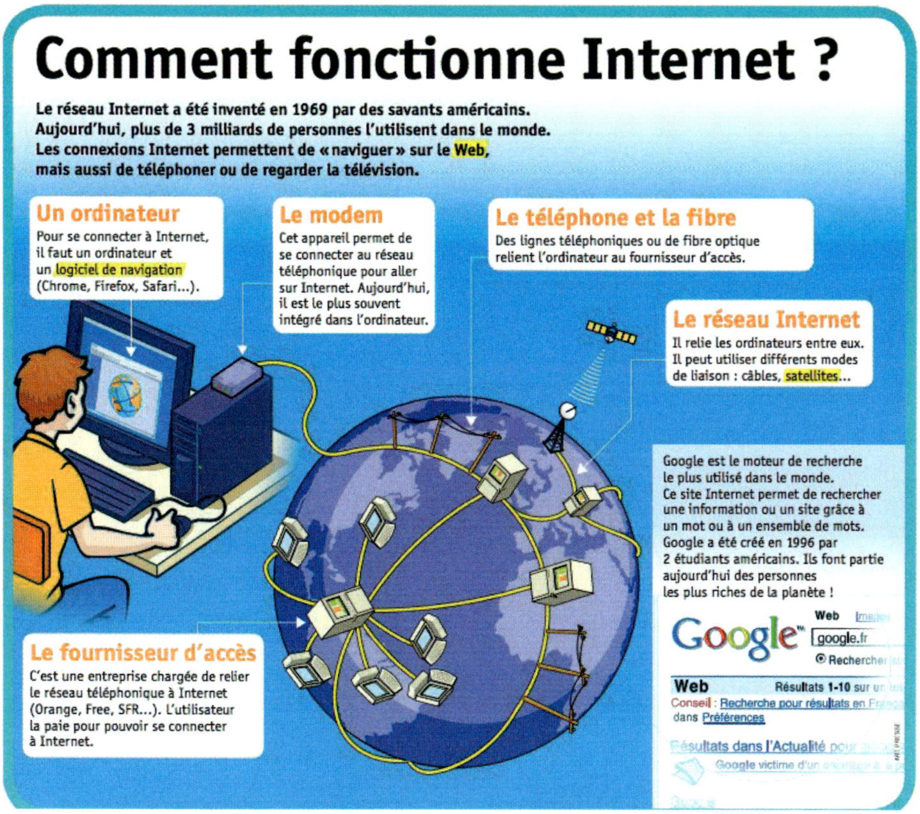

Le Petit Quotidien, pour les 6-10 ans : 10 minutes de lecture par jour.
wwwplaybacpresse.fr

• Piste d'exploitation pédagogique

Cette illustration pourrait être utilisée, en la modifiant un peu, comme support servant de synthèse finale à l'issue d'une séance consacrée aux usages et au fonctionnement du réseau.

Il est envisageable de masquer le mot en orange de chaque bulle de définition pour les faire compléter par les élèves avec le mot correspondant, à mesure que l'on progresse dans la séance. Dans un premier temps, on peut faire observer aux élèves le jeune personnage assis devant son ordinateur et le globe, puis demander ce qui les relie. Les mots servant à compléter le schéma sont alors inscrits au tableau. On explique le sens de chacun de ces mots et, éventuellement, sa fonction à l'aide d'un court film documentaire (« Comment ça marche Internet ? », émission « 1 jour, 1 question »[1]) ou d'illustrations complémentaires (voir les photographies du centre de données et de l'antenne-relais ci-après). Dans un dernier temps, les élèves complètent le document avec les mots ainsi définis.

1. www.lumni.fr/video/comment-ca-marche-internet-1-jour-1-question#containerType=brand&containerSlug=1-jour-1-question

❷ Un habitant connecté au monde

❷ 1. Internet a rendu possible la digitalisation de la vie quotidienne

La pandémie liée au Covid-19 a eu des conséquences tout à fait significatives sur notre vie de tous les jours en intensifiant la digitalisation du quotidien et en nous conduisant à avoir recours à Internet de manière massive, que ce soit pour s'informer, se divertir, consommer, travailler ou bien encore faire du sport. Le temps moyen passé sur le réseau chaque jour a augmenté en moyenne de 15 % (2 h 25 par jour et par personne dont les 2/3 par le biais d'un téléphone mobile ; temps qui s'est particulièrement accru chez les 15-24 ans puisqu'il s'établit à 4 h 25 par jour). La réinvention de la vie quotidienne liée aux épisodes de confinement a engendré de nouvelles pratiques, qui étaient jusqu'alors marginales. Il a fallu apprendre à enseigner et à travailler autrement, via des plateformes et des logiciels de visioconférence, apprendre à se cultiver et à se détendre sans pouvoir se rendre dans les salles de cinéma, de spectacle ou de sports. La fermeture des restaurants a également développé massivement l'usage des services en ligne de livraisons à domicile. Enfin, les services de téléconsultation médicale ont cru de manière importante. Pour que tout cela soit possible, il faut que le réseau fonctionne de manière efficace, permanente et continue. Cela suppose l'installation d'importantes infrastructures matérielles, partie immergée de l'iceberg, que nous avons tendance à oublier et dont il faut faire prendre conscience aux élèves.

❷ 2. Quelles sont les principales infrastructures qui permettent le transport des données ?

- **Les antennes-relais**

Au cœur du fonctionnement des réseaux de téléphonie mobile, les antennes-relais sont aujourd'hui un maillon essentiel de nos accès à Internet, puisqu'une grande partie d'entre eux s'effectuent via le réseau de téléphonie mobile sur les smartphones ou tablettes. Pour assurer une bonne qualité de réception et surtout de transmission des données de plus en plus nombreuses sur les appareils, les opérateurs (Free, Orange, Bouygues, SFR) installent partout en France des antennes afin d'assurer une couverture optimale du territoire, mais aussi de gérer tout le trafic pour éviter les phénomènes de saturation (comme au cœur des grandes villes ou lors de grands évènements). Des inégalités territoriales existent mais l'hyper densité des centres villes n'est pas garante d'une bonne qualité d'accès au réseau dans la mesure où le très grand nombre d'utilisateurs essayant de se connecter au réseau en même temps crée des phénomènes de saturation. Points dans l'espace, les antennes-relais modifient et transforment les paysages et témoignent de la façon dont nos modes de vie contemporains impactent les espaces qui nous entourent (voir Document analysé et exploité, p. 151).

Les serveurs des centres de données (Data Center)

- **Les centres de données (Data Center ou Data Centre)**

Autre infrastructure nécessaire au bon fonctionnement du réseau Internet : les centres de données. Ces derniers, peu connus du grand public, sont un des enjeux majeurs du réseau. En effet, sur de vastes terrains, s'installent des usines immenses, et le plus souvent anonymes, qui abritent des milliers de serveurs. Ces serveurs servent à stocker les données d'une entreprise (les fichiers clients d'une banque, par exemple) ou encore des données privées liées au développement des services de stockage en ligne (cloud, dropbox, etc.). Ces usines peuvent abriter jusqu'à 400 000 serveurs et consomment beaucoup d'électricité. Par ailleurs, il faut assurer le refroidissement des circuits. La climatisation des bâtiments est donc un enjeu essentiel. Par conséquent, les facteurs de localisation des centres de données sont souvent les mêmes que ceux des usines : proximité des grandes centrales électriques et de circuits d'eau. Ainsi, les friches industrielles peuvent être réhabilitées en centres de données, comme c'est cas à Roubaix ou Gravelines.

Les centres de données, de plus en plus nombreux et puissants, posent des questions environnementales liées à la forte consommation d'électricité et aux risques et nuisances engendrés pour les riverains. Enfin, ces espaces sont souvent hautement sécurisés en raison des données qu'ils enregistrent et stockent en permanence. C'est pour cela aussi que les entreprises, de manière stratégique et pour protéger leurs données, communiquent peu sur leur localisation et qu'il est donc bien difficile d'en établir une géographie précise.

• Les câbles sous-marins

En France, trois modes d'accès au réseau sont possibles :
– le réseau de cuivre (historiquement le réseau téléphonique). C'est le mode le plus courant ;
– le réseau de câbles (historiquement utilisé pour la télévision) ;
– le réseau de fibre optique.

Les réseaux sont interconnectés entre eux au niveau européen et mondial grâce à un vaste réseau de câbles sous-marins. Posés au fond des océans, ils assurent 99 % du trafic mondial de données. À l'intérieur d'un câble sous-marin sont rassemblées plusieurs fibres optiques tressées entre elles et recouvertes d'une matière isolante. Une fois déposé, le câble est enterré. Les câbles peuvent ainsi résister pendant environ vingt-cinq ans au fond de nos océans pour assurer une bonne connexion. Actuellement, 428 câbles sous-marins (1,3 million de km) traversent les océans (la carte actualisée est consultable sur le site Submarine Cable Map[2]). Les projets de nouveaux câbles se multiplient sous l'effet de l'augmentation de la consommation de données.

2. www.submarinecablemap.com/

Document analysé et exploité

• Présentation et définition du document

Cette photographie de paysage urbain est une vue aérienne datant du début de l'année 2020. La vue est centrée au premier plan sur la basilique Notre-Dame de Fourvière, au sommet de la colline du même nom qui domine la ville de Lyon. Elle permet d'observer la tour de communication en métal sur laquelle sont accrochées les antennes-relais des opérateurs téléphoniques.

Une tour de communication au sommet de la colline de Fourvière à Lyon (Auvergne-Rhône-Alpes)

- **Analyse du document en lien avec le thème 5**

Cette vue paysagère sur la ville de Lyon permet de constater que la tour de communication est située en hauteur, comme c'est le cas pour la plupart des antennes-relais. Pourquoi? Les antennes émettent et reçoivent des ondes radio. Elles sont donc installées sur des points hauts (toits des immeubles, sommets des collines ou des montagnes, sur des pylônes ou des châteaux d'eau...) en fonction de la manière dont se déploie leur faisceau comme le montre le schéma ci-dessous. Les antennes-relais modifient donc les paysages, reflets de notre monde contemporain et de ses évolutions.

- **Pistes d'exploitation pédagogique**

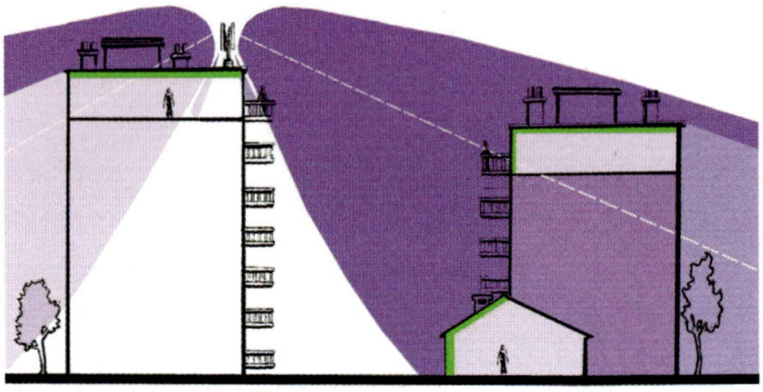
Ondes émises par une antenne-relais

Cette photographie peut s'intégrer dans une séance consacrée aux infrastructures matérielles qui permettent à Internet de fonctionner. Dans un premier temps, afin de recueillir leurs connaissances et leurs représentations, les élèves sont invités à s'interroger sur la manière dont, selon eux, les téléphones portables se connectent à Internet. Ils émettent des hypothèses. Celles-ci sont mises en commun et notées au tableau. Dans un second temps, la photographie est affichée ou projetée. Les élèves identifient la nature du document, la date de la prise de vue et le lieu. Ce dernier est localisé et situé sur une carte murale. Le paysage est alors décrit plan par plan et l'antenne-relais identifiée. Il est ensuite temps de questionner les élèves sur la position particulière de l'antenne : pourquoi sur une colline ? Pourquoi en hauteur ? Un schéma simple, comme présenté ci-dessus, peut alors être tracé au tableau pour expliquer comment se diffuse les ondes des antennes-relais.

Enfin, à l'aide des réponses des élèves, une phrase de synthèse peut être formulée afin de répondre à la question initiale : « Les téléphones portables se connectent à Internet grâce aux antennes-relais qui transmettent des données par des ondes. Elles sont installées partout sur le territoire et souvent en hauteur pour atteindre plus de zones et permettre un bon accès au réseau partout en France. »

3 Des habitants inégalement connectés

3 1. En France

- **Les inégalités d'accès à Internet**

La pandémie du Covid-19 a révélé de manière criante les inégalités d'accès à Internet. En février 2021, 84,4 % des Français disposent d'un accès à Internet et cette part n'a pas augmenté au cours de l'année 2020. Cela signifie qu'environ 15 % des Français n'accèdent pas à Internet. Quels sont les critères qui expliquent cette part ? Les facteurs qui favorisent le fossé numérique peuvent être liés à la situation géographique. Dans les zones rurales ou peu accessibles, l'accès à Internet est plus couteux, moins efficace et moins rapide. Souvent, un seul opérateur est présent et les usagers n'ont donc pas le choix s'ils veulent accéder au réseau. En ville, au contraire, et *a fortiori* dans les métropoles, l'accès aux réseaux de téléphonie mobile et aux technologies d'accès à Internet les plus rapides et les plus performantes est possible. Par ailleurs, il existe des écarts importants en fonction de l'âge et des catégories sociales. Une personne de plus de 75 ans sur deux n'a pas accès à Internet depuis son domicile alors que seuls 2 % des 15-29 ans n'y ont pas accès. De même, 34 % des personnes pas ou peu diplômées et 16 % des ménages les plus modestes n'y ont pas accès contre 3 % des diplômés du supérieur et 4 % des ménages les plus aisés. Cela dit, depuis une dizaine d'années, ces écarts se sont réduits.

• L'illectronisme touche 17 % de la population française

Le mot « illectronisme » désigne un illettrisme électronique, c'est-à-dire le fait de ne pas avoir accès à Internet et/ou de ne pas savoir utiliser les outils numériques. En effet, si l'accès à Internet a progressé depuis dix ans, cela ne permet pas de réduire les inégalités liées aux usages numériques, car il ne suffit pas d'accéder au réseau pour maitriser les fondamentaux du numérique. Selon l'INSEE, 2 % des Français ne savent pas utiliser un ordinateur et 38 % ne maitrisent pas au moins une des compétences fondamentales à ces usages : recherche d'informations, communication ou encore utilisation de logiciels et/ou d'applications.

L'enjeu majeur aujourd'hui n'est donc pas seulement le taux d'accès qui, grâce aux progrès des infrastructures et à la diminution des couts, devrait continuer à progresser, mais bien celui de la capacité à comprendre comment fonctionnent ces outils et à prendre conscience de leur impact sur notre vie quotidienne. Les interrogations sur les traces que nous laissons sur le réseau (via les objets connectés, par exemple), mais aussi sur la place de celui-ci dans nos vies quotidiennes animent (ou plutôt devraient animer) de plus en plus les débats au sein de notre société. L'usage raisonné, conscient et critique d'Internet est un des enjeux majeurs de notre siècle. La maitrise des outils est secondaire, car toujours susceptible de s'actualiser et d'être mise à jour. L'enjeu n'est pas technique, il est avant tout intellectuel, et c'est sur ce point que devront porter les efforts de notre système éducatif, car là se place la véritable fracture entre ceux qui sauront évoluer au sein du réseau en étant conscients des traces qu'ils laissent et des messages qu'ils reçoivent et envoient, et ceux qui le subiront.

3 2. Dans le monde

• Des inégalités d'accès qui sont le reflet des inégalités de développement à l'échelle mondiale

À l'échelle mondiale, les inégalités d'accès au réseau sont encore grandes mais tendent – d'un point de vue technique au moins – à diminuer. 53,6 % de la population mondiale (environ 4,1 milliards d'habitants) a accès à Internet. La carte de pénétration du réseau par pays reflète parfaitement la carte des inégalités de richesse et de développement à l'échelle de la planète (voir ci-après). L'Amérique du Nord, l'Europe et l'Océanie sont les régions du monde où les habitants sont les plus équipés tant au niveau de la téléphonie mobile que de l'accès au réseau. L'Inde et la Chine comptent de nombreux usagers du réseau mais, rapportés à leur population totale, ils ne représentent qu'environ 10 % des Chinois ou des Indiens. Par ailleurs, des chercheurs américains ont constaté qu'Internet ne dort jamais aux États-Unis et en Europe alors qu'en Asie, en Amérique du Sud ou en Afrique, les connexions s'arrêtent la nuit (parce que les routeurs sont en veille ou parce que les cybercafés sont fermés).

Repères géographiques

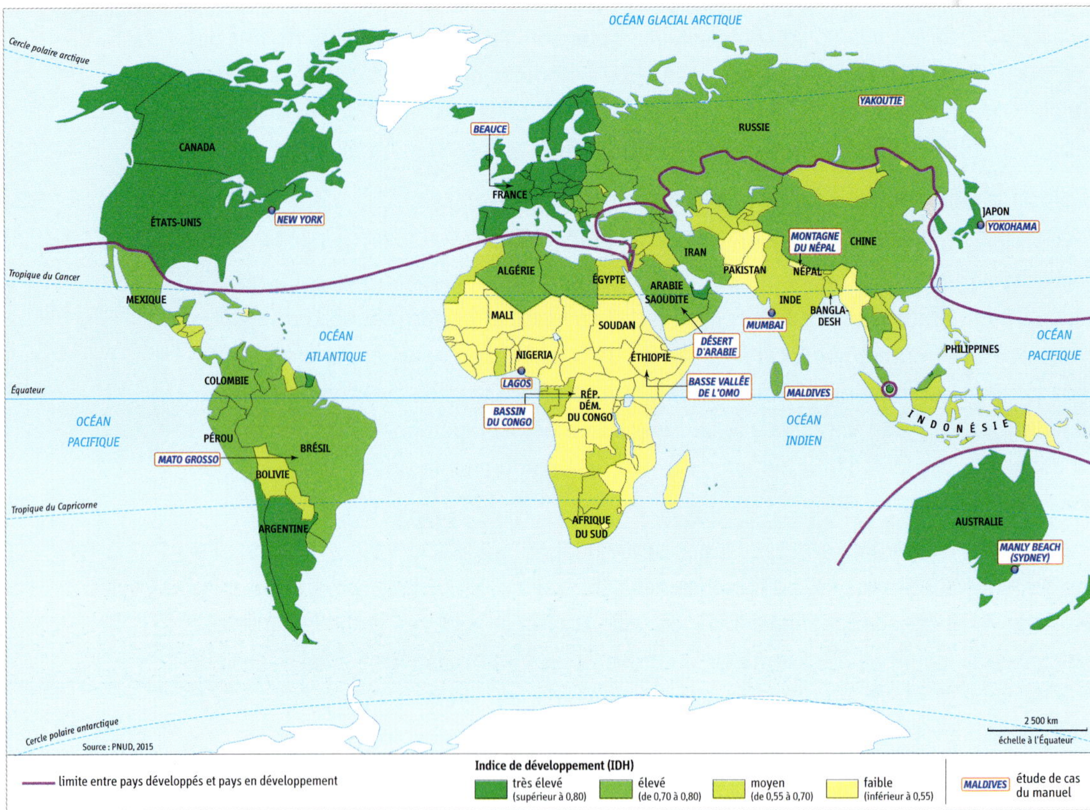

Les inégalités de développement dans le monde
Manuel Histoire-Géographie 6e, Éditions Hatier, 2016.

Cette carte présente les inégalités du développement à l'échelle mondiale à partir d'un indicateur, l'IDH. L'Indice de développement humain permet de mesurer le niveau de développement d'un pays à partir de plusieurs données : le revenu par habitant, l'espérance de vie et le niveau d'instruction.

• Des inégalités sur les contenus produits et partagés : la fracture est plus humaine que technique

Depuis près de dix ans, le géographe anglais Mark Graham[3] tente de construire une géographie de l'information sur Internet. Il s'intéresse entre autres au projet collaboratif de l'encyclopédie Wikipédia en étudiant quels sont les pays et les continents qui produisent le plus de contenus et sur quels lieux ou pays on écrit le plus. Le continent africain par exemple est l'objet de onze fois plus de contenus qu'il n'en produit. Certaines zones géographiques sont aussi beaucoup moins contributrices que d'autres. Sur Wikipédia, il y a plus d'articles écrits sur l'Allemagne que sur l'Afrique et l'Amérique du Sud réunies. Sur le réseau de partage de photographies, Flickr, la très grande majorité des photographies proviennent des États-Unis, d'Europe et du Japon.

3. www.geospace.co.uk/

• Des pays qui contrôlent l'accès à Internet et qui censurent les contenus

Outre les difficultés techniques, certains pays restreignent l'accès à Internet de leurs habitants. C'est le cas, entre autres, de la Corée du Nord, du Vietnam, de la Chine et de

Cuba. Malgré des investissements des États étrangers pour améliorer les infrastructures et améliorer les connexions, dans ces pays, seule une minorité de la population à un accès libre au réseau. En Chine, existe ce qu'on surnomme la « grande muraille électronique ».

En Chine, la nouvelle « grande muraille »

« L'une des premières grandes dispositions prises est la mise en place de la "grande muraille". Il s'agit d'un dispositif dont l'ultime but est d'effectuer un filtre intégral des contenus du web. La navigation est donc restreinte et l'accès aux données personnelles est limité. L'un des effets palpables de la grande muraille est le rallongement du temps d'affichage des sites Internet en provenance de l'extérieur. Ce temps de latence crée une quasi-inaccessibilité de certains sites.

En 2017 a été adoptée la *Cybersecurity Law*. Il s'agit d'un ensemble de réglementations sur l'utilisation des données personnelles des utilisateurs. Cette loi impose à certaines entreprises l'hébergement local des données de leurs utilisateurs (clients, partenaires...). Ces sociétés ont également l'obligation de soumettre tous leurs équipements électroniques dits sensibles à un contrôle périodique. [...]

De plus, la Chine a également financé l'élaboration de systèmes de filtrage pour bloquer et trier les adresses IP, les DNS et les URL. À titre d'exemple, les réseaux sociaux célèbres comme YouTube ou Twitter sont inaccessibles via les moyens de connexion classique en Chine. »

Article tiré du site www.netexplorer.fr, 8 décembre 2020.

Ainsi, dans ces pays, de grands sites comme Google, Facebook, YouTube ou Dailymotion sont inaccessibles pour la plupart des habitants. Seuls les plus experts du réseau parviennent à contourner la censure afin d'accéder à ces sites, prenant ainsi le risque d'être arrêtés et emprisonnés.

Document analysé et exploité

• Présentation et définition du document

Il s'agit d'un planisphère, soit une représentation à plat du globe, permettant de le visualiser entièrement. Trois données sont lisibles. Sous la forme de figurés de surface, violets et verts, est indiquée la plus ou moins bonne desserte à Internet, soit l'accessibilité au réseau par pays. Des figurés linéaires jaunes plus ou moins épais représentent les câbles sous-marins qui sillonnent les océans et mers du globe.

• Analyse du document en lien avec le thème

Cette carte rend compte des inégalités d'accès à Internet dans le monde. En effet, couplée à une carte des inégalités de développement (carte des IDH dans le monde, par exemple, voir p. 154), il est possible de constater que l'inégal accès au réseau est assez proche de l'inégal niveau de développement des pays. L'Europe, l'Amérique du Nord, une partie de l'Amérique latine, l'Océanie, la Russie, le Japon et la Chine ont un bon accès au réseau, interconnecté par de nombreux câbles sous-marins. En revanche, l'Amérique centrale, la majeure partie du continent africain, l'Inde et une majeure partie du continent asiatique ont un accès faible voire inexistant à Internet.

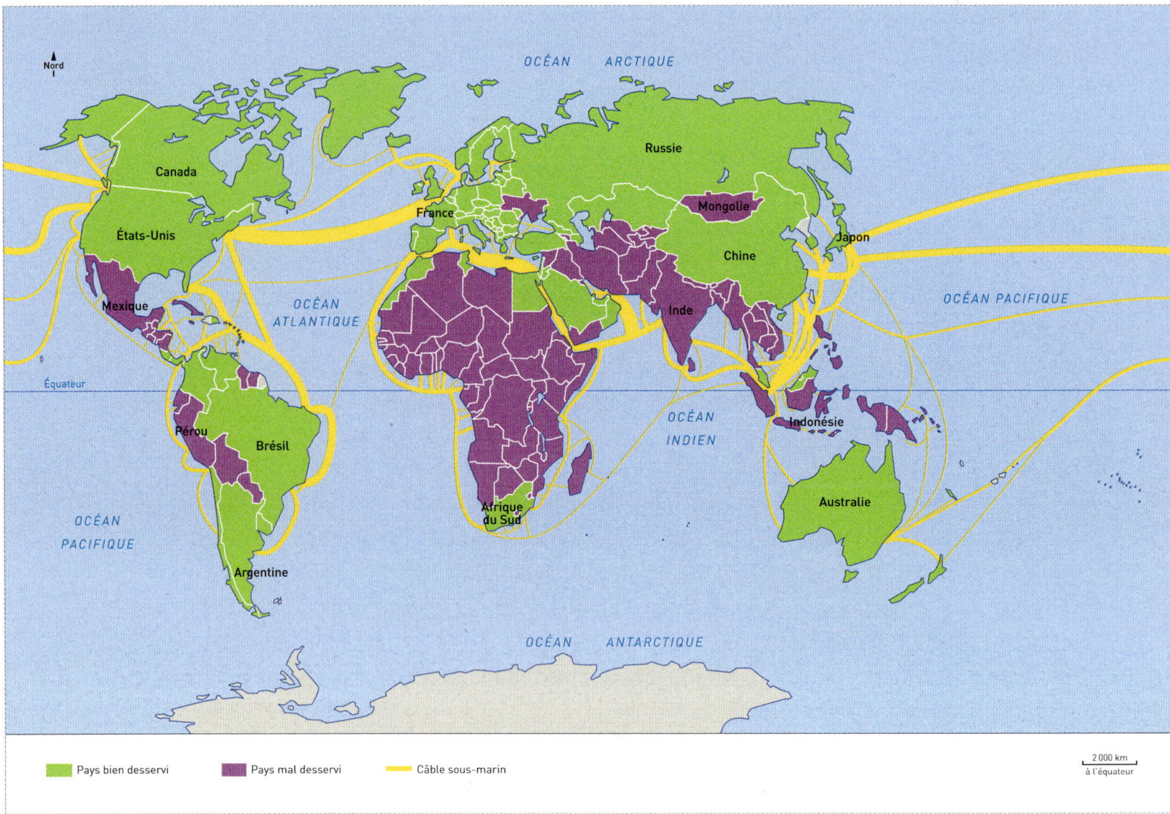

Le réseau Internet dans le monde

Manuel Magellan, Géographie CM, Éditions Hatier, 2016.

• Pistes d'exploitation pédagogique

Le sujet de la carte doit d'abord être clairement identifié. Les élèves relèvent le titre et les données représentées grâce à la lecture de la légende. Chaque couleur et les traits jaunes sont nommés et définis. On peut alors questionner les élèves sur les différentes plages de couleur et leur répartition sur le planisphère. Les continents sont nommés et on peut alors, continent par continent, caractériser le plus ou moins bon accès au réseau. La carte des inégalités du développement (voir p. 154) est alors proposée. Les élèves sont invités à les comparer et à les confronter.

En savoir plus sur les programmes de collège

hatier-clic.fr/crpe23hgen

TEST D'AUTO-ÉVALUATION 11

Corrigé p. 235

1 Comment définir Internet ?

a. C'est un réseau immatériel

b. C'est un réseau qui connecte entre eux des réseaux

c. C'est un réseau de réseaux qui interconnecte entre eux des serveurs et des écrans partout dans le monde

2 Quelle est la différence entre le WWW (Web) et Internet ?

a. Le Web permet de se connecter à Internet

b. Le Web est un ensemble d'applications au service des usagers d'Internet

c. Sans le Web, il est impossible d'utiliser Internet

3 Quelles infrastructures matérielles sont nécessaires pour que cette personne se connecte à Internet au cœur de la montagne ?

a. Des satellites, un accès au réseau, une bonne batterie, de le 5G

b. Des câbles sous-marins, une antenne satellite, une antenne-relais

c. Des satellites, une antenne-relais, un accès au réseau via un opérateur de téléphonie mobile

4 Compléter la légende de cette carte du réseau Internet dans le monde.

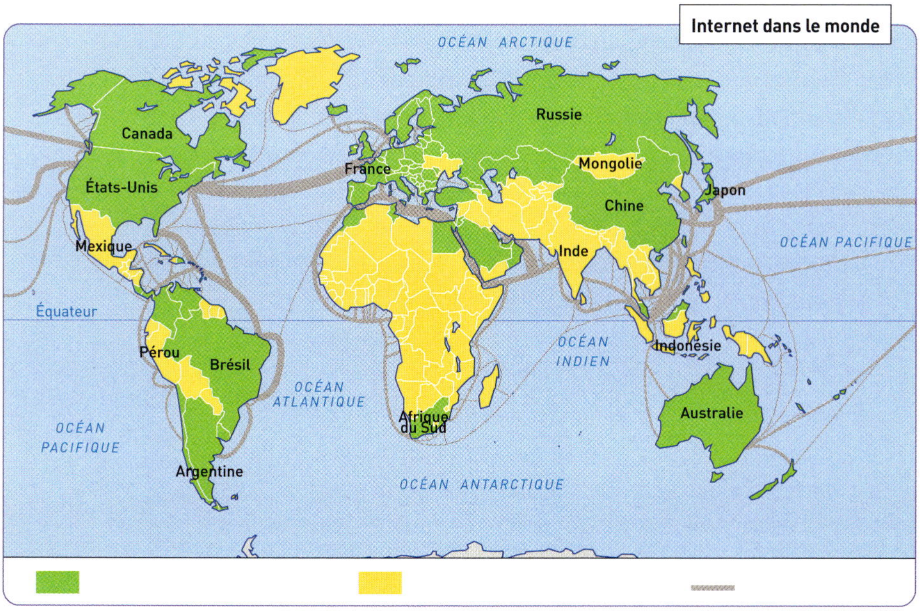

Manuel Magellan, Géographie CM2, Éditions Hatier, 2021.

5 Aujourd'hui, l'accès à Internet et à ses usages est un enjeu :

a. Technique

b. Humain

c. Politique

d. Stratégique et diplomatique

GÉOGRAPHIE

THÈME 6

Mieux habiter

« Mieux habiter », troisième thème du programme de CM2, participe à l'éducation au développement durable aux côtés des autres disciplines (sciences, histoire) et en particulier de l'EMC (voir p. 170). Les programmes de 2015 ont été renforcés sur ce point à l'été 2020 et précisent : « L'histoire-géographie, les sciences et la technologie et l'enseignement moral et civique, par leur contribution à l'éducation au développement durable, participent à la compréhension des effets de l'activité humaine sur l'environnement ». La notion de ***développement durable*** *a été élaborée en 1987 par Gro Harlem Brundtland, Première ministre de Norvège, dans un rapport préparatoire pour le Sommet de la Terre à Rio en 1992. Le terme semble aujourd'hui presque banal tant on le répète dans les médias, les discours ou les programmes. Quelle est sa définition ? Il s'agit de refonder les rapports entre l'être humain et son environnement : «* ***Un développement durable doit répondre aux besoins du présent, sans compromettre la capacité des générations à venir à répondre aux leurs.*** *» L'objectif est de trouver un équilibre entre le développement économique et la préservation des ressources de la planète, tout en assurant des rapports sociaux harmonieux.*

En géographie, au cycle 3 comme au cycle 4, l'objectif est de faire découvrir aux élèves, de manière concrète et à l'échelle des territoires de proximité (quartier, commune, région, etc.), quels sont les projets de développement durable mis en œuvre aujourd'hui et pensés pour demain. Il s'agit de faire prendre conscience aux élèves qu'il est possible d'aménager les territoires pour mieux vivre ensemble et de manière durable, en préservant les écosystèmes et la biodiversité. Les élèves réalisent que ces actions, à leur échelle comme à celle des pays ou du monde, sont systémiques et concernent de très nombreux domaines : l'environnement, les mobilités, la sociabilité, le développement économique ou bien encore les modes de vie. Par ailleurs, en étudiant de manière détaillée des cas concrets, proches de leur lieu de vie, et en les comparant à des exemples plus lointains, ils comprennent que les solutions sont nombreuses et diverses, qu'elles dépendent du territoire au sein duquel elles s'inscrivent. L'objectif est de développer chez les élèves « une conscience citoyenne, sociale et écologique » et donc d'en faire des acteurs informés et critiques pour l'avenir. En cycle 3, les actions concrètes sont étudiées sous trois angles : d'abord, les élèves sont amenés à réfléchir sur la place de la « nature » en ville (espaces verts, préservation de la biodiversité, circulations douces), puis, dans un second temps, ils comprennent ce qu'implique au quotidien la question du tri des déchets et donc du recyclage (pourquoi on trie ? pourquoi on recycle ?) pour enfin observer et comprendre à une autre échelle l'aménagement et le fonctionnement des écoquartiers. Tous ces exemples sont traités à l'aune du concept du développement durable, qui envisage de manière systémique les dimensions écologiques, sociales et économiques.

Notions fondamentales

- Développement durable ; biodiversité ; nature ; espace vert ; écoquartier.

Repères géographiques

- Carte des principales agglomérations françaises

Manuel Magellan, Géographie CM, Éditions Hatier, 2018.

1 Favoriser la place de la « nature » en ville

1 1. La ville durable

- **Comprendre le sens du mot « nature » dans ce contexte**

Les programmes mettent entre guillemets le mot « nature » de manière à signifier que le mot ne doit pas être entendu dans son sens commun. En effet, le mot, polysémique, renvoie d'après le dictionnaire *Larousse* à trois acceptions qui peuvent être ici d'emblée sous-entendues : « le monde physique, l'univers, l'ensemble des choses et des êtres, la réalité », autrement dit « les merveilles de la nature » ; « l'ensemble de forces ou principe supérieur, considéré comme à l'origine des choses du monde de son organisation », soit les « les lois de la nature » ; ou bien encore « l'ensemble de ce qui, dans le monde physique, n'apparait pas comme (trop) transformé par l'Homme ». Toutes ces définitions correspondent à une manière d'envisager communément le mot « nature » et en particulier dans une conception traditionnelle de ce qu'est et de ce qu'a été la géographie. En effet, comme indiqué dans la première partie de cet ouvrage, pendant longtemps la géographie a eu comme mission de décrire et comprendre comment l'humain interagissait avec le milieu dit « naturel » au sein duquel il vivait. Par ailleurs, il n'est pas très fréquent dans le langage commun d'opposer « nature » et « ville » : on prend des vacances en « pleine nature » pour échapper à la ville. L'expression « se mettre au vert », très en vogue depuis la pandémie liée au Coronavirus, associe bien l'idée de « nature » à la couleur verte et au désir de s'échapper d'une ville dont la nature serait exclue. Il y a aussi, en arrière-plan de tout cela, une mythologie liée à l'idée d'un âge d'or de l'Humanité, d'un retour à la terre, à l'essentialité du lien qui unit les humains au reste du vivant. Mais, pour les géographes, ces liens ne vont pas de soi. L'observation des réalités géographiques de notre monde, entendues dans toutes leurs dimensions – sociales, économiques et environnementales –, montre une réalité plus complexe. La « nature » peut être bien souvent un « décor » et nombreux sont les urbains, vivant de manière occasionnelle ou permanentes à la campagne, qui habitent dans la « nature » (soit dans des espaces où le végétal domine), mais qui vivent comme des urbains, en conservant ce mode de vie, parfois avec des pratiques (l'usage de la voiture, par exemple) qui ont tout autant d'effets sur l'environnement que s'ils vivaient en ville.

- **Qu'est-ce qu'une ville durable ?**

L'association contre-intuitive du mot « ville » et du mot « nature » doit donc être comprise dans son sens géographique et en lien avec le développement durable. Il s'agit non pas seulement de débusquer la place du végétal, des jardins potagers ou des petits oiseaux dans la ville, ce qui consisterait à envisager la ville sous l'angle d'un simple greenwashing, mais bien de comprendre comment ces actions s'inscrivent dans une démarche qualitative plus globale impliquant le social, l'économique et l'environnemental.

La notion d'aménagement urbain durable s'inscrit dans le long terme et correspond à un changement progressif du regard porté par notre société sur la ville. En effet, la ville fut, au temps de l'exode rural massif amorcé au XIXe siècle, le lieu de la civilisation, à l'opposé de la « nature de la campagne sauvage ». La ville était vue comme le lieu de la mise en ordre, de l'urbanisation maitrisée et contrôlée, des aménagements plus modernes et sains (on pense aux percées du baron Haussmann et aux parcs et jardins d'Adolphe Alphand à Paris qui ont remodelé durablement la ville). C'est un lieu protecteur, synonyme de bien-être et de richesse. Or, dans le même temps, la ville est aussi décrite comme le lieu de tous les risques sociétaux, des inquiétudes, du crime, de l'insécurité. Elisée Reclus décrit ainsi la ville de Londres en 1862 :

> « L'aspect général des divers quartiers de Londres ne diffère pas autant que pourrait le faire supposer l'énorme différence sociale qui existe entre les diverses classes : la fumée, le brouillard, un style d'architecture sans originalité, font de Londres une des villes les plus uniformes du monde. [...] Sur les deux bords du fleuve, les maisons se pressent contre les maisons ; sur les eaux noirâtres, les navires se pressent contre les navires [...]. En face s'épaissit l'obscurité ; enfin l'on pénètre sous un dôme de fumée qui recouvre la capitale. »
>
> Élisée Reclus, *Londres illustré*, 2e éd., Paris, Hachette, 1862.

Aujourd'hui, la ville est donc perçue de manière contradictoire, à la fois comme un espace saturé et pollué, mais aussi comme un lieu attractif offrant de multiples services. Cyria Emelianoff caractérise la ville durable comme une ville capable de durer dans le temps, de préserver « son identité, un sens collectif, un dynamisme à long terme » en s'appuyant sur son patrimoine, sa mémoire, sa diversité. La ville durable offre une qualité de vie dans

Définition

***Greenwashing* :** littéralement « éco-blanchiment ». Désigne un procédé utilisé par le marketing et les services de communication pour donner l'image d'une responsabilité écologique sans que celle-ci ne soit réelle ou avérée dans les faits.

Petite biographie

Élisée Reclus (1830-1905) : géographe, écrivain et poète. Il est le premier à vouloir écrire une description du monde connu à la portée de tous dans une langue accessible. Son ouvrage, *Géographie universelle* (en 19 volumes), est l'œuvre d'un écrivain plus que d'un géographe.

Petite biographie

Cyria Emelianoff : géographe, professeur d'aménagement et d'urbanisme à l'université du Maine, au Mans.

tous les points de son espace, en préservant la mixité sociale et fonctionnelle. Elle réduit les couts de tous types, les « risques lourds de l'hyper mobilité » et introduit une circulation douce. En privilégiant un tissu urbain dense, la ville durable tend vers plus de « compacité ». La réduction des couts, des inégalités, des dégradations environnementales se pose à l'échelle locale mais aussi à l'échelle globale. La ville durable est un projet et non une réalité, elle tend vers plus de qualité de vie et plus d'égalité. C'est pour cela que le retour à une « ville nature » est depuis une vingtaine d'années au cœur des politiques de l'aménagement des territoires urbains :

– Le bâti urbain est repensé avec la démarche HQE, ce qui donne lieu à des travaux d'isolation phonique et thermique ou des végétalisations des façades et des toits.

– Le tissu urbain (voirie, types d'habitat, fonctions économiques, services...) est repensé en donnant la priorité aux circulations dites douces (piétons, vélos) et aux acteurs locaux qui sont invités à s'investir dans ces actions.

1 2. Comment aménager les villes de manière durable ?

Le programme invite les élèves à étudier des exemples concrets favorisant la place de la « nature » en ville. Les exemples choisis ci-dessous correspondent à des aménagements facilement observables dans les lieux de vie des élèves.

• L'eau dans la ville

La redécouverte de la place de l'eau, à laquelle on tournait le dos au XIXe siècle par peur des « miasmes », est un enjeu de l'aménagement urbain en France, comme en Europe. Les projets de reconquête des berges des fleuves sont fréquents et emblématiques. Pendant de nombreuses années, les quais ont été délaissés ou doublés de voies de circulation rapide pour les véhicules motorisés. Des villes comme Lyon, Nantes, Bordeaux ou Paris ont, depuis le début des années 2000, transformé les quais en des espaces de loisirs conviviaux, récréatifs et attractifs. À Lyon, par exemple, les berges de la rive gauche du Rhône ont été complétement réaménagées depuis 2003 sur environ 5 km, du parc de la Tête d'or au parc de Gerland. Tout au long de ces 5 km, l'espace est partagé entre des espaces végétalisés, des terrains de foot, de pétanque, de jeux pour les enfants et invite aux sports et à la détente. C'est un lieu de rencontre et de sociabilité central dans la vie lyonnaise aujourd'hui. Par ailleurs, une piste cyclable et un ruban adapté à la marche et aux fauteuils roulants longent le tracé. Le fleuve, élément naturel structurant, organise donc cette centralité et participe du nouveau paysage urbain ainsi façonné.

La meilleure gestion des eaux de pluie est également un enjeu urbain récent. En effet, l'imperméabilisation croissante et la régression de la végétation en milieu urbain engendrent la suppression des écoulements naturels dans la terre ainsi que la formation d'ilots de chaleur urbains (ICU). Dans les grandes villes, la pluie, qui ne peut plus s'infiltrer naturellement dans les sols, s'écoule essentiellement par le tout-à-l'égout. Lors des épisodes de fortes pluies, le réseau peut être saturé, ce qui peut occasionner des inondations et des déversements d'eau polluée. Pour lutter contre ces phénomènes et mieux gérer les eaux de pluie, plusieurs actions peuvent être menées. Le plan ParisPluie mis en place en 2019 propose par exemple de :

– réutiliser les eaux de pluie à l'échelle d'un immeuble pour le nettoyage des sols, les sanitaires, l'arrosage ;

– favoriser la végétalisation partout, la désimperméabilisation (cours d'immeubles, rues, cours d'école, sites d'entreprises...) et créer des ilots de fraicheur.

Définitions

Mixité sociale et fonctionnelle : La mixité sociale signifie que l'ensemble des milieux sociaux et culturels cohabitent dans un même espace caractérisé par la diversité des catégories socio-professionnelles, des revenus et des origines.
La mixité fonctionnelle désigne quant à elle la diversité et la variété des services et des équipements.

HQE (Haute qualité environnementale) : concept français défini en 2004. Désigne un ensemble d'objectifs en matière d'architecture qui visent, de manière qualitative, un meilleur confort du bâti, tout en préservant l'environnement et les ressources.

Définition

Ilot de chaleur urbain (ICU) : terme apparu au milieu du XXe siècle qui désigne un phénomène d'élévation des températures en milieu urbain à cause de la densité et de la concentration des activités humaines et des surfaces sombres comme le goudron qui absorbent la chaleur.

• **Espaces verts, parcs et jardins**

La notion d'espaces verts relève du vocabulaire de la planification urbaine et définit une réalité très large. Selon la circulaire de 1973 qui les définit, il peut s'agir des parcs, jardins, squares, plantations d'alignement, arbres d'ornement, pelouses, mais aussi des bois et forêts. Élément essentiel du paysage urbain, les espaces verts sont surtout des lieux de détente, de promenade, de repos, de jeux et de convivialité. Ils ont par ailleurs un impact pour la santé en créant des « oasis de meilleure santé autour d'eux[1] ». Les espaces verts ont donc un triple rôle. Au niveau environnemental, ils permettent l'absorption des eaux de pluie et créent des ilots de fraicheur. Au niveau paysager, ils embellissent la ville par les jeux de lumière, de couleurs, de textures et d'odeurs participant ainsi à l'éveil des sens, en particulier chez les plus jeunes. Ils permettent aussi de délimiter des seuils et des frontières entre des rues ou des quartiers, ou bien encore de créer des points de centralité en permettant des rencontres. Enfin, ils remplissent un rôle social et économique grâce aux aires de jeux, aux parcours de santé et aux commerces et échoppes qui peuvent être installés dans ou autour de ces espaces.

1. Étude publiée dans le *Journal of Epidemiology and Community Health* en 2009.

Document analysé et exploité

Jardin sur les berges à Bordeaux (Nouvelle-Aquitaine)
Manuel Magellan, Histoire-Géographie-EMC CM2, Éditions Hatier, 2019.

• **Présentation et définition du document**

Ce document est une photographie d'un paysage urbain de Bordeaux, ville du Sud-Ouest de la France, située près de la côte Atlantique et traversée par la Garonne. Le cliché est extrait d'un manuel à destination des élèves de CM2.

• **Analyse du document en lien avec le thème 6**

Le paysage peut être décrit et analysé en suivant les différents plans qui le structurent. La question qui guide cette analyse est celle des aménagements urbains durables prenant en compte tout à la fois les dimensions environnementales, économiques et sociales. Axe structurant, à droite du paysage, la Garonne, longée par une piste cyclable et une bande pour les piétons. Fruit d'une reconquête considérable depuis le début des années 2000, les quais de la rive gauche de la Garonne s'étalent sur une bande 80 mètres de large et de 4,5 km de long entre les façades du XVIIIe siècle, classées au patrimoine mondial de l'UNESCO depuis 2007, et le fleuve. Au premier plan, un jardin ouvert sur la ville, le jardin des Lumières (33 000 plantes et 223 plates-bandes) est organisé selon des lignes verticales et horizontales qui délimitent des parcelles fleuries, des arbustes et des pelouses. Pour économiser l'eau, le sol est paillé au pied des plantes. Des bancs permettent aux usagers de se détendre et de profiter de la vue sur les jardins et le fleuve. Au second plan, on observe un espace arboré, « Les Platanes des quais », qui borde la place des Quinconces. Au troisième et dernier plan, les quais longent le quartier des Chartrons (on distingue les flèches de la plus haute église de Bordeaux, Saint-Louis des Chartrons). Au pied des immeubles et sur les quais alternent de nombreux commerces et un marché bio. Cet aménagement urbain prend donc bien en compte tout à la fois les enjeux écologiques (reconquête du fleuve, biodiversité, économie d'eau…), sociaux (lieux de sociabilité et de rencontres) et économiques (commerces, restaurants et attractivité de la ville pour le tourisme grâce au classement UNESCO).

• Piste d'exploitation pédagogique

Cette photographie de paysage permet d'aborder avec les élèves la place de la nature en ville dans le cadre d'un aménagement urbain durable. La description de la photographie peut d'abord se faire plan par plan lors d'une phase dialoguée, puis elle peut donner lieu à une fiche d'activités réalisée en autonomie permettant la réalisation d'un croquis de paysage comme dans l'exemple ci-dessous.

La fiche distribuée aux élèves :

Les quais de la Garonne à Bordeaux

1. Colorie en bleu le fleuve et complète la légende.
2. Délimite les quais à l'aide d'un feutre rouge. Complète la légende.
3. Colorie en vert clair le premier plan et complète la légende
4. Colorie en vert foncé le second plan et complète la légende.
5. Colorie en gris le troisième plan et complète la légende.
6. Indique le numéro correspondant au bon endroit sur la photographie

- La G.............
- Les ....
- 1er plan : un jardin pour ....
- 2nd plan : La place des Quinconces et le jardin des Platanes
- 3e plan : Le quartier ....

1 : La Garonne
2 : Le jardin des Lumières
3 : La jardin les Platanes
4 : L'église Saint-Louis des Chartrons

Le corrigé :

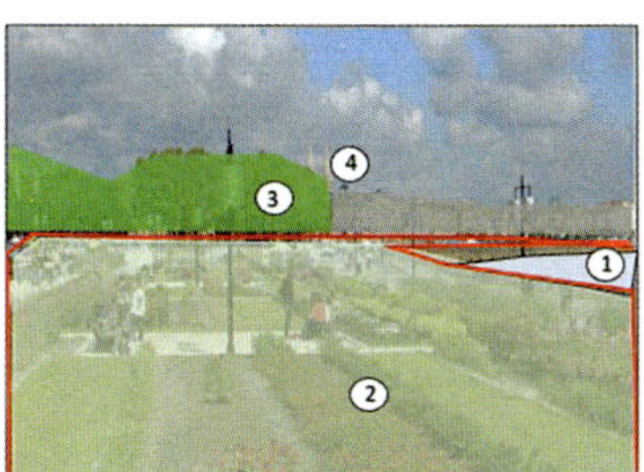

Les quais de la Garonne à Bordeaux

1. Colorie en bleu le fleuve et complète la légende.
2. Délimite les quais à l'aide d'un feutre rouge. Complète la légende.
3. Colorie en vert clair le premier plan et complète la légende
4. Colorie en vert foncé le second plan et complète la légende.
5. Colorie en gris le troisième plan et complète la légende.
6. Indique le numéro correspondant au bon endroit sur la photographie .

- La Garonne.
- Les quais
- 1er plan : un jardin pour se détendre, discuter, se balader
- 2nd plan : La place des Quinconces et le jardin des Platanes
- 3e plan : Le quartier des Chartrons

1 : La Garonne
2 : Le jardin des Lumières
3 : La jardin les Platanes
4 : L'église Saint-Louis des Chartrons

GÉOGRAPHIE

❷ Recycler

❷ 1. Pourquoi recycler ?

• L'augmentation des déchets

Depuis les années 1960, les biens de consommation ont une vie de plus en plus courte. Les poubelles sont le reflet de nos habitudes de vie et de notre type de consommation et elles grossissent de plus en plus. Toutes les activités humaines sont productrices de déchets et il convient de distinguer les déchets industriels et agricoles des déchets ménagers. En France, en 2017, 326 millions de tonnes de déchets ont été générées et la production d'ordures ménagères est de 580 kg par habitant et par an. La composition de nos poubelles a beaucoup évolué depuis la fin du XIXe siècle où elle recevait essentiellement des cendres issues du chauffage domestique, des poussières, du papier, des débris de verre et des os. Aujourd'hui, les emballages ménagers (verre, papier et carton, briques alimentaires, bouteilles et flacons plastiques, aluminium et acier) représentent plus de 50 % de leur volume.

• Les nuisances causées par les déchets

La pollution de l'air : l'incinération des déchets rejette dans l'air des particules et des gaz qui peuvent être nocifs. L'entassement des déchets provoque leur fermentation et la décomposition des matières organiques, qui produit un gaz, le méthane. Ce gaz, produit en grande quantité, participe au phénomène d'effet de serre, mais il peut être récupéré pour être transformé en source de chaleur.

La pollution des sols et des eaux : les déchets ménagers contiennent des éléments toxiques qui peuvent s'infiltrer dans le sol, par écoulement simple, ou de façon accélérée par les eaux de pluie. Alors, la qualité des eaux de surface peut aussi être altérée. Les substances polluantes peuvent provenir de produits jetés avec leur emballage (ex. : vernis, peintures, solvants...) ou des déchets eux-mêmes qui, en se décomposant, libèrent des substances nocives (ex. : piles, médicaments, plastiques...). Jetés dans la nature, certains déchets ont une très longue durée de vie et libèrent pendant des années leurs substances nocives.

❷ 2. Le traitement des déchets

• La collecte puis l'élimination des déchets

On cherche d'abord à se débarrasser des déchets. M. Poubelle, préfet de Paris, impose, à la fin du XIXe siècle, l'utilisation de bacs avec couvercle destinés à entreposer les déchets qui sont ensuite incinérés. Mise en décharge et incinération sont alors les deux manières de traiter la question des déchets.

• Depuis 1975, la valorisation des déchets

La loi « Déchets » de 1975 puis celle de 1992 marquent une rupture : elles engagent les communes dans une logique de collecte, puis de valorisation des déchets (récupération de l'énergie ou des matières premières). Avant de valoriser les déchets, il faut les trier en mettant en place une collecte sélective. Ceci implique de nouveaux équipements (bacs, centres de tri), une éducation de la population et des filières de recyclage.

• Le traitement des déchets ménagers

On distingue plusieurs modes de traitement des déchets :
– le stockage : les déchets sont « enterrés » ;
– la valorisation matière : le matériau est recyclé pour fabriquer de nouveaux produits (ex. : on produit du papier recyclé à partir de vieux papiers et journaux) ;
– la valorisation organique : les déchets verts et les déchets fermentescibles sont transformés en compost ;
– la valorisation énergétique : l'incinération des déchets permet de récupérer de l'énergie (pour le chauffage urbain, par exemple).

En France, en 2017, 48 % des déchets sont collectés en mélange dans la poubelle grise, 21 % **des déchets ménagers sont** collectés triés et 31 % sont apportés en déchèterie.

Document analysé et exploité

• Présentation et définition du document

Le document est une affiche de la communauté d'agglomération d'Angers. Cette campagne de communication a une fonction informative et incitative ; elle s'inscrit dans une démarche d'éducation des habitants aux enjeux du recyclage des déchets.

Affiche de la communauté d'agglomération d'Angers (Pays de la Loire)

• Analyse du document en lien avec le thème 6

L'intérêt de cette affiche est de ne pas limiter le recyclage au tri et à la collecte des déchets. En effet, le slogan « Rien ne se perd, tout se récupère ! », inspiré de la citation du chimiste du XVIIIe siècle Antoine Lavoisier « Rien ne se perd, rien ne se crée, tout se transforme », indique bien que l'objectif est d'inciter les citoyens à ne pas jeter inutilement ce qui est cassé, abîmé ou plus utilisé. Les différentes photographies d'objets qui animent l'affiche sous la forme d'une silhouette sont accompagnées de verbes (donner, emprunter, réparer, chiner, partager, retoucher, louer, troquer) qui invitent à consommer différemment et à ne pas jeter des objets qu'on n'utilise plus. La collectivité sert ainsi un objectif plus global de préservation des ressources en limitant la consommation :
– des matières premières nécessaires pour la fabrication des objets (coton, bois, métaux, plastiques…) ;
– des sources d'énergie nécessaires au façonnage et à l'assemblage dans les usines (eau, électricité).
Tout cela engendre également la baisse des transports liés à l'acheminement des matières premières, à la fabrication des produits, à leur distribution, ce qui limite les pollutions.
Enfin, d'un point de vue social, le don, le troc ou l'organisation de brocantes, de

vide-maisons ou de vide-greniers favorisent la vie locale et le lien entre les habitants d'un même quartier ou d'une même commune.

- **Pistes d'exploitation pédagogique**

Après avoir identifié le document et localisé Angers sur une carte murale, les élèves peuvent relever les verbes de l'affiche. Les verbes sont définis un à un. Ensuite, par groupe de trois, ils réfléchissent à un classement de ces mots. Il est possible, par exemple, de distinguer les actions qui donnent lieu à un échange sous forme de monnaie, celles qui relèvent de l'échange en nature ou bien encore celles qui relèvent du don. Un prolongement de la séance est possible sous la forme d'actions concrètes à mener dans le cadre de la classe ou de l'école (organiser une vente pour financer un voyage ou une sortie) en commençant par un questionnement du type : « Et toi, as-tu des objets ou des vêtements que tu n'utilises plus, que tu pourrais donner ? partager ? »

3 Habiter un écoquartier

3 1. Qu'est-ce qu'un écoquartier ?

Selon le ministère de la Transition écologique, un écoquartier est « un aménagement urbain conçu, organisé et géré dans une démarche de développement durable et de réduction de l'empreinte écologique, intégrant la croissance urbaine dans une logique globale de développement économique, de performances environnementales rigoureuses, de qualité de vie, et d'intégration et de mixité sociale et fonctionnelle (équipements publics, logements) ».

Nous retrouvons donc les trois volets du développement durable :
– au niveau **environnemental**, un écoquartier doit permettre de **privilégier la place des espaces verts et préserver la biodiversité** tout en limitant les pollutions et la production des déchets. Il doit favoriser l'usage des transports doux et non polluants. Les matériaux de construction doivent être respectueux de l'environnement et les habitations économes en consommation d'eau et d'énergie (chauffage, eau chaude, sanitaires...) ;
– au niveau **économique**, un écoquartier se doit d'être **créateur de richesses** grâce à des infrastructures attractives (commerces, restaurants, parcs et jardins, terrains de jeux et de sports) ;
– au niveau **social**, l'écoquartier doit favoriser la **mixité sociale**, la convivialité et les espaces favorisant les rencontres et le partage.

3 2. Les écoquartiers en Europe et en France

- **En Europe**

Au niveau européen, il existe de nombreux écoquartiers surtout en Europe du Nord, pionnière dans l'invention de cet aménagement. L'écoquartier Bo01 à Malmö en Suède (lancé en 1995) ou bien le quartier Vauban à Fribourg-en-Brigau en Allemagne (dès 1996) furent parmi les premiers. En Angleterre, le quartier BedZed (Beddington Zero Energy Devlopment), dont les travaux ont commencé en 2001, a remporté le prix de l'IRCA (Institut royal des bâtisseurs et des architectes) et est devenu un modèle.

- En France

La France a lancé la construction de son premier écoquartier en 2003 avec le projet du quartier de Bonne à Grenoble. Aujourd'hui, en France, on compte près de 500 écoquartiers, dont 287 sont labellisés ÉcoQuartier. Lancé en décembre 2012, ce label s'inscrit dans les priorités de la loi de programmation du 3 aout 2009 relative à la mise en œuvre du Grenelle de l'environnement. Pour obtenir ce label, un quartier doit construire un projet qui intègre les trois volets du développement durable tels que définis précédemment (voir 3. 1., p. 166).

Document analysé et exploité

Extrait de la brochure Clichy-Batignolles (quartier situé au nord-ouest de Paris)

- **Présentation et définition du document**

Le document est un extrait d'une brochure officielle publiée sur le site de Paris Métropole. Il propose deux documents en pleine page : une photographie en vue aérienne oblique sur l'écoquartier Clichy-Batignolles et un plan présentant les principales installations de ce quartier.

- **Analyse du document en lien avec le thème 6**

Lancé en 2001 et achevé en 2020, ce vaste projet d'écoquartier s'étend sur 50 hectares dans le nord-ouest de Paris, sur l'ancienne friche ferroviaire de Clichy-Batignolles, et répond à tous les paramètres d'un écoquartier. La photographie montre que le projet s'organise autour d'un parc de 10 hectares, le parc Martin Luther King, auquel répondent dans le paysage près de 26 000 m^2 de toitures végétalisées qui contribuent, au-delà des impacts paysagers, à l'isolation thermique des bâtiments. Sur le plan social et économique, les équipements sont nombreux et l'installation de la cité judiciaire est un facteur d'attractivité économique fondamental.

- **Pistes d'exploitation pédagogique**

D'une manière générale, les programmes recommandent d'étudier avec les élèves un écoquartier à proximité de leur école. Aussi, il est important de développer avec eux l'usage de sources directes provenant des sites Internet des métropoles, des communes ou même directement des écoquartiers. Ici, la brochure est tirée du site de Paris Métropole. Les élèves pourraient donc non pas exploiter directement ce document, mais procéder à une recherche documentaire sur Internet leur permettant de localiser l'exemple, d'observer les réalisations, de collecter des témoignages d'habitants. Par ailleurs, nombreux sont les projets qui, dans une démarche de démocratie participative, incitent les élèves, par le biais des écoles, à donner leur avis sur les aménagements à venir.

En savoir plus sur les programmes de collège

hatier-clic.fr/crpe23hgem

TEST D'AUTO-ÉVALUATION 12

Corrigé p. 236

1 Quand a été élaborée la notion de développement durable ?

a. 1987

b. 1992

c. 1972

2 Une ville durable, c'est :

a. Une ville dans laquelle on aménage des espaces verts, des potagers, des pistes cyclables

b. Une ville dans laquelle sont envisagés à la fois aspects environnementaux, économiques et sociaux permettant la soutenabilité du modèle urbain à long terme

c. Une ville dans laquelle on donne la priorité aux circulations douces et à l'agriculture locale

3 Pourquoi une meilleure gestion des eaux de pluie est un enjeu fondamental pour aménager une ville durable ?

a. Parce que l'imperméabilisation des sols et la régression du végétal empêchent l'infiltration naturelle des eaux dans le sol, ce qui peut occasionner des inondations et des déversements d'eau polluée

b. Parce que cette eau de pluie pourrait être récupérée pour arroser les jardins et espaces verts des villes

c. Parce que l'imperméabilisation des sols et la régression du végétal diminuent l'effet d'ilot de chaleur urbain

4 Compléter le texte suivant qui décrit la photographie ci-dessous.

La ville de Marseille est située au .... de la France, en bordure de la ....

Au premier plan, on observe un partage des voies de circulation : ...., ... et ....

Au second plan, on observe une .... et des aménagements caractéristiques d'une ....

Au dernier plan, on distingue ....

Une piste cyclable à Marseille.

5 Quand la France a-t-elle lancé la construction de son premier écoquartier ?

a. En 1996

b. En 2003

c. En 2012

6 Dans quelle ville se trouve ce premier écoquartier ?

a. Paris

b. Nice

c. Grenoble

GÉOGRAPHIE

THÈME 1

Respecter autrui

Le thème 1 du programme d'EMC pour le cycle 3 invite les élèves à comprendre comment s'organise la communauté scolaire, comment ils doivent gérer les relations entre pairs et avec les adultes au nom du respect de chacun. Il est nécessaire que chaque élève s'approprie des principes qui garantissent ce respect tout en apprenant ce qu'est la morale civique. Cette dernière repose sur la conscience de la dignité et de l'intégrité de la personne humaine et sur l'approche normée des droits et des devoirs de chacun envers la communauté. Ce thème 1 est la première étape de l'apprentissage d'une citoyenneté active expérimentée à l'échelle de la vie de l'école. Respecter autrui, c'est prendre en considération sa propre liberté autant que celle des autres, dans le cadre d'une solidarité et d'une fraternité partagées. C'est aussi respecter les convictions philosophiques, religieuses ou culturelles de chaque élève dans le cadre de la laïcité républicaine. L'enseignement de l'EMC implique d'ailleurs, à travers les activités proposées aux élèves, de mettre en œuvre concrètement ces principes du vivre ensemble : travaux de groupe, partage de tâches, coopération, etc. Les outils proposés, comme le débat argumenté ou la discussion réglée, sont autant de situations d'apprentissage qui permettent aux élèves d'appréhender ces principes par la voie de l'expérimentation.

Notions fondamentales

- Respect ; diversité ; loyauté, promesse (engagement) ; discrimination ; politesse ; tolérance ; libre expression ; liberté ; émotions ; sentiments ; coopération ; partage.

1 Le respect des différences et la lutte contre les préjugés et les stéréotypes

1 1. Qu'est-ce que le respect pour soi et pour les autres ?

Selon le *Petit Robert*, le **respect** est « un sentiment qui porte à accorder à quelqu'un une considération admirative, en raison de la valeur qu'on lui reconnait et à se conduire envers lui avec réserve et retenue ». En 2010, la philosophe Catherine Perrotin[1] complète la définition en soulignant que le respect ne peut être exprimé sous la contrainte (*forcer le respect*) : « [Le respect] invite à une sorte de pudeur qui conduit à se garder de certaines attitudes pour ne pas blesser autrui, *a fortiori* autrui vulnérable. Il témoigne d'une estime, d'une déférence. Au minimum, il suscite la politesse. » Il faut aussi nuancer le caractère absolu du respect. Tout acte n'est pas respectable, alors que toute personne possède, malgré l'ignominie de ses agissements, un droit à la dignité, donc un droit au respect. C'est particulièrement vrai en matière de justice puisque cela induit, pour toute personne incriminée, la présomption d'innocence.

1. Les références des ouvrages ou auteurs cités sont regroupées dans une bibliographie indicative en annexe, p. 315.

Dans la construction de l'individu et de sa personnalité, la mémoire collective a ancré cette notion de respect dans la maxime : « Ne fais pas aux autres ce que tu ne voudrais pas qu'on te fasse. » Cette règle de bon sens permet d'encadrer les relations sociales et de les réguler. Et ce rapprochement entre soi et autrui projette implicitement l'individu dans la perception de l'altérité. C'est une raison supplémentaire de considérer le respect comme un objet d'enseignement moral et civique.

L'élaboration d'une socialisation de l'enfant, en immersion dans le monde scolaire, passe donc par l'apprentissage du respect d'autrui, exigence qu'il doit recevoir en retour. La communauté scolaire n'est pas choisie par l'élève : elle lui est imposée et il doit composer avec des camarades. Il n'est pas obligé de les aimer, mais il ne peut pas décider de respecter certains et pas d'autres sous prétexte qu'il n'a pas choisi son appartenance au groupe-classe. Le respect devient donc obligatoire, car il est constitutif des règles communes.

L'une des expressions de ce respect mutuel est celle de la politesse, déjà évoquée par C. Perrotin. Cette dernière peut être considérée comme un ensemble de codes de langages et d'attitudes qui permettent de faciliter les relations avec autrui. Il faut observer ces usages pour que le respect soit marqué dès le début de l'interaction entre les individus. Cependant, la politesse ne garantit pas, à elle seule, le respect puisqu'elle peut être feinte : une personne polie n'est pas forcément une personne respectueuse des autres.

1 2. La question de l'autorité

Lorsque les élèves ne respectent pas l'enseignant ou se plaignent que le respect n'est pas mutuel, l'**autorité** peut être remise en question.

Dans le cadre scolaire, l'autorité est l'expression d'un pouvoir du sachant sur les apprenants : elle est composée de trois caractéristiques que sont le savoir, la légitimité et la reconnaissance que doivent avoir les subordonnés à celui ou celle qui exerce l'autorité. Les travaux de Max Weber (1869-1924) puis de Kurt Lewin (1890-1947) analysent précisément ce processus. Ce dernier, avec Ronald Lippitt et Ralph White[2], a étudié l'influence de l'autorité (*leadership* en anglais) sur le comportement des enfants. Les auteurs démontrent que le style démocratique (reconnaissance de la légitimité de l'autorité et son respect) est plus fréquemment adopté que la libre expression (négation de toute autorité légitime) ou la contrainte autoritariste (négation de toute expression de contestation). Mais l'analyse la plus aboutie est livrée par Hannah Arendt dans son ouvrage publié en 1972, *La Crise de la culture*[3], dans lequel elle consacre un chapitre à l'autorité. Elle explique que l'autorité n'est pas un rapport de force, ni la conséquence d'une séduction. Elle se fonde sur la reconnaissance que l'élève réalise vis-à-vis de son professeur, notamment la reconnaissance de sa légitimité dans sa fonction d'enseignant. Il ne peut y avoir de soumission intellectuelle de la part des élèves, mais une dévolution acceptée de l'autorité à l'adulte. Cela n'a rien à voir avec la discipline qui est une forme de coercition. Ce n'est que lorsque l'autorité est insuffisante que des sanctions doivent rappeler les règles de la vie en communauté. L'utilisation de la force est, selon H. Arendt, l'échec de l'autorité. Cette thèse est réactualisée par les travaux d'Alain Renaut, notamment dans son ouvrage *La Fin de l'autorité*[4], dans lequel il réaffirme que l'élève ne peut être l'égal de l'enseignant et ne peut donc remettre en cause son autorité institutionnelle, légale ou charismatique. Il souligne notamment qu'à des devoirs ne correspondent pas des droits réciproques : l'enseignant a des devoirs envers l'élève qui ne peut faire état d'un droit en retour.

2. Kurt Lewin, Ronald Lippitt, Ralph K. White. «Patterns of aggressive behavior in experimentally created "social climates"» *The Journal of social psychology*, 10.2 (1939), 269-299.

3. Hannah Arendt, *La Crise de la culture* (titre original : *Between Past and Future*), Paris, Gallimard, 1972.

4. Alain Renaut, *La Fin de l'autorité*, Flammarion, 2004.

1 3. Des différences aux préjugés et aux stéréotypes

L'**égalité** devant la loi est affirmée depuis la Déclaration des droits de l'Homme et du Citoyen d'aout 1789, confirmée par la Déclaration universelle des droits de l'Homme en 1948. Cependant, la différence est aussi inscrite dans l'ensemble législatif inhérent à l'identité de la personne. En effet, chacun est en droit de choisir son mode de vie, ses croyances, ses valeurs, mais cette liberté induit aussi un respect et une acceptation d'autrui aux différences remarquables. Le principe supérieur qui tolère le droit à la différence est le respect de l'égalité des personnes.

La différence est un ensemble de caractères qui distingue une personne d'une autre. Le synonyme est la dissimilitude. Nous n'attendons pas des élèves qu'ils respectent les différences, mais bien qu'ils respectent l'autre parce qu'il est différent de soi. Anne Lalanne[5] précise : « Il est risqué de revendiquer un droit à être différent (qui peut aboutir à une différence des droits) ; il y a en revanche un impératif moral de respecter toute personne, quelles que soient ses caractéristiques (physiques, culturelles, religieuses...). »

Le constat de différences entre soi et les autres implique des préjugés, voire des stéréotypes.

Le **préjugé** est l'expression d'une opinion favorable ou défavorable qu'on se fait sur quelqu'un ou quelque chose en fonction de caractères personnels ou d'apparences[6]. La plupart du temps, le préjugé vient d'une idée ou d'une opinion qu'on se fait sans réfléchir et qui est souvent conditionnée par l'environnement socio-économique, l'époque ou l'éducation. Il peut aussi être la forme actuelle d'une expérience personnelle que l'on érige en fait général. Cette attitude cherche souvent à inférioriser l'autre.

Le **stéréotype** peut être considéré comme le grade supérieur du préjugé puisqu'il partage avec ce dernier le caractère rapide d'une opinion définitive sur une personne et son identité. Il guide souvent mécaniquement les manières de penser, de sentir et d'agir d'une personne ou d'un groupe[7]. Souvent, le stéréotype est synonyme du cliché. Les sociologues insistent sur le processus de « catégorisation » du monde contemporain. L'individu réalise des classements d'ensemble et met des étiquettes sur des choses ou des personnes. Cela peut aboutir à la constitution de caricatures, de généralisations comme des représentations devenues grossières et déformées.

❶ 4. La discrimination

Les préjugés et les stéréotypes sont à l'origine d'une discrimination à l'égard d'un individu.

Juridiquement, la discrimination est définie comme « une distinction de droit ou de fait entre individus ou groupes aboutissant à une inégalité ». La non-discrimination consiste en « une limite se manifestant par l'interdiction de certains critères de différenciation qui vise à garantir le respect des valeurs essentielles sur lesquelles repose l'ordre juridique[8] ». « Égalité et non-discrimination apparaissent donc intimement liées, cette dernière s'entendant comme l'expression spécifique du principe général d'égalité[9]. »

Un acte discriminatoire est prohibé par la loi. Michel Miné[10] résume la constitution d'un acte discriminatoire : il doit être considéré comme une mesure défavorable, injustifiée et en lien avec un critère concernant l'être ou l'agir.

La notion juridique de la discrimination prend naissance dans le droit international au début du XXe siècle, mais s'affirme après la Seconde Guerre mondiale. La chronologie présentée p. 173-174 rappelle son élaboration internationale.

5. Anne Lalanne, *L'Enseignement moral : une pratique de classe*, L'Harmattan, Paris, 2020, p. 80.

6. www.cnrtl.fr/definition.

7. *Idem.*

8. Georges Soulier, « Discrimination », *Dictionnaire encyclopédique de théorie et de sociologie du droit*, A.-J. Arnaud (dir.), LGDJ, 1993.

9. Rémy Hernu, *Principe d'égalité et principe de non-discrimination dans la jurisprudence de la Cour de Justice des Communautés européennes*, LGDJ, 2003.

10. Michel Miné, *Droits des discriminations, sources, histoire, définition générale*, www.fun-mooc.fr/c4x/CNAM/01022/asset/Mine_1_S5-1.pdf, consulté le 23 mars 2021.

Inégalité et discrimination

Selon Danièle Lochak[11], les deux notions sont proches mais bien distinctes.
L'**inégalité** est une « situation de fait, résultant de facteurs inhérents à la personne (âge, maladie, handicap…), soit des facteurs exogènes (les structures sociales ou économiques, qui soit admettent les inégalités – on pense au système des castes en Inde –, soit proclament un idéal égalitaire qui n'est pas réalisé dans les faits), les deux pouvant bien sûr interagir (le fonctionnement de la société renforçant les inégalités : ainsi, une personne handicapée trouve plus difficilement les moyens de gagner sa vie). L'inégalité peut ainsi préexister à tout acte ou agissement d'autrui ».

La **discrimination** résulte d'un acte délibéré ; elle est « en tout cas le comportement actif d'un acteur (le législateur, l'employeur…) » qui discrimine soit directement, soit indirectement.
La discrimination place la victime en position d'infériorité (inégalité de considération) et peut être l'expression d'une stigmatisation qui génère l'inégalité, chez un malade ou une personne porteuse d'un handicap, par exemple. C'est pourquoi une discrimination engendre obligatoirement de l'inégalité, mais la réciproque n'est pas toujours vraie.

11. Danièle Lochak, « La notion de discrimination », *Confluences Méditerranée*, vol. 48, n° 1, 2004, pp. 13-23.

Repères chronologiques

*Droit international et droit français : l'arsenal juridique pour lutter contre les discriminations (**en gras** : le dispositif juridique français)*

1948 : Déclaration universelle des droits de l'Homme.

1950 : Le Conseil de l'Europe adopte la Convention européenne de sauvegarde des droits de l'Homme et des libertés fondamentales et dresse une première liste des discriminations.

1957 : Le Traité de Rome interdit les discriminations liées à la nationalité ou au sexe en matière de salaire.

1958 : Convention n° 111 de l'OIT (Organisation internationale du travail) interdisant les discriminations dans l'emploi et le travail.

1961 : Le Conseil de l'Europe interdit les discriminations des travailleurs à l'embauche et dans l'exercice de leurs missions ainsi que la rémunération.

1965 : Convention de l'ONU sur l'interdiction de toute forme de discrimination raciale.

1972 : Loi sur l'égalité dans la rémunération des travailleurs.

1979 : Convention de l'ONU sur l'interdiction de toutes les formes de discrimination à l'égard des femmes.

4 aout 1982 : Loi Auroux sur les libertés des travailleurs dans l'entreprise.

1983 : Loi Roudy sur l'égalité homme-femme.

1997 : Le Traité d'Amsterdam affirme l'interdiction des discriminations liées à la race ou à l'origine ethnique, à la religion et aux convictions, au handicap ou à l'âge.

2001 : Loi Génisson qui complète la loi Roudy de 1983.

2004 : Création de la Haute Autorité pour la lutte contre les discriminations et l'égalité (HALDE).

2005 : Loi sur les travailleurs handicapés.

2006 : Convention de l'ONU relative aux droits des personnes handicapées.

2008 : Loi qui introduit la notion de discrimination directe ou indirecte.

2009 : Le Traité de Lisbonne réaffirme les interdictions de toutes les discriminations visées dans les traités précédents.

2011 : Fusion des missions de la HALDE dans celles du Défenseur des Droits.

2012 : Loi sur le harcèlement sexuel, nouvelle forme de discrimination.

2016 : Loi contre la précarité sociale, nouvelle forme de discrimination.

Dans le Code pénal, vingt-trois motifs de discrimination sont relevés (articles 225-1 et 255-1)[12] :

– Origine ethnique
– Sexe
– Situation de famille (célibataire, marié, pascé, divorcé, veuf)
– État de grossesse
– Apparence physique
– Patronyme (nom de famille)
– État de santé, perte d'autonomie ou handicap
– Caractéristiques génétiques
– Mœurs
– Orientation sexuelle ou identité de genre
– Âge
– Opinions politiques, convictions religieuses ou activités syndicales ou mutualistes
– Appartenance ou non-appartenance, vraie ou supposée, à une ethnie, une nation ou une prétendue race
– Précarité de sa situation économique, apparente ou connue de l'auteur de la décision
– Capacité à s'exprimer dans une autre langue que le français
– Lieu de résidence
– Domiciliation bancaire
– Acceptation ou refus de subir des faits de bizutage, ou témoignage de tels faits

Les condamnations judiciaires en matière de discrimination avérée sont composées de trois ans d'emprisonnement et 45 000 euros d'amende. Cette peine peut être majorée si le délit s'est produit dans un lieu public : cinq ans d'emprisonnement et 75 000 euros d'amende. L'incitation à la discrimination est aussi punie d'un an d'emprisonnement et 45 000 euros d'amende. Depuis 2016, il est possible de réaliser une action de groupe pour dénoncer un acte discriminatoire.

12. La dernière mise à jour date de janvier 2017 : ajout de l'article 255-1-2 sur les faits de bizutage.

À savoir

La condition féminine demeure très inégalitaire à travers l'histoire de France. Dès l'Antiquité, la femme est considérée comme une mineure juridique, dépendante de son père, puis de son mari ou à défaut de son frère, de son cousin.

❶ 5. L'égalité fille-garçon

Il s'agit, dans un premier temps de définir le genre, qui n'est pas la distinction sexuée des êtres vivants, mais les rapports sociaux de sexe, car les différences de pratiques sociales entre les hommes et les femmes sont construites socialement et ne peuvent être simplement réduites à des explications biologiques.

À l'école, la question de la mixité est au cœur des rapports sociaux de genre et donc de l'égalité fille-garçon. Si elle est aujourd'hui un des piliers de l'Éducation nationale, elle n'a jamais été vraiment pensée. Pendant la période révolutionnaire, qui accorde pourtant

Définition

Mixité : instruction et éducation des garçons et des filles dans un même groupe (terme ancien : « coéducation »).

plus de droits aux hommes qu'aux femmes, « la co-instruction » (mettre les filles et les garçons ensemble pour un même enseignement) promeut la mixité dans les écoles primaires. Certains y voient alors un adoucissement des mœurs, un progrès de l'esprit des Lumières, voire comme Condorcet une mesure d'égalité, mais c'est surtout une solution pratique aux problèmes de scolarisation[13]. Cette revendication d'une éducation des filles à égalité avec celle des garçons est vite abandonnée jusqu'aux grandes lois de la Troisième République.

13. Dès le XVIIe siècle, des penseurs comme Coménius (1592-1670) ou Poullain de la Barre (1647-1723) plaident pour une école des filles et des garçons, dénonçant les préjugés.

Dans la première moitié du XIXe siècle, la littérature pédagogique française se développe sans se poser la question de la mixité. Des manuels d'éducation pour les jeunes filles sont publiés, mais ne font guère état d'une éducation mixte des enfants : la séparation est de mise. L'enseignement féminin connait des avancées avec la loi Duruy (1867) et la loi C. See (1880), notamment en faveur de l'accession des jeunes filles à l'enseignement secondaire, mais les lycéennes restent minoritaires malgré le débat engagé par la première bachelière de France, Julie-Victoire Daubié, en 1861, qui réclame pendant neuf ans son intégration à l'université. Les lois Ferry de 1881 et 1882 reconnaissent l'enseignement des filles et des garçons à l'école, mais les élèves restent séparés selon leur sexe. Les programmes sont genrés puisqu'il y a des travaux à l'aiguille pour les filles et des exercices physiques pour les garçons. Le mouvement féministe s'empare de la question. Daubié, à travers son journal intime *La femme pauvre au XIXe siècle*, dénonce ce refus de la mixité en France. La féministe Hubertine Auclert assure que la co-instruction est une sage décision d'un point de vue budgétaire et pour les mœurs en général. La résistance apportée à la mixité dans l'enseignement secondaire, aussi bien par les catholiques que par les républicains, souligne que les normes éducatives sont façonnées par un modèle masculin et non universaliste. La question essentielle est qu'il faut réserver une formation spécifique aux jeunes hommes, imprégnés de valeurs nationales et viriles.

Petite biographie

Marie Sklodowska-Curie (1867-1934) : physicienne et chimiste franco-polonaise qui reçoit avec son époux en 1903 le prix Nobel de physique pour leurs découvertes sur les radiations. En 1911, elle obtient un deuxième prix Nobel de chimie pour ses travaux sur le polonium et le radium. Féministe engagée, elle se bat pour vivre en femme libre et indépendante.

Avec le combat féministe et le modèle de réussite qu'incarne Marie Curie, l'alignement des études progresse en France à la Belle Époque : des lycéennes sont de plus en plus nombreuses à réussir le baccalauréat et à accéder à l'université. Mais c'est la loi Bérard de 1924 qui marque un tournant dans la mixité de l'enseignement en France : elle met fin au programme sexué de l'enseignement primaire et secondaire. Cela va de pair avec une meilleure acceptation des revendications féministes portées par des femmes comme Louise Weiss ou encore Simone de Beauvoir. La question de la gémination des classes se pose à l'école primaire dès les années 1920, surtout lorsque les effectifs par sexe sont insuffisants. Il s'agit donc de constituer des niveaux par âge et non plus par sexe. Entre 1926 et 1933, on trouve des classes géminées dans les écoles rurales, mais l'institutrice s'occupe des plus petits alors que l'instituteur a en charge les plus grands. En 1937 ouvre à Lyon le premier lycée mixte de France, mais cela reste une exception d'avant-guerre.

Définition

Gémination : état de ce qui se fait (ou va) par paire. Ce mot est issu de la botanique, mais on l'utilise pour décrire la répartition des élèves non plus par sexe mais par groupe d'âge (création des niveaux de classe).

Le coup d'accélérateur est donné par l'arrivée dans le système éducatif des enfants du Baby-boom dans les années 1950. La circulaire Brunold (1957) reconnait la mixité des établissements primaires et secondaires mais, sur le terrain, son application est assez lente au lycée et dans les collèges nouvellement crées[14]. La loi Haby (1975) crée le collège pour tous et affirme ainsi la mixité de ces établissements. Elle ouvre une ère de reconnaissance de l'égal accès aux études secondaires et supérieures. La mixité est reconnue dans le concours de recrutement des enseignants en 1975, l'accès aux Écoles normales supérieures de Fontenay, Saint-Cloud (1981) et d'Ulm et Sèvres (1985). En

14. Ce sont les CEG (1958) puis les collèges d'enseignement secondaire (1963) qui remplacent en partie les écoles primaires supérieures.

1982, l'adoption du principe égalitaire de l'enseignement mixte est affirmée par la loi[15]. Deux ans plus tard, la première convention interministérielle sur l'orientation des filles est tenue par le gouvernement socialiste.

La loi d'orientation sur l'éducation dite « loi Jospin » (1989) cherche à favoriser l'égalité des chances entre les hommes et les femmes. L'adoption de la loi sur la parité femmes-hommes (2000) et la mise en place d'une nouvelle alliance personnelle (PACS, 1999) font avancer les éléments en faveur de l'égalité des sexes à l'école. La quatrième convention interministérielle pour l'égalité entre les filles et les garçons, les femmes et les hommes dans le système éducatif (2006-2011) invite les actrices et les acteurs à « écarter tout stéréotype lié au sexe, à faire évoluer les représentations, à diversifier l'orientation des filles et des garçons, à valoriser la place et le rôle des femmes, à diffuser les études sur le genre ». En mai 2008, le Parlement adopte le principe intangible de la mixité à l'école : le « principe de non-discrimination fondée sur le sexe ne fait pas obstacle à l'organisation d'enseignements par regroupements d'élèves en fonction de leur sexe ».

Malgré ces dispositifs juridiques, le système éducatif français n'a, au début du XXIe siècle, pas encore créé une culture de la mixité au service de l'égalité. Les discriminations de sexe sont toujours visibles dans les formations secondaires, supérieures ainsi que dans les conditions de réussite diplômante. C'est pourquoi, en 2012, lors de l'ouverture de la cinquième convention interministérielle pour l'égalité des filles et des garçons, il est décidé que sont prioritaires pour les années 2013-2019 :
– l'acquisition et la transmission d'une culture entre les sexes ;
– le renforcement de l'éducation au respect mutuel et à l'égalité filles-garçons ;
– l'engagement dans une plus grande mixité des filières de formation à tous les niveaux d'étude.

Malgré ces engagements ministériels forts, une discrimination involontaire perdure et la mixité scolaire ne permet pas encore d'effacer la différenciation et le maintien des stéréotypes au sein du système éducatif.

Ces dix dernières années, les études statistiques de la DEPP questionnent toujours : les garçons seraient-ils plus doués dans certaines disciplines dites « masculines », comme les mathématiques ou la science physique ? Et les sciences humaines conviendraient-elles mieux aux filles ? Toujours est-il que les filles composent seulement 31 % d'une classe préparatoire scientifique alors qu'elles sont plus de 75 % dans les classes préparatoires littéraires. Dans le rapport 2021, un infléchissement de ces données apporte des nuances au tableau peint depuis une décennie. À l'école élémentaire, la maitrise de la langue française demeure plus assurée chez les filles (61 % contre 55 % des garçons dans le domaine « Reconnaitre les différentes écritures d'une lettre » en début de la classe de CP), alors que, dans l'enseignement des mathématiques, leurs performances sont comparables à celles des garçons[16]. Mais la tendance penche en faveur des garçons en fin de CM2 : l'engouement des filles pour les séances de mathématiques est inférieur à celui des garçons (46 % contre 64 %)[17]. Le retard scolaire est cependant plus marqué chez les garçons à l'entrée de la sixième (fin cycle 3) et dans les milieux sociaux les moins favorisés[18]. Au collège, la tendance des appétences littéraires des filles semble se confirmer puisqu'elles réussissent plus en français au Diplôme national du brevet (DNB) que les garçons[19]. La compréhension de l'écrit est plus observée chez les filles qui obtiennent plus facilement le brevet que les garçons tant dans la série générale que professionnelle[20]. Ainsi, la réussite des filles se confirme et les orientations se diversifient peu à peu. Au lycée, les filles vont

15. Il est mentionné que l'action éducative contre les préjugés sexistes mise à promouvoir une réelle égalité des chances entre les filles et les garçons et à faire disparaitre toute discrimination à l'égard des femmes.

16. 46 % des filles contre 48 % des garçons présentent une maitrise supérieure dans le domaine « Résoudre des problèmes ».

17. Tendance européenne affirmée par comparaison avec l'Italie, l'Allemagne et la Finlande, enquête TIMSS 2019.

18. 9 % des filles d'ouvriers sont en retard scolaire contre 11,5 % chez les garçons. Même tendance chez les enfants d'ouvriers (4,5 % contre 6 %) alors que les filles et fils d'enseignants ou de cadres sont à moins de 1,5 % tout sexe confondu.

19. 22 % des filles obtiennent plus de 14/20 à l'épreuve de français contre 13 % des garçons. L'écart est réduit en mathématiques, mais les garçons devancent toujours les filles (14 % contre 11 %).

20. 91 % des filles dans la série générale, 76 % dans la série professionnelle contre 84 % des garçons dans la première série et 71 % dans la seconde.

davantage dans des formations de voie générale ou technologique (71 % de même classe d'âge contre 57 % des garçons).

Si l'on quitte la sphère du travail et des résultats scolaires, les données marquent une autre inflexion. Dans les établissements scolaires du second degré, les filles se sentent moins en sécurité que les garçons, même si les premières ont une perception du climat scolaire globalement positive. Au niveau des actes de violence, les filles se sentent plus victimes de violences à caractère sexuel (insulte sexiste ressentie par 11 % des lycéennes, 11 % des collégiennes ; voyeurisme, caresse ou baiser forcés : 14 % des collégiennes) alors que les garçons se plaignent plus de coups physiques (51 % des collégiens).

Document analysé et exploité

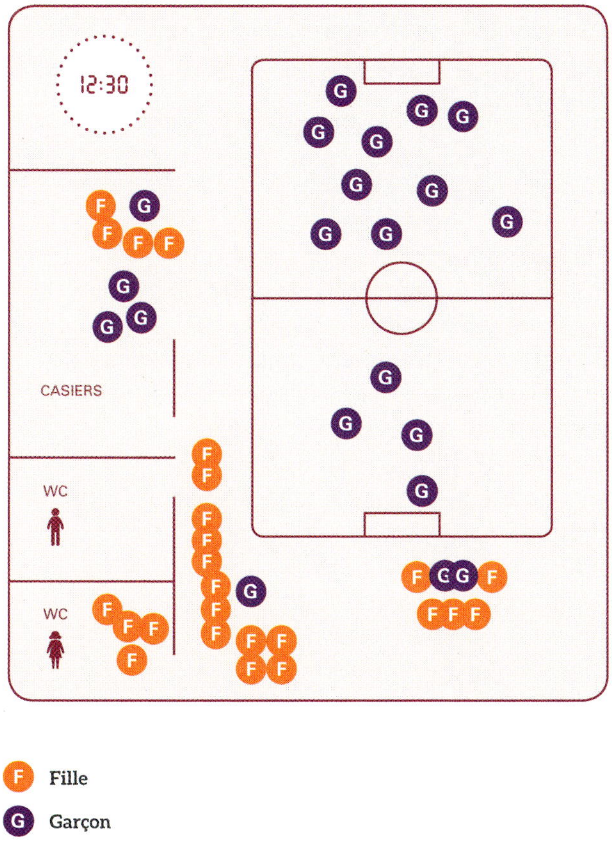

Schéma représentatif de l'occupation d'une cour d'école élémentaire par les filles et les garçons
Source : Observation et étude Edith Maruéjouls – Rapport Unicef « Quel genre de vie ? »

• Présentation et définition du document

Le schéma de la cour de l'école élémentaire du Peyrouat (Mont-de-Marsan, département des Landes) est réalisé sous l'autorité de la géographe Édith Maruéjouls lors de sa recherche pour sa thèse de doctorat[21] par des enseignants de l'école qui participent au projet de recherche. L'espace récréatif reste un marqueur fort de l'inégalité filles-garçons à l'école, dès la maternelle. Cette analyse est inscrite plus largement dans l'étude des espaces de loisir des jeunes qui vont de la cour de récréation aux skate-parks et autres terrains de sport en passant par les esplanades, les maisons des jeunes, les centres de loisirs.

21. Édith Maruéjouls-Benoît, *Mixité, égalité et genre dans les espaces du loisir des jeunes, pertinence d'un paradigme féministe*, sous la direction de Guy di Méo, Université Bordeaux Montaigne, octobre 2014.

EMC

- **Analyse du document en lien avec le thème 1**

Édith Maruéjouls consacre la première partie de sa thèse à l'analyse des situations récréatives élaborées par des professeurs des écoles en désignant les espaces occupés par un genre et marqué F (fille) ou G (garçon). Les filles sont spectatrices du jeu collectif des garçons. Elles se positionnent à la périphérie du terrain de jeu. On relève aussi la présence d'un petit groupe mixte qui joue ensemble au sud du terrain de football. « Non seulement il y a une non-mixité sur le terrain de football central, mais il prend parfois 80 % de la surface de la cour de récréation et fait jouer 30 enfants sur 200. Ce sont surtout les CM1-CM2 qui jouent au foot, mais aussi les plus performants. Il y a parfois quelques filles sur le terrain (parce qu'il y a des fratries ou pour des histoires de performance) » souligne la géographe qui évoque un rapport de force de la mixité dans l'espace récréatif. Il n'y a pas de mélange dans les moments de partage et de loisirs. C'est pour elle la preuve d'une expérience de l'injustice et l'installation d'inégalités. L'installation aux « marges » des filles est l'expression de leur exclusion dans les espaces centraux aux jeux collectifs masculins. Elle reconnait cependant que l'espace central est un enjeu de conflit entre garçons qui s'affrontent dans cette domination spatiale. L'expulsion des filles n'est pas toujours le fruit du refus des garçons : elles s'autocensurent (« je n'ai pas le droit de jouer »), comme s'il y avait des règles précises et des lieux à fréquenter ou non dans la cour de récréation.

- **Piste d'exploitation pédagogique**

Dans le cadre de l'enseignement de l'égalité filles-garçons, ce document peut être proposé aux élèves de cycle 3 (CM1 ou CM2). Le thème 1 du programme d'EMC « Le respect d'autrui » invite les élèves à appréhender la nécessité de respecter les différences et de combattre les préjugés et les stéréotypes. Ils peuvent, à partir de ce document analysé, comprendre les sentiments d'exclusion que les filles peuvent ressentir en jouant à part de la majorité des garçons. C'est aussi une manière d'apprendre ce qu'est le sexisme. L'élève doit être capable d'avoir conscience de sa responsabilité individuelle, une attitude et un langage adaptés dans le rapport aux autres, et de tenir compte du point de vue des autres. Toutes ces compétences ont pour principal objectif de réguler le comportement des élèves afin qu'ils puissent respecter les autres, leurs pairs et les adultes. Un questionnement progressif peut être envisagé avec une classe de cycle 3. La première question serait de leur faire comprendre le document et de le décrire (légende, répartition des filles et des garçons, schéma de la cour et des installations sportives ainsi que les toilettes ou le préau). Dans un second temps, on peut les questionner sur la composition de chaque groupe et sur les hypothèses de jeux et d'activités que les élèves sont en train de faire. Ensuite, on amène les élèves à identifier les espaces dans lesquels dominent les filles, les espaces dans lesquels dominent les garçons et les groupes mixtes. On peut alors leur demander de formuler des hypothèses pour expliquer pourquoi ils ne se mélangent pas. L'objectif principal est de leur montrer qu'il existe une répartition spontanée, genrée de l'espace récréatif sans qu'ils en aient vraiment conscience.

Enfin, on peut demander aux élèves quelles solutions on pourrait adopter pour qu'il n'y ait que des groupes mixtes. Cela aboutirait à un conseil d'élèves qui pourrait donner de nouvelles règles de fonctionnement des récréations (interdiction des jeux de ballon certains jours de la semaine, jeux de coopération à promouvoir, réoccupation de l'espace central de la cour…).

Définition

Sexisme : attitude de discrimination fondée sur le sexe.

2 Le respect de la personne et son intégrité

2 1. Intégrité de la personne

Dans la Charte des droits fondamentaux de l'Union européenne établie lors de la signature du traité de Nice du 7 décembre 2000, le chapitre 1, dédié à la dignité humaine « qui est inviolable » et « doit être respectée et protégée », précise dans l'article 3 le droit à l'intégrité de la personne qui ne peut être atteinte tant sur le plan physique que mental.

> Article 3 – Droit à l'intégrité de la personne
> 1. Toute personne a droit à son intégrité physique et mentale.
> 2. Dans le cadre de la médecine et de la biologie, doivent notamment être respectés : le consentement libre et éclairé de la personne concernée, selon les modalités définies par la loi, l'interdiction des pratiques eugéniques, notamment celles qui ont pour but la sélection des personnes, l'interdiction de faire du corps humain et de ses parties, en tant que tels, une source de profit, l'interdiction du clonage reproductif des êtres humains.
>
> Charte des droits fondamentaux de l'Union européenne, 7 décembre 2000.

2 2. Tolérance

Du latin *tolerantia* qui signifie « endurance », « patience » et même « résignation », l'étymologie du mot « tolérance » insiste sur l'idée qu'il faut supporter quelque chose ou quelqu'un. La tolérance pourrait donc être synonyme d'indulgence ou de compréhension.

La tolérance est une « qualité, une ouverture d'esprit, premier pas vers le respect de l'autre. [...] Notre bonne volonté dans le fait d'accepter l'autre tel qu'il est, de supporter, parfois à contrecœur, ce que nous ne comprenons pas forcément, ce qui pourrait nous surprendre voire nous déranger[22] ». Mais la tolérance est dépendante de notre volonté. Elle peut, au gré des expériences et des rencontres, ne plus être effective.

Lorsqu'on évoque des idées en matière de philosophie, de politique, de culture ou de religion, le concept de tolérance devient synonyme de respect des sentiments, des idées et des comportements différents des nôtres.

Mais il ne faut pas considérer que la tolérance soit synonyme du respect : ce dernier consiste à donner une valeur à l'autre pour ce qu'il est ou ce qu'il fait, alors que la tolérance est l'expression d'une bonne disposition à la différence et à l'étrangeté.

La tolérance suffit-elle à réguler les relations sociales ? Deux camps s'affrontent lorsqu'on se place dans le champ de la philosophie politique. Pour les partisans de la liberté, « la pluralité des visions du bien est irréductible. Dans ces conditions, si l'on peut exiger la tolérance, on ne peut exiger le respect. Demander à chacun l'adhésion à des valeurs communes risque d'entretenir précisément une intolérance réciproque là où la tolérance instaure une digue entre l'autre et moi, un espace sans valeurs qui rende possible la coexistence des valeurs entre elles[23] ». Pour les partisans de la République, la tolérance est l'équivalent de l'indifférence si elle n'est pas accompagnée du respect. Elle risque même de renforcer la différence.

Respect et tolérance peuvent être considérés comme complémentaires tout en restant des processus indépendants l'un de l'autre. On ne peut prendre en considération l'existence de l'intolérable : des situations ou des attitudes qui ne peuvent être acceptées au nom de la morale et du vivre ensemble. Ainsi, il faut évoquer l'idée de seuil de tolérance

22. Anne Lalanne, *op. cit.*, p.84.

23. Conférence de Paul-Loup Weil-Dubuc, chercheur au laboratoire d'excellence DISTALZ, mars 2016. www.espace-ethique.org/ressources/editorial/la-tolerance-suffit-elle

Voltaire et la tolérance Chapitre XXIII « Prière à Dieu »

François-Marie Arouet dit Voltaire (1694-1778), écrivain et philosophe des Lumières, prend fait et cause pour le père Jean Calas, protestant accusé à tort de la mort de son fils en 1761. Le suicide de ce dernier est suspect aux yeux des enquêteurs qui avaient entendu dire que le fils voulait se convertir au catholicisme. En mars 1762, Jean Calas est jugé coupable, condamné à mort (supplice de la roue). Le second fils du supplicié fait appel à Voltaire pour défendre la mémoire de son père. Le philosophe écrit alors son Traité sur la tolérance *(1763), véritable plaidoyer pour la fin de l'intolérance. Dans ce dernier chapitre, il s'adresse à Dieu pour qu'il mette fin à l'intolérance humaine.*

« Ce n'est plus aux hommes que je m'adresse ; c'est à toi, Dieu de tous les êtres, de tous les mondes et de tous les temps ; s'il est permis à de faibles créatures perdues dans l'immensité, et imperceptibles au reste de l'univers, d'oser te demander quelque chose, à toi qui as tout donné, à toi dont les décrets sont immuables comme éternels, daigne regarder en pitié les erreurs attachées à notre nature ; que ces erreurs fassent point nos calamités. Tu ne nous as point donné un cœur pour nous haïr, et des mains pour nous égorger ; fais que nous nous aidions mutuellement à supporter le fardeau d'une vie pénible et passagère ; que les petites différences entre les vêtements qui couvrent nos débiles corps, entre tous nos langages insuffisants, entre tous nos usages ridicules, entre toutes nos lois imparfaites, entre toutes nos opinions insensées, entre toutes nos conditions si disproportionnées à nos yeux, et si égales devant toi ; que toutes ces petites nuances qui distinguent les atomes appelés *hommes* ne soient pas des signaux de haine et de persécution. [...] Puissent tous les hommes se souvenir qu'ils sont frères ! Qu'ils aient en horreur la tyrannie exercée sur les âmes, comme ils ont en exécration le brigandage qui ravit par la force le fruit du travail et de l'industrie paisible ! Si les fléaux de la guerre sont inévitables, ne nous haïssons pas les uns les autres dans le sein de la paix, et employons l'instant de notre existence à bénir également en mille langages divers, depuis Siam jusqu'à la Californie, ta bonté qui nous a donné cet instant. »

Voltaire, *Traité sur la tolérance à l'occasion de la mort de Jean Calas* (1763),
Chapitre XXIII (extraits).

qui est variable selon les civilisations et les mœurs. « Il est du reste illusoire de penser que nous avons le choix entre la tolérance et l'intolérance ; nous avons toujours le choix entre deux tolérances en conflit ou entre deux intolérances en conflit. Tolérer certains comportements revient souvent à ne pas en tolérer d'autres. Tolérer sans bornes tout ce qui se dit et se fait (notamment les actes d'intolérance), c'est tolérer aussi des offenses, et donc des intolérances. C'est vider la tolérance de sa substance morale. »

2 3. Émotions et sentiments

D'après Bernard Rimé[24], le mot « émotion » a une histoire singulière. Au Grand Siècle, le terme est l'expression des manifestations collectives, des agitations populaires, voire de la sédition. L'auteur souligne d'ailleurs que le mot « émeute » est l'héritier de cette définition d'Ancien Régime. Ce n'est qu'au XIXe siècle, avec le dictionnaire *Larousse* (1870), que ce sens du mot « émotion » passe au second plan pour signifier, en premier lieu, un trouble d'ordre moral. Il se rapproche davantage de la passion, propre à Descartes.

Bernard Rimé définit l'émotion comme appartenant à un « ensemble de manifestations généralement identifiées comme états affectifs ».

24. Bernard Rimé « Chapitre 2. Qu'est-ce qu'une émotion ? », *Le partage social des émotions*, dir. Bernard Rimé, PUF, 2009, pp. 43-66.

L'émotion est l'expression de la « rupture de continuité dans l'interaction individu-milieu ». Cette dernière est aussi bien « manifeste pour l'observateur extérieur que pour l'individu qui en est le siège. [...] L'émotion se signale par des modifications brusques dans le rythme et l'allure des manifestations faciales, vocales, posturales et comportementales de la personne affectée ».

En 1986, le psychologue Klauss Scherer réalise avec son équipe une enquête internationale qui permet de mettre en évidence quatre grandes émotions que sont la joie, la tristesse, la colère et la peur qui sont définies de la manière suivante :
– La **joie** intervient dans des situations dans lesquelles les attentes de la personne ont été comblées : sur le plan corporel (plaisirs naturels), psychologique (succès), matériel (acquisition de biens), social (bonnes nouvelles).
– La **tristesse** est la fin d'un état de concorde et prend des formes diverses (difficultés relationnelles, divorce, décès) et l'émergence d'une condition indésirable (échec, maladie, par exemple).
– La **peur** est moins liée aux situations sociales : mise en péril de l'intégrité de la personne sur le plan psychique ou physique, dans des situations de trafic et de transport (agression, échec, maladie, action de forces extérieures...). Des périls indirects peuvent aussi être sources de peur (exposition à la mort, surnaturel, situation inconnue...).
– La **colère** est exprimée lors de situations de manquement lorsqu'on attendait quelque chose ou qu'on pensait mériter quelque chose.

Les **sentiments** font partie intégrante des émotions ; les uns découlent des autres selon Élise Dan Glauser[25]. Le sentiment est « un ressenti personnel et subjectif. [...] Nous considérons le sentiment subjectif comme l'émotion telle qu'elle est vécue par l'individu ; il s'agit de l'aspect conscient du processus émotionnel ».
La régulation des émotions est le cœur de nos enseignements notamment en cycle 1, afin de pouvoir faire comprendre aux élèves qu'ils sont une identité dans un groupe et qu'ils doivent apprendre à contrôler leurs émotions. Selon James Gross, la régulation émotionnelle est « le processus par lequel les individus influencent quelles émotions ils ont, quand ils les ont, et comment ils ressentent et expriment ces émotions [...]. Ces processus de régulation sont à la fois conscients et inconscients, automatiques et contrôlés, et peuvent servir à augmenter, diminuer ou maintenir l'intensité d'émotions positives ou négatives[26] ».

❷ 4. Les réseaux sociaux et le numérique

Depuis plus de vingt ans, la révolution Internet a bouleversé notre vie quotidienne, nos rapports au travail et dans notre sphère privée. De Facebook à Twitter, en passant par TikTok et Twitch, les enfants et les adolescents se sont aussi connectés pour échanger, jouer entre eux et avec le vaste monde de la toile. L'école n'est pas épargnée par cette généralisation numérique des moyens de communication et, assez rapidement, l'institution a voulu donner une charte de bonne conduite et raisonnée des réseaux sociaux. Au lieu de les rejeter en les condamnant, elle décide d'initier, de sensibiliser l'usage raisonné des réseaux sociaux à des fins éducatives et citoyennes. L'offre institutionnelle fournit des ressources en ligne pour enseigner et faire apprendre le numérique aux élèves. Une veille documentaire est aussi proposée aux acteurs du système éducatif : listes de diffusion (comme Edunum 1er degré)[27], réseaux sociaux (comme Viaeduc[28]), ressources disciplinaires accessibles sur des bases de données nationales (Edubases[29]). Enfin, un site est entièrement dédié aux usages du numérique à l'école primaire « Prim à bord[30] » pour proposer des ressources académiques mutualisées de la maternelle au CM2[31].

25. Élise Dan Glauser, « *Chapitre 7.* Le sentiment subjectif. Intégration et représentation centrale consciente des composantes émotionnelles », David Sander éd., *Traité de psychologie des émotions*. Dunod, 2014, pp. 234-268.

26. Korb, Sebastian. « *Chapitre 8.* La régulation des émotions », David Sander éd., *op. cit.*, pp. 270-299.

27. https://eduscol.education.fr/2472/lettres-edunum-thematiques-ressources-et-1er-degre

28. www.viaeduc.fr/login

29. https://eduscol.education.fr/162/edubase

30. https://primabord.eduscol.education.fr/

31. Des rubriques sont consacrées aux enseignements à distance, utiles pendant les périodes de confinement (2020 et 2021).

Depuis 2015, les programmes d'EMC ont intégré ces nouvelles modalités d'apprentissage et d'enseignement. En cycle 1, « l'enseignant sait utiliser les supports numériques qui [...] ont leur place à l'école maternelle à condition que les objectifs et leurs modalités d'usage soient mis au service d'une activité d'apprentissage[32] ». De même, le programme indique que les enfants doivent s'exercer à des transcriptions de mots, de phrases, de textes courts connus à leur saisie sur ordinateur et que du matériel numérique soit mis à leur disposition (ordinateur, imprimante, tablette numérique, stylets). En cycle 2, la charte d'usage du numérique fait partie intégrante de l'apprentissage des règles de vie de la classe et de l'école alors qu'en cycle 3, les élèves se familiarisent avec différentes sources documentaires et interrogent « l'origine et la pertinence de ces informations dans l'univers du numérique ». Il faut aussi qu'ils puissent « maitriser les techniques et la connaissance des outils numériques ». Les enseignants doivent « s'informer dans le monde du numérique [...] et accroître l'interactivité avec des outils tels les TNI, les tablettes ou même les smartphones ».

32. https://cache.media.eduscol.education.fr/file/A-Scolarite_obligatoire/24/3/Programme2020_cycle_1_comparatif_1313243.pdf

Au-delà de la demande ministérielle, c'est la question des usages pédagogiques du numérique qui est centrale dans les mises en situation d'apprentissage des élèves. Selon J. Le Marec[33], « la notion d'usage occupe une place très importante pour désigner les rapports, à la fois sociaux et techniques, qui s'établissent entre les individus ou groupes sociaux et les objets techniques ».

33. Joëlle Le Marec, *Usages de l'usage, figures de la médiatisation*, *in Sociologie de la communication*, volume 1, n° 1, 1997.

À travers les programmes d'EMC, cet usage est aussi un objet d'enseignement pour les élèves qui sont considérés comme des *digital natives*, enfants qui sont nés avec Internet. L'école doit les sensibiliser aux risques et aux dangers de la toile et de son usage. On peut regrouper ces dangers dans deux groupes principaux : les dangers liés à l'utilisation de l'outil numérique et ceux liés aux utilisateurs. Dans la première catégorie, il convient de rassembler la prolifération des spams (blocage de messages, pratique du phishing), des sollicitations sur des sites payants de jeux de hasard, de jeux en ligne pour lesquels la carte bleue est requise pour accéder ou progresser dans le jeu, des informations erronées ou partisanes qui sont accessibles sur des sites dédiés et d'une manière plus générale toute connexion sur le Dark net. La seconde catégorie est la rencontre sous couvert d'anonymat de prédateurs sexuels (pédophilie sur Internet), de cyber-criminalité pour des atteintes à l'intégrité physique ou à l'identité de la personne. Enfin, le cyber-harcèlement procède des deux catégories, utilisant le réseau social par des harceleurs identifiés, souvent proches de l'enfant victime de ce type de persécution. La prévention de ces dangers est orientée dans deux directions : une meilleure sensibilisation des parents – notamment à travers une campagne d'affichages et de ressources Internet – et un apprentissage à l'école pour adopter une attitude responsable – notamment à travers le B2i.

L'usage raisonné d'Internet et des réseaux sociaux à des fins éducatives est là pour contrer la vulnérabilité des élèves et améliorer leur bien-être dans un monde en perpétuelle évolution.

Définitions

Spam : (angliscisme) envoi d'un message publicitaire répété à de nombreux destinataires sans leur consentement.

Phishing : (angliscisme) envoi de messages électroniques pour récolter des données personnelles et les exploiter frauduleusement.

Dark net : partie du réseau Internet accessible par des logiciels qui rendent anonymes les données.

Document analysé et exploité

Source : www.fais-gaffe.fr

• Présentation et définition du document

La prévention des dangers sur Internet date des années 2000. Le réseau Canopé offre une série de ressources en ligne afin de s'informer et de prévenir de ces dangers. En 2011, une fiche à destination des enseignants documentalistes[34] fait le point sur les déviances liées à l'usage d'Internet et des réseaux sociaux et propose un usage raisonné et éducatif de ces derniers : « Facebook pour transmettre l'histoire et la mémoire », « Twitter pour décrypter un fait d'actualité ». La page « fais-gaffe.fr » publie la liste des principaux dangers des réseaux sociaux : la cyber-intimidation, la cyberdépendance (ou cyberaddiction), l'abus sexuel ou le vol de l'identité numérique. C'est donc dans ce contexte de prise de conscience que le site « fais gaffe.fr » voit le jour en 2014, partant du constat que l'usage d'Internet est mal maitrisé dans le milieu familial, surtout lors des jeunes années des élèves[35]. Sans chercher à faire culpabiliser les parents, l'affiche interactive permet aux enfants de découvrir pour chaque item inventorié leurs conséquences positives (vert) ou négatives (rouge). Il suffit de passer la souris sur l'item pour que le texte préventif apparaisse. Dix thèmes sont abordés pour naviguer entre les avantages et les dangers de la toile. Des conseils, des astuces et des informations sont données à chaque occasion. Le but de ce site et de l'affiche est d'amener les élèves à réfléchir sur les usages d'Internet. L'importante interactivité de l'affiche en ligne permet aux élèves de trouver la signification d'un terme spécifique (comme par exemple

34. www.reseau-canope.fr/savoirscdi/cdi-outil-pedagogique/reflexion/les-reseaux-sociaux-au-cdi/les-dangers-des-reseaux-sociaux-et-du-web-en-general.html

35. Il s'agit ici d'une capture d'écran de l'affiche visible sur le site référencé.

«messagerie instantanée») et de cliquer sur des liens pour écouter de la musique ou une référence sitographique afin de vérifier la véracité d'une information. En bas de page, la référence à un réseau social (Facebook) invitant à rejoindre cette communauté prouve aussi qu'il ne s'agit pas que de prévenir des dangers, mais bien de montrer l'utilité et la richesse des nouvelles technologies.

• Analyse du document en lien avec le thème 1

Deux colonnes de couleur différente permettent de lister les avantages (vert) et les inconvénients, les dangers (rouge) d'Internet. La première colonne place l'enfant-usager en position de responsabilité avec des verbes d'action («crée», «joue», «découvre», «partage»...) et des gestes qui contribuent à développer la solidarité et l'entraide entre pairs (passions partagées, en contact avec ses amis), le développement personnel de l'enfant (information, apprentissage, découverte du monde) et la curiosité (comparer les prix, découvrir des tonnes d'informations, regarder des vidéos). La seconde colonne est, en négatif, ce qu'il faut absolument éviter. Les formes verbales sont presque toutes négatives («refuser», «ne pas mettre», «ne pas accepter», «ne pas acheter», «ne pas croire»...) mais ne restent pas seulement dans l'interdiction : elles donnent aussi des conseils (en parler à un adulte, protéger ses mots de passe et nettoyer son ordinateur). C'est pourquoi cette affiche est recommandée pour faire comprendre et apprendre aux élèves, sans provoquer leur opposition, les usages d'Internet et des réseaux sociaux.

• Piste d'exploitation pédagogique

L'accessibilité et la simplicité de lecture de ce document sont primordiaux : choix binaire des couleurs rappelant le feu tricolore (vert je passe, rouge je m'arrête), utilisation des verbes d'action et de la négation... On peut alors demander aux élèves, dans un premier temps, d'observer ces couleurs, d'en donner la signification par rapport au titre «fais gaffe». On leur fera relever les verbes et les formes négatives pour qu'ils comprennent que le message principal n'est pas d'interdire, mais de sensibiliser (avantages/inconvénients). On leur demandera ensuite ce qu'on entend par «s'éclater» et «protéger» (les deux verbes principaux qui résument le message de l'affiche). On leur fera aussi décrire et comprendre le sens du dessin de la partie supérieure du document (garçon et fille devant l'ordinateur) : égalité fille-garçon (les dangers guettent tout le monde), le tee-shirt à rayures vertes du garçon, celui à rayures rouges de la fille... Les sourires des enfants aident à dédramatiser le message : c'est un sujet grave, mais si on maitrise bien Internet, il devient un outil de plaisir et de partage. Cela serait, dans le questionnement adressé aux élèves, la principale information par laquelle devrait se conclure la séance.

En savoir plus sur les programmes de collège

hatier-clic.fr/crpe23hgemc

TEST D'AUTO-ÉVALUATION 13

Corrigé p. 237

1 À quel mot associe-t-on facilement le « respect » ?

a. Déférence

b. Pudeur

c. Dignité

2 Quelle est la définition de la politesse ?

a. Ensemble de normes morales et religieuses qui induisent le comportement de l'individu

b. Ensemble de préceptes religieux qui permettent la soumission de l'individu aux attentes sociales

c. Ensemble de codes de langages et d'attitude qui facilitent les relations avec autrui

3 Classer dans l'ordre croissant sur l'échelle des valeurs les mots suivants.

a. stéréotype – b. inégalité – c. différence – d. préjugé – e. dissimilitude – f. caricature

4 À l'aide des mots-clés, compléter le texte suivant qui répond à la question : « Peut-on parler d'une autorité du maitre envers ses élèves ? Pourquoi ? »

Mots-clés : – dévolution acceptée – autorité institutionnelle – soumission intellectuelle – l'égal – autorité du maitre

« Oui on peut parler d'une ...., qui n'est pas une .... de la part des élèves, mais une .... de l'autorité de l'adulte. L'élève ne peut être .... de l'enseignant et ne peut remettre en cause son .... »

5 Relier les situations décrites ci-dessous aux notions d'inégalité et de discrimination correspondantes.

Inégalité •	• Situation de fait, liée à la personne selon son âge, sa maladie ou son handicap ou selon des facteurs exogènes souvent sociétaux.
Discrimination •	• Situation qui résulte d'un acte délibéré dans laquelle la victime est placée en position d'infériorité

6 Relier chaque évènement de la lutte contre les discriminations à la date qui lui correspond.

1983 •	• Création de la HALDE (Haute Autorité pour la lutte contre les discriminations et l'égalité)
2004 •	• Loi sur le harcèlement sexuel
2005 •	• Loi Roudy sur l'égalité homme-femme
2012 •	• Loi sur les travailleurs handicapés
2016 •	• Loi sur la précarité sociale

EMC

7 Dire de quel type de discrimination relèvent les cas suivants.

- Un homme de 60 ans et demi est mis au chômage alors qu'il lui reste deux ans de travail parce que le directeur préfère employer un jeune afin de lutter contre l'inemploi des jeunes.

→ ....

- Une femme, venant de rentrer de congé parental, est licenciée parce qu'il y a une baisse d'activités au sein de son entreprise.

→ ....

- Une assistante de vie scolaire est renvoyée parce qu'elle a laissé sur les réseaux sociaux des commentaires sur son orientation sexuelle et ses opinions politiques.

→ ....

- Un étudiant ne parvient pas à obtenir la location d'un appartement parce qu'il porte un nom à consonance étrangère.

→ ....

- Des réfugiés font l'objet de moqueries et de brimades sur les réseaux sociaux.

→ ....

- Une famille monoparentale est isolée au sein de son entourage parce qu'elle élève seule ses trois enfants.

→ ....

- À la boulangerie du coin, on refuse de servir un client dont on ne comprend aucun mot prononcé.

→ ....

8 L'égalité fille-garçon : vrai ou faux ?

- Depuis 1975 et la réforme Haby, le principe égalitaire de l'enseignement mixte est affirmé par la loi.
- En 2008, les parlementaires adoptent le principe intangible de la mixité à l'école.
- Selon le rapport 2021 de la DEPP sur l'égalité filles-garçons, La maitrise de la langue française est assurée par 61 % des garçons contre 55 % des filles.
- Les filles réussissent mieux en mathématiques qu'en français.
- 71 % des filles au lycée s'orientent vers des voies générales ou technologiques contre 57% des garçons.
- Les filles se sentent plus touchées par les remarques sexistes et les violences à caractère sexuel que les garçons.

THÈME 2

Acquérir et partager les valeurs de la République

Le deuxième thème du programme d'EMC a pour objectif de placer l'élève dans la position d'un apprenti-citoyen, conscient que, s'il dispose de droits et devoirs, il ne peut s'affranchir d'un engagement dans la société. Même si, parce qu'il est encore jeune, il n'exerce pas sa pleine citoyenneté, il doit comprendre que les enfants sont protégés et ont aussi des droits. La Convention internationale des droits de l'enfant (1989) est là pour le leur signifier. L'apprentissage des valeurs de la République, au centre de laquelle sont placées la liberté, l'égalité, la fraternité et la laïcité, constitue la seconde partie de ce thème. Au-delà d'une simple récitation de ces valeurs, il est attendu que chacune et chacun saisisse le sens de ce qui fait de la communauté une nation unie et solidaire. Enseigner les institutions de notre République ne doit pas viser la pure érudition scolaire, mais bien faire comprendre comment l'idée de démocratie est liée à nos institutions. Chacun est libre, dans le cadre des lois républicaines, de s'exprimer, de penser, de militer, de contester, de manifester. Ce thème 2 est donc une sorte de première approche de la vie citoyenne de l'élève.

Notions fondamentales

- Droits ; règles ; valeurs ; démocratie ; universalité ; liberté individuelle ; égalité en droit ; fraternité ; idéal de cohésion sociale ; solidarité ; collectivité ; règlement intérieur ; les codes (route, civil, pénal) ; citoyenneté ; institutions ; Cinquième République.

1 Comprendre la vie collective et le respect des règles

1 1. Les droits et devoirs comme règles de vie de la communauté (classe, école, société)

Pour mieux comprendre l'origine de la déclinaison des droits et des devoirs en milieu scolaire, il est intéressant de se pencher sur les concepts philosophiques de droit et devoir.

Le **droit** est théorisé par le philosophe anglais Hobbes (1588-1679) dans son célèbre ouvrage *Léviathan*[1]. Selon lui, à l'état de nature, l'Homme dispose d'un droit naturel qu'il définit comme « la liberté qu'a chacun d'user comme il le veut de son pouvoir propre, pour la préservation de sa propre nature, autrement dit de sa vie, et en conséquence de faire tout ce qu'il considèrera selon son jugement et sa raison propres, comme le moyen le plus adapté à cette fin ». Selon sa formule célèbre, « l'Homme est un loup pour l'homme ». Les Hommes ne peuvent donc pas rester à l'état de nature et cherchent même plutôt à y échapper. Un pacte social s'impose dans lequel le pouvoir de veiller à la sureté du peuple revient à un souverain (monarque ou assemblée). Et si seul le souverain a le pouvoir de limiter les droits de ses sujets, chaque Homme conserve des droits inaliénables.

1. Thomas Hobbes *Léviathan*, 1651.

EMC

Le **devoir** est un objet d'étude en lien avec la morale chez le philosophe E. Kant (1724-1804). Pour lui, l'acte moral est un « impératif catégorique » : c'est un devoir d'agir moralement, c'est aussi ce qui garantit la valeur humaine de l'individu par rapport au règne animal. Bien sûr, les Hommes peuvent également agir de manière intéressée (comme faire quelque chose pour obtenir une récompense, par exemple). Dans ce cas, on parle d'impératif hypothétique (j'aurai mon examen, si je révise beaucoup). Si l'action n'est pas désintéressée, elle sort du cadre moral. Dans *Critique de la raison pratique*[2], Kant va plus loin en assurant que les droits dans une société sont intimement liés aux devoirs, fondement même de l'égalité entre tous.

Définition

Acte moral : s'entend ici comme une action ou une règle de conduite qui vise le bien collectif.

2. E. Kant, *Critique de la raison pratique*, 1788.

Les impératifs catégoriques de Kant

« Agis de telle sorte que la maxime de ton action puisse être érigée par ta volonté en une loi universelle ; agis de telle sorte que tu traites toujours l'humanité en toi-même et en autrui comme une fin et jamais comme un moyen ; agis comme si tu étais à la fois législateur et sujet dans la république des volontés libres et raisonnables. »

Kant, *Critique de la raison pratique*, 1788.

Les concepts de droit et de devoir constituent un des fondements de toute communauté à laquelle n'échappe pas la classe. Si les deux sont garantis, il ne peut qu'y avoir une égalité de toutes et de tous.

Différents travaux de pédopsychiatres et de pédagogues ont questionné le rapport entre l'enfant dans son métier d'élève et le cadre structurant de l'école, ses règles et son fonctionnement. Dès 1932, Jean Piaget distingue la période du « réalisme moral » dans le développement de l'enfant, qu'il situe autour de 7-9 ans. À cet âge, le jeune être prend conscience que la désobéissance amène une sanction, alors que l'acte involontaire est moins répréhensible. À partir de 9 ans, l'enfant devient plus autonome et coopère davantage avec les autres. L'élève doit donc apprendre, progressivement, à construire son rapport à la règle commune, passant de la soumission à l'obéissance.

Le jeune enfant reçoit la règle comme un rapport de force dans lequel il est soumis à la volonté des adultes (parents, parentèle puis agents extérieurs comme l'assistante maternelle, l'enseignant, l'ATSEM). C'est ce qu'Anne Lalanne appelle « l'expression arbitraire du plus fort[3] ». Elle ajoute que le rapport du jeune enfant à la loi contraignante est hétéronomique, parce qu'elle lui est imposée et limite son désir personnel : « La règle est interprétée à la marge et toute transgression représente l'écart entre ce qui est demandé et ce qui est fait : ce qui compte est la conformité à la règle, non l'intention de l'action. » D'où la nécessité de la sanction, sans quoi le jeune enfant ne perçoit pas la transgression à la règle.

3. Anne Lalanne, *L'Enseignement moral et civique : une pratique de classe*, L'Harmattan, 2020.

Définition

Hétéronomie : état de la volonté qui puise le principe de son action hors d'elle-même : dans les règles sociales, les influences.

Le psychologue Lawrence Kohlberg poursuit les travaux de Piaget : selon lui, la période de la préadolescence (8-13 ans) est une période de « morale conventionnelle » alors que l'adolescence devient « post-conventionnelle », étape terminale dans laquelle les enfants ont accepté les règles et les ont intégrées.

Le tableau suivant résume les six stades du développement moral chez l'individu :

Étape 1 : moralité préconventionnelle (prémoralité)	Perception des règles limitée par un comportement égocentrique. Règles extérieures à l'enfant : punition ou récompense.
	Stade 1 : évitement de la sanction. Enfant centré sur les conséquences directes de ses actions.
	Stade 2 : intérêt personnel. Récompenses et ses avantages malgré attitude toujours égocentrique.
Étape 2 : moralité conventionnelle	Acceptation des conventions de la société (distinction bien et mal).
	Stade 3 : maintien des bonnes relations, l'individu accepte ou refuse les règles. L'individu évalue la moralité d'une action et ses conséquences.
	Stade 4 : respect de la loi et des conventions sociales. Violer la loi est répréhensible.
Étape 3 : moralité post-conventionnelle	Seulement 25 % des adultes atteignent cette étape. Désobéissance aux règles non compatibles avec leurs propres principes.
	Stade 5 : la loi est considérée comme un contrat social et peut être remise en cause si elle ne produit pas le bien-être collectif attendu.
	Stade 6 : la loi n'est valable que si elle est fondée sur la justice. L'individu agit parce que c'est juste, dans son intérêt propre. (13 % des adultes seulement)

Source : www.psychomedia.qc.ca

La classification de Kolhberg est critiquée par la suite par la psychologue Carol Giligan qui trouve que la justice n'est pas le seul moteur des actions des individus. La recherche du bien-être doit être aussi prise en compte.

Les programmes de l'école maternelle et élémentaire prennent en compte ces différentes étapes du développement de l'enfant. En cycle 1, l'expérimentation des règles de la vie collective doit être régulière et récurrente afin que l'enfant accepte ce cadre qui contraint sa liberté individuelle. En cycle 2 et cycle 3, il faut que les élèves intègrent la règle en la comprenant de façon consciente et volontaire. Il faut savoir distinguer ce qui est autorisé de ce qui ne l'est pas dans un espace donné : on ne parle pas fort dans une salle de classe ni dans une chambre d'hôpital ou dans une bibliothèque, par exemple. Anne Lalanne conclut : « Les règles de la vie collective, en même temps qu'elles délimitent un cadre, autorisent et protègent à l'intérieur même de ce cadre. Elles constituent la condition de possibilité d'un *modus vivendi*, fondé sur le respect de chacun et impliquant un principe de réciprocité qui relie les droits des uns avec les devoirs des autres. » Le dilemme entre la liberté personnelle d'agir (ensemble des droits de l'individu) et les règles de la collectivité (devoirs vis-à-vis de la communauté) est la base sur laquelle les enseignants doivent s'appuyer pour proposer des séances d'apprentissage de la citoyenneté aux élèves.

Les élèves doivent prendre connaissance des règles (Domaine 3 du socle commun) et des textes fondamentaux (Déclaration des droits de l'Homme et du Citoyen 1789, Déclaration universelle des droits de l'Homme 1948, Déclaration universelle des droits de l'enfant 1989, etc.). Les règles doivent être partagées et admises par toutes et tous. Pour le cycle 3, les élèves doivent rédiger le règlement de la classe et comprendre que la dimension scolaire est transposable à la société et au monde qui les entourent.

4. Anne Lalanne, *op. cit.* p. 37.

Les droits et devoirs civiques

Droits
Droits-libertés : liberté d'expression, d'opinion, de réunion, d'association (individuels et collectifs)
Droits-créances : droit à l'instruction, à la santé, au travail, à la protection sociale, droit syndical L'État garantit ces droits qui ont un cout pour l'individu.
Droits environnementaux (2004) : droit à la qualité de vie, à l'environnement, à la santé et garantir l'avenir ; droit des générations futures
Droits de la citoyenneté européenne[5] : droit de circuler librement, de travailler et d'étudier dans l'Union européenne, droit de vote et éligibilité aux élections locales du pays de résidence, droit d'initiative citoyenne (droit de pétition en direction de la Commission européenne), protection diplomatique et consulaire, droit de saisir le médiateur européen
Devoirs
Obligation juridique et morale (Charte des droits et des devoirs du citoyen français 2012)
Respecter les autres : vie privée, liberté d'expression, égalité des opinions
Expression de civilité : civisme, politesse, solidarité
Respecter la loi : faute et infraction en cas de non-respect mais aussi devoir de résistance à l'oppression (loi injuste)
Solidarité fiscale : contribution à la vie de la nation
Participer à la défense du pays (*Journée du Citoyen* 2010)

5. Charte des droits fondamentaux du 7 décembre 2000.

❶ 2. La Convention internationale des droits de l'enfant (1989)

Les enfants ont des droits fondamentaux qui sont destinés à les protéger. Nous les retrouvons définis dans la Convention internationale des droits de l'enfant (CIDE) adoptée en 1989. Il est de la responsabilité de l'école d'amener les élèves à connaitre leurs droits, ce qui doit être fait lors de séances en enseignement moral et civique.

Programmes de 2018

« Les valeurs, principes et symboles de la République française sont enseignés tout au long du cycle : les élèves doivent aborder régulièrement ces notions afin d'accéder à une première connaissance des cadres d'une société démocratique, fondée sur les droits de l'Homme, du Citoyen et de l'enfant. Les élèves devront donc avoir abordé à la fin du cycle 2 la Convention internationale des droits de l'enfant et la Déclaration des droits de l'Homme et du Citoyen de 1789. »

La prise de conscience de la nécessité d'édicter des droits spécifiques aux enfants est tardive. Il faut attendre 1924 pour voir apparaitre cette notion ainsi que la responsabilité des adultes à leur égard, dans la Déclaration de Genève des droits de l'enfant, signée par les pays membres de la SDN, ancêtre de l'ONU. Elle affirme que « l'humanité doit donner à l'enfant ce qu'elle a de meilleur ». C'est le premier texte énonçant des droits fondamentaux pour les enfants.

La fin de la Seconde Guerre mondiale marque un tournant dans la conquête de ces nouveaux droits. Face aux pertes humaines effroyables dont ont été aussi victimes les enfants, la création de l'Organisation des Nations unies (ONU) reprend la Déclaration de 1924 afin de corriger ses insuffisances. Plusieurs chartes relatives à l'enfance vont voir le jour. Elles visent à améliorer le sort des « victimes les plus pitoyables et les plus tragiques de la guerre[6] ». Le 20 novembre 1959, l'ONU adopte une Déclaration des droits de l'enfant qui permet une véritable reconnaissance des besoins spécifiques des plus

6. Z. Moody, « La Fabrication internationale des droits de l'enfant », *Relations internationales*, n° 161, 2015.

jeunes : « L'enfant est reconnu, universellement, comme un être humain qui doit pouvoir se développer physiquement, intellectuellement, socialement, moralement, spirituellement, dans la liberté et la dignité[7] ». Mais ce texte n'est pas contraignant pour les États signataires. Pour chercher à apporter une protection efficace aux enfants, la Pologne présente un projet de convention à l'ONU en 1978. Dix ans d'attente supplémentaires sont nécessaires pour que la simple intention de 1959 devienne une véritable convention, soit un « texte ayant force de loi et constituant une référence obligée pour tous les pays qui y adhèrent[8] ».

La Convention internationale des droits de l'enfant (CIDE) est donc adoptée par l'Organisation des Nations unies le 20 novembre 1989, date d'anniversaire de la Déclaration de 1959. Elle est ratifiée par la France le 7 aout 1990.

La CIDE oblige les États à en respecter les 54 articles protégeant tous les enfants âgés de moins de 18 ans en leur accordant des droits immuables. Ce sont les premiers textes internationaux juridiquement contraignants et imposant des obligations aux pays l'ayant ratifié. Ils sont tenus à respecter, faire respecter et encourager ces droits des plus fragiles.

Pour surveiller la bonne mise en œuvre de la CIDE par les États signataires, il est créé le Comité des droits de l'enfant. Les États doivent rendre des rapports réguliers sur la situation dans leur pays. Cette instance examine, en parallèle, les rapports transmis par les ONG travaillant dans le pays sur les conditions de vie et de développement des enfants.

Pour l'UNICEF, qui est une agence de l'ONU consacrée à l'amélioration et à la promotion de la condition des enfants, c'est le premier instrument juridique international ayant force de loi qui reconnait à l'enfant des droits civils, culturels, économiques, politiques et sociaux.

De ces 54 articles de la CIDE, l'UNICEF retient quatre principes fondamentaux :
– L'intérêt de l'enfant doit primer dans toutes les décisions le concernant.
– Tous les enfants sont égaux, aucun enfant ne doit être discriminé quels que soient son genre, son origine sociale réelle ou supposée, son handicap, sa religion et tout autre prétexte pouvant être énoncé pour justifier une quelconque inégalité.
– Tout enfant a le droit à la vie et au développement : les enfants doivent être protégés et pouvoir accéder à l'éducation.
– L'avis de l'enfant doit être pris en compte dans chacune des décisions le concernant. Son avis compte, quel que soit son âge.

L'éducation est au cœur des droits des enfants et des devoirs que doivent mettre en place les États pour tenir leur engagement.

Chaque année, le 20 novembre, le ministère de l'Éducation nationale propose de participer à la Journée internationale des droits de l'enfant en mettant en ligne des ressources et des outils pour l'enseignement. Une page du site Internet du ministère (www.eduscol.education.fr) est dédiée à cet effet.

7. Jean Le Gal, *Les Droits de l'enfant à l'école*, De Boeck, 2008.

8. Philippe Meirieu, « Le pédagogue et les droits de l'enfant : Histoire d'un malentendu ? », *Journal du droit des jeunes*, n° 214, 2002.

Document analysé et exploité

https://my.unicef.fr

- **Présentation et définition du document**

À l'occasion des trente ans de la CIDE en 2019, des ressources en ligne sont disponibles sur le site unicef.fr pour les enseignants et leur classe. Ce dépliant fait partie de ces outils mis à disposition. Ce site propose des rubriques à destination des élèves en autonomie numérique («m'amuser», «m'informer», «m'engager») et pour les enseignants («enseigner», «animer»). Ce document est le résumé d'une exposition virtuelle, accessible et téléchargeable sur le site de l'Unicef. En huit panneaux, il expose les principaux droits des enfants ainsi que les références aux articles de la CIDE de 1989.

- **Analyse du document en lien avec le thème 2**

La mise en page (portraits de nourrissons ou d'enfants en action, le choix des couleurs vives) est réalisée pour attirer l'œil et l'intérêt des élèves. Les sourires des enfants rappellent aussi que ces droits sont garantis pour le bien-être de chacune et de chacun dans toutes les parties du monde. Le message universel est aussi visible dans la diversité ethnique des enfants qui représentent différents continents et différents modes de vie. Les titres de chaque panneau concernent plusieurs types de droits: droit de la personne et le respect de son intégrité (santé, identité, sécurité), accès au bien-être et développement personnel (eau, école) et accès à un environnement favorable à leur épanouissement (terre préservée, monde plus juste). Les pictogrammes utilisés pour chaque vignette résument le message principal de chaque item alors que le texte en dessous est une citation de la CIDE. La référence aux articles permet une lecture simplifiée mais non simpliste de la Convention. Cette mise à disposition d'un texte qui peut être jugé difficile à appréhender pour des élèves fait tout l'intérêt de ce document pour la classe.

- **Piste d'exploitation pédagogique**

À partir d'un travail en ilot (en binôme par exemple), il est possible de donner à chaque groupe un item et de leur fournir une grille de lecture: quel texte? quel message? quel droit de l'enfant est garanti? quelle image est utilisée? quelle couleur? Lors de la phase d'institutionnalisation, on peut proposer de créer un poster dans lequel chaque groupe positionnerait son item, ses références à la Convention et trouverait un exemple concret de situation vécue par des enfants dans le monde. Une recherche préalable sur Internet serait nécessaire pour que chaque groupe trouve un exemple significatif et qui illustre l'item. L'enseignant apporterait alors la validation de l'exemple choisi.

2 Les valeurs, les principes et les symboles de la République française

2 1. Les symboles de la République

Le thème 3 du programme d'histoire de la classe de CM1 consacré à l'époque révolutionnaire française[9] permet de contextualiser les conditions de la naissance de ces symboles. L'article 2 de la Constitution de 1958 définit trois principaux symboles de la République française: le drapeau tricolore, l'hymne national et la devise « Liberté, Égalité, Fraternité ». Mais la liste est plus longue si l'on en croit le site Internet de l'Élysée. La présidence de la République évoque huit symboles de notre nation. Outre les trois premiers, il faut ajouter Marianne, le 14 juillet, le coq, le faisceau de licteur et le sceau.

9. Voir Partie 2, Histoire, Thème 3, p. 58.

- **Le drapeau tricolore**

Il est l'emblème de la France. Son origine puise dans divers évènements de la Révolution française. L'épisode de l'Hôtel de Ville de Paris est le plus fameux : le général Lafayette offre à Louis XVI le 17 juillet 1789 une cocarde tricolore : le blanc de la royauté et le rouge et le bleu de la ville de Paris, comme si le peuple parisien se réconciliait avec sa monarchie. Même si d'autres explications des couleurs existent, celle-ci traverse les décennies parce qu'elle est le symbole d'une unité nationale retrouvée. En 1790, l'Assemblée nationale adopte la répartition verticale des trois couleurs sur ses vaisseaux pour se distinguer des trois mêmes couleurs du pavillon néerlandais. Le 27 pluviôse an II, la Convention définit la position des trois bandes de couleur (du bleu à la gaule du pavillon jusqu'au rouge flottant dans les airs).

Avec le retour des monarques en 1814-1815, le drapeau blanc de la monarchie supplante le drapeau tricolore jusqu'à la Révolution des Trois Glorieuses en 1830. Louis-Philippe, roi des Français, reprend ce symbole d'une France unie autour de son drapeau national. En 1848, comme lors de la Commune de 1871, les partisans d'une république sociale voire communiste préfèrent le rouge de la révolution, mais les républicains, comme Lamartine, parviennent à imposer le tricolore aux nouveaux régimes républicains. La crise de 1873 dite du « drapeau blanc » est l'ultime soubresaut de ce siècle tumultueux : le prétendant Bourbon, alors que les députés monarchistes lui proposent de monter sur le trône de ses ancêtres, refuse tant qu'ils n'adoptent pas le drapeau blanc comme symbole national. Après cette dernière crispation, le drapeau tricolore devient définitivement l'emblème de la France, présent aussi bien lors d'évènements historiques comme la Libération de la France en 1944 que lors de victoires sportives nationales, comme celles des Bleus à la Coupe du monde de football en 1998 et 2018.

- **La devise « Liberté, Égalité, Fraternité »**

L'assemblage de ces trois valeurs s'impose également à l'époque révolutionnaire, mais prend son origine dans le siècle des Lumières. L'association Liberté-Égalité s'impose peu à peu dans les écrits de Fénelon ou de John Locke à la fin du XVIIe siècle, mais c'est le chevalier de Jaucourt qui institutionnalise la formule dans son article « Égalité naturelle », rédigé pour l'Encyclopédie en 1750 : « cette égalité [naturelle] est le principe et le fondement de la liberté ». Robespierre semblerait avoir la paternité du triptyque puisqu'il demande, dans un discours de décembre 1790, à ce que les gardes nationales portent ostensiblement « Liberté, Égalité, Fraternité » sur leurs uniformes et sur leurs drapeaux. Même si le projet n'est pas adopté, l'idée fait son chemin, notamment parmi les Parisiens puis les habitants des autres villes, qui, affichant leur soutien à la politique de Terreur du gouvernement, inscrivent sur la façade de leur maison : « Unité, indivisibilité de la République, liberté, fraternité, égalité ou la mort ».

Unité indivisibilité de la République, estampe, Bibliothèque nationale de France.

Si la devise tombe en désuétude pendant l'Empire et les monarchies censitaires (1799-1848), elle refait surface à l'occasion de la ferveur des journées de février 1848, qui associent les prêtres célébrant le Christ-Roi et bénissant les arbres de la liberté. La devise apparait dans le préambule de la Constitution de la Seconde République. Napoléon III la rejette pendant les dix-huit ans de son règne, mais les républicains la reprennent sous la Troisième République, même si certains préfèrent la solidarité à l'égalité et si d'autres critiquent la connotation religieuse de la fraternité. Depuis 1880, la devise est ainsi visible sur les frontons des édifices publics. Elle est inscrite dans les constitutions des deux dernières républiques.

- **L'hymne national**

La Marseillaise est écrite par Rouget de Lisle dans la nuit du 25 au 26 avril 1792, alors que la France vient de rentrer en guerre contre l'Autriche. *Le Chant de guerre pour l'armée du Rhin* – tel est le titre originel – est rapidement adopté par les fédérés de Marseille qui ont participé à la prise des Tuileries lors de la journée révolutionnaire du 10 aout 1792. Son succès est tel que la Convention l'adopte comme chant national en 1795. Les régimes impériaux et monarchistes de la première moitié du XIXe siècle l'interdisent, alors que Berlioz, à l'occasion de la Révolution de 1830, lui offre une nouvelle orchestration. Napoléon III suit le même chemin que son oncle en prohibant ce chant révolutionnaire, et il faut attendre 1879 pour que *La Marseillaise* devienne l'hymne officiel de la France. Les cendres de Rouget de Lisle sont transférées au Panthéon en 1915 au son de la mélodie qu'il a composée cent ans plus tôt. En 1944, le ministère de l'Éducation nationale du gouvernement provisoire préconise l'enseignement de l'hymne national dans les classes libérées de l'occupant allemand. Depuis 1985, elle est mentionnée dans les programmes scolaires. Chaque ministre tient à cet apprentissage qui doit sceller un peu plus le sentiment que chacun appartient à la nation unie. En 2001 et 2002, à l'occasion de matchs de football, des supporters huent *La Marseillaise* provoquant la colère du président de la République, Jacques Chirac, présent à l'une des compétitions. Un amendement voté en 2003 considère le fait de siffler à l'encontre de l'hymne comme un outrage, et les resquilleurs encourent une amende de 7 500 € et six mois d'emprisonnement. Pourtant, les débats sont toujours vifs autour, non pas de l'hymne, mais des paroles violentes qu'il véhicule. D'aucuns trouvent aussi que ces mots sont parfois inintelligibles pour des enfants.

- **Marianne**

L'origine de cette allégorie féminine de la nation française est assez floue et les historiens ne sont pas tous d'accord. Ce qui est sûr, c'est que le prénom Marianne est très répandu en France à la fin du XVIIIe siècle et que le bonnet phrygien dont l'affublent la plupart des sculpteurs et des artistes rappelle l'affranchissement des esclaves de l'Antiquité gréco-romaine. Les révolutionnaires du sud de la France le portent d'ailleurs souvent pendant les épisodes troubles de la période. Sa figure, pendant les régimes non républicains, est effacée par le culte du souverain (empereur ou roi) et ne réapparait qu'au début de la Troisième République, surtout à partir de 1880 lorsque les républicains sont réellement au pouvoir.

Elle est représentée de différentes manières (buste, statue, peinture, gravure) et dans toutes les attitudes : tantôt apaisante et unificatrice, tantôt combative et guerrière. Elle est aussi moquée par ses détracteurs, tantôt comme une mégère impolie et outrancière, tantôt comme une gueuse[10]. Depuis les années 1960, Marianne devient plus populaire

10. Femme pauvre. Sobriquet donné par les partisans de l'Action Française, monarchistes convaincus à la fin du XIXe siècle.

EMC

quand des actrices ou des chanteuses françaises lui prêtent leurs traits (Brigitte Bardot, Catherine Deneuve, Mireille Mathieu, Laetitia Casta). Depuis 1944, Marianne figure sur les timbres.

• La fête nationale : le 14 juillet

Parmi toutes les dates qui pouvaient faire l'objet d'une fête nationale, le 14 juillet ne s'est pas imposé comme une évidence en 1880, lorsque les députés débattaient de ce choix national. Ancrée dans les épisodes révolutionnaires, la date est double. En effet, le 14 juillet 1789, les Parisiens prennent et font tomber la Bastille et, le 14 juillet 1790, les mêmes, avec le Roi et sa famille, se réunissent au Champ de Mars pour célébrer la fédération nationale. D'autres dates auraient pu figurer en bonne position pour devenir le jour de la fête nationale, mais elles n'ont pas fait consensus. Le 29 juillet 1830 était un jour de libération de la tyrannie monarchique (abdication de Charles X), mais pour mieux célébrer un autre souverain. Le 24 février 1848, date de la proclamation de la Seconde République, était un jour plus « républicain », mais trop socialiste pour les députés conservateurs. Le 20 juin 1789, date du Serment du Jeu de Paume, avait la faveur d'une partie d'entre eux, car ce Serment montrait des députés voulant ne pas se séparer pour donner une constitution au royaume, mais ce n'était pas encore assez républicain. Ainsi, le 14 juillet s'impose et Raspail, le député de Paris, en fait la proposition en mai 1880 : il est vrai que le 14 juillet 1789, le peuple – même s'il n'est que parisien – devient le propre acteur de son histoire, et la Bastille représente l'Ancien Régime monarchique injuste et inégalitaire.

• Le coq

Son utilisation est beaucoup plus ancienne que la période révolutionnaire puisque le mot latin *gallus* signifie à la fois « gaulois » et « coq ». Il n'est donc pas rare de voir sur les pièces de monnaie gauloise un coq. Alors qu'il devient à la fin du Moyen Âge un des emblèmes du roi de France, Napoléon le refuse parce qu'il trouve que l'animal n'a pas de force[11]. Le coq revient finalement avec la Troisième République : il est vu alors comme un symbole de fierté nationale, utilisé à des fins politiques lorsqu'il doit se battre en 1914 contre l'aigle allemand. Sa bravoure n'a d'égal que son courage.

11. Il lui préfère l'abeille, petite mais travailleuse.

❷ 2. Qu'entend-on par « valeurs de la République » ?

Une valeur est, à l'origine, liée à l'idée de prix ou d'échange monétaire. Mais quand on parle de valeurs comme la liberté ou la solidarité, cela n'implique pas nécessairement un prix à payer. Tommy Terraz[12] la définit comme une notion complexe, car elle est à la fois un but et une possibilité, un cadre dans lequel l'individu inscrit son action. En se fondant sur les travaux d'Eireick Prairat, le philosophe reconnait trois sens au mot : « valeur comme réalité – ce qui est désirable –, comme référence – critère de jugement permettant d'évaluer une situation – et comme idéal – finalité reconnue à poursuivre ». C'est Abdenour Bidar qui met en exergue l'universalité des valeurs[13] qui sont à la base de l'édification du régime républicain.

12. Tommy Terraz, *Quand la valeur morale devient vertu non substantielle*, in M. Fabre, B. Frelat-Khan et A. Pachod, *L'idée de valeurs en éducation*, Hermann, 2016.

13. Abdenour Bidar, *Quelles valeurs partager et transmettre aujourd'hui ?*, Albin Michel, 2016.

L'expression « valeurs de la République » apparait assez tardivement dans les textes officiels puisqu'elle est mentionnée pour la première fois en 2005 dans le Code de l'Éducation (article L.111-1) et dans la loi Fillon du 23 avril : « Outre la transmission de connaissances, la nation fixe comme mission première à l'école de faire partager aux élèves les valeurs de la République. Dans l'exercice de leurs fonctions, les personnels mettent en œuvre ces valeurs ». Malgré le fait que ce texte impose le chant de *La Marseillaise* à l'école, il ne précise que vaguement ce que sont les valeurs de la République. D'aucuns en font une déclinaison de la devise « Liberté, Égalité, Fraternité » à laquelle ils ajoutent la laïcité. Il faut attendre le début des années 2010 pour lire une définition plus précise de ces valeurs.

La loi du 22 juillet 2010 inventorie les compétences de l'enseignant fonctionnaire parmi lesquelles on peut lire : « Le professeur connait : les valeurs de la République et les textes qui la fondent : liberté, égalité fraternité, laïcité, refus de toutes les discriminations, mixité, égalité entre les hommes et les femmes. » La dilatation de ces valeurs se poursuit avec la loi d'orientation de la refondation de l'école de 2013, dans laquelle il est précisé qu'il faut renforcer la transmission des valeurs de la République, comme le respect de la liberté et de la dignité humaine, la prévention du racisme et de l'antisémitisme, ainsi que le rejet des discriminations. Cependant, la liste n'est pas encore complète, car on peut noter l'absence des valeurs morales, sociales et politiques comme la tolérance, l'honnêteté, la solidarité, etc.

L'engagement du ministère est encore plus visible à partir de 2015, année des attentats terroristes. Onze mesures sont présentées, parmi lesquelles la mise en place d'un parcours citoyen tout au long de la scolarité obligatoire de l'enfant. La mise en œuvre du programme d'enseignement moral et civique (EMC) à partir de la rentrée 2015 permet aux élèves de se familiariser avec l'enseignement des valeurs républicaines. Une définition officielle de ce que sont les valeurs républicaines est publiée dans les ressources pédagogiques du ministère[14]. Elles ont deux acceptions complémentaires. La première est à rattacher aux valeurs humanistes qui définissent le cadre civilisationnel d'émergence de la République : la quête de la paix, la tolérance, l'esprit des lois, le bien public, l'exigence de raison et l'éthique de vérité. La seconde est liée au développement de la personne humaine dans ses dimensions sensibles, intellectuelles et culturelles ainsi que citoyennes (droit, engagement). Ces deux acceptions ont comme vecteur commun l'affirmation de la raison critique et l'expression de la pensée réflexive. L'enseignant Michel Zakhartchouk[15] précise la complémentarité des valeurs sélectionnées. Ainsi il associe la fraternité à l'égalité. Les valeurs républicaines sont la conséquence des valeurs démocratiques et elles sont donc dédiées à l'apprentissage de la démocratie.

14. https://cache.media.eduscol.education.fr/file/EMC/25/6/Ress_emc_connaissance_republique_valeurs_516256.pdf

15. M. Zakhartchouck, *Quelle pédagogie pour transmettre les valeurs de la République ?*, ESF éditeur, 2017.

❷ 3. La laïcité française

Avec les attentats de 2015 et l'assassinat de Samuel Paty en octobre 2020, les valeurs de la République, en premier lieu la laïcité, sont violemment attaquées. C'est ainsi l'identité républicaine qui est questionnée.

La **laïcité** est un dispositif politique, formalisé par la loi du 9 décembre 1905 sur la séparation des Églises et de l'État, qui s'articule autour de quatre principes. Les deux premiers sont des finalités, à savoir la **liberté de conscience** de tous et de toutes (incluant la libre pratique religieuse, individuelle et collective) et sa restriction qui ne peut s'opérer qu'au nom du respect de l'ordre public démocratique ; mais aussi **l'égalité de tous les citoyens** devant la loi sans considération de religion ou de conviction. Les autres principes sont des moyens au service de cette finalité : **la séparation du pouvoir politique et des autorités religieuses** dans laquelle l'État n'influe pas sur les religions ni les religions sur l'État, tout en assurant **la neutralité de la puissance publique** envers les convictions et les religions de tous et de toutes.

La République laïque intègre la pluralité. L'historien Fernand Braudel déclare au journal *Le Monde* (1985) : « La France : ce sont des France qui ont été cousues ensemble. » La diversité française est donc certifiée par l'auteur de *La Méditerranée au temps de Philippe II* : pas un seul peuplement, pas une seule histoire, pas une seule culture.

- **Histoire de la laïcité dans l'enseignement**

Nicolas de Condorcet est le premier à définir le terme de laïcité dans ses *Cinq mémoires sur l'instruction publique* (1792). Selon lui, il s'agit avant tout d'une « séparation absolue du pouvoir politique qui règle les actions et de l'autorité religieuse qui ne peut s'exercer que sur les consciences ». À partir de là, l'école doit être le lieu de protection des élèves, à l'abri de tout prosélytisme.

Mais l'école laïque met du temps à naitre. La loi Guizot de 1833 indique qu'il faut dispenser l'instruction morale et religieuse. Mais, avec l'arrivée au pouvoir des républicains opportunistes (1879), inspirés par les idées des Lumières et impressionnés par les évènements de la Commune de Paris, le paradigme change puisqu'on va passer d'un enseignement religieux à un enseignement civique. Paul Bert, homme politique de la Troisième République, à la tribune de la Chambre en 1880, évoque le programme républicain : « C'est une chose fâcheuse que de diviser les enfants dès leur plus jeune âge sur les bancs mêmes de l'école et de leur apprendre d'abord, non pas qu'ils sont Français, mais qu'ils sont catholiques, protestants ou juifs. Notre projet de loi a pour but de ramener la paix là où s'agitent aujourd'hui les querelles. » L'opposition monarchiste est virulente, accusant les dirigeants de sectarisme laïc.

La laïcité reste malgré tout l'un des principes fondateurs de l'école de la République, puisque les lois scolaires des années 1880 (Ferry, 1881 et 1882 ; Goblet, 1886) garantissent l'exercice des enseignements laïcs dispensés par un personnel laïc. Dans son dictionnaire de pédagogie et d'instruction primaire publié en 1887, Ferdinand Buisson écrit à l'article « laïcité » : « Ce n'est que par le lent travail des siècles que, peu à peu, les diverses fonctions de la vie publique se sont distinguées, séparées les unes des autres et affranchies de la tutelle étroite de l'Église. [...] La laïcité est l'héritière des aspirations à la liberté du Siècle des Lumières. Elle plonge ses racines dans le bouleversement révolutionnaire de 1789. » Pour son auteur, la laïcité est définie comme la « neutralité à tous les degrés ». Jules Ferry, dans sa lettre aux instituteurs (1883), souligne que les croyances personnelles (convictions religieuses) ne peuvent se confondre avec « des connaissances, qui sont communes et indispensables à tous ». La laïcisation des bâtiments est aussi entreprise dans les années 1880, notamment en excluant l'instruction religieuse de l'enseignement public (loi Ferry 1882) et en supprimant les crucifix des salles de classe. La loi Goblet (1886) garantit la laïcisation du personnel éducatif, mais ce dernier processus est lent. En 1900, l'inspecteur académique, après avoir effectué une tournée départementale, constate qu'en Dordogne, les lois scolaires ne sont que partiellement appliquées tant dans l'assiduité des élèves que dans la présence encore d'ecclésiastiques qui font la classe à l'école publique[16]. Dans les préambules des constitutions des Quatrième et Cinquième Républiques, est affirmé le caractère laïc des régimes.

16. Archives départementales de la Dordogne, 4 T 138.

La quatrième étape de la laïcisation de l'école est réalisée un siècle plus tard par la loi du 15 mars 2004, qui impose des règles à la communauté scolaire. Elle encadre le port de signes ou de tenues manifestant une appartenance religieuse. Ainsi, le législateur veut que la « liberté de conscience des élèves soit garantie en dehors de toute forme de pression, d'emprise idéologique ou de prosélytisme[17] ». Il faut rendre compatible la liberté de conscience avec le devoir de neutralité.

La loi de refondation de l'école en 2013 prévoit la publication et l'affichage obligatoires de la Charte de la laïcité à l'école de la maternelle au lycée (voir Document analysé et exploité, p. 200). En juillet 2019, la loi pour une école de la confiance renforce la lutte contre le prosélytisme, notamment dans son article 10 : « Les comportements constitutifs de pressions sur les croyances des élèves ou de tentatives d'endoctrinement de ceux-ci sont interdits dans les écoles publiques et les établissements publics locaux d'enseignement. La méconnaissance de cette interdiction est punie de l'amende prévue pour les contraventions de cinquième classe. »

La neutralité vis-à-vis des convictions religieuses n'est, en revanche, pas une neutralité des valeurs. Dans les colonnes du journal *Le Monde*, en 2018, Elisabeth Badinter l'exprime lorsqu'elle insiste sur les liens entre féminisme et laïcité : « Les Églises interdisent au nom de Dieu, alors que la laïcité est libératrice. » Ainsi, la croyance personnelle ne peut être entravée par l'appartenance sociale des élèves. On ne peut exercer de pression au nom de sa croyance ou de ses pratiques confessionnelles. Comme l'écrit Jean-Paul Delahaye, ancien inspecteur général de l'Éducation nationale : « La laïcité, c'est le respect des spécificités, c'est la conjugaison de la diversité et d'unités [...], ce sont des droits et des devoirs, c'est le respect des particularismes et la recherche de valeurs universalisables. C'est pourquoi la laïcité est le seul outil qui permette d'éviter l'éclatement de l'espace public de l'enseignement en communautés étanches[18]. » Selon Abdennour Bidar, ce qui est questionné et discuté est la notion même de vivre ensemble qui n'est pas suffisante pour faire comprendre les principes laïcs aux élèves. Cet auteur dénonce les « excités des deux camps[19] » : les partisans de la stigmatisation des croyants au nom de la supériorité des politiques sur le religieux et ceux qui deviennent intransigeants avec le religieux qui doit disparaitre de l'espace public. Il faut plutôt « faire ensemble » que « vivre ensemble » afin de respecter la diversité des croyances et des religions. Pour Jean-Paul Delahaye, le vivre ensemble risque de se transformer en « face à face » sans que la laïcité soit vécue sereinement dans l'enceinte scolaire. A. Bidar rappelle que le sacré est par définition intouchable et ne peut être discuté. C'est donc dans une société démocratique que se fixent le principe laïc et la mise à distance du religieux et de la croyance. Jean Jaurès en 1893 pensait déjà cela : « La république doit être laïque et sociale ; elle restera laïque si elle aura su être sociale. » Ferdinand Buisson va plus loin encore en 1911 : « Il y a toujours une question scolaire, mais ce n'est pas de savoir qui, de l'Église ou de l'État, dirigera l'école : la chose est jugée. C'est de savoir si notre démocratie réussira à faire, par l'éducation, la France de demain, plus forte, plus grande, plus humaine que ne fut celle d'hier[20]. »

Depuis les années 2010, le ministère de l'Éducation nationale met à disposition de la communauté éducative un ensemble d'outils et de ressources pour l'enseignement de la laïcité[21]. Parmi ces derniers, un *Vademecum* mis à jour annuellement permet de répondre aux questions et aux interrogations liées à la laïcité à l'école. D'autres outils sont à disposition des équipes d'enseignants pour les aider à analyser des situations où le principe laïc est questionné (le cahier des charges, pour prévenir des situations urgentes d'atteinte à la laïcité ; des équipes Valeurs de la République académiques disponibles pour venir en aide aux enseignants ; des affiches d'information pour réagir rapidement). Au niveau national, un Conseil des sages de la laïcité est installé auprès du ministre de l'Éducation depuis janvier 2018. Il a pour mission de « préciser la position de l'institution

17. https://eduscol.education.fr/1620/la-laicite-l-ecole-outils-et-ressources

18. https://www.mlfmonde.org/

19. Conférence d'A. Bidar sur la Charte de la laïcité et l'histoire de sa rédaction, ESPE de La Réunion, 2018. www.youtube.com/watch?v=NQgQZnCrFGO

20. F. Buisson (dir.), *Dictionnaire de pédagogie et d'instruction primaire*, Hachette, 1911.

21. https://eduscol.education.fr/1618/la-laicite-l-ecole

scolaire en matière de laïcité et de faits religieux ». Il doit aussi « exercer une mission de conseil quant aux méthodes et aux pédagogies ».

Document analysé et exploité

www.1jour1actu.com

• Présentation et définition du document

Cette version simplifiée de la Charte de la laïcité est adressée aux élèves de cycle 2 et de cycle 3 afin qu'elle puisse être étudiée et analysée en classe. Une autre version publiée par la fédération des APAJH (Association pour adulte et jeunes handicapés) est accessible sur Internet. Plus sobre, moins illustrée que le document étudié ici, elle n'en demeure pas moins un support intéressant pour la classe[22]. Ce document a donc un double usage: une communication envers les familles et un document pédagogique de premier rang. C'est dans cette perspective que les concepteurs, à partir de la commande ministérielle, ont rédigé cette charte.

Abdenadour Bidar, dans une conférence réalisée à l'INSPE de La Réunion en 2018[23], rappelle que la discussion entre les élèves et l'enseignant est plus aisée quand cela concerne la liberté et le droit que quand il s'agit de laïcité, qui est un concept trop abstrait pour de jeunes enfants. Pour lui, la laïcité ne doit pas être une pièce rapportée mais constitutive du progrès de l'école de la République. Elle amène à l'esprit critique: la nécessité de ne pas croire tout ce qu'on raconte. Selon le philosophe, cette éducation est donc intrinsèquement liée à l'apprentissage de la laïcité à l'école. Comment proposer aux élèves de penser par eux-mêmes? Même si les programmes conduisent à les entrainer dans un cadre précis, la pratique n'est pas aisée. C'est pourquoi la Charte de la laïcité est pensée au départ comme un outil supplémentaire d'apprentissage et d'expérimentation de ce principe à l'école, et plus largement d'apprentissage de l'exercice de la citoyenneté de chaque élève.

• Analyse du document en lien avec le thème 2

L'école est un modèle de la République: l'école est laïque, parce que la république est laïque.

La laïcité est à la fois un contenu à enseigner (article 10) et un cadre permettant l'épanouissement et la protection de tous les élèves (articles 6 et 8). Tous les usagers du service public sont concernés par le texte: ce sont des devoirs pour les personnels, soumis à neutralité (article 11), et pour les élèves qui bénéficient d'une liberté d'expression dans certaines limites (article 8). Il existe cependant une tension entre la liberté d'expression qui est garantie en tant que droit de l'Homme (article 8) et l'interdiction des signes manifestant ostensiblement son appartenance religieuse (article 14). Ce sont deux modèles de laïcité qui sont exprimés dans cette charte: celui, libéral de 1905, et celui de 2004 qui demande la neutralité non plus seulement à l'État et ses représentants mais aussi aux élèves. Enfin, la définition de la laïcité comme dispositif juridique permettant la liberté de conscience (articles 2 et 3) est à l'opposé de la laïcité comme corpus de valeurs éthiques (article 9: la laïcité «garantit» l'égalité entre les filles et les garçons). Cela peut être questionné dans la mesure où la cause féministe n'entre pas directement dans le périmètre de la laïcité qui concerne la séparation des Églises et de l'État. Cet article 9 doit rétablir une égalité des droits que la Troisième République n'avait pas permise: le non-vote des femmes et la non-mixité des établissements scolaires.

• Piste d'exploitation pédagogique

L'analyse «linéaire» de la charte peut être réalisée par l'enseignant mais peut rapidement tourner à l'ennui et provoquer le désintérêt des élèves – même si cette version est illustrée et met en scène les idées abstraites de la laïcité à l'école. Deux pistes d'analyse de cette charte peuvent être envisagées: soit sous forme de débat silencieux, soit à partir d'études de cas concrets qui permettent de faire vivre la laïcité dans le cadre de l'école.

Dans le premier dispositif, il est possible de questionner les élèves sur la liberté, sa définition, ses champs d'application et de leur faire prendre conscience qu'il n'existe pas de liberté individuelle absolue. Dans les règles de la République, la laïcité est là pour garantir la liberté de toutes et de tous quelles que soit l'origine, la culture ou l'orientation sexuelle. L'étude de la charte peut alors se réaliser en classant les articles dans un tableau à quatre entrées: «ma liberté individuelle

22. https://cache.media.eduscol.education.fr/file/Actu_2015/89/9/chartelaicite-03-09-2015-accessible-lv5-1_506899.pdf

23. A. Bidar, *op. cit.*

Définition

Débat silencieux: a la particularité de permettre aux élèves de s'exprimer avec leurs propres mots mais aussi avec les mots empruntés à d'autres, à un texte littéraire, à une chanson, à une citation, etc. par l'intermédiaire d'un écrit anonyme.

garantie » ; « la liberté des autres » ; « les devoirs des élèves » ; « les devoirs des enseignants ».
Dans le second dispositif, une première lecture de la charte, en s'appuyant sur la définition de la liberté (cf. premier dispositif), permet de comprendre les enjeux de la laïcité à l'école. Des études de cas peuvent être distribuées aux élèves comme par exemple : « À l'occasion d'une sortie scolaire impliquant la visite d'un édifice religieux, une famille prévient qu'elle refuse de laisser leur enfant se rendre à l'école ce jour-là pour ne pas effectuer la visite du jour au motif que ce n'est pas leur lieu de prière. Que peut répondre l'enseignante ? » ou « Dans une classe de CE2, la maitresse fait lire un extrait de *Ali Baba et les quarante voleurs*, dans lequel un des personnages s'écrie "À la grâce de Dieu !". Un élève s'exclame en disant : "C'est une expression de chez moi !" et une autre demande à l'enseignante si elle croit en Dieu aussi. Que doit répondre la maitresse ? »
Dans le premier cas, on attendrait de la part des élèves qu'ils répondent – avec le document analysé ci-dessus – que l'enseignante a le devoir de neutralité (article 11), que son enseignement (les programmes) est laïc (article 9) et que l'étude de l'édifice religieux est considérée comme un apport culturel à la classe.
Dans la seconde étude de cas, les élèves peuvent répondre qu'ils ont le droit d'exprimer leurs opinions, leurs convictions religieuses mais sans faire du prosélytisme, car ils doivent garantir à chacun la liberté de croire ou de ne pas croire et qu'aucune croyance n'est supérieure à une autre. En revanche, il faut que les élèves expriment l'idée que la maitresse n'a pas le droit de répondre à l'élève qui la questionne sur ses croyances religieuses (devoir de neutralité des agents de l'État).

3 Les valeurs, les principes et les symboles de l'Union européenne

La construction européenne, qui s'inspire des initiatives de grands hommes comme Victor Hugo qui évoquait déjà en 1848 la nécessité de réaliser les « États-Unis d'Europe » ou encore le baron Coudenhove-Kalergi qui, en 1927, a fondé le mouvement Pan-Europa, a toujours voulu promouvoir des valeurs de paix, de liberté et de concorde entre les peuples. Elle est créée pour que le continent européen, ravagé par deux guerres mondiales et plusieurs conflits localisés, connaisse enfin une paix durable et une stabilité de ses frontières.

Alors que la construction politique semblait compliquée au sortir de la Seconde Guerre mondiale (l'Allemagne vaincue est occupée par les alliés et n'a plus d'État souverain), les pères de l'Europe préfèrent bâtir l'entente entre les peuples sous l'angle économique. Face à la nécessité de reconstruire les infrastructures vitales des pays ruinés par le conflit, le Français Jean Monnet annonce le 9 mai 1950 la constitution d'un pool charbon-acier qu'il nomme la Communauté Économique du Charbon et de l'Acier (C.E.C.A.), institution supranationale qui doit organiser la répartition et l'utilisation de ces deux ressources nécessaires à la reconstruction européenne. Ainsi, les Allemands de l'Ouest (RFA), les Français, les Italiens, les Luxembourgeois et les Belges s'associent dans ce but. Fort de ce succès, Jean Monnet propose la constitution d'une défense européenne (Communauté Européenne de Défense ou C.E.D.) face au danger soviétique, mais échoue face à l'hostilité des parlementaires français qui redoutent un réarmement allemand (1954).

C'est le traité de Rome (avril 1957) qui marque la première grande étape de la construction européenne, fondant les principes d'une vie à plusieurs : égalité des voix des États membres, décision à l'unanimité… L'approfondissement de l'entreprise européenne est marqué par plus de démocratie (élections au parlement européen depuis 1979) et par plus de politique commune (Politique Agricole Commune P.A.C. 1962, création de l'Union européenne en 1993 et adoption du traité de Maastricht en 1992). L'agrandissement des membres de l'Union (Royaume-Uni, Irlande et Danemark en 1973, Grèce en 1981, Espagne et Portugal en 1986, Autriche, Suède et Finlande en 1995, Roumanie, Pologne, République tchèque, Slovaquie, Estonie, Lituanie, Lettonie, Bulgarie, Malte, Chypre en 2004 et 2007, Croatie en 2013) élargit le principe de supranationalité et de prise de décision à la majorité qualifiée[24] des États participants. Pourtant, la sortie volontaire du Royaume-Uni en 2019 montre la fragilité du pacte européen.

Les principes démocratiques sont confirmés au sein de l'Union européenne par l'adoption de symboles forts comme le drapeau européen, l'hymne européen et la devise européenne.

Le drapeau européen est composé de douze étoiles en branches réparties en cercle sur un fond bleu. Adopté en décembre 1955 par le Conseil des ministres de l'Union, il est officiellement devenu le drapeau de l'Europe en 1986. À la fois emblème du Conseil de l'Europe (quarante-sept membres) et de l'Union européenne (vingt-sept membres), il représente l'union et la solidarité des peuples de l'Europe, le nombre douze représentant la plénitude et la stabilité de la construction – il ne correspond pas, comme pour le drapeau américain, au nombre de membres de l'Union qui sont actuellement vingt-sept.

L'hymne européen est directement inspiré de la *Neuvième Symphonie* composée en 1823 par Ludwig van Beethoven mettant en musique un poème « Ode à la joie » du poète Schiller. Le musicien, philanthrope, voulait exalter la fraternité humaine. Le Conseil de l'Europe adopte en 1972 cet hymne, confirmé en tant que tel en 1985 par la Commission. Il est – sans aucune parole officielle – une ode à la paix, la liberté et la solidarité. Il ne s'agit pas supprimer les hymnes nationaux mais de manifester les valeurs de l'Union en jouant l'hymne lors de grandes occasions culturelles, politiques ou sportives.

La devise européenne est « Unie dans la diversité ». Elle est utilisée pour la première fois en 2000 pour promouvoir la paix et la prospérité entre les membres ainsi que célébrer la diversité culturelle et linguistique de ses États membres.

Deux autres symboles peuvent être associés aux deux premiers : il s'agit de l'euro et de la journée du 9 mai. Le premier est entré en vigueur en 2002 et, même si tous les États membres ne l'ont pas encore adopté, il symbolise une union économique, une puissance financière dans le monde aux côtés du dollar américain et du yen japonais. Le second correspond à la déclaration dite Schuman du 9 mai 1950 qui est le point de départ de la construction européenne avec la mise en place de la Communauté Économique du Charbon et de l'Acier (C.E.C.A.). En 1985, le Conseil européen de Milan adopte cette date pour commémorer l'évènement et rappeler les objectifs et les valeurs qui animent la construction européenne. Chaque année, le 9 mai, diverses manifestations culturelles et artistiques sont organisées à travers toute l'Europe.

24. La majorité qualifiée est le nombre de votes devant être obtenus pour l'adoption d'une décision lors de la session du Conseil des ministres de l'Union européenne. Il faut que 55 % des États membres soient favorables au vote (soit quinze États sur vingt-sept) et qu'ils représentent au moins 65 % de la population de l'Union européenne.

❹ Les cadres de la société démocratique

❹ 1. Fondement de la loi

Jean-Jacques Rousseau démontre que la loi, en la définissant, libère l'Homme. Pour que la loi soit légitime et respectée, elle ne doit pas être simple force de contrainte sinon elle serait une loi parmi d'autres. Pour consentir à la soumission de la loi, il faut qu'elle puisse être édictée dans l'intérêt de l'individu. La loi doit le libérer et établir les conditions de son propre bonheur. La loi vient organiser les relations entre les individus, pour éviter l'expression d'une violence injuste et inégale. Elle enlève toute possibilité d'atteindre la personne dans son intégrité physique et morale. C'est l'expression même de sa légitimité. La loi protège aussi de l'arbitraire, notamment celui du souverain. Elle instaure un cadre rationnel qui n'autorise pas à condamner à mort ou à emprisonner quelqu'un par le bon vouloir d'un autre. Rousseau le montre dans les *Lettres écrites de la montagne* :

> « Il n'y a donc point de liberté sans lois, ni où quelqu'un est au-dessus des lois ; dans l'état même de nature l'homme n'est libre qu'à la faveur de la loi naturelle qui commande à tous. Un peuple libre obéit, mais il ne sert pas ; il a des chefs et non pas des maitres ; il obéit aux lois, mais il n'obéit qu'aux lois et c'est par la force des lois qu'il n'obéit pas aux hommes. »
>
> Jean-Jacques Rousseau, *Lettres écrites de la montagne*, VIII, 1763-1764.

L'action illégale engage un danger pour soi ou pour les autres, même si ce n'est pas intentionnel (ignorance de la loi). Cela ne garantit pas que la loi soit tout le temps juste. Le législateur est faillible parce qu'il est humain et peut produire des lois dénuées de sens. Certaines fois, la loi est volontairement discriminatoire comme celles élaborées par les nazis à l'encontre des juifs (lois de Nuremberg 1935). Les interdictions de se marier avec des non-juifs ou de ne plus exercer des métiers publics sont fondées sur le principe d'inégalité raciale. Dans ce cas, il est même un devoir de désobéir à ces lois injustes.

❹ 2. Institutions de la France de la Cinquième République : premières approches

Adoptée par référendum le 28 septembre 1958, à plus de 80 %, la Constitution française confirme le caractère parlementaire des institutions, mais donne un rôle particulièrement important au président de la République, clé de voute des institutions. Elle est officiellement promulguée le 4 octobre 1958.

Le préambule de la Constitution rappelle l'attachement aux valeurs de la Déclaration des droits de l'Homme et du Citoyen de 1789. Ainsi, la République a pour projet de fonder une communauté qui s'inscrit dans le cadre territorial « indivisible » et qui s'appuie sur la laïcité, la démocratie et l'idéal de justice sociale. En ce sens, la Constitution ne crée aucune rupture avec les textes des Troisième et Quatrième Républiques et s'inscrit donc bien dans la tradition républicaine.

• Le président de la République

La « clé de voûte » de la Constitution demeure le président de la République : il a le droit de dissoudre l'Assemblée nationale, de soumettre directement au peuple le vote d'un projet de loi ou la ratification d'un traité par référendum et de disposer temporairement à sa

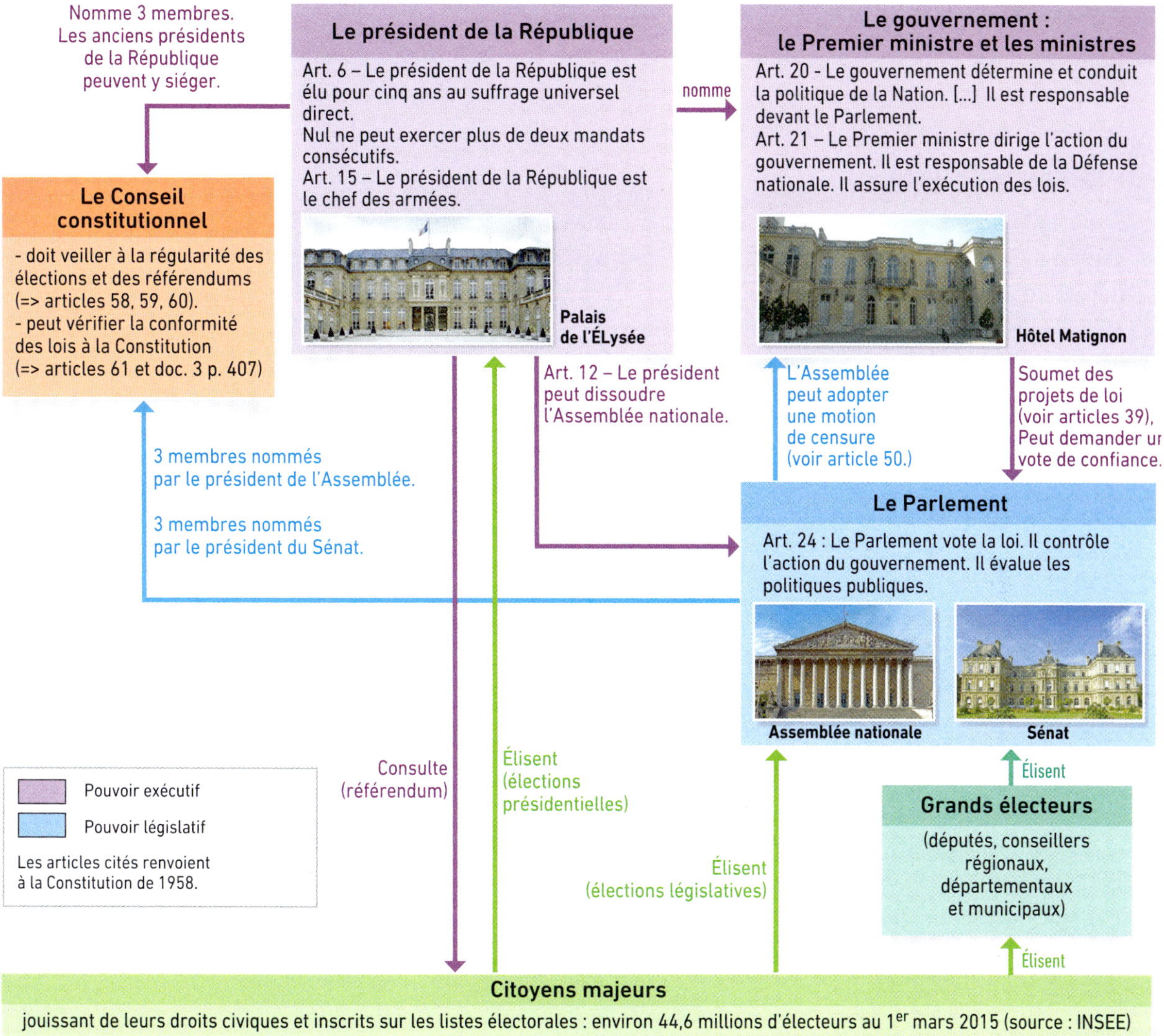

Les institutions républicaines

Manuel Histoire-Géographie EMC 3e, Éditions Hatier, 2016.

propre initiative de pouvoirs exceptionnels lorsque la sécurité du pays ou les institutions sont menacées (article 16).

Sans que cela soit inscrit dans la Constitution, le chef de l'État est le chef de la diplomatie française, c'est son « domaine réservé ».

Le président de la République concentre des pouvoirs très larges, d'autant qu'il tient sa légitimité du peuple (élection au suffrage universel – réforme de 1962). Il est le seul élu de tous les Français avec des millions de voix. De plus, il peut directement s'adresser au peuple français par le référendum sur des grandes questions engageant l'avenir de la Nation.

En savoir plus sur les programmes de collège

hatier-clic.fr/crpe23hgemc14

• Le gouvernement

Sous la direction du Premier ministre, le gouvernement détermine et conduit la politique de la Nation. Le Premier ministre n'est pas l'élu du peuple. Il est nommé par le chef de l'État et il est alors le premier exécutant de ses ordres. Le gouvernement élabore le budget du pays et est responsable devant le Parlement, puisque ses projets de lois sont soumis au vote des parlementaires. L'action du gouvernement s'appuie sur la majorité qu'il détient à l'Assemblée nationale.

Le **pouvoir législatif** est partagé entre le Sénat et l'Assemblée nationale qui constituent le Parlement. La primauté revient à l'Assemblée nationale, ce qui est légitimé par le statut des députés élus directement par le peuple.

- **L'Assemblée nationale**

Ses membres sont élus au suffrage universel direct pour une durée de cinq ans. C'est le scrutin majoritaire à deux tours qui offre une plus grande stabilité gouvernementale et parlementaire, alors que le mode de scrutin proportionnel ne donne pas de partis majoritaires et nécessite des alliances et des coalitions.

L'Assemblée vote les lois et le budget de la Nation. Elle a le pouvoir de voter une motion de censure contre le gouvernement et ainsi le renverser.

- **Le Sénat**

Ses membres doivent être âgés au moins de 35 ans et sont élus au suffrage universel indirect. Le Sénat participe aux discussions de la proposition de loi ou à sa ratification. Le président du Sénat est le second personnage de l'État, car il assume la présidence par intérim en cas de vacance du pouvoir du président de la République (maladie, décès) dans l'attente de nouvelles élections. Ce fut notamment le cas d'Alain Poher qui assura l'intérim après la démission de de Gaulle en 1969 ou à la mort de Pompidou en 1974.

- **Le conseil constitutionnel**

C'est un organisme de contrôle qui veille à la constitutionnalité des lois. Il est composé de neuf membres (trois nommés par le président de la République, trois par celui du Sénat et trois pour l'Assemblée nationale). Tout ancien président de la République en est membre de droit.

Dans la Cinquième République, l'organisation des pouvoirs (exécutif, législatif et judiciaire) est équilibrée. Mais, en pratique, on note la prééminence du pouvoir exécutif, puisque 90 % des lois votées sont de l'initiative du gouvernement. Le peuple est pleinement souverain, puisqu'il exerce sa souveraineté nationale dans le cadre du système représentatif de la République.

TEST D'AUTO-ÉVALUATION 14

Corrigé p. 238

1 Dire à quel type de moralité (préconventionnelle, conventionnelle ou post-conventionnelle) chaque occurrence se rapporte.

a. Respect de la loi et des conventions sociales, violer la loi est répréhensible.
→ ....

b. La loi n'est valable que si elle est fondée sur la justice. L'individu agit parce que c'est juste, dans son intérêt propre.
→ ....

c. Évitement de la sanction. Enfant centré sur les conséquences directes de ses actions.
→ ....

d. Intérêt personnel. Récompenses et ses avantages malgré l'attitude toujours égocentrique.
→ ....

e. La loi est considérée comme un contrat social et peut être remise en cause si elle ne produit pas le bien-être collectif attendu.
→ ....

f. Maintien des bonnes relations, l'individu accepte ou refuse les règles. L'individu évalue la moralité d'une action et ses conséquences.
→ ....

2 Quels sont, parmi les droits suivants, ceux qui sont garantis dans la convention internationale des droits de l'enfant (1989) ?

a. Accès au numérique
b. Être en bonne santé
c. Accès à l'eau potable
d. Aller à l'école
e. Décider sans le consentement de l'enfant

3 Relier les symboles de la République avec leur signification.

	● Allégorie féminine de la nation française
Drapeau français ●	● Chant révolutionnaire devenu l'hymne national
Marianne ●	● Symbole de fierté nationale et de courage
Fête nationale (prise de la Bastille) ●	● La fin de l'injustice et des inégalités, unité de la nation retrouvée
Le coq ●	● Héritière des principes de la Déclaration des Droits de l'Homme et du Citoyen (1789)
La devise ●	● Association des couleurs de la ville de Paris et de celle de la royauté
La Marseillaise ●	

4 Placer les évènements de l'histoire de la laïcité dans l'enseignement sur la frise chronologique.

a. Loi Guizot
b. Loi Fillon
c. Lois Ferry
d. Loi Goblet
e. Loi de refondation de l'école
f. Loi de séparation des Églises et de l'État
g. Loi pour une école de la confiance

5 Les élus de la République : vrai ou faux ?

a. Le président de la République française possède la majorité du pouvoir exécutif.
b. Le Premier ministre est le chef du gouvernement.
c. Le gouvernement élabore le budget et est responsable devant le parlement.
d. Le chef de l'État est le chef de la diplomatie française.
e. Il faut être âgé de moins de 35 ans pour être élu sénateur-trice.
f. Trois membres du conseil constitutionnel sont nommés par le président de la République, trois par le président du Sénat et trois par le président de l'Assemblée nationale.
g. Le mandat de député est d'une durée de six ans.

6 La laïcité s'articule autour de quatre principes. Quels sont-ils ?

1. ....
2. ....
3. ....
4. ....

THÈME 3

Construire une culture civique

La construction d'une culture civique est le troisième objectif de l'enseignement moral et civique. Elle doit pouvoir développer chez les élèves l'esprit critique et différentes formes d'engagement. Le travail de formation des élèves conduit au décryptage du réel et à la construction progressive d'un esprit éclairé, autonome et critique. Cet objectif est l'une des principales ambitions de l'école. En cela, elle contribue à développer le civisme dans la société contemporaine.

La culture civique s'articule autour de quatre dimensions : la sensibilité, la règle et le droit, l'engagement et le jugement. Elle doit contribuer à l'autonomie du citoyen et entretenir le sentiment d'appartenance à la communauté politique formée autour des valeurs et des principes de la République. Elle doit aussi souligner l'importance de la loi et du droit. Enfin, elle doit contribuer à élaborer une éthique de la discussion qui est constitutive de l'espace démocratique. La culture civique[1] peut développer la dimension sensible (comprendre ses émotions et celles des autres) er refuser une approche trop « intellectualiste ». La dimension normative permet d'acquérir les règles que requiert une société démocratique et vise à faire comprendre aux élèves la façon dont s'incarnent les valeurs et comment les impliquer dans la constitution des règles. Il faut aussi introduire l'idée de raisonnement moral et faire en sorte que les élèves deviennent acteurs de leur choix (engagement).

1. www.education.gouv.fr/bo/15/Special6/MENE1511645A.htm?cid_bo=90158

Notions fondamentales

• Culture civique ; engagement ; jugement ; règle et droit ; sensible ; confiance ; promesse ; solidarité ; loyauté ; participation ; vote ; expression ; souveraineté ; éducation aux médias ; écocitoyenneté ; développement durable ; nation ; solidarité nationale et internationale.

1 Comprendre et expérimenter l'engagement dans la classe, à l'école et dans l'établissement

1 1. L'engagement moral (promesse, confiance, entraide, solidarité)

• **Qu'est-ce qu'une promesse ?**

Emmanuel Delessert[2] donne une définition d'une **promesse** : « C'est formuler, contracter explicitement un engagement garantissant à autrui l'obtention d'un résultat ou la réalisation d'un acte, dans un futur plus ou moins proche. » Cet acte de langage provoque chez autrui une espérance et une confiance en celui qui réalise la promesse.

La promesse est donc un engagement moral, qui est double : il inscrit le destinataire dans un rapport au temps particulier, puisqu'il attend ce qui lui a été assuré comme certain dans l'avenir, et contraint le prometteur à prendre un pari sur l'avenir. Faire une promesse engage donc celui ou celle qui l'énonce et autorise autrui à demander des comptes dans le futur. Celui qui s'engage dans une promesse reçoit la confiance d'autrui, mais s'expose en même temps au risque de voir sa réputation ruinée si la promesse n'est pas tenue dans le temps. Anne Lalanne[3] résume : « L'acte de promettre relève du don, par excel-

2. Emmanuel Delessert, *Oser faire confiance*, Marabout, 2015.

3. Anne Lalanne, *L'Enseignement moral et civique, une pratique de classe*, L'Harmattan, 2020.

EMC

lence, puisqu'il ne peut assurer la réalisation à venir. Ce don crée un possible. Promettre est donc un authentique acte de langage. »

Promesse, vœu et serment

Il faut distinguer la **promesse** du **vœu** qui n'a pas le même degré d'engagement puisqu'il ne concerne que la personne qui l'émet.

Le **serment** est plus solennel et engage vis-à-vis de la communauté tout entière (le serment de fidélité des vassaux à leurs seigneurs au Moyen Âge ou le serment d'Hippocrate des nouveaux médecins, par exemple).

D'après Anne Lalanne, *L'Enseignement moral et civique, une pratique de classe*, L'Harmattan, 2020, p. 126.

PROMESSE

Rapport au temps
- Futur : créer du possible
- Présent : donner du sens

Rapport à autrui
- Un don : parole adressée à..., qui crée une attente
- Un engagement moral
- Une responsabilité vis-à-vis d'autrui

- **Qu'est-ce que la confiance ?**

Du latin *cum* (« avec ») et *fidere* (« se fier »), la **confiance** est la « croyance spontanée ou acquise en la valeur morale, affective et professionnelle d'une autre personne, qui fait qu'on est incapable d'imaginer de sa part tromperie, trahison ou incompétence[4] ». La nature de la confiance est fondée sur la création d'un lien, résultat des relations humaines et des interactions sociales. Elle exprime en cela une partie du lien de dépendance des individus entre eux. La confiance est construite, elle n'est jamais innée. Elle peut donc se construite mais aussi se déconstruire (*ne plus avoir confiance en quelqu'un*). Il existe deux formes de confiance : en soi et envers les autres.

Pour s'assurer un monde stable et sûr, chaque individu doit pouvoir compter sur les autres en établissant une sorte de contrat social, une institutionnalisation qui formalise les conduites et les attitudes. C'est aussi s'assurer un futur plus sûr, plus prévisible, plus maitrisé. Donner sa parole est alors une manière d'établir une confiance réciproque. Si la confiance n'existe pas, il n'est pas possible de développer de la socialité.

La confiance n'est jamais neutre puisqu'elle émane de l'individu, donc de la subjectivité personnelle. Dans un premier temps, la confiance est le résultat de l'interaction de l'individu avec son écosystème proche, des intimes avec lesquels il partage une communauté de valeurs, de principes. Le dialogue est alors essentiel pour établir ces liens : il autorise l'expression du désir et du besoin de l'autre. Sans cela, aucune construction sociale ne serait envisageable.

Si la confiance est donc la régulation des rapports aux autres, elle est aussi une élaboration du rapport au temps, pariant sur un champ des possibles dans le futur, même si l'individu place son espérance dans un autre qui peut décevoir ou trahir cette confiance. Celui ou celle qui détient la confiance d'une personne possède un certain pouvoir et peut exercer son libre arbitre pour remplir ou non le contrat initial. La confiance est finalement établie pour contrer les impasses de la peur.

4. www.cnrtl.fr/lexicographie/confiance

Définition

Socialité : ensemble des liens sociaux découlant de la capaci des humains à vivre en société.

Le risque de la confiance en autrui est de glisser, quand on ne peut expliquer les raisons pour lesquelles on croit en la personne, de la confiance à la crédulité. Cela fragilise grandement le contrat et rend encore plus hypothétique le résultat final.

Définition

Crédulité : facilité à croire quelqu'un ou quelque chose, souvent sans discernement.

- **Qu'est-ce que la loyauté ?**

La **loyauté** est une qualité morale, une attitude d'esprit, une force de caractère. Elle est donc plus globale, plus vaste que la confiance. La loyauté implique de nombreuses qualités et attitudes : la sincérité, la droiture, la fiabilité, l'honnêteté, la vérité, la franchise, la fidélité, la régularité, la constance, le sérieux, la responsabilité, le respect, le dévouement et la confiance. Elle procède cependant de la même manière que la confiance puisqu'on peut être loyal envers soi, mais aussi envers les autres. Le rapport aux autres s'inscrit dans le partage des bons et des mauvais moments en exprimant ce que l'on ressent, en dialoguant avec les autres et en tenant ses engagements. Pour que la loyauté soit indiscutable, il faut parfois des actes qui prouvent son engagement envers autrui, comme prendre sa défense lorsqu'il est insulté ou humilié, par exemple.

Loyauté et responsabilité

Il y a un point commun entre la **loyauté** et la **responsabilité** : l'accomplissement des engagements acceptés. Être loyal est l'expression d'un respect de la parole donnée, alors qu'être responsable est l'acte d'assumer ses obligations. Les deux qualités sont donc complémentaires.

❶ 2. La coopération entre pairs

La coopération est l'une des modalités pédagogiques pratiques réalisées quotidiennement dans la classe.

La différence entre coopération et collaboration réside dans les mises en œuvre et dans les objectifs à atteindre. Dans la collaboration, c'est le résultat final qui prime, la production. Ainsi, la répartition des tâches se fait en fonction des talents des individus, créant de fait une inégalité entre les agents d'intervention. Dans la coopération, les tâches sont réalisées à égalité et sont partagées à compétences égales. Il y a aussi une dépendance des uns envers les autres. Sylvain Connac[5] met en évidence deux formes de pratiques coopératives (voir schéma ci-dessous) : les pratiques d'entraide et de travail de groupe (relations symétriques) d'une part, et les pratiques d'aide et de tutorat (relations dissymétriques) d'autre part. Tous ces processus proviennent des théories et des pratiques de l'Éducation nouvelle. Il faut que celui qui apprend soit associé au processus d'apprentissage.

5. Sylvain Connac, *La Coopération entre élèves*, Réseau Canopé, Paris, 2017.

Définition

Éducation nouvelle : courant pédagogique qui défend le principe d'une participation active des élèves et place l'apprentissage au cœur des enseignements. Les principaux propagateurs de cette éducation sont John Dewey et Célestin Freinet.

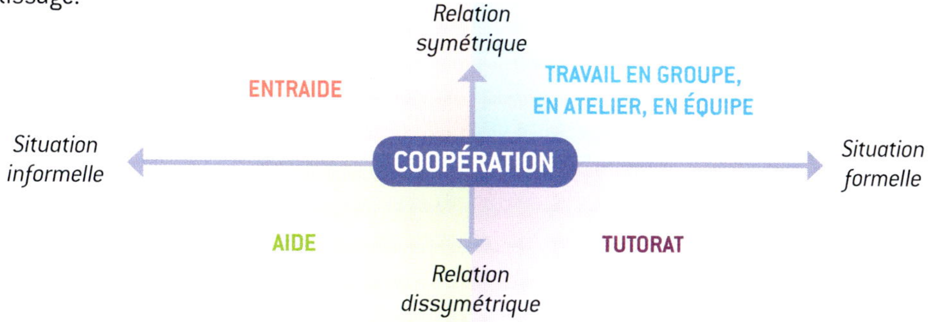

Source : Sylvain Connac, *La Coopération entre élèves*, Réseau Canopé, Paris, 2017.

Sylvain Connac liste les effets positifs de la coopération entre pairs. Elle permet à chaque élève de découvrir et d'expérimenter la confiance en soi, la solidarité, l'empathie, la responsabilité associées à un renforcement cognitif et une verbalisation des acquis. L'auteur décrit aussi les limites de cette pratique : dérive chronophage, bruit en classe, dépendance envers autrui et enlisement dans l'affectif. Il pense qu'une des solutions pour pallier ces limites demeure le tutorat et la mise en œuvre de jeux coopératifs, de réseaux d'échanges notamment où les élèves se délivrent les uns aux autres leurs savoirs et leurs savoir-faire. Il conseille aussi la mise en place de conseils coopératifs d'élèves et d'outils tels que les discussions à visées démocratiques et philosophiques.

Les discussions à visée démocratique et philosophique

C'est un dispositif d'apprentissage qui a un double objectif : apprendre à penser par soi-même et élaborer une pensée rationnelle, basée sur des questionnements posés à la condition humaine. Ce dispositif est à la fois démocratique par les règles de prise de parole, la répartition de cette dernière parmi les élèves, et philosophique par la pratique de l'autoquestionnement des élèves (problématisation des notions comme l'amitié, la solidarité, la justice...), la conceptualisation et l'argumentation.

1 3. La participation démocratique, le vote

L'engagement citoyen comprend la participation à la vie démocratique du pays. Les élèves, qui sont mineurs, doivent comprendre les enjeux de cette citoyenneté active à travers la participation aux élections. Élire des délégués de classe est une première approche de ces modalités de choix et de désignation. Cela permet aussi d'aborder l'idée de la délégation d'une souveraineté populaire ; ici, il s'agit de la délégation d'une souveraineté populaire à des représentants de classe.

- **Souveraineté populaire et souveraineté nationale**

La souveraineté est la détention de l'autorité suprême, donc d'un pouvoir absolu. Dans une démocratie comme la France, ce principe est détenu par le peuple qui est constitué en un corps politique qu'on appelle la nation. C'est ce que rappelle la Déclaration des droits de l'Homme et du Citoyen du 26 aout 1789 : « Le principe de toute Souveraineté réside essentiellement dans la nation. Nul corps, nul individu ne peut exercer d'autorité qui n'en émane expressément. » Ainsi, c'est collectivement et d'une manière indivisible que le peuple possède cette souveraineté. La limite de ce principe démocratique est que le grand nombre de citoyens ne peuvent pas tous délibérer ensemble pour décider collectivement. Il faut donc qu'ils délèguent leur souveraineté à des représentants : « La loi est l'expression de la volonté générale. Tous les Citoyens ont le droit de concourir personnellement ou par leurs Représentants à sa formation[6]. » La souveraineté nationale implique la présence d'un régime représentatif.

Emmanuel-Joseph Sieyès est considéré comme le père de la souveraineté nationale. Le corps législatif (les assemblées parlementaires) élu par le peuple détenteur de la souveraineté nationale est autonome dans le processus de décisions afin de garantir le bon fonctionnement démocratique du pays. En tant que représentant de la nation, le corps législatif exerce donc un pouvoir :
– qui ne peut être délégué ou partagé (la souveraineté est indivisible) ;
– qui est limité dans le temps (la souveraineté est inaliénable).

Définition

Régime représentatif : système politique dans lequel le pouvoir législatif est détenu par une assemblée parlementaire élue par le peuple constitué en corps politique.

6. Article 6 de la Déclaration des droits de l'Homme et du Citoyen de 1789.

Petite biographie

Emmanuel-Joseph Sieyès (1748-1836) : homme politique français et auteur. Il est consul provisoire à l'avènement du Consulat de Napoléon Bonaparte puis président du Sénat sous l'Empire. Il théorise la souveraineté nationale.

Enfin, la nation ne peut déléguer l'exercice de la souveraineté (elle est dite alors imprescriptible).

Cette souveraineté s'oppose à la souveraineté populaire, défendue par Jean-Jacques Rousseau[7], qui s'apparente à la démocratie directe, car elle implique des processus de participation directe du peuple (assemblée de citoyens, organisation de référendums, délégation d'un mandat impératif).
Le mode d'expression de la souveraineté nationale est le suffrage, c'est-à-dire un acte par lequel on déclare sa volonté, son choix ou son opinion. Dans une consultation électorale, cela se matérialise par le vote. Il reste à définir le corps électoral (qui a le droit de voter) et comment procéder au vote. Le suffrage est actuellement, en France, universel, égal et secret. Le droit de vote des femmes n'est que très récent puisqu'elles l'ont obtenu qu'en 1944.
Dans nos institutions, la souveraineté nationale peut être associée à la souveraineté populaire puisque le recours au référendum est inscrit dans la Constitution de 1958 (article 3). La Cinquième République fait ainsi cohabiter ces deux formes de souveraineté pour garantir le régime le plus démocratique possible. C'est l'Assemblée nationale qui est considérée comme le lieu où s'exprime la volonté nationale.

7. Jean-Jacques Rousseau, *Le Contrat social*, Livre III, 1763.

Définition

Mandat impératif : il délègue le pouvoir à des élus pour des actions spécifiques auxquelles l'élu ne peut déroger. Il est donc contraire à la représentation de la volonté générale dont est garant tout élu du corps législatif en France.

• Le vote

Le système électoral est l'ensemble des règles qui organisent l'expression du suffrage, le cadre dans lequel il s'exerce. Il tient compte aussi des modes de calcul pour le choix des représentants. Comment passer de plus de quarante millions d'électeurs à 577 députés actuellement, par exemple ?
Le scrutin dépend du mode de calcul choisi pour établir la représentation : il peut être majoritaire ou proportionnel.

À savoir

La souveraineté nationale n'est pas l'apanage de la République, elle est aussi présente dans les régimes monarchiques parlementaires.

• Le scrutin uninominal

S'il y a un seul mandat à pourvoir (comme celui de président de la République ou de député, par exemple), c'est un **scrutin uninominal**. Le scrutin uninominal est un scrutin majoritaire : celui/celle qui remporte le plus de voix a le mandat.

Les scrutins majoritaires sont fondés sur le principe que le gagnant remporte tout : « *The winner takes all* » (procédure pour l'élection du président des États-Unis par les Grands électeurs élus eux-mêmes dans chaque État). Cela avantage les grands partis et cela a le mérite de dégager des majorités claires et des gouvernements stables.

Deux systèmes sont établis : le scrutin majoritaire à un tour ou à deux tours.

Pour le **scrutin majoritaire à un tour**, la procédure de vote est la plus rapide et la plus brutale. Celui ou celle qui est en tête est élu, même s'il n'y a qu'une voix d'avance. Ce système conduit à structurer une vie politique autour de deux grands partis (bipartisme comme aux États-Unis ou en Grande-Bretagne).

Définition

Scrutin : désigne à la fois le vote par bulletin et l'ensemble des modalités du vote.

Pour le **scrutin majoritaire à deux tours**, le calcul est un peu plus complexe puisqu'il faut que celui ou celle qui arrive en tête au premier tour obtienne la majorité absolue (c'est-à-dire plus de voix que tous les autres réunis). Si c'est le cas, l'élection est proclamée. Dans le cas contraire, il est organisé un second tour dans lequel la majorité relative est attendue (51 % des suffrages obtenus). En France, pour l'élection présidentielle, c'est ce système qui est retenu depuis que le scrutin est soumis au suffrage universel (1962). Les analystes ont l'habitude de dire que, pour la présidentielle, « au premier tour, on choisit, au second, on élimine ». Pour les élections législatives, il est possible que trois candidats puissent se maintenir au second tour car ils ont obtenu un nombre suffisant de voix

(12,5 % des inscrits) pour continuer la course au siège. Ils décident de ne pas se désister : on appelle alors cela une « triangulaire ».

À un tour ou à deux tours, le scrutin majoritaire entraine des distorsions fortes entre le pourcentage des voix et le pourcentage de sièges recueillis, notamment lors des élections législatives.

- Le scrutin plurinominal

S'il y a plusieurs mandats à pourvoir (comme l'élection d'un conseil municipal, un conseil départemental, régional ou européen), c'est un **scrutin plurinominal**. Pour ce type de scrutin, il y a deux formules possibles :

– soit la liste qui a le plus de voix remporte tous les mandats soumis à élection (logique majoritaire) ;

– soit chaque liste reçoit, en proportion des suffrages exprimés en sa faveur, le nombre correspond de mandats (logique proportionnelle).

Avec les **scrutins proportionnels**, le but est de représenter le plus fidèlement possible la diversité des opinions politiques du corps électoral. On cherche ainsi la justice politique, mais il y a un grand risque d'éparpillement et d'avoir une assemblée ou un conseil extrêmement divisé. Trouver une majorité pour gouverner semble plus difficile avec un scrutin proportionnel ce qui pourrait entrainer un risque d'instabilité gouvernementale. Dans un scrutin proportionnel, un seul tour suffit.

> **Définition**
> **Scrutin proportionnel :** système de vote où les sièges sont attribués en fonction du nombre de voix recueillies.

Le mode de calcul peut s'avérer complexe et contesté par une partie des partis politiques qui auraient à pâtir de cette répartition des sièges à pourvoir. Si, dans une circonscription, il y a cinq sièges à pourvoir et qu'il y a 100 voix exprimées, cela signifie qu'un siège correspond à 20 voix. Chaque fois qu'un parti aura 20 voix, il aura un siège. Mais les résultats ne tombent jamais aussi justes. C'est pourquoi on met en place le principe du quotient électoral : nombre de suffrages exprimés divisé par le nombre de sièges à pourvoir. On n'utilise que les suffrages exprimés mais cela interdit alors la pratique du panachage où l'électeur va choisir sur des listes des noms et faire sa propre liste. Se pose le problème des restes et la manière de les utiliser. On utilise la méthode « du plus fort reste » qui consiste à soustraire du nombre de voix de chaque liste le total des quotients électoraux qu'elle peut contenir et à comparer ensuite les voix.

Par ailleurs, il faut noter qu'une partie du corps électoral refuse de participer au scrutin. C'est le phénomène de l'**abstention** qui prend, en France, des proportions de plus en plus importantes à chaque consultation électorale depuis plus de vingt-cinq ans. Juridiquement, l'abstention est le fait de ne pas se déplacer pour aller voter alors qu'on est bien inscrit sur les listes électorales. Il y a deux types d'abstention : une ponctuelle et conjoncturelle et l'autre structurelle. La première peut être la marque d'une indifférence à telle ou telle élection ou l'expression d'un refus de départager des candidats ou encore une manière de revendiquer qu'on ne se reconnait dans aucun programme ni candidat présentés. Cette citoyenneté est souvent qualifiée de « citoyenneté par intermittence » : « je peux voter au premier tour puis considérer que l'enjeu du second n'est pas/plus fondamental, etc. ».

Le second type d'abstention est plus structurel ; l'abstention concerne dans ce cas des groupes qui ne sont pas ou peu concernés par la consultation : on y trouve souvent les jeunes ou les non-diplômés par exemple. Le refus de voter peut apparaitre alors comme un marqueur identitaire fort.

Si l'élection du président de la République et celle du maire demeurent les plus populaires, les autres scrutins subissent depuis des décennies des revers d'abstention qui fragilisent les fondations de l'édifice démocratique. Les élections européennes, par scepticisme d'efficacité ou défiance à l'égard de Bruxelles, sont celles qui connaissent les plus forts taux d'abstention.

Document analysé et exploité

Être délégué(e), c'est trop la classe!

SARAH: Ça y est! J'ai enfin été élue déléguée de classe.
AGATHE: Ben nous, notre délégué l'année dernière il nous avait promis plein de choses… et il a rien fait du tout. Ça sert à rien en fait.
SARAH: Moi, je ferai pas ça!
AGATHE: En même temps, c'était n'importe quoi ce qu'il promettait. On se doutait bien qu'il ne pourrait pas faire venir notre groupe préféré en concert… ou installer une piscine dans la cour.
SARAH: Pourquoi vous avez voté pour lui alors?
AGATHE: Moi, j'ai pas voté pour lui… Mais, Max, c'est le garçon le plus populaire, alors il gagne à chaque fois… Je ne sais même pas si je vais voter la prochaine fois.
SARAH: C'est pas un concours de popularité les élections de délégués. On représente la classe alors on doit écouter l'avis de tous, même de ceux avec qui on n'est pas copains. On doit aussi expliquer ce qui est possible de faire ou pas.
AGATHE: Je sais bien? Ça devrait se passer comme ça. Mais en vrai, c'est une autre histoire!
SARAH: Moi j'y crois vraiment! Faut que tu continues à voter, sinon ça ne changera pas. Et même, tu devrais te présenter!
AGATHE: Et comment veux-tu que je fasse?
SARAH: Pour commencer, tu peux discuter avec un copain qui pourrait être délégué avec toi. Et puis, tu peux demander à tes amis s'ils ont des idées et voir s'ils aiment les tiennes.
AGATHE: Je ne suis pas sûre que mes idées leur plaisent…
SARAH: Ah bon? Pourquoi tu dis ça? Il y a forcément quelque chose que tu trouves important à faire pour ta classe.
AGATHE: En fait, j'aimerais bien qu'on fasse venir à l'école une association de chiens guides pour les personnes aveugles pour voir comment ils font pour les éduquer et puis, en profiter pour organiser une vente de gâteaux dans la cour pour leur donner de l'argent et les aider.
SARAH: Waouh j'adore! Quand on a des idées aussi fortes, faut foncer! Crois-moi, quand on défend comme ça ses convictions et qu'on les partage, alors, être déléguée, c'est vraiment la classe!

Source: https://lespetitscitoyens.com

• Présentation et définition du document

Le document d'appui est extrait d'un hebdomadaire numérique, intitulé lespetitscitoyens.com, et incarné par cinq personnages de bande dessinée qui ont toutes et tous une identité propre. Il y a Arthur, 11 ans, qui est, selon le site, «l'aventurier», sa petite sœur P'tite Marianne (7 ans), Sarah, 10 ans, qui est « la militante de la bande ». Gary est lui le « scientifique, qui rêve de devenir astronaute » et Agathe, la rebelle de 9 ans. Ils ont aussi un compagnon à poils, Choum. La présentation éditoriale souligne que « *ces cinq personnages, [...] comme tous les enfants, s'interrogent, s'inquiètent, doutent, s'enthousiasment et s'entraident* ». Du réchauffement climatique au harcèlement scolaire, en passant par les discriminations, tous les sujets les intéressent et suscitent des discussions. L'association Léo Lagrange, reconnue d'utilité publique et « complémentaire de l'Éducation nationale », est à l'origine de ce site. Cette association porte le nom de Léo Lagrange (sous-secrétaire d'État aux sports et aux loisirs du Front Populaire en 1936) et a pour but dès sa création en 1950, par l'ancien Premier ministre de F. Mitterrand, Pierre Mauroy, de promouvoir la mise en place de clubs de loisirs avec des animateurs bénévoles. Elle participe aux engagements sociaux et sociétaux de la seconde moitié du XXe siècle afin d'éduquer à la citoyenneté et au partage les jeunes générations. Association d'éducation populaire, elle s'engage pour « donner les moyens à tous, tout au long de la vie, de s'épanouir et de vivre pleinement sa citoyenneté », d'agir pour favoriser l'égalité des chances à l'école, favoriser l'échange culturel et la mixité sociale et enfin, être « ambassadrice de la jeunesse en offrant aux jeunes un espace d'expression citoyenne[8] ». Dans le numéro du 15 octobre 2018, Sarah et Agathe évoquent les élections de délégués de classe. Le dialogue engagé porte sur les raisons de l'engagement, mais aussi sur l'image que se font les enfants du rôle de délégué et plus généralement sur le rôle des représentants démocratiquement élus et leurs missions auprès des électeurs et des électrices de la classe.

8. Voir www.leolagrange.org/qui-sommes-nous

• Analyse du document en lien avec le thème 3

Deux jeunes élèves, Sarah et Agathe, personnages récurrents de l'hebdomadaire, permettent aux lecteurs et lectrices de s'identifier et de rentrer plus facilement dans l'échange. Cette forme de mise en abyme n'est pas sans rappeler les méthodes préconisées dans l'enseignement de la morale civique dès la fin du XIXe siècle, notamment la discussion entre les élèves que doit susciter le professeur en lançant le débat sur la thématique du jour.

Il s'agit donc ici d'un dialogue entre Sarah et Agathe : chez la première, on perçoit la maturité et la logique argumentatives, chez la seconde, la naïveté et l'incrédulité. L'hésitation d'Agathe à se présenter à l'élection n'est pas sans rappeler la question de sous-représentation féminine – malgré la loi sur la parité de 2000 – dans les scrutins locaux et nationaux. Sarah rétablit les véritables enjeux d'une élection comme celle du délégué de classe : on n'est pas élu pour plaire (« Je ne suis pas sûre que mes idées leur plaisent ») ou ne rien faire (cas de Max, le délégué de l'an passé), mais bien pour proposer et servir l'intérêt général (« partage » « écoute »). Mais la morale la plus prégnante est certainement la volonté de Sarah de lutter contre l'abstention qui ne peut être, en aucun cas, la garantie d'une bonne santé de la démocratie : « Il faut continuer à voter sinon les choses ne changeront pas. » Le dialogue ne reste pas sur un constat mais veut proposer des solutions : face à l'inertie de l'ancien délégué, Sarah suggère à Agathe de se présenter, d'écouter les autres et d'être une force de proposition. L'idée d'inviter une association des chiens-guides pour les non-voyants la séduit et elle encourage Agathe à aller plus loin dans son projet. Le jeu de mots de la fin permet de sonner comme un slogan : « être déléguée, c'est vraiment la classe ! »

- **Piste d'exploitation pédagogique**

Ce document peut constituer l'introduction à la séance qui précède l'élection des délégués. L'enseignant interroge les élèves sur la nature du régime démocratique (« Qu'est-ce que la démocratie ? »), puis insiste sur l'importance de la consultation électorale (introduction de la notion de souveraineté nationale et populaire). Le vote est une forme d'engagement individuel et qui a des conséquences majeures sur la vie de la communauté : faire ou ne rien faire pour les autres. Dans un second temps, l'enseignant peut demander aux élèves de réfléchir à ce qu'ils proposeraient pour l'amélioration de la vie de classe et s'ils désirent faire acte de candidature. En s'appuyant sur des affiches électorales (comme celles de campagnes présidentielles passées, par exemple), il insiste sur la nécessité de trouver en quelques mots ou quelques phrases courtes des arguments électoraux qui mettent en avant l'intérêt de la candidature de chaque élève. La production finale serait alors l'affichage des « professions de foi » des élèves qui se soumettent aux suffrages de leurs camarades. Avant de procéder au scrutin à proprement parler, l'enseignant veille aussi à faire le point sur le mode de scrutin et les procédures pour proclamer les heureux élus.

2 Comprendre le sens de l'intérêt général

2 1. La nation républicaine

Selon la définition du *Petit Robert*, la **nation** est « un groupe d'hommes auxquels on suppose une origine commune. Groupe humain généralement assez vaste qui se caractérise par la conscience de son unité et la volonté de vivre en commun ». Anne-Marie Thiesse[9] précise que chaque individu est pourvu d'une identité nationale qu'il a intégrée depuis son plus jeune âge. Cette identité est le fruit d'une longue histoire. Le principe national émerge au temps des Lumières, et s'est généralisé au cours du XIXe siècle en Europe et en Amérique. La Déclaration des droits de l'Homme et du Citoyen de 1789 véhicule cette idée de communauté nationale à travers deux articles qui posent, dans l'article 1, l'égalité en droits pour tous les Hommes et, dans l'article 3, la souveraineté de la nation. Cependant, cette conception universaliste pose une question fondamentale : où commence et où finit une nation ? Selon l'historienne, en 1792, la République est constitutive de la nation française car elle fédère l'ensemble de la communauté et ne repose pas, comme la monarchie, sur la légitimité d'une élite dirigeante. La nation française se constitue quand la République en danger dès 1792 doit se protéger et lutter contre ses ennemis. La nation française s'impose donc à la fois comme une communauté culturelle et un corps politique. C'est l'une des origines de l'exception française. Au cours du XIXe siècle, la dimension culturelle a contribué à « particulariser » la nation française. Comme une grande famille, la nation doit donc garantir l'égalité et la fraternité entre ses membres. Le programme scolaire de la IIIe République est ainsi conçu pour « faire des Français » avant de les « républicaniser ». L'éducation ne peut qu'être nationale tout en respectant les traditions régionales. Pour Anne-Marie Thiesse, il faut faire de « l'amour de la petite patrie la base pour l'amour de la grande Patrie ».

Pourtant, la nation n'est pas la République et inversement. Ce sont deux natures différentes et pourtant largement imbriquées depuis plus d'un siècle et demi. Selon le géographe Yves Lacoste[10], la nation est une représentation d'un collectif identitaire fondé sur

9. Anne-Marie Thiesse, « La nation, une construction politique et culturelle », *Savoir/Agir*, vol. 2, n° 2, 2007, pp. 11-20.

10. *Géopolitique de la nation France*, (dir. Frédéric Encel et Yves Lacoste), PUF, 2016, pp. 215-231.

un corpus de référents culturels, notamment la langue. Le géopolitologue Frédéric Encel[11] complète l'approche du géographe en soulignant que la République est une « réalité institutionnelle tangible, un cadre légal, un ensemble de lois et de règles, un instrument de gestion d'une société et un outil de régulation des rapports de force sur un territoire bien défini et délimité ». L'auteur pense que la République peut se définir au-delà de son régime politique et ses institutions. L'attachement des Français à la République prend tout son sens si l'on considère qu'elle est l'anti-monarchie. Frédéric Encel la définit, à son origine révolutionnaire, comme la cité des citoyens actifs, du gouvernement du peuple par le peuple pour le peuple. Si, historiquement, la République profite du divorce de la nation française avec la monarchie multiséculaire, elle n'est pour autant pas d'essence révolutionnaire. Tout au long du XIXe siècle, elle se veut garante de la stabilité sociale, du bien-être collectif. La construction républicaine française trouve son accomplissement dans le principe de laïcité institué par la loi de 1905.

11. Frédéric Encel, « République nationale, nation républicaine », *op. cit.*, pp. 215-231.

2 2. La solidarité nationale et internationale

La **solidarité nationale** est restée longtemps cantonnée à la charité chrétienne et aux œuvres caritatives mais avec l'avènement d'une République sociale, les droits et la protection des plus faibles sont de mieux en mieux garantis. Des assurances par secteur d'activités aux caisses de retraites ouvrières, la solidarité nationale prend encore plus d'ampleur avec la création de la Sécurité sociale en 1945. Le principe est basé sur **la réciprocité et l'entraide** entre les salariés et les non-salariés, les chômeurs (caisse d'assurance-chômage), entre les actifs et les retraités (caisses de retraite), entre les malades et les autres (caisse d'assurance maladie). Toute une politique d'aides et d'allocations est mise en place pour aider les plus faibles et les plus isolés (parent isolé, veuvage, longue maladie). La Caisse d'allocations familiales (CAF), créée en 1945, est présente pour répondre à ces besoins vitaux qui doivent rétablir l'égalité entre toutes et tous.

Autrefois appelée « politique humanitaire », la **solidarité internationale** est l'expression d'un engagement mutuel entre pays, qui implique un sentiment de responsabilité réciproque. Dans un monde où la pauvreté augmente et dans lequel la mondialisation accentue l'interdépendance entre les pays, il faut construire entre les pays du Nord et ceux du Sud, des projets visant à réduire les inégalités et à garantir l'accès aux droits fondamentaux, comme l'éducation, l'alimentation, la santé, l'accès à l'eau, etc. Cette nécessité en appelle à un état d'esprit solidaire, qui nécessite de travailler ensemble pour le bien de toutes et de tous dans le monde. L'éducation au développement durable et à la solidarité internationale est un moyen de sensibiliser les élèves dès le plus jeune âge à cet esprit, car mettre en place des actions de solidarité au sein des écoles en fait partie.

À savoir

La solidarité nationale est aussi présente dans les initiatives privées et associatives On la retrouve dans les actions caritatives des Restos du Cœur, du Secours Populaire, du Secours Catholique ou de la Croix-Rouge française.

La solidarité internationale est bâtie sur un concept d'égalité entre tous les humains et sur le respect des droits de l'Homme. Cela est explicite dans la Déclaration universelle des droits de l'Homme de 1948. L'article 22 stipule : « Tout citoyen a droit à obtenir la satisfaction des droits économiques, sociaux et culturels indispensables à sa dignité et au libre développement de sa personnalité, grâce à l'effort national et à la coopération internationale. »

Pour réduire les inégalités de développement, la solidarité internationale s'impose, et elle prend plusieurs formes. L'ONU est chargée, à travers l'aide internationale, d'aider les pays en développement dans les crises humanitaires ou climatiques qu'ils traversent. Des organismes non gouvernementaux (ONG) sont là pour soutenir l'aide d'urgence aux populations en détresse, pour promouvoir l'égalité des hommes et des femmes sur la Terre ou encore pour faire respecter les droits et la dignité des êtres humains. D'autres organisations ont aussi pour but de protéger la planète, sa faune et sa flore ainsi que les océans. Des journées internationales sont décrétées et organisées par l'ONU afin de sensibiliser le jeune public à ces causes et récupérer des soutiens financiers :

– Journée mondiale du bénévolat (5 décembre) ;
– Journée internationale de la Solidarité humaine (20 décembre) ;
– Journée mondiale contre la faim (15 octobre) ;
– Journée mondiale de l'eau (22 mars).

Qu'est-ce que le droit d'ingérence humanitaire ?

L'aide humanitaire n'est pas toujours le fruit d'un engagement mutuel. Parfois, des acteurs interviennent dans un État, même sans le consentement des autorités, notamment dans le cas de violation massive des droits humains. Ce lien entre assistance humanitaire et usage de la force est justifié par les intervenants au nom d'une obligation morale.

À l'échelle nationale, le Conseil national du développement et de la Solidarité internationale (CNDSI), créé en 2015, est un espace de dialogue entre l'État français et les organisations non gouvernementales. Réuni trois fois par an, il est organisé en cinq groupes de travail (migration et développement, financement du développement, implication du secteur privé, présidence française du G7, stratégie française auprès des banques et des fonds multilatéraux). En lien avec l'agenda international, ce conseil met en avant les recommandations des acteurs non étatiques sur des sujets prioritaires. Ces propositions sont ensuite transmises aux ministères concernés pour des négociations internationales. Cette instance est composée de membres de la société civile comme des syndicalistes, des ONG, des employeurs, des représentants d'entreprises, des parlementaires, des représentants de collectivités territoriales, des universités, etc. Le ministre des Affaires étrangères assure la présidence de ce conseil. La participation de la France à l'aide internationale est matérialisée par une aide publique au développement au niveau de 0,5 % du RNB du pays, en augmentation depuis la fin des années 2010. Notre pays apporte son aide à dix-neuf pays dans le monde, dont la grande majorité se trouvent en Afrique. Six sujets centraux sont retenus pour concrétiser cette aide : le climat, la biodiversité, la santé, l'éducation, l'égalité entre les femmes et les hommes et la lutte contre les fragilités. Le but est aussi de promouvoir le volontariat à l'international dans une logique de réciprocité : des citoyens étrangers peuvent faire des missions en France alors que des Français peuvent partir en coopération décentralisée dans les pays concernés.

Depuis les années 2000, la solidarité internationale est associée à la solidarité à l'échelle locale : des collectivités territoriales et des acteurs locaux s'engagent en faveur de l'aide à l'international. C'est une sorte d'action *glocale* (globale-locale) qui est mise sur pied dans notre pays.

2 3. L'engagement citoyen dans le développement durable

La publication des programmes d'EMC en juillet 2020 fait une place importante au développement durable dans l'apprentissage que doivent faire les élèves de l'engagement citoyen. Le Conseil économique, social et environnemental a adopté en octobre 2020 l'avis intitulé « Favoriser l'engagement civique et la participation citoyenne au service du

Définitions

RNB (Revenu national brut) : valeur proche du produit national brut (PNB) ; somme des revenus (salaires et revenus financiers) perçus, pendant une période donnée, par les agents économiques nationaux. Le RNB est la somme du PIB et du solde des flux des revenus primaires avec le reste du monde.

Coopération décentralisée : relations de long terme entre collectivités territoriales nationales et étrangères, qui sont organisées ou non par des conventions. Les actions sont très variées et menées dans différents secteurs, comme l'aide au développement.

Définition

Conseil économique, social et environnemental (CESE) : assemblée constitutionnelle française composée de représentants sociaux (patronat, syndicats, associations).

développement durable[12] ». Il émet dix-huit préconisations parmi lesquelles « éduquer et former pour la mise en œuvre des objectifs du développement durable » et créer une « écocitoyenneté ». La participation de tous les établissements scolaires est fortement souhaitée pour mettre en place des expérimentations et des projets dans le but de mener des actions citoyennes responsables.

Le ministère de l'Éducation nationale encourage les élèves à devenir des acteurs du développement durable. Il faut qu'ils puissent mieux percevoir l'interdépendance des sociétés humaines et du système Terre, saisir la nécessité de faire des choix informés et responsables et adopter des comportements qui tiennent compte de ces équilibres. Enfin, ils doivent saisir l'importance d'une solidarité à l'échelle mondiale. Chaque école doit pouvoir développer un projet pérenne en faveur de la biodiversité, comme la mise en place de nichoirs, d'hôtels à insectes, de potagers, la plantation d'arbres, etc. Il faut que les établissements scolaires acquièrent le label « École en démarche globale de développement durable (3ED) » pour pouvoir participer à ces initiatives écoresponsables.

Pour stimuler les idées et concrétiser les initiatives, un concours national baptisé « École verte » et le prix éponyme doivent pouvoir soutenir les projets locaux. Un appel à projets indique qu'il faut que ces derniers soient innovants, qu'ils favorisent la transition écologique et le développement durable. Un livre blanc de la jeunesse en faveur de la biodiversité, à l'initiative de l'académie Aix-Marseille, est en cours de rédaction. Il doit recueillir toutes les propositions visant à protéger et sauvegarder la biodiversité.

Lancée une première fois en 2003 puis pérennisée depuis 2012, la Semaine européenne du développement durable (SEDD) est l'occasion pour les élèves de participer en s'engageant dans des projets écoresponsables. Elle a pour objectif de promouvoir le développement durable, de sensibiliser à ses enjeux et d'encourager une mobilisation concrète, individuelle et collective. Cette Semaine participe à l'Agenda 2030[13] des Nations unies.

Une Semaine du climat, sous l'autorité du ministère de l'Éducation nationale, est organisée chaque année dans les écoles. Elle aussi est inscrite dans le programme Agenda 2030. Elle doit être l'occasion de proposer des débats sur les liens entre les enjeux de développement durable et la lutte contre le changement climatique, des projets pédagogiques et des ateliers scientifiques. La Fête de la Science est intégrée dans ce dispositif d'apprentissage à l'écocitoyenneté.

❷ 4. Exercer son esprit critique : l'éducation aux médias

Avec la création du CLEMI (Centre de liaison pour les moyens d'information)[14] en 1983, les médias d'information, en partenariat avec des chaines de télévision, des journaux ou des stations de radio, entrent dans la classe. Ce Centre propose des outils d'apprentissage aux enseignants pour travailler en classe à partir de supports médias (journal imprimé, magazines...) dans le but de promouvoir l'éducation par les médias.

• La naissance de l'Éducation aux médias et à l'information (EMI)

En 2003, une conférence de l'UNESCO s'est tenue à Prague. Elle a permis de définir la notion d'éducation aux médias (*information Literacy*), devenue en 2012 l'EMI (acronyme français de *Media and Information Literacy*, M.I.L). La conférence établit trois grands axes :

1. la connaissance et la compréhension des médias et de l'information dans la perspective du débat démocratique et de la participation sociale ;
2. l'évaluation des textes médiatiques et des sources d'information ;
3. la production et l'utilisation des médias et de l'information.

12. www.vie-publique.fr/en-bref/277147-participation-citoyenne-au-developpement-durable-lavis-du-cese

13. Programme adopté par 198 pays dans le monde pour la transformation de la planète à l'horizon 2030. www.agenda-2030.fr

14. Il devient en 2007 le Centre de liaison de l'enseignement et des médias de l'information.

• Quelle est la différence entre « éducation par les médias » et « éducation aux médias » ?

Lorsqu'on parle d'éducation « par les médias », on entend l'utilisation de films, émissions de télévision et de radio, journaux, magazines, affiches publicitaires, etc. comme auxiliaires d'enseignement : projection d'un documentaire scientifique, visionnement d'un film en classe d'histoire, utilisation d'articles de journaux pour aborder certains aspects de l'apprentissage de la langue maternelle ou de la langue seconde, etc. L'éducation par les médias renvoie ainsi à une pédagogie du soutien, où les productions médiatiques sont au service de l'enseignement des matières scolaires.

Dans le cas de l'éducation « aux médias », la perspective est tout autre : ce sont les médias qui deviennent eux-mêmes l'objet d'étude. Ils sont abordés comme constituant un domaine spécifique et autonome de connaissances sur lequel porte l'enseignement. Il s'agit alors de travailler sur les productions médiatiques elles-mêmes, sur leur origine et sur la manière dont elles sont construites, diffusées et consommées. On s'interroge aussi sur les modalités de réception des messages des différents médias et on cherche à comprendre la nature de leurs effets en commentant et en se prononçant sur les idées, les valeurs et les points de vue qu'ils véhiculent. Convier l'élève à une démarche d'éducation « aux médias », c'est l'amener à s'interroger sur la nature des relations que nous établissons avec les médias, individuellement et collectivement. La culture du jugement dans les programmes d'EMC implique en effet de développer les aptitudes au discernement et à la réflexion critique des élèves. Dans un monde où circulent de nombreuses *fake news*, l'EMI est plus que nécessaire.

• L'EMI dans les programmes de l'école maternelle et élémentaire

L'Éducation aux médias et à l'information est présente dans les programmes des cycles 2 et 3. Elle contribue à tous les apprentissages scolaires autant qu'elle s'en nourrit. L'acquisition de connaissances et de compétences s'effectue de manière progressive en tenant compte des spécificités de chaque cycle. Elle s'appuie sur des activités régulières mobilisant les savoirs qui en relèvent dans des situations concrètes et variées.

En cycle 1[15], les cinq domaines d'apprentissage sont utilisés pour initier les jeunes élèves au jugement critique des productions écrites et visuelles : « Les élèves commencent [...] à se représenter l'effet qu'une parole peut provoquer », ils « apprennent peu à peu à caractériser les différentes images, fixes ou animées et leurs fonctions [...] afin d'avoir un regard critique sur la multitude d'images auxquelles ils sont confrontés ». « Les situations d'apprentissage permettent de rechercher des informations, grâce à la médiation du maître, dans des documentaires, sur des sites Internet. »

En cycle 2 et 3, le domaine 2 du socle commun de connaissances et de compétences, intitulé « Les méthodes et outils pour apprendre », indique que les élèves doivent développer les capacités à rechercher l'information, à la partager, à développer les premières explications et argumentations et à porter un jugement critique. Dans le domaine 3, « l'élève acquiert la capacité d'émettre un point de vue personnel, [...] d'accéder à une réflexion critique. Il est sensibilisé à un usage responsable du numérique ». L'usage des médias et la réflexion des élèves sur ces usages sont nécessairement liés.

En effet, la compréhension des médias ne peut se réaliser qu'en situation réelle d'utilisation, de création et de manipulation des supports. Dans le contexte des activités et des apprentissages propres au cycle 2 et 3, les élèves développent des compétences

15. https://cache.media.eduscol.education.fr/file/A-Scolarite_obligatoire/24/3/Programme2020_cycle_1_comparatif_1313243.pdf

relevant de l'EMI selon quatre grands champs, qui peuvent se combiner entre eux. Les compétences peuvent ainsi être progressivement développées du CP au CM2.

Les quatre compétences majeures de l'EMI en cycle 2

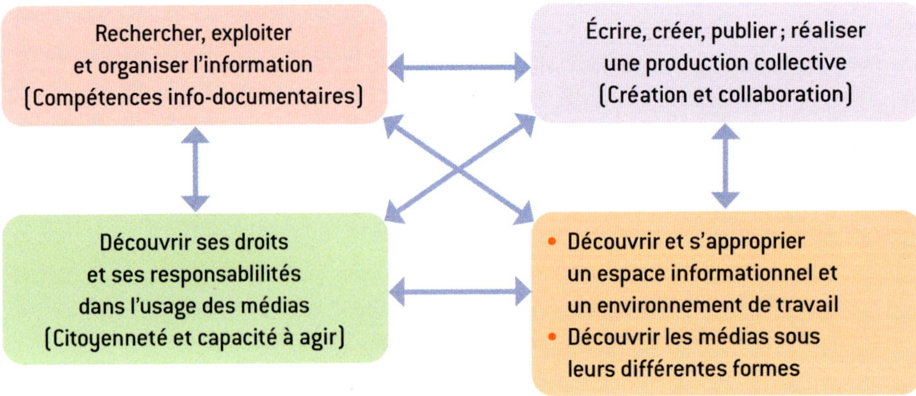

Les quatre compétences majeures de l'EMI en cycle 3

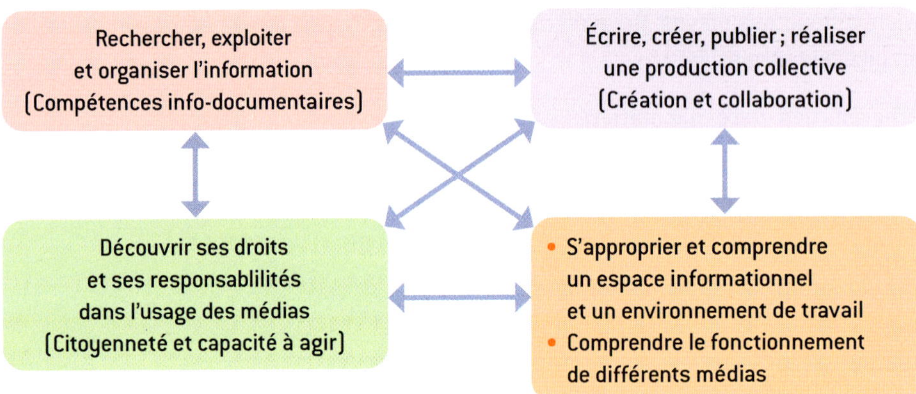

L'EMI s'exerce aussi dans le cadre de projets menés en relation avec l'environnement culturel local (médiathèques, bibliothèques, musées, maisons d'édition, radios, télévisions et journaux locaux, fablabs…) et avec d'autres acteurs éducatifs (associations partenaires de l'école, intervenants de la réserve citoyenne, notamment les journalistes qui en font partie…). Les projets éducatifs territoriaux (PEDT) contribuent à la cohérence de ces actions. Les productions des élèves sont valorisées, et peuvent être exposées ou publiées sur le site de l'école, et venir enrichir le portfolio de chaque élève. L'organisation, au niveau national et local, de manifestations culturelles et d'actions éducatives, sous la forme notamment d'évènements phares comme la Semaine de la presse et des médias dans l'école organisée par le Centre pour l'éducation aux médias et à l'information (CLEMI), ou de concours (concours de blogs, concours de Unes, trophées) sont autant d'occasions pour les élèves de mettre en œuvre leurs compétences, de développer des pratiques médiatiques et de comprendre l'actualité et les enjeux du monde de l'information et de la communication, amplifiés et transformés par le numérique.

De nombreux dispositifs émergents, ainsi que les ressources développées par les enseignants autour de ces dispositifs, peuvent aussi être mobilisés : jumelages, réseaux numériques (comme e-twinning), webradios, médias scolaires, blogs de classes, twittclasses, twictée, webdocumentaires, reportages et wikis… Ces dispositifs sont particulièrement utiles pour construire une culture civique, car ils rendent les élèves actifs, leur apprennent à travailler collectivement en réseau, et font vivre les pratiques de classe autour de l'éducation aux médias et de la culture numérique.

Définition

e-twinning : réseau pour mener des projets en collaboration avec des classes en France ou en Europe.

❷ 5. Focus sur la sécurité routière

Le ministère de l'Éducation nationale développe, depuis plusieurs années, une éducation à la sécurité routière dès le cycle 1. Il s'agit d'apprendre les comportements qui permettent de circuler et de se déplacer tout en ayant conscience des dangers et des périls qui guettent les enfants comme usagers de la route. L'élève est considéré comme piéton, passager ou rouleur en toute autonomie. Deux registres de compétences sont convoqués : celles à maitriser en tant qu'usager de la route et celles, plus transversales, pour chaque situation qui doit utiliser les règles de sécurité et porter secours.

- Au cycle 1, les élèves doivent savoir ajuster et enchainer leurs déplacements en fonction d'obstacles à franchir, se déplacer avec aisance et en sécurité dans des situations variées (circuit aménagé, piste cyclable…).
- En cycle 2, les élèves doivent être capables de réaliser un parcours en adaptant leurs déplacements et de respecter les règles de la sécurité routière (programme d'EPS). De plus, ils doivent adopter un comportement responsable par rapport à soi et à autrui et intégrer l'idée que la règle commune peut interdire, obliger, mais aussi autoriser (programme d'EMC).
- Enfin, au cycle 3, les élèves doivent avoir conscience de leur responsabilité individuelle, manifester leur respect aux autres, comprendre les notions de droit, de devoir et de règle à appliquer et à accepter. Il faut aussi qu'ils puissent prendre en charge les aspects de la vie collective, de l'environnement et développer une conscience civique, y compris écologique.

Cette formation, réalisée tout au long de la scolarité de l'élève, peut être validée par l'obtention de l'APER[16] que les élèves doivent passer au plus tard en CM2[17].

En parallèle de cette formation à la sécurité routière, les élèves doivent aussi être sensibiliser au dispositif APS[18]. Ils doivent savoir adopter une attitude de prévention, se protéger et protéger autrui, savoir alerter et intervenir d'une manière opportune. Cette éducation contribue à développer une connaissance du corps que l'enfant peut s'approprier, construire une véritable éducation à la responsabilité, appliquée à la santé et à la sécurité, devenir une personne responsable capable de se maintenir en sûreté et de porter secours à l'autre par des actions simples.

16. Attestation de première éducation à la route.

17. Voir le Guide pour l'éducation à la sécurité routière qui montre la progressivité des apprentissages du cycle 1 au cycle 3 en classant les compétences à acquérir dans les différents champs disciplinaires pour les élèves piétons, passagers et rouleurs https://eduscol.education.fr/document/9731/download?attachment

18. « Apprendre à porter secours », Voir Circulaire du 24 mai 2006, https://www.education.gouv.fr/bo/2006/33/MENE0601175C.htm

Document analysé et exploité

Source : clemi.fr

• Présentation et définition du document

L'affiche du CLEMI (Centre de liaison pour l'information des médias) est la version 2021 qui inaugure un nouveau thème « s'informer pour comprendre le monde ». Pour aider les enseignants à mettre en œuvre des activités pour leur classe, le site propose des pistes et des ressources. Le thème peut être décliné en trois axes : liberté d'expression et dessin de presse, les médias scolaires et les usages des réseaux sociaux. Ce document peut permettre de travailler les compétences suivantes : connaitre le fonctionnement du monde médiatique et les processus de construction de l'information, savoir lire les images et notamment utiliser le langage médiatique, découvrir les enjeux de l'information scientifique et « déjouer l'infodémie » et repérer les représentations médiatiques stéréotypées et stigmatisantes. Depuis trente-deux ans, le Clemi propose des thématiques et des ressources pour la semaine de la presse et des médias (SPME) qui se déroule chaque année fin mars.

> **Définition**
>
> **Infodémie :** mot-valise constitué à partir de « information » et « épidémie » qui se réfère à une propagation rapide et large d'un mélange d'informations à la fois exactes et inexactes sur un sujet.

• Analyse du document en lien avec le thème 3

L'affiche est composée de trois parties : le dessin proprement dit, le texte (le titre et le thème de l'année pour la semaine de la presse et des médias), et les partenaires de cette activité éducative en direction des écoles. L'iconographie est la partie centrale qui attire l'œil en premier. Le dessin représentant des enfants montés à bord d'un bateau en papier sur une mer calme permet aux enfants de s'identifier et d'être impliqués dans l'information que l'affiche contient. Chaque enfant tient dans sa main ou sous son bras un objet qui permet de savoir à quel type de média cela fait référence. À l'extrême gauche, un garçon tient une tablette alors qu'au milieu de l'embarcation une jeune femme porte sous le bras un ordinateur portable. Ces deux personnages symbolisent les médias et l'information numériques. Deux autres (une fillette et un jeune homme) tiennent un crayon de papier et un compas pour les dessins de presse (dont la caricature). À la proue du navire, le garçon aux lunettes prend des notes sur un calepin alors que sa camarade photographie. La presse écrite et le photoreportage sont donc mis à l'honneur. L'eau sous le bateau n'est pas agitée même si le matériau de ce dernier (le papier) peut suggérer sa fragilité, sa remise en question dans le cadre d'une démocratie comme la France.

• Piste d'exploitation pédagogique

Après avoir analysé en détail les différentes composantes du dessin à l'oral, on peut faire compléter aux élèves un tableau à plusieurs entrées. En listant chaque objet repéré, on répond aux questions disposées en colonnes : Que symbolise-t-il ? Quel type de média concerne-t-il ? Ainsi, les élèves pourraient distinguer les médias numériques, la presse écrite et audiovisuelle qui sont facilement accessibles à chaque jour et à chaque heure de la journée. En bilan d'analyse, on peut poser une question aux élèves : quels sont les types de médias qu'utilise chaque élève ? Dans un second temps, on peut susciter l'intérêt des élèves en leur demandant s'ils connaissent la différence entre un récit, un témoignage et un reportage afin de mettre en évidence l'importance du travail des journalistes qui doivent pouvoir s'exprimer librement et réaliser leur travail d'investigation. Cette séance peut constituer une préparation et une contextualisation avant une analyse plus précise d'un de ces médias lors des séances suivantes.

En savoir plus sur les programmes de collège

hatier-clic.fr/crpe23hgemc15

TEST D'AUTO-ÉVALUATION 15

Corrigé p. 240

1 Qu'est-ce que n'est pas une promesse ? Rayer la ou les réponses fausses.

a. Un engagement qui n'implique que ceux qui y croient

b. Un engagement dans le présent et le futur pour ceux qui la reçoivent

c. Un rapport au temps et à autrui

2 Compléter la grille de mots croisés qui a pour thématique l'engagement moral.

HORIZONTALEMENT

1 Croyance, spontanée ou acquise, en la valeur morale

2 Elle est à la fois une qualité morale, une attitude d'esprit et une force de caractère.

VERTICALEMENT

3 Engagement qui se contracte devant toute la communauté

4 N'engage que la personne qui l'émet

5 Ensemble des liens sociaux découlant de la capacité à vivre ensemble

3 Relier les noms avec leur définition pour bien connaitre les différents sytèmes de participation démocratique.

- Système représentatif •
- Scrutin •
- Souveraineté populaire •
- Mandat impératif •
- Souveraineté nationale •

- • Processus de participation directe du peuple par une assemblée des citoyens, une organisation de référendums
- • Désigne à la fois le vote par le bulletin et l'ensemble de modalités du vote
- • Délègue le pouvoir à des élus pour des actions spécifiques auxquelles l'élu ne peut déroger
- • Détention de l'autorité suprême par le peuple qui délègue ses pouvoirs à des représentants
- • Système politique dans lequel le pouvoir législatif est détenu par une assemblée parlementaire, élue par le peuple constitué en corps politique

4 À quel type de scrutin l'infographie suivante fait-elle directement allusion ?

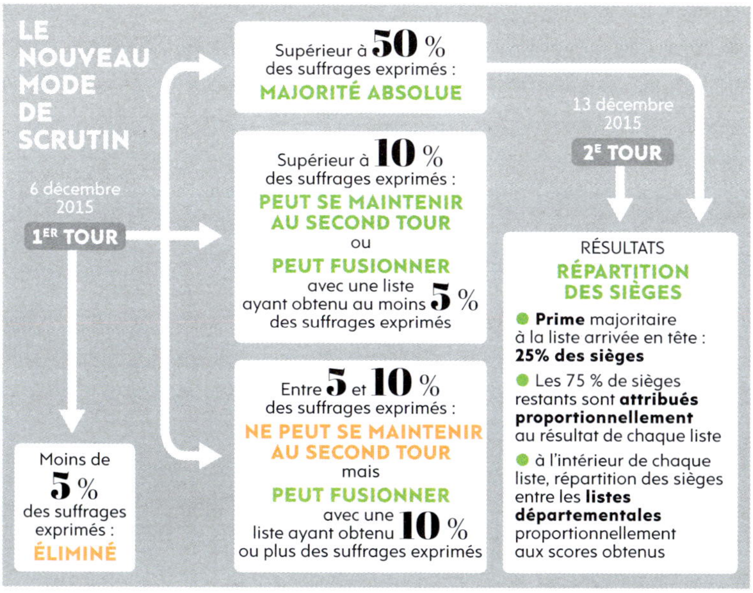

Source : *L'Humanité*, 4 décembre 2015, https://www.humanite.fr/politique-et-citoyennete/elections-regionales-2015/

5 Compléter ce texte qui fait la distinction entre l'idée de nation et celle de république.

Mots-clés : nation – origine commune – vivre ensemble – unité – république – cité – anti-monarchie – citoyens – politique

La .... est « un groupe d'hommes auquel on suppose une .... » qui a conscience de son .... et de .... L'attachement à la .... est plus d'ordre .... car elle se présente comme .... Elle est la .... des .... actifs.

6 Compléter ce texte qui donne une définition de la solidarité internationale avec les mots-clés.

Mots-clés : solidarité internationale – droits de l'Homme – droits fondamentaux – inégalité – égalité – garantir – réduire

La .... est bâtie sur un concept d'.......... entre tous les humains et sur le respect des .... C'est aussi l'idée de .... les .... et .... à tous les hommes les .... comme l'éducation, l'alimentation, la santé, l'accès à l'eau…

EMC

Corrigés

TEST D'AUTO-ÉVALUATION 1

Énoncé p. 47

1 Compléter le tableau des thématiques du programme avec les mots-clés.

Voir p. 37 à 46

Mots-clés : Alésia, Suèves, Ossements, Australopithèques, Pax Romana, Barbares, Rois fainéants, Alignements de Carnac, Mérovée, Caracalla, Pépin le Bref, Alaman, Toumaï.

Thématiques du programme	Des exemples de traces
Quelles traces d'une occupation ancienne du territoire français ?	Ossements Alignements de Carnac **Australopithèques** **Toumaï**
Thématiques du programme	**Des héritages**
Celtes, Gaulois, Grecs et Romains : quels héritages des mondes anciens ?	**Pax Romana** **Caracalla** **Alésia**
Thématiques du programme	**Des populations**
Les grands mouvements et déplacements de populations (IVe-Xe siècles)	**Suèves** **Barbares** **Alaman**
Thématiques du programme	**Rois et empereurs**
Clovis et Charlemagne, Mérovingiens et Carolingiens dans la continuité de l'Empire romain	**Rois fainéants** **Mérovée** **Pépin le Bref**

2 Compléter la frise sur la préhistoire.

Voir p. 39

Premiers fossiles d'hominidés	Maitrise du feu	Premiers Homo Sapiens en Europe	Début du Néolithique
2 800 000	– 400 000	– 45 000	– 8 000

3 Compléter les dates de l'Antiquité.

Voir p. 41

IXe siècle av. J.-C. : Les peuples celtes s'installent en Europe

IIe siècle av. J.-C. : Début de la conquête romaine en Gaule

De – 58 à – 51 : Guerre des Gaules opposant Jules César et Vercingétorix

212 : Édit de Caracalla : les Gaulois deviennent citoyens de l'Empire romain

313 : Édit de Milan : liberté de cultes dans l'Empire romain

4 Compléter les phrases expliquant ce qui s'est passé aux dates données au sujet des grands mouvements de populations du IVe siècle au VIIe siècle.

Voir p. 44

375 : Les **Huns** franchissent la Volga et repoussent d'autres peuples vers l'ouest de l'Europe

451 : Arrivée des **Huns** en Gaule

476 : Fin de **l'Empire romain**

885 : Siège de Paris par les **Vikings**

5 Indiquer les dates qui ont marqué les dynasties mérovingienne et carolingienne.

Voir p. 46

511 : Mort de Clovis

732 : Victoire de Charles Martel contre les Sarrasins à Poitiers

800 : Couronnement de Charlemagne comme Empereur

814 : Mort de Charlemagne

TEST D'AUTO-ÉVALUATION 2

Énoncé p. 57

1 Choisir la bonne réponse.

Voir p. 47 à 55

a. La première croisade a lieu en :

1095

b. François Ier accueille en France l'artiste :

De Vinci

c. Qui n'a pas joué de rôle pendant les guerres de religion ?

Louis IX

d. Que ne peut pas faire un roi exerçant un pouvoir absolu ?

Choisir son héritier

2 Compléter le tableau avec les caractéristiques de chaque type de château.

Voir p. 52

Mots-clés : a. Tours volumineuses, **b.** Symétrie et larges fenêtres, **c.** Constructions défensives, **d.** Ornements des façades, **e.** Douves, **f.** Jardins aménagés et longues galeries

Les châteaux du Moyen Âge	Les châteaux de la Renaissance
a. Tours volumineuses **c.** Constructions défensives **e.** Douves	**b.** Symétrie et larges fenêtres **d.** Ornements des façades **f.** Jardins aménagés et longues galeries

3 Associer le souverain à un concept de son époque.

Voir p. 48 à 56

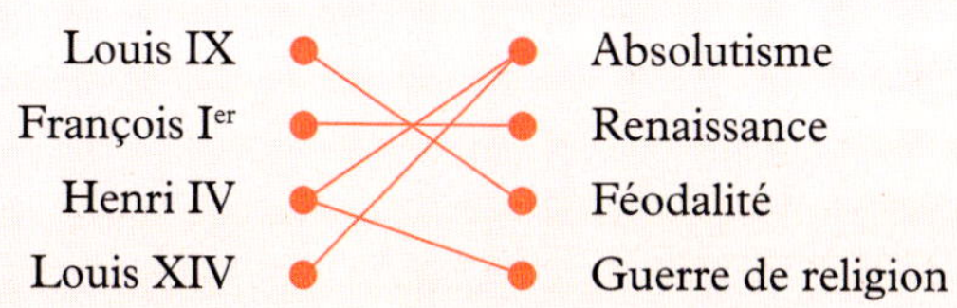

Attention : l'absolutisme peut être associé à plusieurs souverains.

TEST D'AUTO-ÉVALUATION 3

Énoncé p. 66

1 Remettre les évènements suivants dans l'ordre.

Voir p. 62

6. Ouverture des États généraux

2. Prise de la Bastille

9. Abolition des privilèges

1. Déclaration des droits de l'homme et du citoyen

8. Arrestation de Louis XVI à Varennes

3. L'Assemblée constituante adopte la constitution

10. Louis XVI emprisonné

4. Début de la Première République

5. Début de la Terreur et des guerres de Vendée

7. Exécution de Louis XVI

2 **Quel ordre représente chaque personnage repéré sur cette estampe ?**

Voir p. 61

1. Tiers état
2. Noblesse
3. Clergé

Caricature sur les trois ordres,
« A faut espérer qu'eu jeu la finira ben tôt » Gravure anonyme, 1789, musée Carnavalet.

3 **Comment appelle-t-on la réunion de ces trois ordres ?**

Les États généraux

4 **Classer chaque création selon qu'elles datent de la Révolution ou de l'Empire.**

Voir p. 58 à 65

a. Légion d'honneur – **b.** Départements – **c.** Les partis Jacobins et Girondins – **d.** Les lycées – **e.** L'égalité devant la loi – **f.** Le Code civil

Pendant la Révolution	Pendant l'Empire
b. Départements **c.** Les partis Jacobins et Girondins **e.** L'égalité devant la loi	**a.** Légion d'honneur **d.** Les lycées **f.** Le Code civil

TEST D'AUTO-ÉVALUATION 4

Énoncé p. 77

1 **Relier chaque régime politique à ses dates de début et de fin.**

Voir p. 67 à 70

La Troisième République	1815-1830
La Restauration	1830-1848
La monarchie de Louis-Philippe Ier	1848-1852
Le Second Empire	1852-1871
La Deuxième République	1871-1940

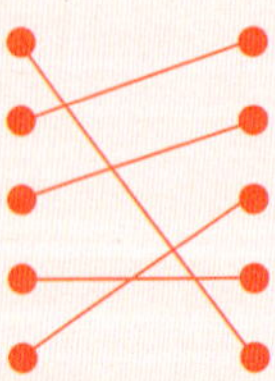

2 **Classer chaque colonie dans la colonne de la métropole correspondante.**

Voir carte p. 70

a. Kenya – **b.** Gabon – **c.** Guadeloupe – **d.** Égypte – **e.** Indes – **f.** Madagascar – **g.** Algérie – **h.** Nigeria

Empire français	Empire britannique
b. Gabon **c.** Guadeloupe **f.** Madagascar **g.** Algérie	**a.** Kenya **d.** Égypte **e.** Indes **h.** Nigeria

3 Compléter le texte qui explique le fonctionnement de la Cinquième République à partir de 1962.

Voir p. 75

Les **électeurs élisent** le président de la République et les députés à l'Assemblée nationale au suffrage **universel direct**. Le gouvernement est **nommé** par le président, et **contrôlé** par l'Assemblée nationale. Le Sénat est élu au suffrage **universel indirect**. Le Conseil constitutionnel vérifie si les lois votées sont conformes à la Constitution.

Le statut de citoyenne à part entière et le droit de vote ont été accordés aux femmes en **1944**.

4 Schématiser le fonctionnement de la Cinquième République à l'heure actuelle.

Voir p. 205

Pour vérifier votre schéma :

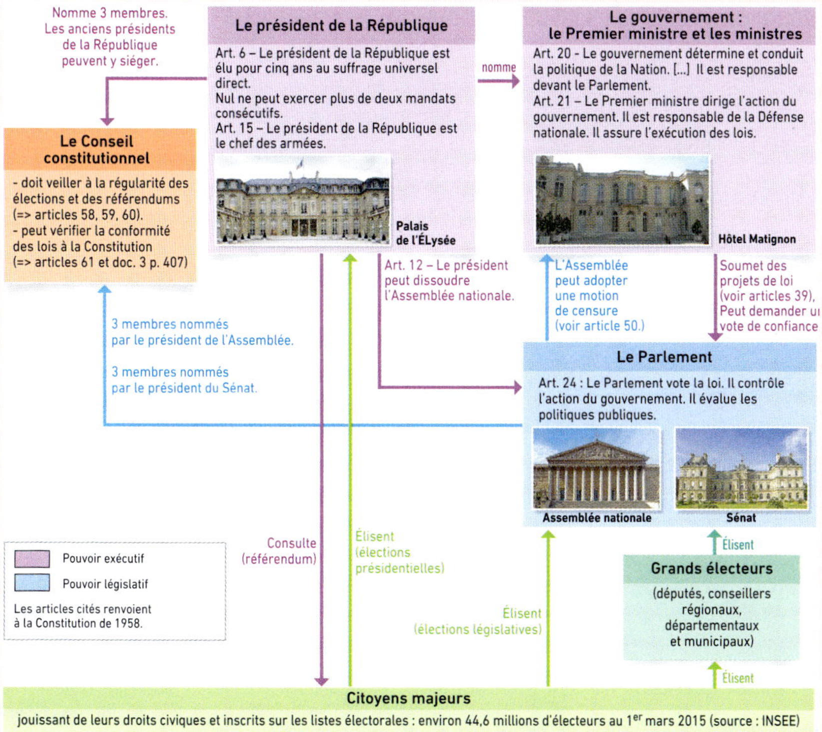

TEST D'AUTO-ÉVALUATION 5

Énoncé p. 87

1 Classer dans le tableau ce qui correspond à la première ou à la deuxième phase de l'industrialisation.

Voir p. 78 à 80

Première phase de l'industrialisation	Deuxième phase de l'industrialisation
a. Charbon	b. Chimie
d. Machine à vapeur	c. Électricité
e. Sidérurgie	f. Automobile

2 Choisir la définition de la transition démographique.

Voir p. 84

b. Une baisse de la mortalité, une baisse de la natalité plus tardive donc une hausse démographique.

3 Relier les évènements aux bonnes dates.

Voir p. 83

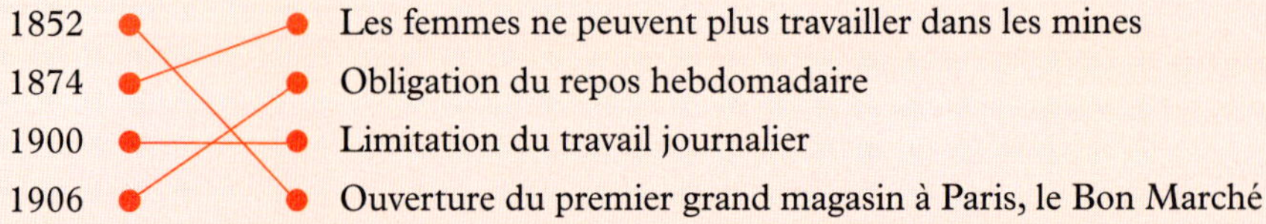

4 Donner des dates significatives qui marquent les progrès des transports en France et à Paris pendant l'âge industriel.

Voir p. 80

- 1875-1891 : Doublement du réseau ferroviaire en France.
- 1900 : Mise en service du premier métro.

TEST D'AUTO-ÉVALUATION 6

Énoncé p. 97

1 Relier chaque guerre mondiale à ce qui lui correspond.

Voir p. 88 à 92

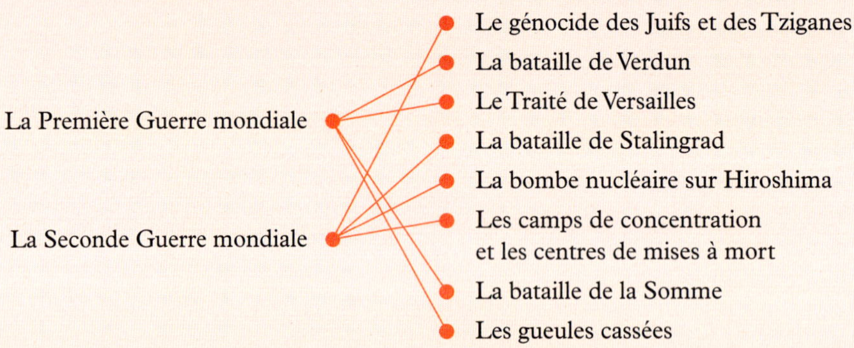

2 Remplir la frise avec l'entrée ou la sortie de pays dans la CEE puis l'Union européenne.

Voir p. 95

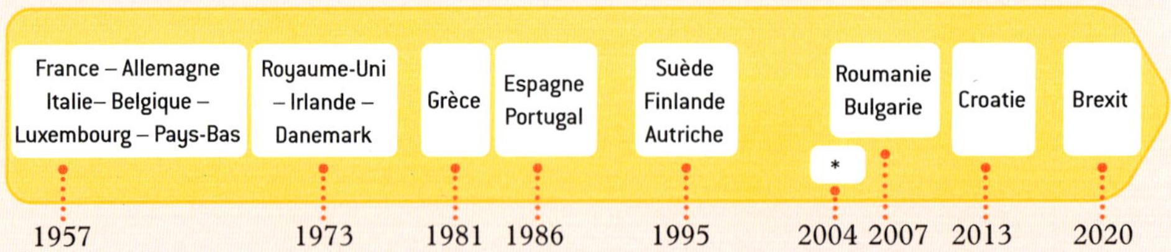

* : Estonie, Lettonie, Lituanie, Pologne, République tchèque, Slovaquie, Slovénie, Hongrie, Malte, Chypre.

3 Donner la signification des sigles suivants.

Voir p. 88 à 96

- STO : **Service du travail obligatoire**
- URSS : **Union des républiques socialistes soviétiques**
- CECA : **Communauté européenne du charbon et de l'acier**
- CEE : **Communauté économique européenne**
- UE : **Union européenne**
- PAC : **Politique agricole commune**

TEST D'AUTO-ÉVALUATION 7

Énoncé p. 108

1 Quelle est la définition en géographie du concept de l'Habiter ? Voir p. 98

a. Le lieu où l'on réside

2 Le ou les lieux de vie des élèves sont : Voir p. 99

b. Polytopiques

3 Qu'est-ce qu'une carte mentale en géographie ? Voir p. 100

c. Une traduction sous la forme cartographique d'un espace tel qu'un individu se le représente ou se l'imagine

4 Compléter ce texte sur la géographie physique de la France. Voir p. 104

L'Europe est une **péninsule** située à l'**ouest** de l'Eurasie. La France est située à l'extrémité du continent. Elle a une triple bordure littorale ouverte sur la mer **Méditerranée**, l'**océan Atlantique** et la **mer du Nord**, la **Manche**.

Les principaux massifs montagneux français sont : **les Alpes, les Pyrénées, les Vosges, le Massif central, le Jura.**

5 Qu'est-ce qu'un bassin hydrographique ? Voir p. 104

c. Un fleuve avec tous ses affluents et tous les cours d'eau qui les alimentent

6 Sur une carte au 1/85 000, combien représente 1 cm ? Voir p. 105

b. 850 mètres

TEST D'AUTO-ÉVALUATION 8

Énoncé p. 119

1 Quelle est la différence entre une ville et une aire urbaine ? Voir p. 109

a. Une ville est un lieu de concentration des humains dont le seuil statistique peut varier alors qu'une aire urbaine comprend plusieurs villes dont une ville-centre, des banlieues et une couronne périurbaine.

2 Quel est le nom du géographe qui a écrit « l'urbanité procède du couplage de la densité et de la diversité des objets de société dans l'espace » ? Voir p. 110

b. Jacques Lévy

3 Pourquoi les activités dites « tertiaires » sont-elles difficiles à localiser géographiquement ? Voir p. 111

c. Parce qu'elles sont peu visibles

4 Quelle est la première destination touristique française et européenne ? Voir p. 114

c. Disneyland Paris

5 **Sur cette photographie, indiquer à quel élément correspond chaque chiffre.** Voir p. 117

1. a. pistes aménagées pour les skieurs
2. b. remontées mécaniques
3. c. logements pour les vacanciers

TEST D'AUTO-ÉVALUATION 9

Énoncé p. 131

1 **Quelles sont, parmi ces ressources, celles qui sont renouvelables ?** Voir p. 121

a. L'eau
d. La biomasse

2 **Quel est le nom du graphique souvent nommé « camembert » ?** Voir p. 126

e. Un diagramme circulaire

3 **Quel est le plus important consommateur d'eau en France ?** Voir p. 128

b. Les agriculteurs

4 **Compléter la légende de cette carte qui montre la variété de l'agriculture française.** Voir p. 129

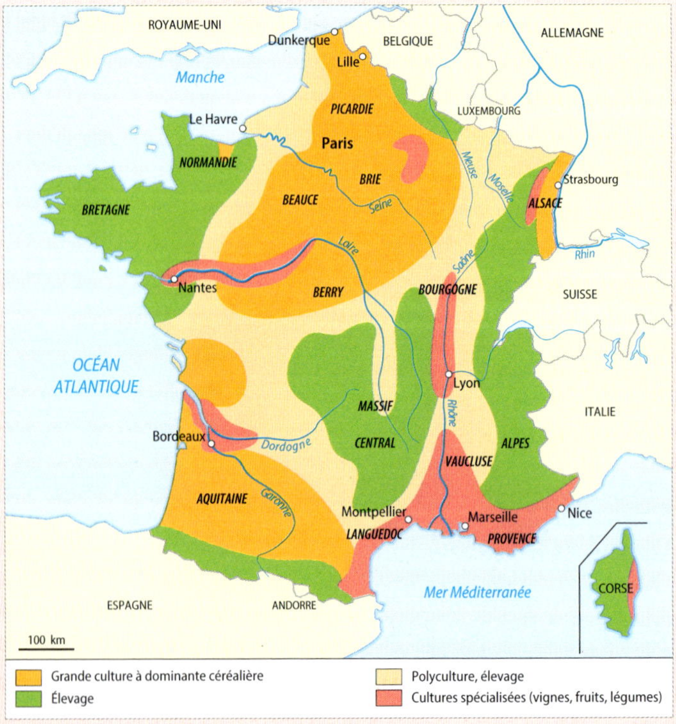

5 Qu'est-ce qu'un système alimentaire durable ?

b. Un système qui permet de manière juste et équitable d'accéder à une offre alimentaire de qualité

Voir p. 128

TEST D'AUTO-ÉVALUATION 10

Énoncé p. 145

1 Que désigne le terme « mobilité » en géographie ?

c. Un changement de lieu accompli par un individu ou par un groupe

Voir p. 132

2 Quelle est l'échelle privilégiée pour aborder les mobilités quotidiennes ?

c. L'échelle locale

Voir p. 134

3 Quel est aujourd'hui le mode de transports le plus utilisé dans les pays du Sud et en voie de développement ?

b. Le vélo et la marche à pied

Voir p. 136

4 Quelle est la méthode pour lire une carte ou un plan de réseau ?

b. Déterminer l'échelle, lire la légende, déterminer les axes et nœuds principaux puis secondaires puis se questionner

Voir p. 134

5 Quel est le mode de transports le plus utilisé dans les espaces ruraux ?

b. La voiture

Voir p. 135

TEST D'AUTO-ÉVALUATION 11

Énoncé p. 157

1 Comment définir Internet ?

c. C'est un réseau de réseaux qui interconnecte entre eux des serveurs et des écrans partout dans le monde

Voir p. 147

2 Quelle est la différence entre le WWW (Web) et Internet ?

b. Le Web est un ensemble d'applications au service des usagers d'Internet

Voir p. 148

3 Quelles infrastructures matérielles sont nécessaires pour que cette personne se connecte à Internet au cœur de la montagne ?

c. Des satellites, une antenne-relais, un accès au réseau via un opérateur de téléphonie mobile

Voir p. 148

4 Compléter la légende de cette carte du réseau Internet dans le monde. Voir p. 156

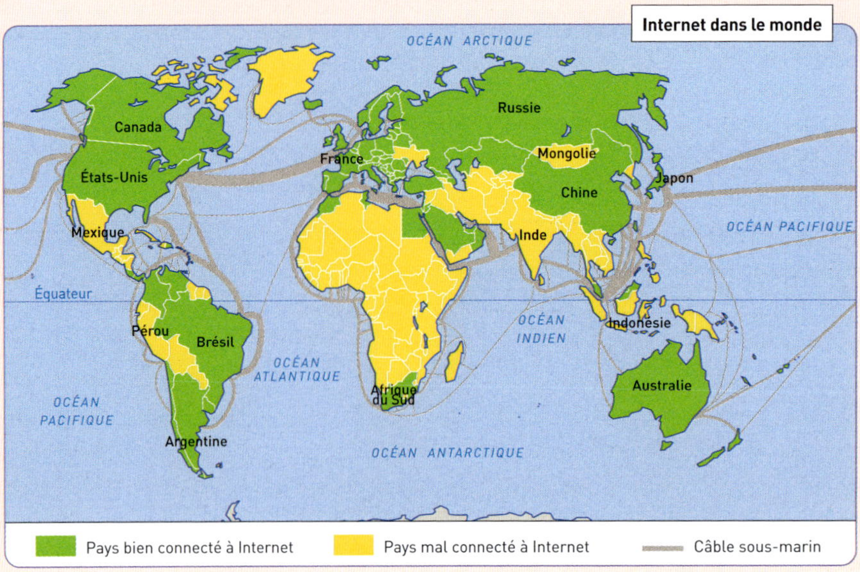

5 Aujourd'hui, l'accès à Internet et à ses usages est un enjeu : Voir p. 155

b. Humain

c. Politique

d. Stratégique et diplomatique

TEST D'AUTO-ÉVALUATION 12

Énoncé p. 169

1 Quand a été élaborée la notion de développement durable ? Voir p. 158

a. 1987

2 Une ville durable, c'est : Voir p. 159

b. Une ville dans laquelle sont envisagés à la fois aspects environnementaux, économiques et sociaux permettant la soutenabilité du modèle urbain à long terme

3 Pourquoi une meilleure gestion des eaux de pluie est un enjeu fondamental pour aménager une ville durable ? Voir p. 161

a. Parce que l'imperméabilisation des sols et la régression du végétal empêchent l'infiltration naturelle des eaux dans le sol, ce qui peut occasionner des inondations et des déversements d'eau polluée

4 Compléter le texte suivant qui décrit la photographie ci-contre. Voir p. 162

- La ville de Marseille est située au **sud-est** de la France, en bordure de la **mer Méditerranée.**
- Au premier plan, on observe un partage des voies de circulation : **automobilistes, cyclistes** et **piétons.**
- Au second plan, on observe une **plage** et des aménagements caractéristiques d'une **station balnéaire**.
- Au dernier plan, on distingue **la mer et les versants des montagnes méditerranéennes.**

5 **Quand la France a-t-elle lancé la construction de son premier écoquartier ?** Voir p. 167

b. En 2003

6 **Dans quelle ville se trouve ce premier écoquartier ?** Voir p. 167

c. Grenoble

TEST D'AUTO-ÉVALUATION 13

Énoncé p. 185

1 **À quel mot associe-t-on facilement le « respect » ?** Voir p. 170

b. Pudeur

2 **Quelle est la définition de la politesse ?** Voir p. 171

c. Ensemble de codes de langages et d'attitude qui facilitent les relations avec autrui

3 **Classer dans l'ordre croissant sur l'échelle des valeurs les mots suivants.** Voir p. 172

b. inégalité – **c.** différence – **e.** dissimilitude – **d.** préjugé – **a.** stéréotype – **f.** caricature

4 **À l'aide des mots-clés, compléter le texte suivant qui répond à la question : « Peut-on parler d'une autorité du maitre envers ses élèves ? Pourquoi ? »** Voir p. 171

Mots-clés : l'égal – dévolution acceptée – autorité institutionnelle – soumission intellectuelle – autorité du maitre

« Oui on peut parler d'une **autorité du maitre**, qui n'est pas une **soumission intellectuelle** de la part des élèves, mais une **dévolution acceptée** de l'autorité de l'adulte. L'élève ne peut être **l'égal** de l'enseignant et ne peut remettre en cause son **autorité institutionnelle**. »

5 **Relier les situations décrites ci-dessous aux notions d'inégalité et de discrimination correspondantes.** Voir p. 173

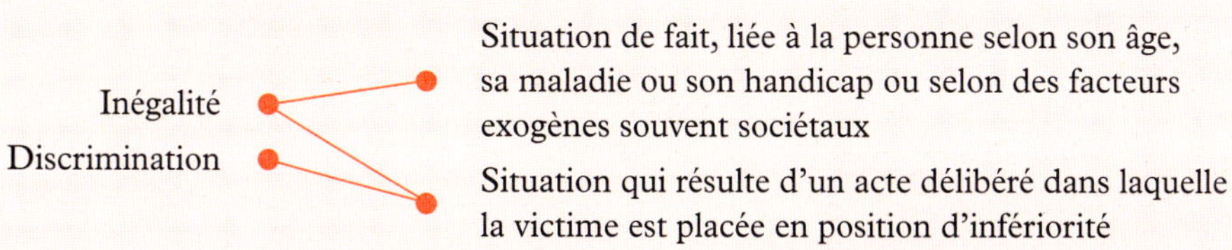

6 **Relier chaque évènement de la lutte contre les discriminations à la date qui lui correspond.** Voir p. 173

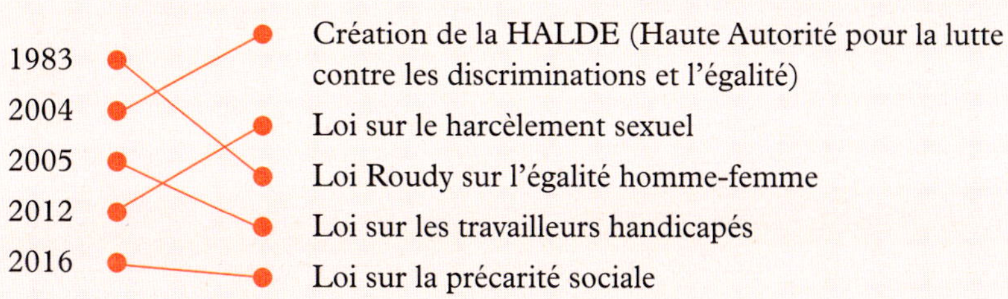

7 Dire de quel type de discrimination relèvent les cas suivants.

Voir p. 174

- Un homme de 60 ans et demi est mis au chômage alors qu'il lui reste deux ans de travail parce que le directeur préfère employer un jeune afin de lutter contre l'inemploi des jeunes. → **Discrimination à l'âge**
- Une femme, venant de rentrer de congé parental, est licenciée parce qu'il y a une baisse d'activités au sein de son entreprise. → **Discrimination à l'état de grossesse**
- Une assistante de vie scolaire est renvoyée parce qu'elle a laissé sur les réseaux sociaux des commentaires sur son orientation sexuelle et ses opinions politiques. → **Discrimination à l'orientation sexuelle et opinion politique**
- Un étudiant ne parvient pas à obtenir la location d'un appartement parce qu'il porte un nom à consonance étrangère. → **Discrimination au patronyme**
- Des réfugiés font l'objet de moqueries et de brimades sur les réseaux sociaux. → **Discrimination à l'appartenance à une ethnie, une nation ou une prétendue race**.
- Une famille monoparentale est isolée au sein de son entourage parce qu'elle élève seule ses trois enfants. → **Discrimination à la situation de famille**.
- À la boulangerie du coin, on refuse de servir un client dont on ne comprend aucun mot prononcé. → **Discrimination à la langue (capacité à s'exprimer dans une autre langue que le français)**

8 L'égalité filles-garçons : vrai ou faux ?

Voir p. 174

- Depuis 1975 et la réforme Haby, le principe égalitaire de l'enseignement mixte est affirmé par la loi. **VRAI**
- En 2008, les parlementaires adoptent le principe intangible de la mixité à l'école. **VRAI**
- Selon le rapport 2021 de la DEPP sur l'égalité filles-garçons, La maitrise de la langue française est assurée par 61 % des garçons contre 55 % des filles. **FAUX (c'est l'inverse)**
- Les filles réussissent mieux en mathématiques qu'en français. **FAUX (c'est l'inverse)**
- 71 % des filles au lycée s'orientent vers des voies générales ou technologiques contre 57% des garçons. **VRAI**
- Les filles se sentent plus touchées par les remarques sexistes et les violences à caractère sexuel que les garçons. **VRAI**

TEST D'AUTO-ÉVALUATION 14

Énoncé p. 207

1 Dire à quel type de moralité (préconventionnelle, conventionnelle ou post-conventionnelle) chaque occurrence se rapporte.

Voir p. 189

a. Respect de la loi et des conventions sociales, violer la loi est répréhensible. → **Moralité conventionnelle (stade 4)**

b. La loi n'est valable que si elle est fondée sur la justice. L'individu agit parce que c'est juste, dans son intérêt propre. → **Moralité post-conventionnelle (stade 6)**

c. Évitement de la sanction. Enfant centré sur les conséquences directes de ses actions. → **Moralité préconventionnelle (stade 1)**

d. Intérêt personnel. Récompenses et ses avantages malgré l'attitude toujours égocentrique. → **Moralité préconventionnelle (stade 2)**

e. La loi est considérée comme un contrat social et peut être remise en cause si elle ne produit pas le bien-être collectif attendu. → **Moralité post-conventionnelle (stade 5)**

f. Maintien des bonnes relations, l'individu accepte ou refuse les règles. L'individu évalue la moralité d'une action et ses conséquences. → **Moralité conventionnelle (stade 3)**

2 Quels sont, parmi les droits suivants, ceux qui sont garantis dans la convention internationale des droits de l'enfant (1989) ?

Voir p. 191

b. Être en bonne santé

c. Accès à l'eau potable

d. Aller à l'école

3 Relier les symboles de la République avec leur signification.

Voir p. 193

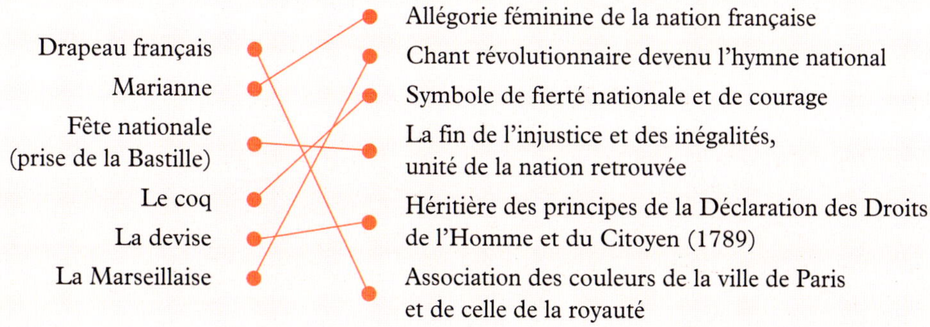

4 Placer les évènements de l'histoire de la laïcité dans l'enseignement sur la frise chronologique.

Voir p. 198

a. Loi Guizot

b. Loi Fillon

c. Lois Ferry

d. Loi Goblet

e. Loi de refondation de l'école

f. Loi de séparation des Églises et de l'État

g. Loi pour une école de la confiance

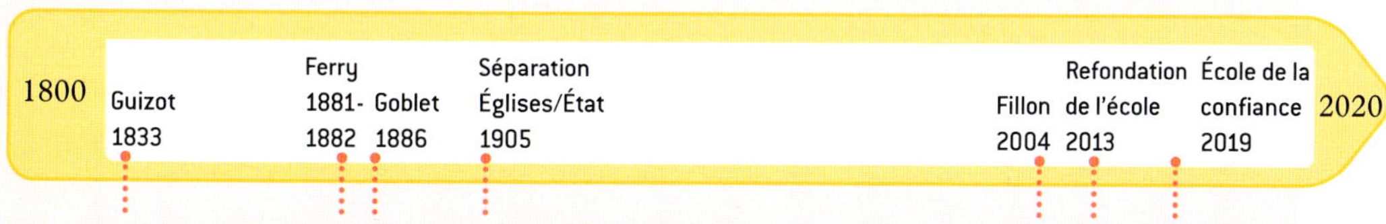

5 Les élus de la République : vrai ou faux ?

Voir p. 204

- Le président de la République française possède la majorité du pouvoir exécutif.

VRAI et FAUX : il est la clé de voute des institutions de la République car il a des pouvoirs importants mais il ne peut gouverner seul. Il a des contre-pouvoirs comme le pouvoir législatif (article 68 de la constitution)

- Le Premier ministre est chef du gouvernement. **VRAI**
- Le gouvernement élabore le budget et est responsable devant le parlement. **VRAI**
- Le chef de l'État est le chef de la diplomatie française. **VRAI**
- Il faut être âgé de moins de 35 ans pour être élu sénateur. **FAUX (c'est l'inverse)**
- Trois membres du conseil constitutionnel sont nommés par le président de la République, trois par le président du Sénat et trois par le président de l'Assemblée nationale. **VRAI**
- Le mandat de député est d'une durée de six ans. **FAUX (5 ans)**

6 La laïcité s'articule autour de quatre principes. Quels sont-ils ?

Voir p. 197

– La liberté de conscience

– L'égalité de tous les citoyens

– La séparation du pouvoir politique et des autorités religieuses

– La neutralité de la puissance publique

TEST D'AUTO-ÉVALUATION 15

Énoncé p. 226

1 Qu'est-ce que n'est pas une promesse ?

Voir p. 209

b. Un engagement dans le présent et le futur pour ceux qui la reçoivent

c. Un rapport au temps et à autrui

2 Compléter la grille de mots croisés qui a pour thématique l'engagement moral.

Voir p. 210

Horizontalement

1 Croyance, spontanée ou acquise, en la valeur morale

2 Elle est à la fois une qualité morale, une attitude d'esprit et une force de caractère.

Verticalement

3 Engagement qui se contracte devant toute la communauté

4 N'engage que la personne qui l'émet

5 Ensemble des liens sociaux découlant de la capacité à vivre ensemble

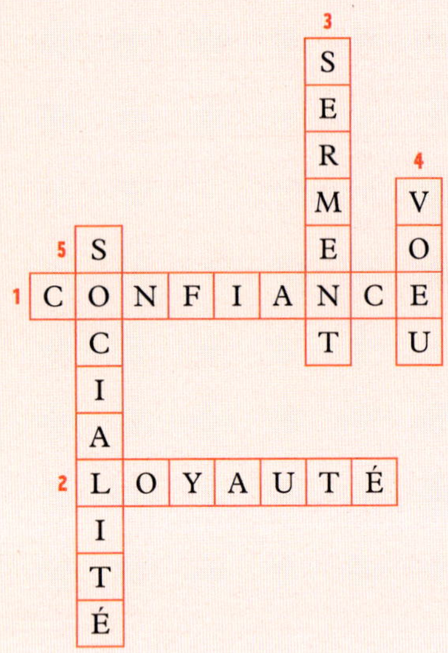

3 Relier les noms avec leur définition pour bien connaitre les différents systèmes de participation démocratique.

Voir p. 212

- Système réprésentatif — Système politique dans lequel le pouvoir législatif est détenu par une assemblée parlementaire, élue par le peuple constitué en corps politique
- Scrutin — Désigne à la fois le vote par le bulletin et l'ensemble de modalités du vote
- Souveraineté populaire — Processus de participation directe du peuple par une assemblée des citoyens, une organisation de référendums
- Mandat impératif — Délègue le pouvoir à des élus pour des actions spécifiques auxquelles l'élu ne peut déroger
- Souveraineté nationale — Détention de l'autorité suprême par le peuple qui délègue ses pouvoirs à des représentants

4 À quel type de scrutin l'infographie suivante fait-elle directement allusion ?

Voir p. 213

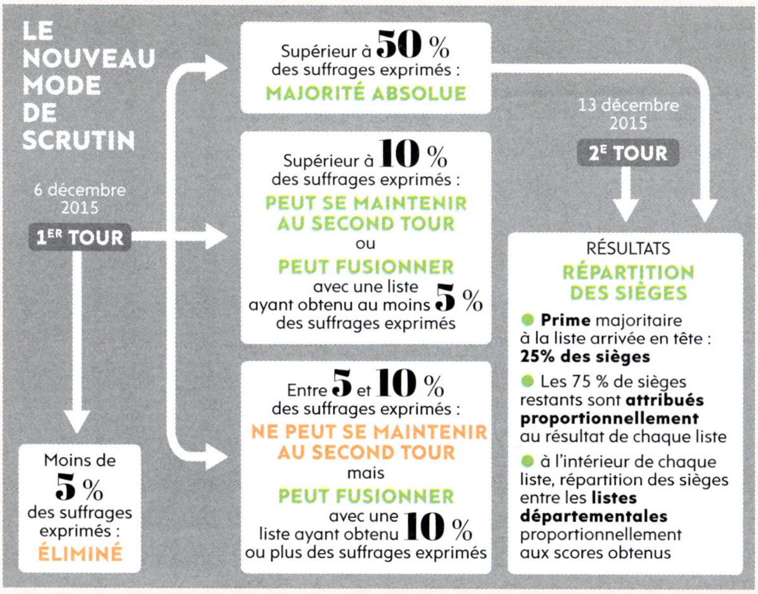

Source : *L'Humanité*, 4 décembre 2015, https://www.humanite.fr/politique-et-citoyennete/elections-regionales-2015/

Il s'agit d'un scrutin de liste à deux tours. Il faut un minimum de pourcentage pour se maintenir au second tour et profiter d'une meilleure répartition des sièges à pourvoir.

5 Compléter ce texte qui fait la distinction entre l'idée de nation et celle de république.

Voir p. 217

Mots-clés : nation – origine commune – vivre ensemble – unité – république – cité – anti-monarchie – citoyens – politique

La **nation** est « un groupe d'hommes auquel on suppose une **origine commune** » qui a conscience de son **unité** et de **vivre ensemble**. L'attachement à la **république** est plus d'ordre **politique** car elle se présente comme **l'anti-monarchie**. Elle est la **cité** des **citoyens** actifs.

6 Compléter ce texte qui donne une définition de la solidarité internationale avec les mots-clés.

Voir p. 218

Mots-clés : solidarité internationale – droits de l'Homme – droits fondamentaux – inégalité – égalité – garantir – réduire

La **solidarité internationale** est bâtie sur un concept d'**égalité** entre tous les humains et sur le respect des **droits de l'Homme**. C'est aussi l'idée de **réduire** les **inégalités** et **garantir** à tous les hommes les **droits fondamentaux** comme l'éducation, l'alimentation, la santé, l'accès à l'eau…

Comprendre l'épreuve et s'entrainer

1 Méthodologie de l'épreuve

1 Comprendre l'épreuve écrite d'application

1. L'arrêté du 25 janvier 2021[1]

C'est cet arrêté qui fixe les modalités d'organisation du concours et définit ainsi l'épreuve :

> « L'épreuve a pour objectif d'apprécier la capacité du candidat à proposer une démarche d'apprentissage progressive et cohérente. [...] Le candidat dispose d'un dossier comportant notamment des travaux issus de la recherche et des documents pédagogiques. Le candidat est amené à montrer dans le domaine choisi une maitrise disciplinaire en lien avec les contenus à enseigner et à appliquer cette maitrise à la construction ou à l'analyse de démarches d'apprentissage. »

1. Dans cette partie, nous ferons toujours référence à l'arrêté du 25 janvier 2021 qui fixe les modalités d'organisation du CRPE à compter de la session 2022 : www.legifrance.gouv.fr/jorf/id/JORFTEXT000043075701

Cette épreuve est la 3e après celles de français et de mathématiques. Elle dure 3 heures et est affectée d'un coefficient 1. Une note égale ou inférieure à 5 est éliminatoire. L'objectif de cette épreuve est d'évaluer la capacité des candidats à concevoir leur enseignement en classe. Pour cela, les candidats doivent montrer qu'ils possèdent et maitrisent un ensemble de savoirs et de compétences tant au niveau scientifique, que didactique ou pédagogique. En effet, le sujet est conçu à partir d'un ou plusieurs dossiers documentaires sur lesquels le candidat devra s'appuyer tout à la fois pour exposer les enjeux scientifiques et didactiques des documents en lien avec le niveau d'enseignement proposé, mais aussi pour élaborer une démarche d'apprentissage progressive et cohérente, c'est-à-dire adaptée au niveau des élèves.

2. Le choix du sujet

Les candidats ont le choix entre trois sujets correspondant à trois ensembles disciplinaires :
– Sciences et technologie ;
– Histoire, géographie, enseignement moral et civique ;
– Arts.

L'arrêté apporte des précisions spécifiques pour chacun de ces domaines. Aussi, au moment du choix, il importe de bien savoir que, pour ces trois domaines, le jury du concours a défini un cadre général, commun aux trois sujets, mais également des objectifs et des attentes spécifiques. Si le jury propose des sujets de niveau équivalent et attend des connaissances et des compétences de la part des candidats dans tous les domaines, il est certain qu'une préparation spécifique et ciblée sur un domaine tout au long du temps de la préparation sera plus efficace et permettra d'atteindre le niveau requis. Si vous avez préparé « histoire, géographie, EMC », nous vous conseillons de choisir ce sujet quoiqu'il arrive, car vous serez, même si le sujet vous apparait plus difficile, entrainé et vous aurez des réflexes disciplinaires, une méthodologie pour analyser et exploiter les documents, ainsi des connaissances qui vous permettront de la réussir au mieux.

❶ 3. L'organisation du sujet en histoire, géographie et EMC

Voici ce que précise l'arrêté :

> « Au titre d'une session, la commission nationale compétente mentionnée à l'article 12 détermine deux composantes parmi les trois enseignements suivants : histoire, géographie, enseignement moral et civique. L'épreuve consiste en la conception et/ou l'analyse d'une ou plusieurs séquences ou séances d'enseignement à l'école primaire (cycle 1 à 3). Elle peut comporter des questions visant à la vérification des connaissances disciplinaires du candidat. »

Le sujet est donc constitué de deux parties nommées **composantes**. Trois combinaisons sont possibles :

– **Composante histoire / Composante géographie** (voir le sujet 2022 groupement 1, métropole, et le 2e sujet 0) ;

– **Composante histoire / Composante enseignement moral et civique** (voir le 1er sujet 0 corrigé p. 272-283) ;

– **Composante géographie / Composante enseignement moral et civique** (voir le sujet complémentaire corrigé p. 284-295).

Les composantes ne sont pas forcément équivalentes en nombre de points. Dans le premier sujet 0 (Histoire/EMC), chaque composante est évaluée sur 10 points, tandis que dans le Sujet 2022, la composante Histoire est notée sur 12 points et la composante Géographie sur 8 points. Cette indication doit être prise en compte dans la gestion de votre temps entre les deux composantes et dans les attentes en termes de contenus. Ces composantes peuvent être organisées autour d'un même thème (1er sujet 0) ou bien autour de thèmes différents (2e sujet 0). Dans tous les cas, les niveaux d'enseignement sur lesquels on vous interroge sont ceux de l'école primaire, soit les cycles 1, 2 et 3 (6e exclue). Pour chaque composante, des documents sont proposés et des questions sont posées. Celles-ci peuvent être de plusieurs natures et il convient de bien les lire pour identifier précisément ce qui vous est demandé.

- **Présentation, analyse et synthèse des enjeux scientifiques du dossier en lien avec un thème du programme**

Exemple :

« Présentez et analysez les documents 1 à 6 du dossier documentaire dans une synthèse problématisée et argumentée. Cette synthèse fera état des principaux enjeux scientifiques et didactiques soulevés par les documents, et précisera notamment ce que recouvre la notion d'"habiter" dans le champ scientifique et son application dans le champ scolaire. »

- **Questions de connaissances sur les notions fondamentales des programmes**

Exemple (sans l'aide des documents) :

« Énoncez les principes qui régissent le système éducatif français et précisez brièvement le sens de chacun d'entre eux. »

Exemples (avec l'aide des documents) :

« Quels étaient les enjeux de l'introduction de l'instruction morale et civique dans le programme de l'enseignement primaire de 1882 ? Pour répondre, appuyez-vous autant que vous le jugerez utile sur le dossier documentaire. »

« Quels objectifs notionnels relatifs au thème 2 du programme d'histoire de CM1 "Le temps des rois" les documents 7 à 9 du dossier documentaire permettent-ils de travailler ? »

- **Élaboration d'une démarche pédagogique**

Exploitation pédagogique d'un document du dossier :
« Vous décidez d'exploiter le document 9 en classe : quels choix opérez-vous pour conduire cette exploitation ? »

Construction complète d'une séquence :
« Élaborez une séquence d'apprentissage progressive et cohérente portant sur le thème 2 du programme de géographie de CM1. La présentation de cette séquence précisera notamment les compétences travaillées, les objectifs de chaque séance et les documents ou types de documents mobilisés. Ceux-ci pourront être choisis dans le dossier documentaire ou provenir d'autres sources. »

Construction d'une séance en lien avec une situation de classe concrète :
« Un élève de cours moyen refuse de participer à une activité scolaire en affirmant que le sujet abordé est contraire à ses croyances. Dans un premier temps, vous rappelez clairement la règle aux élèves. À quel(s) texte(s) vous référez-vous ?
Puis vous décidez d'organiser, ultérieurement, dans le cadre de l'enseignement moral et civique, une séance afin de retravailler la notion de laïcité. Quels objectifs d'apprentissage définissez-vous ? Quels documents du dossier documentaire choisissez-vous ? Quel(s) autre(s) documents(s) utiliseriez-vous éventuellement ? Justifiez vos choix. »

2 Méthodologie de l'épreuve : comment procéder ?

2 1. La lecture attentive et raisonnée des questions et des documents du dossier

L'épreuve dure 3 heures et il faut donc procéder par étape pour bien gérer votre temps, être efficace en comprenant bien ce qu'on attend de vous pour chaque question et surtout éviter le hors-sujet. Le nombre de points affectés à chaque composante vous indique comment répartir votre temps et il faudra déterminer d'emblée cela pour bien vous organiser.
Si les points sont équivalents, il est raisonnable de passer 1 h 30 sur chaque partie. En revanche, si la première partie est sur 13 points, un découpage 2 heures/1 heure semble plus approprié.

- **Étape 1 : Bien lire les questions de chaque composante pour :**

– déterminer dans quel groupe de questions elles se situent (exposé de connaissances, construction de séquences ou de séances, présentation des enjeux scientifiques du dossier). Indiquez directement sur le sujet ou au brouillon de quel groupe il s'agit. Vous serez ainsi plus efficace dans la lecture des documents ;
– identifier le niveau d'enseignement, le cycle proposé pour chaque question. Soulignez ces éléments clairement dans le sujet ;
– souligner dans chaque question les mots-clés et les notions importantes.

- **Étape 2 : Les documents du dossier**

Crayon à la main et questions en tête, il vous faut maintenant prendre connaissance des documents du dossier. Faites un premier tour des documents pour déterminer leur nature en identifiant la date, l'auteur et le contexte de production du document.

Au brouillon, vous pouvez réaliser un tableau rapide comme ci-dessous (sujet 0 corrigé) :

Doc n°	Nature	Date, auteur
1	Extraits du programme d'histoire de CM2	2020, Ministère de l'Éducation nationale
2	Chronologie	Conçue pour le sujet
3	Photographie	1910
4	Loi	1882
5	Journal	1913, Charles Péguy
6	Texte officiel	1883, Jules Ferry
7	Discours	1903, Ferdinand Buisson
8	Tableau statistique	Données de 1987 pour la période 1881-1912
9	Texte issu d'un site officiel	Observatoire de la laïcité, site consulté en 2020

Lisez alors attentivement chaque document et rattachez chacun à une ou plusieurs questions. Si vous devez faire une synthèse des documents du dossier, il est impératif de prendre en compte tous les documents et de les assembler de manière thématique en vous demandant : quel est le thème principal abordé par ce document ? Quelle est son idée principale ? Il est vraiment important de ne laisser aucun document de côté : le jury de concours les a tous choisis pour une raison bien précise, la non-utilisation d'un document pourrait être perçue comme une mauvaise compréhension de celui-ci.

❷ 2. Organiser la rédaction des réponses au brouillon

À partir de cette étape, nous vous recommandons de procéder composante par composante.

Pour chaque question, quelle que soit sa nature, il est impératif de proposer une réponse rédigée, organisée et argumentée. Pour chaque question, avant de rédiger votre réponse, vous devez faire un plan que vous suivrez ensuite pour rédiger définitivement. Ne rédigez surtout pas intégralement votre réponse au brouillon, car vous n'aurez alors pas le temps de traiter correctement l'ensemble du sujet.

- **Pour les questions qui portent sur la synthèse et l'analyse des documents du dossier**

Prévoyez une introduction, une conclusion et un plan en deux ou trois parties. L'introduction doit présenter et définir les principales notions du sujet, le cadre spatial ou temporel et le cycle ou le niveau d'enseignement envisagé. Les documents du dossier sont présentés selon un ordre thématique et selon leur nature. De là découle une problématique qui oriente la réflexion. Enfin, il est impératif d'annoncer les différentes parties qui seront traitées. Le développement de la réponse est constitué de deux ou trois parties qui s'organisent autour de paragraphes argumentés grâce à vos connaissances et aux documents. La conclusion répond à la problématique posée en introduction et ouvre vers un autre cycle ou une question en lien avec la pédagogie.

- **Pour les questions de connaissances**

La démarche est la même, mais l'introduction et la problématique ne s'appuient pas directement sur les documents du dossier (qui peuvent cependant servir de point d'appui). Ce sont vos connaissances qui guident l'organisation de la réponse.

- **Pour la construction des séquences, des séances ou pour l'exploitation pédagogique d'un document** (voir « Construire une séquence », p. 268)

La forme attendue peut varier en fonction de ce qui est demandé. Dans tous les cas, il faudra introduire votre propos et bien expliquer la forme prise par votre réponse (tableau, schéma, organigramme, croquis légendé, etc.). Un tableau peut être utile pour préciser l'organisation de la séquence, les objectifs, les compétences et le déroulement de la séquence.

2 3. Rédiger vos réponses

Votre copie doit être claire et aérée, l'écriture lisible. Ne vous hâtez pas trop lors de la rédaction.

Sachez faire des paragraphes. Certains textes sont difficiles à corriger : le pavé indigeste et la réponse totalement décousue où le candidat va à la ligne après chaque phrase. Adoptez des règles simples que vous utiliserez systématiquement. Par exemple, distinguez l'introduction, les paragraphes du développement et la conclusion en sautant une ligne ; distinguez les paragraphes du développement par un alinéa. Ne soulignez que les mots étrangers (latin, anglais, etc.) et les titres des ouvrages mentionnés (L'Argent, Cahiers de la Quinzaine). Mettez entre guillemets les citations et extraits tirés des documents.

- **Construire un paragraphe argumenté**

Chaque paragraphe est organisé en trois temps :

– Une idée principale

C'est l'idée clé de votre paragraphe. Elle doit pouvoir être formulée en une phrase. Au brouillon, il s'agit de votre titre que vous allez, sur votre copie, transformer en une phrase.

– Des arguments

Cette partie explique votre idée. Il s'agit du développement même. Vous devez y inclure des définitions précises.

– Des exemples

Il faut nourrir votre paragraphe d'exemples précis en lien avec vos arguments. Ces exemples seront tirés des documents ou de vos connaissances.

Conseils

Conseils pour améliorer votre expression écrite

- Bannissez les « on » impersonnels et les « il y a ». Exemple : « On organise le tri sélectif des déchets » doit être remplacé par « La commune organise le tri... ».
- N'utilisez pas le futur (en histoire) et d'une manière générale, n'abusez pas du futur proche (va, vont...) dont la répétition est agaçante.
- Faites des phrases courtes, mais correctement construites.
- Évitez les formules grandiloquentes.
- N'abusez pas des deux-points et des énumérations.
- Évitez les expressions toutes faites (du type « Il faut savoir que... »).
- Évitez les termes moralisants ou extrêmes ainsi que les jugements de valeur. Nuancez vos propos.

Conseils

Conseils pour améliorer votre orthographe

- Respectez les règles de ponctuation. N'oubliez pas de mettre des majuscules (défaut trop fréquent), surtout aux noms propres.
- Vérifiez les accords.
- Pendant vos révisions, apprenez également l'orthographe des mots nouveaux ou techniques (*déchetterie* ou *déchèterie*) et bien évidemment des noms propres.
- Vérifiez les accents.
- **RELISEZ-VOUS** : dernière étape, mais étape fondamentale qui permet de faire la chasse aux fautes. Le jury du concours n'hésite pas à traquer les fautes pour départager les candidats.

Conseils

Conseils pour organiser votre temps

- **Les deux composantes évaluées sur 10 points**

Lecture des questions et des documents pour les 2 composantes : 30 min

Composante 1 : 1 h 15

- Organisation des réponses au brouillon : 30 min
- Rédaction des réponses : 45 min

Composante 2 : 1 h 15

- Organisation des réponses au brouillon : 30 min
- Rédaction des réponses : 45 min

- **Les deux composantes évaluées différemment**

Lecture des questions et des documents pour les 2 composantes : 30 min

Composante majeure (plus de 10 points) : 1 h 30

- Organisation des réponses au brouillon : 30 min
- Rédaction des réponses : 1 heure

Composante mineure (moins de 10 points) : 1 heure

- Organisation des réponses au brouillon : 15 min
- Rédaction des réponses : 45 min

Prévoyez toujours 5 à 10 min sur le temps global de rédaction pour la relecture globale.

2 Les principaux types de documents et leur analyse

1 Les documents à exploiter avec les élèves

1. Analyser une carte

La catégorie des cartes est vaste et comprend tout autant les plans, les cartes topographiques que les planisphères ou les cartes historiques. Une carte, représentation de tout ou partie de la **surface terrestre sur un support plan** (en deux dimensions), est une catégorie d'images qui est toujours le produit d'une construction. Elle représente une réalité spatiale à l'aide d'un langage conventionnel et codifié. C'est pourquoi, dès le cycle 1, les élèves sont initiés à la représentation de l'espace pour apprendre progressivement à lire, comprendre, utiliser et élaborer des cartes en maitrisant les éléments communs à toutes celles-ci.

Les questions réflexes

• Quel est le titre de la carte ?
Cette information essentielle permet de déterminer le thème ainsi que le ou les lieux représentés.

• Quelle est l'échelle ?
Qu'elle soit graphique ou numérique, l'échelle exprime le rapport entre une distance mesurée sur la carte et la distance correspondante sur le terrain.

• Quelle est la situation de l'espace représenté par rapport à une région, un pays, un continent, etc. ?

• Quelle est la nature des données de la carte ? Sont-elles qualitatives ou quantitatives ?
La lecture de la carte s'organise par le biais d'un va-et-vient entre la légende et l'espace représenté. L'entrée par la légende consiste à observer les signes de celles-ci puis à les retrouver sur la carte et inversement.

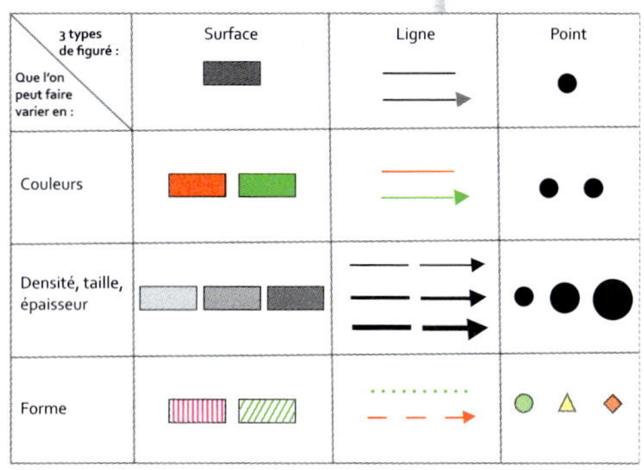

Le langage cartographique

Les points de vigilance

• Il faut distinguer grande échelle et petite échelle. L'échelle 1/25 000 (1cm sur la carte = 250 m) est plus grande que l'échelle 1/1 000 000 (1 cm sur la carte = 10 km). Lorsque l'échelle augmente, les détails sont donc de plus en plus nombreux.

• Les élèves de l'école primaire ne maitrisent que l'expression graphique de l'échelle (la connaissance des fractions est indispensable pour l'échelle numérique).

• Il importe de bien identifier le contexte de production de la carte (manuel à destination des élèves, carte à vocation touristique, IGN, etc.) pour situer l'intention de l'auteur et la fiabilité des informations données.

• Il faut distinguer les cartes de synthèse, qui regroupent plusieurs informations autour d'une problématique (la légende est organisée en plusieurs rubriques qui répondent à cette question), des cartes thématiques, qui figurent un phénomène (les grandes agglomérations en France, par exemple).

❶ 2. Analyser un tableau statistique ou un graphique

Les informations recueillies pour traiter un thème en histoire, en géographie comme en EMC imposent souvent l'usage de données chiffrées représentées sous la forme de tableaux de données ou de graphiques. Les tableaux à double entrée sont très présents dans la vie scolaire des élèves, dès le cycle 1 (la gestion des données est un domaine de compétences du programme de mathématiques). Leur lecture demande un temps d'apprentissage long et progressif. Les graphiques sont produits à partir des tableaux de données.

Les questions réflexes

• Quel est le type de tableau et quelle est la nature des données ?

On distingue :

- les tableaux à entrée unique (exemple : un tableau chronologique qui indique l'évolution de la population française sur plusieurs années) ;
- les tableaux à double entrée : deux séries d'information sont croisées (exemple : un tableau chronologique qui indique l'évolution de la population active française sur plusieurs années, secteurs d'activité par secteur d'activité).

• Quel est le type de graphique et quelle est la nature des données ?
On distingue :

- le diagramme circulaire (voir Document analysé et exploité, Thème 3, p. 126) ;
- l'histogramme (voir Document analysé et exploité, Thème 3, p. 123) ;
- la courbe d'évolution d'un phénomène (voir Géographie, Thème 3, p. 121).

• Pour le graphique comme pour le tableau, la lecture doit être méthodique : Quelles sont les données représentées dans chaque colonne ? En abscisse ? En ordonnée ? Dans chaque secteur ?
Comme pour la carte, il faut établir un va-et-vient entre la légende et le document.

• L'interprétation des données vise à dégager des points de rupture, des évolutions des tendances. Quel est le plus petit secteur du diagramme ? Le plus grand ? À quel moment et sur combien de temps la courbe augmente ? Diminue ?

Les points de vigilance

• Il faut être très vigilant avec les unités utilisées : pourcentages, litres, distances, kWh, tonnes, indices, etc. En fonction de celles-ci, le graphique peut prendre une toute autre forme. De la même façon, il faut être attentif aux échelles, en particulier sur les axes des histogrammes et des courbes.

• Le graphique est, comme tous les documents, relatif et situé. Ainsi, en fonction des données et des choix effectués pour les représenter, il est possible de faire dire des choses tout à fait différentes. Il faut donc là aussi être critique et bien déterminer qui a produit le document, dans quel contexte et à quelle fin.

1 3. Analyser une photographie

Les photographies font partie des documents-images (comme les peintures, les caricatures, les affiches). Elles sont utilisées dans les trois disciplines, par exemple : la photographie d'un centre-ville d'une métropole en géographie, la photographie d'une classe d'école après les lois de Jules Ferry (voir Sujet zéro corrigé, p. 273) ou encore la photographie d'élèves jouant ensemble pour aborder les discriminations en EMC. Les photographies peuvent être illustratives pour compléter ce qui est dit dans une leçon, ou faire l'objet d'une étude spécifique.

Les questions réflexes

• Qui a pris cette photographie ? Qui l'a commandée ?
En effet, le photographe peut être celui qui décide de prendre la photographie, mais il peut aussi parfois le faire sous la demande d'un commanditaire.

• La photographie est-elle mise en scène, ou est-ce un instantané ?
On ne peut pas toujours l'affirmer, mais certains indices peuvent mener à l'hypothèse d'une construction préalable : position des personnes, regard vers le photographe, par exemple.

• La photographie a-t-elle bénéficié de retouches ou d'un montage ?
C'est indiqué très souvent dans la source, mais pas toujours. Les photographies à but publicitaires sont retouchées la plupart du temps.

• Que voit-on sur la photographie ?
Cette phase descriptive est indispensable : il faut se mettre d'accord sur ce qu'on voit pour mieux analyser ensuite.

• À quoi sert cette photographie une fois prise ? Est-ce une publicité ? Une carte postale ? Une photographie familiale ?
L'intention de la prise d'une photographie est essentielle puisque cela va avoir une influence sur le regard du photographe et sur ce qu'il souhaite mettre en valeur.

• Quelle est l'intention de celui qui a pris la photographie et de ceux qui l'ont diffusée ?
C'est l'étape finale : les hypothèses permettant de proposer l'interprétation de la photographie. Il est tout à fait possible d'en proposer plusieurs si les indices à disposition ne nous permettent pas d'être certains du message renvoyé.

Les points de vigilance

• Les photographies ne sont pas la réalité, mais les élèves le croient : l'analyse consiste donc à enquêter sur la construction de celles-ci.

• Selon les époques, prendre une photographie n'était pas aussi simple qu'aujourd'hui (appareil à installer, flash…), l'intention souhaitée était alors très réfléchie.

• L'angle de la photographie et le niveau de zoom sont à prendre en compte : il se peut qu'on ne perçoive qu'une petite partie d'une scène.

1 4. Analyser une photographie de paysage

La photographie de paysage donne à voir un espace que l'œil d'un observateur peut embrasser d'un seul regard. Document clé d'une séance, les apprentissages s'organisent autour d'elle. C'est un support de médiation entre l'espace réel et l'espace de la classe. Les élèves sont amenés à observer et à décrire les différents éléments qui composent le paysage. Ils peuvent aussi travailler à partir de photographies pour produire tout ou partie d'un croquis légendé.

Les questions réflexes

• Quel est l'espace représenté ? Où se situe-t-il ?
Comme tout document géographique, il est important de le localiser et le situer.

• Quel est le point de vue adopté ? D'où a été prise la photographie ? Qui prend la photographie ?
On peut distinguer :
- la vue frontale (depuis le sol) ;
- la vue panoramique (depuis un point haut : point culminant, haute tour, etc.) ;
- la vue aérienne semi-oblique (d'un point haut comme une fenêtre d'immeuble, en vue oblique).

• Quels sont les différents plans de l'image ?
On lit et on décrit l'image en la découpant par plan :
- le premier plan est la partie la plus proche de soi, le plus souvent « en bas » de la photographie. Les détails sont bien visibles ;
- le plan intermédiaire ou second plan est au centre de l'image. On y distingue moins d'éléments ;
- l'arrière-plan ou 3e plan est le plus éloigné (le « haut » de l'image). Les détails s'estompent et on ne distingue que les grandes lignes (lignes de crête des montagnes, ligne des maisons et bâtiments, etc.).

Les points de vigilance

• Le paysage n'est pas le réel, mais un point de vue adopté sur celui-ci à un moment donné. Les photographies proposées aux élèves sont souvent sans auteur. Il importe cependant de dire qu'elles sont produites par des photographes professionnels qui vendent leurs clichés à des photothèques. Il est important aussi d'utiliser des photographies produites par les élèves ou bien par l'enseignant lui-même.

• Le découpage par plan doit être méthodique en distinguant les lignes principales qui structurent le paysage sans entrer dans les détails.

• L'image satellite n'est pas à proprement parler une photographie de paysage, car le satellite n'est pas un « œil » humain. Cependant, les satellites sont bien envoyés dans l'espace par des humains et il est donc possible d'inscrire ces images dans la catégorie des paysages même si leur lecture est sensiblement différente puisqu'il n'y a pas de plans mais une organisation de l'espace qui se lit comme sur une carte (vue d'en haut).

1 5. Analyser une affiche

Les affiches appartiennent au quotidien des élèves, puisqu'elles s'exposent dans les espaces du quotidien. Elles disent beaucoup de la société dans laquelle on vit : affiches de propagande [histoire], affiches d'un aménagement touristique [géographie] ou affiche de prévention [EMC]. Elles résultent de la construction de l'organisme émetteur [l'État, une collectivité, une association, une entreprise pour une publicité] et apportent à la fois des informations et un message destinés à ceux qui les voient.

Les questions réflexes

• Qui a fait cette affiche ? Quel organisme et à destination de quel public ?
En effet, l'affiche est visible de tout le monde si elle est dans l'espace public, mais elle vise parfois seulement une partie de la population.

• Pourquoi cette affiche est-elle nécessaire ?
Sa réalisation et son exposition répondent à un besoin de l'émetteur ou du récepteur.

• Quels sont les éléments textuels présents dans cette affiche ?
L'affiche donne parfois des informations à son lecteur [chiffres, lois, message]. Il est intéressant de regarder comment ce texte est mis en valeur [gros titres, textes fournis, slogans].

• De quelles images l'affiche est-elle accompagnée ? Est-ce que cela renforce le message textuel ou est-ce que cela délivre d'autres informations ?

• Cette affiche est-elle, ou a-t-elle été, fréquemment vue de la population ?
On analysera différemment une affiche exceptionnelle d'une affiche très répandue dans l'espace public.

• Quelle est l'intention de la diffusion de cette affiche ?
Il ne s'agit pas de répéter le message inscrit sur l'affiche, mais de comprendre pourquoi ce message est diffusé. Ainsi, l'affiche de propagande de Vichy [voir Thème 6 Histoire, p. 93] montre que le régime a besoin de faire connaitre son idéologie pour valider son action.

Les points de vigilance

• Les affiches délivrent un message évident. L'analyse de l'affiche consiste à se questionner sur le besoin de diffuser ce message.

• Les affiches utilisent de nombreux symboles, qui peuvent sembler évidents, mais qui ne le sont pas toujours pour les élèves. Il faut les aider à les décrypter.

• Le devenir d'une affiche est aussi important que son émission à un instant T : est-elle devenue une affiche de référence ou a-t-elle sombré dans l'oubli ?

❶ 6. Analyser un article de presse

Un article de presse permet de travailler l'éducation aux médias. Un article est souvent construit selon un modèle standardisé : titre, chapeau, texte, illustrations éventuelles, auteur de l'article. Le journal dans lequel il est publié est un indicateur pour sa fiabilité et donne des informations quant à la ligne éditoriale. L'article de presse fournit à la fois des informations à ses lecteurs (des faits), mais aussi une façon d'interpréter ces informations (l'opinion sur ces faits). En histoire, les articles de presse sont des documents très utiles dès la Révolution française. En géographie, comme en EMC, ils rendent compte des préoccupations sociétales du moment.

Les questions réflexes

• Quel est l'auteur de cet article ? Est-il connu ?

C'est rarement le cas, mais parfois des indications sont données. S'il s'agit d'un journaliste, d'une historienne ou d'un homme politique, la nature des propos change.

• Dans quel contexte cet article a-t-il paru ? Y a-t-il une actualité particulière ?

Cela permet de savoir si cet article est particulièrement attendu du lectorat.

• Que dit cet article ?

Hormis les journaux adaptés aux jeunes enfants (*Le Petit Quotidien*, par exemple), le vocabulaire n'est pas toujours simple à saisir : un étayage favorisant la compréhension de l'article est alors indispensable.

• Quelle est la réception de cet article chez ses lecteurs ?

Selon le sujet qu'il aborde, un article informe, choque, attriste, suscite l'engagement, questionne, etc. Il est toujours intéressant de se demander comment il peut être reçu.

• Cet article est-il fiable ?

Attention, il ne faut pas confondre fiabilité et objectivité. Il n'existe jamais d'article objectif, ils ont tous une part de subjectivité plus ou moins grande. En revanche, certains articles sont fiables (les informations sont vérifiées, sourcées et sont présentes dans de nombreux journaux) et d'autres peu crédibles (présents dans des médias complotistes et non repris dans les journaux sérieux).

Les points de vigilance

• L'éducation aux médias nécessite de confronter les élèves à des articles de presse de formats variés et d'opinions diverses.

• La paraphrase est habituelle quand on analyse un article avec les élèves : il faut leur apprendre à reformuler, à citer et à interpréter pour l'éviter.

• Les articles de *fake news* sont intéressants à travailler, mais il faut veiller à mettre en place un dispositif différent, adapté aux enjeux pédagogiques.

1 7. Analyser un témoignage

Un témoignage est souvent un document très utile puisqu'il permet d'obtenir le récit ou le point de vue d'un acteur ou d'un observateur sur ce qui est étudié. Le témoignage peut être vécu en direct, en faisant venir le témoin en classe, ou indirectement par une trace écrite ou audiovisuelle : journal intime, mémoires, article, enregistrements audio ou vidéo. Mais le témoignage, aussi détaillé qu'il puisse être, est aussi un document qui mérite une analyse critique en histoire, en géographie et en EMC. En effet, se contenter de prélever des informations dans le témoignage, c'est s'exposer à devoir choisir, parmi tous les témoins qui existent, la version la plus crédible, sans aucune contextualisation ou esprit critique.

Les questions réflexes

• Quelle est la position du témoin par rapport à ce qui est étudié : participe-t-il à un évènement ou rapporte-t-il ce qu'il a vu ?

C'est en effet très différent si on rend compte de quelque chose auquel on a participé puisqu'on est alors un acteur de ce qu'on raconte (une ancienne déportée des camps en histoire, un aménageur d'une infrastructure touristique en géographie, une association en EMC).

• Dans quel contexte le témoin raconte-t-il son témoignage ?

Le témoin peut livrer son témoignage de lui-même (mémoires) ou avoir été sollicité pour le faire (dans un article ou dans la classe). Cela permet de commencer à réfléchir à ses intentions de livrer le témoignage.

• Le témoin est-il fiable ? Nous dit-il tout ?

Comme tout document, la question de la fiabilité se pose. Ce n'est pas nécessairement du mensonge, mais le témoin peut parfois ne pas avoir connaissance de tout ce qu'il aborde et il faut savoir sélectionner ce pour quoi son témoignage est utile.

• Le témoin est subjectif, mais de quelle subjectivité parle-t-on ? Est-ce qu'il essaie de nous faire adhérer à son projet ? Est-ce qu'il essaie de nous sensibiliser à ce qu'il a vécu ? Est-ce qu'il se parle à lui-même sans public identifié (journal intime) ?

• Ce témoignage est-il suffisant pour avoir une bonne connaissance de ce qui est étudié ?

Il est parfois nécessaire que le témoignage soit complété d'autres témoignages ou d'autres documents pour aborder un sujet dans son ensemble.

Les points de vigilance

• La critique du témoignage n'est pas une remise en question relativiste de tout ce que dit le témoin : c'est une mise en contexte indispensable.

• L'avantage du témoignage en direct, c'est que les élèves peuvent préparer les questions à poser au témoin et lui demander des précisions ; le témoignage indirect ne permet pas cela.

• Témoigner est une action qui a du sens pour le témoin : questionner le sens que cela peut avoir pour lui permet une analyse pertinente.

1 8. Analyser un récit

Le récit de fiction n'a pas sa place qu'en cours de français. Celui-ci peut être utilisé en classe d'histoire, de géographie ou d'EMC, afin d'entrer dans des savoirs ou de les questionner au regard du récit raconté. Mais il a alors un statut spécifique : ce n'est pas une source, mais un outil de réflexion, sauf si l'enjeu est d'étudier le contexte de production de ce récit. Dans ce cas, il doit alors être analysé comme les autres types de documents.

Les questions réflexes

• Quelle est l'histoire racontée dans le récit de fiction choisi ?
Celle-ci doit être compréhensible pour les élèves, avec parfois différents niveaux de lectures possibles.

• Quel est le lien avec la thématique étudiée ? Est-ce que le récit permet d'entrer dans le thème ou de questionner les savoirs appris ?
Un récit de fiction sur les châteaux forts en histoire, sur le tourisme en géographie ou sur la laïcité en EMC comprend des savoirs qu'il s'agit de proposer à la lecture au moment pédagogique le plus pertinent.

• Qui est l'auteur ? Quelles sont ses convictions ou ses intentions en publiant son récit ?
Ces questions sont indispensables si le récit est utilisé comme une source (*Germinal* de Zola pour le travail dans les mines).

• Quelle est la portée de ce récit ? Est-il très connu ? Existe-t-il d'autres œuvres lui ressemblant ou au contraire des œuvres en contradiction avec l'histoire racontée ?

• Qu'est-ce qui est fictionnel dans le récit et qu'est-ce qui ne l'est pas ?
Les auteurs s'inspirent toujours en partie de la réalité. Il convient, pour mieux cerner les apprentissages possibles, de différencier ce qui relève de faits et ce qui est imaginé.

Les points de vigilance

• Le récit en histoire, en géographie ou en EMC ne s'utilise pas comme en français. Pour en faire un support d'apprentissage, il faut le mettre en regard de savoirs clairement identifiés lors d'une leçon ou en le croisant avec des documents sources.

• Le récit ne doit pas remplacer le travail sur les sources, qui ne produit pas les mêmes analyses.

• Le récit doit être adapté à la sensibilité des enfants.

1 9. Analyser un extrait de manuel

Au sein du dossier documentaire, il est possible que le jury propose tout ou partie d'une page de manuel à destination des élèves. Ce type de document est hybride dans la mesure où il agrège bien souvent plusieurs types de documents ou de données aux statuts différents.

Les questions réflexes

• À qui est destiné le manuel ? Quels sont le ou les auteurs ? Quel est l'éditeur ? Quelle est l'année d'édition ?
Ces questions visent à replacer la page de manuel dans son contexte d'enseignement et en lien avec les programmes.

• Quels sont les éléments qui composent la page de manuel ?
On peut distinguer :
- les documents « sources », soit des documents qui n'ont pas été produits à dessein pour le manuel (sources primaires en histoire, photographies de paysage, textes réglementaires, lois, etc.) ;
- tous les écrits produits par les auteurs du manuel : titres, leçons, synthèses, questions sous la forme d'exercices, croquis légendés, définitions, etc. ;
- les documents « outils » produits par les auteurs du manuel ou par l'éditeur spécialement pour le manuel : frises chronologiques, cartes, illustrations, logos ou pictogrammes animant la mise en page du manuel (loupes, personnages, etc.).

La décomposition de la page de manuel doit permettre de dégager en priorité les documents « sources », qui serviront de base à la démarche d'apprentissage à mettre en œuvre avec les élèves.

• Comment se situe la proposition pédagogique du manuel par rapport aux programmes et au niveau des élèves ? Les activités et documents proposés sont-ils en adéquation avec les programmes ? Sont-ils adaptés au niveau des élèves en termes de vocabulaire, de difficulté de lecture ?
S'il y a des écarts, il importe de les mettre en valeur et de les expliquer.

Les points de vigilance

• Une page de manuel est critiquable. Une fois la description et l'analyse réalisées, il est tout à fait possible de vous appuyer sur votre connaissance des élèves et du contexte pédagogique proposé pour identifier un questionnement inadapté ou présentant un écart trop grand avec les programmes.

• Il pourra vous être demandé de choisir un des documents de la page du manuel pour l'analyser et l'exploiter. Ce choix peut être guidé par les critères suivants :
- Toujours privilégier les documents sources, de première main.
- Être attentif à la lisibilité, la taille, la clarté du document.
- S'assurer que le niveau de langue est adapté, sinon proposer des adaptations ou des coupes.

2 Les documents pour l'enseignant

2 1. Analyser un document de recherche

Un document de recherche est un article ou un ouvrage scientifique écrit par un spécialiste dans son domaine. Cela implique des travaux d'ampleur de la part des historiens, des géographes ou des philosophes qui les ont écrits et qui ont été validés par la communauté scientifique. Un document de recherche ne s'analyse pas comme les autres documents puisqu'il n'est pas destiné à être utilisé avec les élèves, mais peut vous servir à élaborer votre séquence en vous apportant des compléments de connaissances.

Les questions réflexes

• Qui a écrit ce document de recherche ?
Une connaissance des courants historiographiques dans les différentes disciplines permet de replacer les auteurs dans le contexte de production de savoir.

• Quelles sont les connaissances et les théories expliquées dans le document ?
Il s'agit de distinguer ce qui est de l'ordre de la connaissance établie ou de l'hypothèse de recherche. Il est possible de se retrouver face à plusieurs hypothèses pour expliquer un phénomène : vous n'avez pas à choisir entre les experts, mais à comprendre leurs différentes théories.

• Comment se situent les programmes par rapport à ce document de recherche ?
En effet, les programmes peuvent parfois être en adéquation avec ce que proposent des chercheurs, et parfois entrer en partie en contradiction. Il s'agit alors d'expliquer pourquoi il existe un écart.

• Quelle est la portée de ce document de recherche ?
Il se peut qu'il soit aujourd'hui une référence dans la discipline ou qu'il l'ait été par le passé, voire qu'il suscite des controverses. C'est important de l'identifier pour mieux l'analyser.

Les points de vigilance

• Le document de recherche n'a pas vocation a être lu par les élèves, mais aide à la construction de la séquence.

• Le document de recherche n'est pas dénué d'intentions parce qu'il est écrit par des experts. Tout historien, géographe ou philosophe vit dans son époque et en est imprégné dans sa façon de penser. En revanche, il est tenu de respecter une méthodologie pour être validé par ses pairs.

❷ 2. Analyser un texte législatif ou réglementaire

La catégorie des textes législatifs ou réglementaires sera presque toujours présente dans les dossiers documentaires. En effet, les extraits du programme publiés au BOEN (Bulletin officiel de l'Éducation nationale) appartiennent à cette vaste catégorie. Les textes législatifs et réglementaires sont tous ceux qui fixent les règles de vie qui s'imposent à tous sur notre territoire.

On distingue les textes de loi, votés par le Parlement qui détient le pouvoir législatif (Assemblée nationale et Sénat), des textes réglementaires, produits par le pouvoir exécutif (ministères, Premier ministre, préfets, maires, etc.) et qui définissent bien souvent les règles d'application concrètes d'une loi.

C'est la loi pour une École de la confiance qui a été promulguée au Journal Officiel du 28 juillet 2019 qui définit le cadre général des apprentissages scolaires. Le BOEN, produit par le ministère de l'Éducation nationale, publie des décrets, des arrêtés, des notes de service, dont les programmes scolaires et leurs modifications éventuelles.

Les questions réflexes

• S'agit-il d'une loi ou d'un autre type de texte normatif ?
La référence et la source du document peuvent ici vous aider à répondre.

• Qui a produit le texte ? Un ministère ? Le Parlement ? Un préfet ? Un maire ?

• Quelle est la structure du texte ?
Les textes de loi et textes réglementaires ont une organisation spécifique en sections, articles, titres. Cette structure permet de dégager l'organisation et le plan du texte.

• Que prévoit le texte ? Quelle est la règle ou le cadre définis par le texte ? À qui s'adresse cette mesure et dans quel cadre ?

Les points de vigilance

• Un texte réglementaire peut être interprété. Il définit une norme, un idéal parfois, qu'il convient de confronter au réel. Ainsi, si la Déclaration des droits de l'Homme et du Citoyen prévoit l'égalité en droit de tous les humains, celle-ci n'existe pourtant pas dans les faits.

• Les textes législatifs et réglementaires sont souvent complexes pour les élèves. Prévoyez donc une exploitation pédagogique adaptée (sélectionnez seulement une phrase ou deux, prévoyez un travail sur le lexique).

3 Construire une démarche d'apprentissage

L'arrêté du 25 janvier 2021 précise que l'objectif principal de l'épreuve est « d'apprécier la capacité du candidat à proposer une démarche d'apprentissage progressive et cohérente ». Quelle que soit la nature des questions posées, elles ont donc toutes comme intention d'évaluer d'abord cette capacité. Le jury attend des candidats une bonne connaissance des programmes en vigueur (du cycle 1 au cycle 4) et apprécie leurs capacités à exploiter et lier ces contenus à un contexte d'enseignement relevant de l'école élémentaire (cycles 2 et 3) ou maternelle (cycle 1). Il est donc nécessaire, pour cela, de connaitre les différentes démarches didactiques d'une manière générale pour les 3 disciplines, mais de connaitre aussi leurs spécificités. Il est impératif de maitriser trois types de compétences : scientifiques, didactiques et pédagogiques.

Compétences scientifiques, didactiques et pédagogiques

- **Les compétences scientifiques**

Tout enseignant doit disposer des savoirs nécessaires pour mettre en œuvre son enseignement. En géographie ou en histoire, ces connaissances ne sont pas – contrairement à une idée reçue – la maitrise par cœur des pays du monde et de leur capitale ou des grandes dates de l'Histoire de France. Il faut avoir connaissance de l'évolution des démarches scientifiques (voir Partie 1 de l'ouvrage) pour bien comprendre ce que sont ces disciplines aujourd'hui et mettre ainsi cela en perspective par rapport aux programmes. Les questions de connaissance visent à vérifier, par exemple, que vous maitrisez, pour un thème donné, les savoirs scientifiques nécessaires à la mise en œuvre pédagogique de celui-ci dans une classe et non uniquement que vous êtes capable de les restituer.

- **Les compétences didactiques**

Il s'agit des compétences des candidats pour mettre en œuvre les méthodes et les pratiques d'enseignement de l'école primaire, adaptées à la discipline concernée. Il faut donc connaitre et distinguer les différents types de démarches (par exemple, la démarche d'investigation, la démarche inductive, déductive, la discussion à visée philosophique) et savoir ce qu'elles impliquent en termes d'apprentissage pour les élèves. Le jury n'a pas forcément d'*a priori* sur les choix didactiques du candidat, mais il attend qu'il soit en capacité de les justifier de manière raisonnée et éclairée. Par ailleurs, parmi ces compétences didactiques, il est indispensable de savoir lire, comprendre, analyser, interroger et critiquer les documents afin de les intégrer au mieux dans des séquences pédagogiques adaptées au niveau des élèves.

- **Les compétences pédagogiques**

Les compétences pédagogiques sont distinctes des compétences didactiques dans la mesure où elles relèvent de l'acte d'enseignement en tant que tel et ne sont donc pas directement reliées à la discipline en question. Ainsi, lorsque le jury demande de proposer une séquence, une séance ou une exploitation pédagogique, il attend du candidat qu'il sache construire, sur un thème donné et en faisant le lien avec les compétences précédentes, une séquence organisée et cohérente à destination des élèves en fonction d'un cycle et d'un niveau donné tout en prenant en compte les instructions officielles (programmes, socle commun), l'âge des élèves et la polyvalence.

1 Qu'est-ce qu'une démarche d'apprentissage ?

Toute démarche d'apprentissage repose sur une organisation rigoureuse qui nécessite de prendre en compte les programmes, mais aussi le temps réel dont on dispose en classe pour les traiter. L'ensemble des apprentissages effectués par les élèves s'inscrit dans des temporalités variées (le cycle, l'année scolaire, les périodes intermédiaires entre chaque vacances, la semaine, la journée, la séance) pour lesquelles on doit préparer des documents spécifiques (fiches de séquences, programmations, séances, supports à compléter, à projeter, etc.).

La préparation peut ainsi se présenter sous la forme d'une sorte de poupée russe : la programmation annuelle est constituée d'un ensemble de séquences, elles-mêmes composées de séances, qui elles-mêmes reposent sur différentes phases au sein desquelles sont exploitées un ou plusieurs documents. Lors de l'épreuve, vous serez essentiellement amené à produire des séquences, des séances ou une exploitation de documents. Cela dit, vous devez pouvoir situer ces éléments au sein d'une année, voire même d'un cycle.

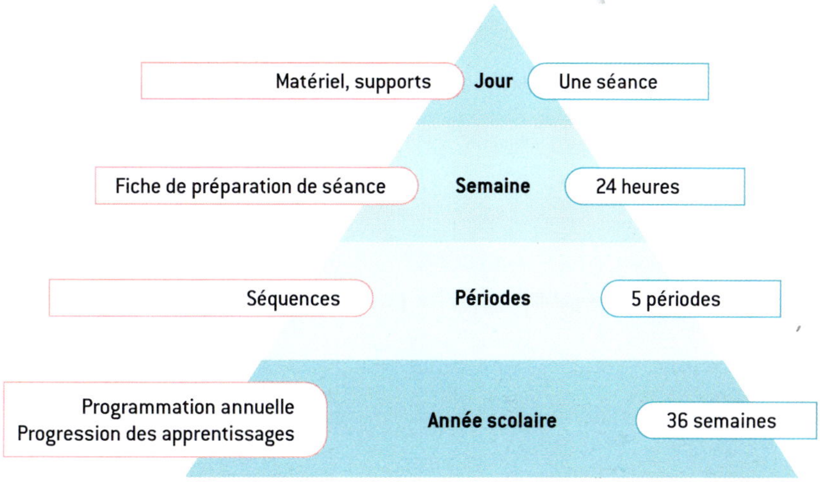

Les documents de préparation selon les pas de temps d'une année scolaire

2 La programmation annuelle des apprentissages

Tout thème s'inscrit dans une programmation annuelle, c'est-à-dire une manière de découper le programme en fonction de ses objectifs et du temps dont on dispose. En cycle 1 comme en cycle 2 pour l'espace et le temps, pour les cycles 1, 2 et 3 en EMC, les programmes sont écrits pour l'ensemble des trois années du cycle. Pour l'histoire et la géographie en cycle 3, les programmes sont écrits pour une année, mais les thèmes peuvent être traités dans l'ordre que l'on souhaite. Il est donc impératif de connaitre quelques façons de programmer pour savoir comment atteindre les attendus pour chaque discipline et pour chacun des cycles.

Il existe plusieurs façons de découper les programmes :

– la **programmation dite linéaire** suit l'ordre des programmes. On découpe le programme en suivant l'ordre pour chaque année du cycle (ce qui s'impose pour l'histoire et la géographie en cycle 3).

Exemple de programmation linéaire en géographie (cycle 3, CM2)

Thème	Chapitre	Séances	Proposition de séances
Se déplacer	1. Se déplacer au quotidien en France	3	1. Comment je me déplace au quotidien dans mon quartier ? 2. Comment je me déplace au quotidien dans ma région ? 3. Comment se déplacer au quotidien ailleurs en France ?
	2. Se déplacer au quotidien dans une autre ville en France	4	1. Comment se déplace-t-on à New York ? (2 séances) 2. Comment se déplace-t-on à Bombay ? (2 séances)
	3. Se déplacer de ville en ville, en France, en Europe et dans le monde	3	1. Qu'est-ce qu'un réseau de transports ? 2. Circuler à grande vitesse entre les principales villes en France 3. Circuler à grande vitesse entre les principales villes du monde
Communiquer d'un bout à l'autre du monde grâce à Internet	4. Un habitant connecté au monde	4	1. Les usages de la classe et des élèves (2 séances) 2. L'exemple du commerce en ligne (2 séances)
	5. Un monde de réseaux	4	1. Comment fonctionne Internet chez moi ? À l'école ? 2. Internet, un réseau de réseaux 3. Qu'est-ce qui permet de faire fonctionner Internet ? (les antennes relais et les data centers) 4. Qu'est-ce qui permet de faire fonctionner Internet ? (les câbles sous-marins)
	6. Des habitants inégalement connectés	3	1. L'accès aux réseaux dans ma commune (en salle informatique) 2. Les inégalités d'accès aux réseaux en France 3. Les inégalités d'accès à Internet dans le monde
Mieux habiter	7. Favoriser la place de la « nature » en ville	3	1. La « nature » en ville 2. Des villes sans voitures ! 3. Les aménagements pour favoriser la place de la nature
	8. Recycler	3	1. Pourquoi recycler ? 2. Qu'est-ce que le tri ? 3. Du tri au recyclage
	9. Habiter un écoquartier	3	1. Qu'est-ce qu'un écoquartier ? 2. L'écoquartier de la ZAC de Clichy-Batignolles (2 séances)

Exemple de programmation linéaire en histoire (cycle 3, CM1)

Thème	Chapitre	Séances	Proposition de séances
Et avant la France ?	1. Quelles traces d'une occupation ancienne du territoire français ?	2	1. Le Paléolithique 2. Le Néolithique
	2. Celtes, Gaulois, Grecs et Romains : quels héritages des mondes anciens ?	3	1. Les Gaulois. 2. La romanisation 3. La diffusion du christianisme
	3. Les grands mouvements de déplacements de population (IVe-Xe siècles)	2	1. Des peuples migrants 2. L'installation des peuples en Gaule
	4. Clovis et Charlemagne, Mérovingiens et Carolingiens dans la continuité de l'empire romain	3	1. Clovis et les Mérovingiens 2. Charlemagne et les Carolingiens 3. Les débuts de la féodalité

Le temps des rois	1. Louis IX, le « roi chrétien » au XIIIe siècle	2	1. La féodalité sous Louis IX 2. Le « roi chrétien »
	2. François Ier, un protecteur des Arts et des Lettres à la Renaissance	3	1. Le règne de François Ier 2. Les châteaux de la Renaissance 3. Les artistes
	3. Henri IV et l'Édit de Nantes	2	1. Les guerres de religion 2. L'Édit de Nantes
	4. Louis XIV, le Roi Soleil à Versailles	3	1. Le règne de Louis XIV 2. Versailles 3. Les explorations, les empires coloniaux et l'esclavage
Le temps de la Révolution et de l'Empire	1. De l'année 1789 à l'exécution du roi : Louis XVI, la révolution, la Nation	5	1. La société d'Ancien Régime 2. Les Lumières 3. L'année 1789 4. La mort du roi 5. Les débuts de la République
	2. Napoléon Bonaparte, du général à l'Empereur, de la Révolution à l'Empire	5	1. Le général victorieux 2. Le coup d'État 3. Les masses de granit 4. La figure de Napoléon Ier 5. Les conquêtes

– la **programmation spiralaire** aborde chaque année tous les thèmes du programme, mais en sélectionnant certains aspects selon un thème général ou selon le développement des capacités des élèves. C'est le cas notamment pour les compétences des cycles 1 et 2 qui doivent être acquises sur l'ensemble des trois années du cycle. Ainsi, les attendus de fin de cycle sont traités non pas successivement en CP, CE1 et CE2, mais bien tout au long des trois années.

Exemples de programmations spiralaires Domaine « Espace » (cycle 2, CE1 et CE2)

Domaine ESPACE Classe CE1	Nombre de séances Total annuel 22 à 27	Thème(s)	Projets de séquence et démarches
Période 1 Du 1 sept. au 17 oct.	3	Se repérer dans l'espace	– Latéralisation, point de vue, orientation dans l'espace – Identifier et nommer des représentations de l'espace : plans, cartes, paysages
Période 2 Du 2 nov. au 18 déc.	5	Jouer dans la cour	– Projet espace/temps à partir des jeux de cour, des jeux des parents et des grands-parents – Comment représenter la cour de l'école ?
Période 3 Du 4 janv. au 12 fév.	5	Notre planète, la Terre	– Globe, planisphère : comment mettre à plat la Terre ? – Repérer les mers/océans et terres sur un globe – Nommer et identifier les continents
Période 4 Du 1er mars au 16 avril	5	La carte de mon ile	Projet autour d'un dessin imaginaire d'une île et passage de l'île imaginaire à une île réelle : observations de paysages et de cartes, puis création de la carte de l'île de chaque élève en respectant les règles du langage cartographique
Période 5 Du 3 mai au 2 juillet	8	Créer la carte postale de l'école	Projet à partir de l'école et du quartier : lire et produire des représentations de l'espace

Domaine ESPACE Classe CE2	Nombre de séances Total annuel 22 à 27	Thème(s)	Projets de séquence et démarches
Période 1 Du 1 sept. au 17 oct.	3	Se repérer dans l'espace	– Produire des représentations de l'espace : paysages, plans – Situer des lieux sur une carte – Nommer et repérer son quartier, sa ville, son pays, l'Europe
Période 2 Du 2 nov. au 18 déc.	5	Monts et montagnes	– Les paysages de montagne – Représenter la montagne – Les activités
Période 3 Du 4 janv. au 12 fév.	5	Mers et océans	– La planète bleue – Mers et océans du globe – Les activités
Période 4 Du 1er mars au 16 avril	5	Fleuves et cours d'eau	– Fleuves et rivières – Vivre près d'un cours d'eau
Période 5 Du 3 mai au 2 juillet	8	Enquête espace/temps/sciences	Projet sur le cours d'eau le plus proche de l'école : environnement, activités, histoire… Création d'un livre multimédia sur le fleuve ou la rivière à partir des enquêtes des élèves

Exemples de programmations spiralaires Domaine « Temps » (cycle 2, CE1 et CE2)

Domaine TEMPS Classe CE1	Nombre de séances Total annuel 22 à 27	Thème(s)	Projets de séquence et démarches
Période 1 Du 1 sept. au 17 oct.	3	Les outils de mesure du temps	– Rituel quotidien : jour, semaine et mois, la date – L'emploi du temps hebdomadaire – Le calendrier annuel des sorties, évènements de l'école à construire
Période 2 Du 2 nov. au 18 déc.	5	Jouer dans la cour	– Projet espace/temps à partir des jeux de cour, des jeux des parents et des grands-parents – Comment représenter la cour de l'école ?
Période 3 Du 4 janv. au 12 fév.	5	Les fêtes	Projet à partir du calendrier annuel : les jours fériés, le 14 juillet, les fêtes laïques et les fêtes religieuses
Période 4 Du 1er mars au 16 avril	5	S'alimenter et cuisiner	À partir de l'observation du quotidien, on remonte dans le temps pour observer la cuisine des années 1950, au temps de Louis XIV, au Moyen Âge…
Période 5 Du 3 mai au 2 juillet	8	De générations en générations	Apprendre à construire une frise chronologique à partir d'une enquête sur les années de naissance des enfants, des parents, grands-parents, arrière-grands-parents et construire des frises individuelles et collectives

Domaine TEMPS Classe CE2	Nombre de séances Total annuel 22 à 27	Thème(s)	Projets de séquence et démarches
Période 1 **Du 1 sept. au 17 oct.**	3	Les outils de mesure du temps	– Rituel quotidien : jour, semaine et mois, la date – Se repérer dans l'emploi du temps hebdomadaire – Situer des évènements dans le temps (sur une frise du temps et dans un récit) – Construire une frise chronologique
Période 2 **Du 2 nov. au 18 déc.**	5	La Préhistoire	Comment vivaient les Hommes de la Préhistoire ? (les premiers Hommes / Lascaux) Repère chronologique : – 3500 av. J.-C., invention de l'écriture en Mésopotamie et en Égypte
Période 3 **Du 4 janv. au 12 fév.**	5	L'Antiquité	Comment vivaient les romains dans l'Antiquité ? Repère chronologique : 476, chute de l'Empire romain d'Occident
Période 4 **Du 1er mars au 16 avril**	5	Le Moyen Âge	Comment vivaient les Seigneurs et les paysans au Moyen Âge ? Repère chronologique : 1492, découverte de l'Amérique
Période 5 **Du 3 mai au 2 juillet**	8	Des temps modernes à nos jours	– Comment vivait-on en France sous Louis XIV ? Les caractéristiques de la société d'Ancien régime – Comment vivait-on à Paris au temps de la Révolution ? – À la veille de la Première Guerre mondiale

Les attendus de fin de cycle 1 dans le domaine « Explorer l'espace et le temps » (BOEN n° 31 du 30 juillet 2020)

Explorer l'espace

– Situer des objets par rapport à soi, entre eux, par rapport à des objets repères.
– Se situer par rapport à d'autres, par rapport à des objets repères.
– Dans un environnement bien connu, réaliser un trajet, un parcours à partir de sa représentation (dessin ou codage).
– Élaborer des premiers essais de représentation plane communicables (construction d'un code commun).
– Orienter et utiliser correctement une feuille de papier, un livre ou un autre support d'écrit, en fonction de consignes, d'un but ou d'un projet précis.
– Utiliser des marqueurs spatiaux adaptés (devant, derrière, droite, gauche, dessus, dessous…) dans des récits, descriptions ou explications.

Explorer le temps

– Situer des évènements vécus les uns par rapport aux autres et en les repérant dans la journée, la semaine, le mois ou une saison.
– Ordonner une suite de photographies ou d'images, pour rendre compte d'une situation vécue ou d'un récit fictif entendu, en marquant de manière exacte succession et simultanéité.
– Utiliser des marqueurs temporels adaptés (puis, pendant, avant, après…) dans des récits, descriptions ou explications.

Les attendus de fin de cycle 2 dans le domaine « Questionner l'espace et le temps » (BOEN n° 31 du 30 juillet 2020)

Se situer dans l'espace

- Se repérer dans l'espace et le représenter.
- Situer un lieu sur une carte, sur un globe ou sur un écran informatique.

Se situer dans le temps

- Se repérer dans le temps et mesurer des durées.
- Repérer et situer quelques évènements dans un temps long.

Explorer les organisations du monde

- Comparer quelques modes de vie des hommes et des femmes et quelques représentations du monde.
- Identifier quelques interactions élémentaires entre mode de vie et environnement;
- Comprendre qu'un espace est organisé.
- Identifier des paysages.

3 Construire une séquence

Une séquence est un ensemble problématisé qui correspond à plusieurs séances. C'est pourquoi, il vous faudra déterminer le nombre de séances prévues pour la séquence envisagée. Le contenu de chaque séance sera déterminé par la problématique générale de la séquence qu'il vous faudra définir.

3 1. Les étapes à suivre pour construire la séquence

1. Sélectionner les principales compétences à atteindre, les idées fondamentales que les élèves devront comprendre et élaborer une problématique simple à partir de cela, c'est-à-dire une question qui guidera l'ensemble de la séquence. Pour cela, appuyez-vous sur l'analyse des documents du dossier et sur vos réponses aux questions de connaissance.
2. Construire le plan de la séquence en fonction de cette question et du nombre de séances prévues.
3. Fixer des objectifs d'apprentissage en vous basant sur les compétences (connaissances, capacités et attitudes) pour chacun des cycles. Il est important de penser dès le début à l'évaluation qui sera proposée afin que le couple apprentissage-évaluation soit pensé ensemble.

À la fin de votre séquence pédagogique, vous pouvez proposer un prolongement vers des activités menées dans d'autres domaines : sciences, enseignement moral et civique, histoire des arts. Il est également souhaitable de faire des liens avec la maitrise de la langue en s'appuyant sur les compétences du socle commun et sur les programmes de français.

3 2. Comment définir les objectifs de la séquence ?

Pourquoi fixer des objectifs ? Lorsque l'on construit une séquence et des séances, il faut cerner précisément ce que les élèves doivent savoir, comprendre et savoir faire à la fin de chaque séance et de chaque séquence. On distingue les objectifs de connaissances (des noms de lieux à mémoriser, des chiffres, des mots de vocabulaire), les objectifs de compétences disciplinaires (savoir lire un document statistique simple, savoir identifier les différents plans d'une photographie de paysage) et les objectifs de compétences transversaux (prélever des indices dans un texte pour répondre à une question). Il est important de fixer des objectifs afin de choisir la démarche d'apprentissage la plus adaptée, mais aussi afin de terminer les programmes. En effet, il est impossible et il n'est pas souhaitable de « tout dire » sur un sujet donné. Il faut donc distinguer l'essentiel de l'accessoire et faire des choix réalistes en fonction des documents officiels.

Ces objectifs doivent donc être :
– peu nombreux, mais précis (préférez par exemple un objectif de compétence du type « Nommer et placer les lignes imaginaires, les océans et les continents sur un planisphère » plutôt que « Lire un planisphère ») ;
– évaluables (tous les objectifs visés doivent pouvoir donner lieu à un exercice ou à une activité) ;
– intégrés dans une progression (les objectifs de compétences disciplinaires doivent se penser tout au long de l'année, voire tout au long du cycle).

4 Bâtir une séance

Une fois les objectifs de la séquence clairement définis, il faut bâtir les séances qui composent la séquence.

4 1. Les étapes à suivre pour construire une séance

1. Définir les objectifs de la séance. Ils doivent être précis, peu nombreux et évaluables.

2. Écrire le déroulement de la séance (son scénario) en le divisant en plusieurs phases minutées et en prévoyant la trace écrite ainsi que les liens avec les autres disciplines.

3. Prévoir et préparer une évaluation possible.

4. Prévoir le matériel et les supports.

4 2. Comment prévoir le scénario de la séance ?

Chaque séance est organisée en fonction d'une démarche d'apprentissage, c'est-à-dire une manière de construire les connaissances et les compétences avec les élèves. Chaque enseignant doit choisir la démarche qui lui semble la plus appropriée. Il n'y a pas de « bonne » démarche *a priori*.

- **En géographie**

La démarche inductive

Situation la plus courante, elle comprend en général trois phases :
– un temps d'**introduction** où l'enseignant formule une question de départ ou un problème ;
– un temps de **recherche** (individuel ou collectif) où, à partir de documents, d'une recherche en salle informatique ou d'une sortie de terrain, l'enseignant, grâce à des questions, amène les élèves à observer, formuler des réponses, des hypothèses, à mettre en relation des informations pour répondre à la question de départ ;
– un temps de **synthèse** où l'enseignant guide les élèves dans la construction d'une réponse à la question initiale. En géographie, cette synthèse peut prendre la forme d'un texte, d'une carte, d'un tableau, d'un croquis, d'un graphique.

La démarche déductive

En géographie, il existe un certain nombre de modèles spatiaux qui permettent d'expliquer des phénomènes. Ainsi, il existe un modèle d'organisation des villes françaises et européennes souvent schématisé dans les manuels (un centre historique, des banlieues, une zone périurbaine). Dans une démarche déductive, l'enseignant décrit d'abord aux élèves ce modèle et cherche avec eux des facteurs d'explication pour comprendre ce modèle. Puis, dans un second temps, il confronte ce modèle à un exemple pour vérifier les facteurs d'explication du modèle.

- **En histoire**

La démarche chronologique

Comme son nom l'indique, la démarche chronologique en histoire consiste à commencer par le début de la période étudiée pour aller jusqu'à la fin de celle-ci. On retrouve alors les mêmes temps que pour la démarche inductive en géographie (introduction – recherche – synthèse). L'avantage de cette démarche est qu'elle permet aux élèves de construire des repères solides et d'être au clair avec ce qui se passe avant et après un évènement. Cela permet de travailler les causalités en histoire.

La démarche thématique

Ici, la logique chronologique est rompue au profit d'un plan « à tiroirs » en fonction des thèmes abordés. Tous les chapitres ne s'y prêtent pas, cela convient mieux aux « tableaux » de certaines périodes. Ainsi, lors de l'étude de l'école de la République à la fin XIXe siècle par exemple, il est intéressant de travailler les différents aspects de ces changements plutôt que de les découper chronologiquement.

④ 3. Comment choisir et exploiter les documents ?

Quelle que soit la démarche choisie, la sélection des documents est une opération fondamentale et déterminante. En effet, ceux-ci sont au cœur des opérations intellectuelles réalisées par les élèves. Face à l'abondance des documents disponibles dans les manuels et sur Internet, il est nécessaire d'opérer une sélection qui ne peut être efficace que si, en amont, les objectifs ont été clairement définis.

Pour une séance, quelques documents (trois au maximum) doivent être sélectionnés et au moins un doit être analysé en détail et servir de principal support d'apprentissage des élèves. Une photographie de paysage ou une peinture en histoire peuvent être les seuls documents de toute une séance dans le cadre, par exemple, d'une démarche inductive ou chronologique. On utilisera seulement en complément une carte de France pour localiser le paysage dans la phase introductive ou une frise en histoire. Dans l'exemple du paysage, on questionnera les élèves sur les différents plans de l'image, sur la description des formes, on présentera des facteurs explicatifs.

Dans un dernier temps, on construira avec les élèves un croquis de paysage légendé qui servira de synthèse. Avec une peinture, il faudra commencer par la description des différents éléments qui la compose avant de questionner les élèves sur le message que le peintre souhaite faire passer avec son œuvre. De nombreux exemples d'exploitations pédagogiques de documents se trouvent dans la Partie 2 de ce manuel (p. 35 à 242 et dans le corrigé du Sujet 2022 (p. 306-311).

4 4. Comment construire la trace écrite ?

La trace écrite correspond à tout ce que les élèves auront effectivement écrit à la fin de chaque séance (titres, questions, exercices, etc.). La synthèse correspond à un écrit qui peut prendre plusieurs formes et qui est le support principal d'apprentissage : carte repères, croquis, texte, tableau, etc. Il faut peser chaque mot et utiliser un vocabulaire simple. La construction des phrases doit être soignée et claire. Ce temps de synthèse n'est pas nécessairement conduit à la fin de la séance et il est préférable que la synthèse puisse s'élaborer au fur et à mesure.

SUJET ZÉRO – HISTOIRE + EMC

Épreuve écrite d'application

Domaine histoire, géographie, enseignement moral et civique

Épreuve notée sur 20 – Durée 3h – Coefficient 1

Composante histoire (10 points)

1. Quels étaient les enjeux de l'introduction de l'instruction morale et civique dans le programme de l'enseignement primaire de 1882 ? Pour répondre, appuyez-vous autant que vous le jugerez utile sur le dossier documentaire.

2. Élaborez une séquence sur l'école primaire au temps de Jules Ferry pour des élèves de cours moyen seconde année.

Puis développez une des séances de cette séquence, en définissant les objectifs d'apprentissage et les compétences travaillées, en indiquant précisément quels documents issus du dossier documentaire vous utiliserez et en détaillant l'exploitation pédagogique de l'un de ces documents.

Composante enseignement moral et civique (10 points)

3. Énoncez les principes qui régissent le système éducatif français et précisez brièvement le sens de chacun d'eux.

4. Un élève de cours moyen refuse de participer à une activité scolaire en affirmant que le sujet abordé est contraire à ses croyances.

Dans un premier temps, vous rappelez clairement la règle aux élèves. À quel(s) texte(s) vous référez-vous ?

Puis vous décidez d'organiser, ultérieurement, dans le cadre de l'enseignement moral et civique, une séance afin de retravailler la notion de laïcité. Quels objectifs d'apprentissage définissez-vous ? Quels documents du dossier documentaire choisissez-vous ? Quel(s) autre(s) document(s) utiliseriez-vous éventuellement ? Justifiez vos choix.

Dossier documentaire

Document 1. Extrait du programme d'enseignement du cycle de consolidation (BOEN n° 31 du 30 juillet 2020)

Classe de CM2

Repères annuels de programmation	Démarches et contenus d'enseignement
Thème 1 **Le temps de la République**	
1892 : la République fête ses cent ans.	[...]
L'école primaire au temps de Jules Ferry.	À partir des années 1880, l'adhésion à la République se construit en partie par l'école gratuite laïque et obligatoire. Les bâtiments et les programmes de l'école de la République facilitent l'entrée concrète dans le sujet d'étude.
Des républiques, une démocratie : des libertés, des droits et des devoirs.	[...]

Document 2. Chronologie

1833 : loi sur l'instruction primaire (dite loi Guizot)

1879 : loi ayant pour objet la création de nouvelles écoles normales (visant notamment le développement des écoles normales de filles)

1881 : loi établissant la gratuité absolue de l'enseignement primaire dans les écoles publiques

1882 : loi sur l'enseignement primaire obligatoire

1886 : loi portant sur l'organisation de l'enseignement primaire (dite loi Goblet, mettant notamment en œuvre la laïcisation du personnel enseignant dans les écoles publiques)

Document 3. Photographie, école de Buigny-lès-Gamaches (Somme), vers 1910 (collections du Musée national de l'Éducation / MUNAÉ, Rouen, École de Buigny-les-Gamaches., Musée national de l'Éducation, Les collections du Musée national de l'Éducation (reseau-canope.fr) consultée le 7 décembre 2020)

Document 4. Extraits de la loi du 28 mars 1882 sur l'enseignement primaire obligatoire

Art. 1er – L'enseignement primaire comprend :
L'instruction morale et civique ;
La lecture et l'écriture ;
La langue et les éléments de la littérature française ;
La géographie, particulièrement celle de la France ;
L'histoire, particulièrement celle de la France jusqu'à nos jours ;
Quelques notions usuelles de droit et d'économie politique ;
Les éléments des sciences naturelles physiques et mathématiques ; leurs applications à l'agriculture, à l'hygiène, aux arts industriels, travaux manuels et usage des outils des principaux métiers ;
Les éléments du dessin, du modelage et de la musique ;
La gymnastique ;
Pour les garçons, les exercices militaires ;
Pour les filles, les travaux à l'aiguille.
L'article 23 de la loi du 15 mars 1850 est abrogé.

Art. 2 – Les écoles primaires publiques vaqueront un jour par semaine, en outre du dimanche, afin de permettre aux parents de faire donner, s'ils le désirent, à leurs enfants, l'instruction religieuse, en dehors des édifices scolaires.
L'enseignement religieux est facultatif dans les écoles privées.
[…]
Art. 4 – L'instruction primaire est obligatoire pour les enfants des deux sexes âgés de six ans révolus à treize ans révolus ; elle peut être donnée soit dans les établissements d'instruction primaire ou secondaire, soit dans les écoles publiques ou libres, soit dans les familles, par le père de famille lui-même ou par toute personne qu'il aura choisie.

Document 5. Extraits de Charles Péguy, *L'Argent*, *Cahiers de la Quinzaine*, sixième cahier de la quatorzième série, 1913, p. 30-34

Notre jeune *École normale* était le foyer de la vie laïque, de l'invention laïque dans tout le département […]. Sous la direction de notre directeur particulier, le directeur de l'école annexe, de jeunes maîtres de l'École normale venaient chaque semaine nous faire l'école. Parlons bien : ils venaient nous faire la classe. Ils étaient comme les jeunes Bara[1] de la République. Ils étaient toujours prêts à crier *Vive la République !*
[…]
Nos jeunes maîtres étaient beaux comme des hussards noirs. Sveltes ; sévères ; sanglés. Sérieux, et un peu tremblants de leur précoce, de leur soudaine omnipotence. Un long pantalon noir […]. Un gilet noir. Une longue redingote noire […]. Cet uniforme civil était une sorte d'uniforme militaire encore plus sévère, encore plus militaire, étant un uniforme civique. […] Porté par ces gamins qui étaient vraiment les enfants de la République. […] Par ces hussards noirs de la sévérité. […]
Sortis du peuple, mais dans l'autre sens de sortir, fils d'ouvriers, mais surtout de paysans et de petits propriétaires, souvent petits propriétaires eux-mêmes, de quelque lopin de terre quelque part dans le département, ils restaient le même peuple, nullement endimanché je vous prie de le croire, seulement un peu plus aligné, un peu plus rangé, un peu ordonné dans ces beaux jardins de maisons d'école.

1. Jeune soldat républicain mort en 1793, à 14 ans, pendant la guerre de Vendée.

Document 6. Extraits de la lettre de Jules Ferry aux instituteurs du 17 novembre 1883, *Journal officiel de la République française* du 19 novembre 1883

La loi du 28 mars se caractérise par deux dispositions qui se complètent, sans se contredire : d'une part elle met en dehors du programme obligatoire l'enseignement de tout dogme particulier ; d'autre part elle y place au premier rang l'enseignement moral et civique. L'instruction religieuse appartient aux familles et à l'Église, l'instruction morale à l'école.
Le législateur n'a donc pas entendu faire une œuvre purement négative. Sans doute il a eu pour premier objet de séparer l'école de l'Église, d'assurer la liberté de conscience et des maîtres et des élèves, de distinguer enfin deux domaines trop longtemps confondus : celui des croyances qui sont personnelles, libres et variables et celui des connaissances qui sont communes et indispensables à tous, de l'aveu de tous. Mais il y a autre chose dans la loi du 28 mars : elle affirme la volonté de fonder chez nous une éducation nationale, et de la fonder sur des notions du devoir et du droit que le législateur n'hésite pas à inscrire au nombre des premières vérités que nul ne peut ignorer.
Pour cette partie capitale de l'éducation, c'est sur vous, monsieur, que les pouvoirs

publics ont compté. En vous dispensant de l'enseignement religieux, on n'a pas songé à vous décharger de l'enseignement moral ; c'eût été vous enlever ce qui fait la dignité de votre profession. Au contraire, il a paru tout naturel que l'instituteur, en même temps qu'il apprend aux enfants à lire et à écrire, leur enseigne aussi ces règles élémentaires de la vie morale qui ne sont pas moins universellement acceptées que celles du langage ou du calcul.

[...]

Vous n'avez à enseigner à proprement parler rien de nouveau, rien qui ne vous soit familier comme à tous les honnêtes gens. Et quand on vous parle de mission et d'apostolat, vous n'allez pas vous y méprendre ; vous n'êtes point l'apôtre d'un nouvel évangile ; le législateur n'a voulu faire de vous ni un philosophe ni un théologien improvisé. Il ne vous demande rien qu'on ne puisse demander à tout homme de coeur et de sens. Il est impossible que vous voyiez chaque jour tous ces enfants qui se pressent autour de vous, écoutant vos leçons, observant votre conduite, s'inspirant de vos exemples, à l'âge où l'esprit s'éveille, où le coeur s'ouvre, où la mémoire s'enrichit, sans que l'idée vous vienne aussitôt de profiter de cette docilité, de cette confiance, pour leur transmettre, avec les connaissances scolaires proprement dites, les principes mêmes de la morale, j'entends simplement cette bonne et antique morale que nous avons reçue de nos pères et mères et que nous nous honorons tous de suivre dans les relations de la vie, sans nous mettre en peine d'en discuter les bases philosophiques.

[...]

Non, la famille et la société vous demandent de les aider à bien élever leurs enfants, à en faire des honnêtes gens. C'est dire qu'elles attendent de vous non des paroles, mais des actes, non pas un enseignement de plus à inscrire au programme, mais un service tout pratique, que vous pouvez rendre au pays plutôt encore comme homme que comme professeur.

Il ne s'agit plus là d'une série de vérités à démontrer, mais, ce qui est tout autrement laborieux, d'une longue suite d'influences morales à exercer sur ces jeunes êtres, à force de patience, de fermeté, de douceur, d'élévation dans le caractère et de puissance persuasive. On a compté sur vous pour leur apprendre à bien vivre par la manière même dont vous vivrez avec eux et devant eux. On a osé prétendre pour vous à ce que d'ici à quelques générations les habitudes et les idées des populations au milieu desquelles vous aurez exercé attestent les bons effets de vos leçons de morale. Ce sera dans l'histoire un honneur particulier pour notre corps enseignant, d'avoir mérité d'inspirer aux Chambres françaises cette opinion qu'il y a dans chaque instituteur, dans chaque institutrice, un auxiliaire naturel du progrès moral et social, une personne dont l'influence ne peut manquer, en quelque sorte, d'élever autour d'elle le niveau des mœurs.

Journal officiel de la République française 19 novembre 1883
RetroNews – Le site de presse de la BnF consulté le 7 décembre 2020.

SUJET ZÉRO

Document 7. Extraits du discours de Ferdinand Buisson au troisième congrès annuel du parti radical et radical-socialiste, Marseille, 1903

Pour faire un républicain, il faut prendre l'être humain si petit et si humble qu'il soit, un enfant, un adolescent, une jeune fille ; il faut prendre l'homme le plus inculte, le travailleur le plus accablé par l'excès de travail, et lui donner l'idée qu'il faut penser par lui-même, qu'il ne doit ni foi, ni obéissance à personne, que c'est à lui de chercher la vérité et non pas de la recevoir toute faite d'un maître, d'un directeur, d'un chef, quel qu'il soit, temporel ou spirituel. [...]
Sans doute, il y a des vérités incontestables, mais celles-là, l'État n'a pas besoin de les imposer : personne ne les conteste. Telles sont les vérités mathématiques, les lois fondées sur l'expérience dans tous les ordres de science. Celles-là, l'État les enseigne, non à titre de dogmes, mais à titre de vérités démontrées et que chacun peut toujours vérifier. Quant aux autres, aux croyances, aux opinions, aux hypothèses, aux convictions religieuses, par exemple, l'État ne les enseigne pas.

https://gallica.bnf.fr/ark:/12148/bpt6k1129396/f178.image.r consulté le 7 décembre 2020.

Document 8. Statistiques des écoles laïques publiques

	Nombre d'écoles primaires élémentaires et supérieures laïques publiques	Nombre total d'élèves de ces écoles	Nombre moyen d'élèves par école
1881-1882	51 732	3 349 773	64,7
1896-1897	62 192	3 780 405	60,7
1911-1912	69 363	4 615 063	69,0

Données issues de Coll., L'Enseignement primaire et ses extensions [...], INRP, 1987, accessible sur https://www.persee.fr/doc/inrp0297-35101987mon21 consulté le 7 décembre 2020.

Document 9. Observatoire de la laïcité, « Qu'est-ce que la laïcité ? », extrait

LE CORRIGÉ

Composante histoire

1. Quels étaient les enjeux de l'introduction de l'instruction morale et civique dans le programme de l'enseignement primaire de 1882 ? Pour répondre, appuyez-vous autant que vous le jugerez utile sur le dossier documentaire.

En 1882, Jules Ferry instaure à l'école un nouvel enseignement : l'instruction morale et civique, dont les enjeux sont centrés sur la construction du citoyen en devenir.

Le contexte d'élaboration de ce nouveau programme correspond à celui de la création de l'école gratuite laïque et obligatoire durant la IIIe République. Le document 2 (la chronologie) replace cet évènement dans l'histoire de la scolarisation. C'est en 1833 que le ministre Guizot fait voter une première loi sur l'instruction primaire visant à permettre à chaque écolier de trouver une école dans sa commune. Après la défaite de la guerre de Prusse (1870-1871), la IIIe République est proclamée. Celle-ci reste peu stable durant la première décennie, jusqu'à ce que les républicains deviennent majoritaires aux différentes élections. Ceux-ci décident alors de se servir de l'école pour ancrer le régime républicain chez les Français. Ce sont les lois de 1881-1882 de Jules Ferry, alors ministre de l'Instruction publique, qui vont soutenir ce projet : l'école devient gratuite (pour que tous puissent y accéder : le document 8 montre une nette augmentation de la population scolarisée), obligatoire (pour éviter que les enfants aillent plutôt à l'usine ou dans les champs) et laïque (afin d'éloigner la religion des enjeux de l'école). Les lois de Jules Ferry sont en quelque sorte précurseurs de la manière dont on envisage la laïcité aujourd'hui. Le document 9 illustre d'ailleurs le fait qu'elle doive être aujourd'hui réaffirmée à l'école.

Le programme d'instruction morale et civique vient ainsi remplacer l'enseignement religieux, habituellement enseigné à l'école. Dans le document 4 (extraits de la loi), on remarque, dès l'article premier, que l'instruction morale et civique occupe la première place dans la liste de l'enseignement primaire envisagé par la loi du 28 mars 1882. Par ailleurs, l'article 2 précise que l'instruction religieuse reste « en dehors des édifices scolaires ». Dans le même temps, les enseignants sont aussi laïcisés avec la création des écoles normales en 1879. Le ministre Jules Ferry accompagne sa loi d'une lettre à destination des instituteurs (document 6) afin d'expliciter ses intentions : « L'instruction religieuse appartient aux familles et à l'Église, l'instruction morale à l'école. » Il explique vouloir ainsi éviter « tout dogme » à l'école. Il s'agit là d'une véritable révolution dans le milieu scolaire : jusque là, et depuis des centaines d'années, c'était les religieux qui avaient eu pour charge d'instruire les jeunes enfants. Cette rupture forte explique la nécessité d'accompagner la nouvelle loi d'une lettre : l'esprit de la loi peut ainsi être davantage compris des instituteurs et de la population. Ferdinand Buisson (document 7), qui a longtemps été le directeur de l'enseignement primaire en France, va dans le même sens que Jules Ferry. Lors du congrès annuel du parti radical et radical-socialiste en 1903 (il s'agit donc un meeting politique), il défend le fait que l'État n'enseigne ni les croyances ni les convictions religieuses. Cette étape vers la laïcisation de la société française par l'école est un premier enjeu de l'instauration de l'instruction morale et civique. La loi de

1905 de séparation des Églises et de l'État vient confirmer cette volonté des républicains de distinguer le religieux du politique.

Le deuxième enjeu se trouve dans le programme même de cet enseignement : construire le citoyen de demain sur des bases morales et civiques communes. La photographie de l'école de Buigny-lès-Gamaches [document 3] illustre ce que les républicains attendent de l'école. Les garçons et les filles sont spatialement séparés [pas de mixité]. Leur attitude sérieuse et solennelle [bras croisés] reflète la discipline qui se doit d'être respectée. Le maitre sur sa chaise porte l'habit noir des « hussards de la République » [voir la description de Charles Péguy dans le document 5] maitrisant la cohorte d'enfants qui leur sont confiés. Le tableau noir en arrière-plan dévoile une phrase sur laquelle les élèves de la photographie ont sans doute dû travailler : *« Le peuple qui a les meilleures écoles est le premier peuple. S'il ne l'est pas aujourd'hui, il le sera demain. »* Cette citation de Jules Simon, un républicain de la IIIe République, explicite l'ambition donnée à l'école, teintée de nationalisme dans un contexte de désir de revanche face à l'Allemagne naissante. Cette photographie est très intéressante, car elle est une construction voulue par l'enseignant sur la photographie : rien n'est plus artificiel qu'une photographie de classe, hier comme aujourd'hui. Les élèves sont placés, leur attitude commandée, le décor planté : cela ne nous dit rien sur ce qu'était l'école, mais plutôt sur ce qu'on veut dire de ce qu'est l'école. La volonté de mise en valeur de cette phrase, avec des enfants à l'allure grave, donne à penser que l'instruction morale et civique est devenue [on est en 1910] un devoir dont chacun a pleinement conscience.

Dans le document 6, Jules Ferry précise ce qu'il entend par la morale à enseigner aux jeunes enfants : il ne s'agit pas de se transformer en un « philosophe, ni un théologien improvisé », mais de faire des élèves des « honnêtes gens », « à force de patience, de fermeté, de douceur, d'élévation dans le caractère et de puissance persuasive ». Le ministre cherche ainsi à rassurer les futurs enseignants. C'est en s'appuyant sur leur morale personnelle [« rien qu'on ne puisse demander à tout homme de cœur et de sens »] qu'ils aideront à « bien élever » les enfants. Cela rejoint une préoccupation qui existe depuis la Révolution française : faire voter des citoyens non éduqués pose problème. Les instruire et leur fournir des bases de citoyenneté, c'est s'assurer de la bonne compréhension des principes républicains, voire de l'adhésion de la population à celle-ci. Ce rôle n'est d'ailleurs pas uniquement réservé à l'instruction morale et civique : en histoire, en géographie ou encore en sport, les vertus citoyennes sont enseignées. Il s'agit donc à la fois de « moraliser » la population, mais aussi de l'instruire sur ses « notions du devoir et du droit ». Les enjeux pour les filles et les garçons sont d'ailleurs séparés : les filles n'auront pas à voter plus tard, mais à élever de futurs citoyens. Au niveau de la moralité, celles-ci doivent apprendre à respecter leurs maris, quand ceux-ci doivent apprendre à défendre leur pays. Ferdinand Buisson insiste dans son discours [document 7] sur le fait que cette transformation civique s'adresse à tous « pour faire un républicain ». Ainsi, il est fait un lien direct entre apprendre à « penser par [soi]-même » et être un républicain. Selon lui, le républicanisme serait une évidence de l'Homme instruit. Les enjeux moraux et civiques se confondent donc avec les enjeux de consolidation de la IIIe République.

2. Élaborez une séquence sur l'école primaire au temps de Jules Ferry pour des élèves de cours moyen seconde année. Puis développez une des séances de cette séquence, en définissant les objectifs d'apprentissage et les compétences travaillées, en indiquant précisément quels documents issus du dossier documentaire vous utiliserez et en détaillant l'exploitation pédagogique de l'un de ces documents.

Discipline : Histoire **Niveau** : Cycle 3, CM2 **Nombre de séances** : 6	**Thème 1 : Le temps de la République** **L'école primaire au temps de Jules Ferry**

Programme : Comprendre que l'adhésion à la République se construit en partie par les Lois Ferry : école gratuite, laïque et obligatoire.

Objectifs : Connaitre les grands principes des lois de Jules Ferry et comprendre ses enjeux dans l'histoire de la République.

Compétences du socle commun :
Les langages pour penser et communiquer : maitrise de la langue française pour la compréhension des documents. (*Domaine 1*)
Apprendre seul ou collectivement par la conduite de projet collectif via un accès à l'information et à la documentation. (*Domaine 2*)
Les méthodes et outils pour apprendre : utilisation d'outils numériques, travail en groupe. (*Domaine 2*)
La formation de la personne et du citoyen : coopérer et collaborer. (*Domaine 3*)
Développer une conscience du temps historique par la compréhension des sociétés dans le temps et la connaissance du monde social contemporain. (*Domaine 5*)

Pré-requis : La séquence précédente a permis de travailler le centenaire de la République célébré en 1892 avec les différentes expériences politiques depuis la Révolution. Les symboles républicains ont été appris.

N° séance et durée	Titre de la séance	Déroulement et consignes	Objectifs
Séance 1 *(45 minutes)*	Présentation des lois et hypothèses	**Présentation de la séquence** *(5 minutes)* Dire que l'on va parler des lois de Jules Ferry qui ont rendu « l'école gratuite, laïque et obligatoire ». **Activité d'explication des termes « gratuite », « laïque » et « obligatoire »** : en binôme, les élèves essaient de donner des définitions de chaque terme, en lien avec l'école. *(20 minutes)* **Mise en commun** : les élèves donnent leurs réponses et on réalise au tableau une carte mentale avec les trois termes en fonction des réponses des élèves. L'objectif est d'apporter des éléments complémentaires sur ce qu'impliquent ces lois (massification de la scolarisation, diminution du travail des enfants, le même programme pour les élèves, la prise en compte des plus pauvres) et de commencer à se demander pourquoi ces lois sont mises en place (expliquer qui est Jules Ferry). *(20 minutes)*	Émettre des hypothèses sur la volonté de mise en place des lois de Jules Ferry.

Séance 2 *(30 minutes)*	**L'école gratuite et obligatoire**	**Rappel de la séance précédente** *(5 minutes)* **Activité sur un document statistique (document 8)** : les élèves travaillent par groupe sur le document : « *Que nous apprend ce tableau sur le nombre d'écoles et d'élèves à l'école ? Quels liens pouvez-vous faire avec les lois de Jules Ferry ?* » *(20 minutes)* **Mise en commun** : relever les façons de lire le tableau par les élèves, institutionnaliser les résultats. Inscrire au tableau les hypothèses de liens avec les lois de Jules Ferry. Par le débat, les hypothèses farfelues sont écartées, les plausibles sont conservées et reproduites sur le cahier. *(5 minutes)*	Apprendre à lire un tableau statistique. Produire des hypothèses pour mettre en lien les chiffres du tableau et les lois vues dans la séance précédente.
Séance 3 *(45 minutes)*	**L'école laïque**	**Rappel de la séance précédente** *(5 minutes)* **Activité de recherche** : les élèves lisent un texte d'un manuel d'instruction morale et civique pour les filles et pour les garçons. On leur explique qu'avant cela, il existait l'enseignement religieux et que cette matière vise à le remplacer. Les élèves remplissent un tableau destiné à comprendre les différences entre ces deux enseignements. *(15 minutes)* **Mise en commun** : les réponses sont corrigées en classe entière et aboutissent à un débat : *pourquoi Jules Ferry n'a pas seulement supprimé l'enseignement religieux s'il voulait une école laïque ?* Il s'agit d'un débat réglé, auquel les élèves sont habitués. Les hypothèses émises durant le débat sont reportées par l'enseignant sur un schéma de synthèse. *(25 minutes)*	Lire un texte de manuel scolaire d'autrefois et comprendre ses enjeux. Comparer l'instruction morale et civique et l'enseignement religieux. Débattre sur les raisons d'un tel enseignement.
Séance 4 *(45 minutes)*	**Être à l'école après les lois de Jules Ferry**	**Travail à partir du document 3** (voir séance détaillée)	Voir séance détaillée.
Séance 5 *(45 minutes)*	**Réponses aux hypothèses de départ**	**Rappel de la séance précédente** *(5 minutes)* **Travail de groupe** : les élèves remplissent un tableau de ce qu'ils ont compris de la séquence. Les 4 colonnes sont les suivantes : *Comment était l'école avant les lois de Jules Ferry ? Que décide Jules Ferry ? Pourquoi ? Avec quelles conséquences ?* L'enseignant passe dans les groupes pour valider, corriger, questionner et institutionnaliser ce travail. *(40 minutes)*	Extraire le savoir d'une séquence. Répondre aux hypothèses formulées durant la séquence.
Séance 6 *(45 minutes)*	**Évaluation**	**Une première partie de questions de cours** : *Qui est Jules Ferry ? Que décident les lois qu'il crée pour l'école ? Qu'est-ce que cela change pour les enfants ?* **Une seconde partie de critique** : une autre photographie de classe est proposée. Les élèves doivent la décrire et émettre des hypothèses sur le message qu'on souhaite renvoyer avec celle-ci.	Remobiliser l'ensemble des connaissances apprises durant la séquence.

- **Séance 4 détaillée à partir de l'étude du document 3**

Objectifs : se questionner sur les enjeux de l'école après les lois de Jules Ferry.

Compétence travaillée : l'étude critique d'une photographie de classe.

La photographie est projetée au tableau et présentée : date (contexte), école (localisation). Les élèves prennent le temps de bien la regarder. Chacun note sur son brouillon ce qu'il voit. En classe entière, nous mettons en commun ce que nous avons vu : les tenues standardisées, les bras croisés, l'instituteur assis au milieu, le tableau noir avec la morale écrite (et expliquée pour ceux qui ne l'ont pas comprise). Cette activité demandée n'est pas complexe, c'est pourquoi nous allons assez vite, l'enjeu étant de se mettre d'accord sur ce qui est vu. Nous projetons ensuite la photographie de notre propre classe, qui montre des élèves souriants, près de la structure de jeux de l'école. Nous leur demandons s'ils ont toujours cette attitude en classe (sourires figés, tenues et coiffures apprêtées...). L'objectif est que les élèves évoquent qu'une photographie de classe est une construction avec un message. De nos jours, le message, renvoyé aux parents ou grands-parents qui vont acheter la photographie, est que les élèves sont heureux d'aller dans cette classe. Nous leur annonçons, après ce temps d'échange, qu'ils vont devoir faire la même chose avec cette photographie de 1910 : comprendre comment la photographie de classe est construite et quel message elle renvoie. Ils doivent produire des hypothèses, et nous leur rappelons que nous ne pourrons pas les vérifier, mais qu'elles doivent être crédibles et justifiées à partir de ce qu'on a étudié depuis le début de la séquence.

En groupe, les élèves produisent les hypothèses. Nous débattons en classe entière des propositions des élèves. L'hypothèse « montrer qu'on n'est pas contents d'aller à l'école à cette époque » est invalidée, car un élève fera remarquer que cela n'a pas de sens avec la morale inscrite derrière. L'hypothèse « montrer que l'école c'est quelque chose de très sérieux » sera validée par nous-même et nous complèterons alors avec le contexte du début du XXe siècle : la France est une puissance mondiale qui rayonne à travers le monde et qui considère son peuple comme l'un des premiers. Elle est en concurrence avec ses voisins et se prépare depuis plusieurs années à affronter l'Allemagne pour récupérer les territoires perdus avec la guerre de Prusse. De plus, la loi de 1905 est venue confirmer la laïcisation de la société déjà commencée à l'école depuis les lois de Jules Ferry.

L'activité se termine avec la rédaction, de façon individuelle, des hypothèses sur le message renvoyé par la photographie de classe. Cet écrit court sera ensuite corrigé par l'enseignant individuellement.

Composante enseignement moral et civique

3. Énoncez les principes qui régissent le système éducatif français et précisez brièvement le sens de chacun d'entre eux.

Le système éducatif français est uniformisé sur tout le territoire. Il est régi par des principes, qui sont le fruit de l'histoire de la scolarisation en France. Ces principes sont : la liberté de l'enseignement, la gratuité, la neutralité, la laïcité et l'obligation scolaire.
La **liberté** d'organiser et de dispenser un enseignement garantit l'existence du service public d'enseignement, mais aussi d'établissements privés sous contrat. Les enseignants bénéficient de la liberté pédagogique pour organiser leur cours, dans le respect des programmes et des préconisations officiels.

L'école est **gratuite** depuis 1881 (1933 pour l'enseignement secondaire). Cette gratuité de l'enseignement public permet à tous les élèves, quelle que soit leur condition sociale, d'accéder aux apprentissages. Des aides aux familles sont prévues pour l'achat du matériel scolaire quand celui-ci n'est pas fourni.

La **neutralité** fait de l'école un lieu protégé de certaines conflictualités présentes dans la société. Les élèves, comme les enseignants, ne doivent pas prôner d'idéologies ni montrer leurs adhésions aux partis politiques.

La **laïcité**, qui est l'objet du document 9, permet « la liberté de conscience », « la séparation des institutions publiques et des organisations religieuses » et « l'égalité de tous devant la loi ». C'est ce que nous rappelle l'Observatoire de la laïcité dont le but est de promouvoir et d'expliquer la laïcité en France. À l'école, la laïcité est instaurée depuis 1882, et confortée avec la loi de séparation des Églises et de l'État en 1905. Concrètement, le principe de laïcité fait qu'il n'y a pas d'instruction religieuse dans les programmes (mais un enseignement du fait religieux en histoire, par exemple), que les enseignants ne sont pas des religieux et qu'il est formellement interdit de faire du prosélytisme (encourager à la conversion pour sa religion).

L'instruction est **obligatoire** depuis 1882. Depuis la rentrée 2020, cette obligation concerne les élèves à partir de 3 ans. Il est possible de ne pas aller à l'école si les familles prennent en charge l'instruction. Mais celle-ci est contrôlée par l'État.

4. Un élève de cours moyen refuse de participer à une activité scolaire en affirmant que le sujet abordé est contraire à ses croyances.
Dans un premier temps, vous rappelez clairement la règle aux élèves. À quel(s) texte(s) vous référez-vous ?
Puis vous décidez d'organiser, ultérieurement, dans le cadre de l'enseignement moral et civique, une séance afin de retravailler la notion de laïcité.
Quels objectifs d'apprentissage définissez-vous ? Quels documents du dossier documentaire choisissez-vous ? Quel(s) autre(s) documents(s) utiliseriez-vous éventuellement ? Justifiez vos choix.

Chaque enseignant doit se préparer à être confronté à une situation telle que celle proposée ici. En effet, il n'est pas rare qu'une telle situation se produise, mais elle n'est pas nécessairement aussi conflictuelle et dramatique que ce qui peut être relaté dans les médias. L'assassinat de l'enseignant Samuel Paty en 2020 constitue en effet un cas de figure extrême.

Tout enseignant a à sa disposition de très nombreux textes officiels sur le sujet : Constitution de la Ve République, Déclaration des droits de l'Homme et du Citoyen de 1789, loi de 1882 sur l'école laïque, loi de 1905 sur la séparation des Églises et de l'État, loi de 2004 sur l'interdiction du port de signes religieux ostentatoires. Mais ces textes sont peu accessibles aux élèves, contrairement à la Charte de la laïcité, qui a été élaborée explicitement pour être comprise des enfants en 2013. Celle-ci rappelle ainsi qu'« aucun élève ne peut invoquer une conviction religieuse ou politique pour contester à un enseignant le droit de traiter une question au programme ». Cette phrase, très explicite, peut être accompagnée des programmes en question afin de montrer à l'élève contestataire qu'il n'est pas dans son bon droit.

Cependant, le rappel à la règle peut ne pas être suffisant pour aborder et faire comprendre le concept de laïcité à l'école, et il est utile, lors de l'apparition de telles contestations, de revenir en EMC sur ce principe important dans le système éducatif français.

Nous décidons de proposer une séance d'une heure et demie avec les élèves, avec pour objectif qu'ils comprennent les enjeux de la laïcité à l'école. Après le rappel à la règle qui avait été fait lors de l'incident en classe, il convient de préciser qu'il ne s'agit pas seulement d'appliquer la règle, mais de comprendre pourquoi cette règle a été établie.

Nous commençons par interroger les élèves : « Pourquoi les croyances religieuses des élèves ne peuvent pas décider du programme scolaire ? ». Il est en effet important de ne pas s'adresser directement aux élèves sur leurs croyances personnelles, mais de déporter l'attention sur une réflexion philosophique plus générale. Les idées des élèves sont notées au tableau : « parce qu'il y a plein de religions », « parce qu'on n'apprendrait plus des choses importantes », « parce que si on ne croit pas, ça ne nous regarde pas », etc. Nous classons ces réponses au tableau en trois colonnes qui recoupent les trois principes et valeurs affichés dans le document 9 (mais sans donner de titre à nos colonnes pour ne pas influencer les élèves) : « la liberté de conscience », « la séparation des institutions publiques et des organisations religieuses » et « l'égalité de tous devant la loi ».

Nous distribuons ensuite le document 9 aux élèves, qui est accessible aux élèves du cours moyen. Ils doivent le lire en silence. Puis, en binômes, nous leur demandons de repérer les trois principes et valeurs qui figurent en bleu sur le document et de les reprendre pour donner des titres à nos colonnes. Si certaines ont été peu remplies, c'est l'occasion de les compléter ensemble.

Nous décidons d'élargir ensuite le travail en expliquant aux élèves que tous les pays n'ont pas fait le même choix que la France quant à la laïcité (l'Espagne se dit laïque, mais la religion y a une place importante), et que notre pays s'est intéressé à cette question dès la fin du XIXe siècle. Nous leur lisons le premier paragraphe du document 6, la lettre de Jules Ferry aux instituteurs, qui nécessite des explications de vocabulaire (disposition, dogme, instruction). Une discussion avec la classe permet de comprendre, à partir de ce texte, l'ancienneté de la laïcité française à l'école.

Nous terminons l'activité par un jeu de rôle par petits groupes où les élèves doivent imaginer qu'un élève conteste à nouveau l'enseignement d'un programme, et que ce sont les autres élèves qui ont à lui expliquer pourquoi il ne peut pas. Nous veillons à ne pas stigmatiser l'élève à qui c'est arrivé, et nous vérifions que celui-ci a bien compris ce qui a été appris.

SUJET COMPLÉMENTAIRE – GÉOGRAPHIE + EMC

Épreuve écrite d'application

Domaine histoire, géographie, enseignement moral et civique

Épreuve notée sur 20 - Durée 3h - Coefficient 1

Composante géographie (13 points)

1. Quelle est la place et quels sont les enjeux du développement durable dans l'éducation et plus spécifiquement dans les programmes de géographie ? Vous pourrez vous appuyer sur l'analyse des documents du dossier pour répondre de manière problématisée et argumentée à cette question.

2. Élaborez une séquence portant sur le sous-thème « Favoriser la place de la "nature" en ville » du programme de géographie de CM2. Vous préciserez notamment les objectifs de compétences, les objectifs de chaque séance. Puis développez une des séances de cette séquence en indiquant précisément quels documents issus du dossier documentaire vous utiliserez et en détaillant l'exploitation pédagogique de l'un de ces documents.

Composante enseignement moral et civique (7 points)

3. Expliquez pourquoi les enjeux écologiques et environnementaux s'inscrivent dans les programmes d'enseignement moral et civique.

4. Vous décidez de mener une séquence sur le changement climatique en enseignement moral et civique. Quelle démarche d'apprentissage choisissez-vous ? Expliquez-la de manière détaillée et justifiez votre choix.

Dossier documentaire

Document 1. Extraits du programme d'enseignement du cycle de consolidation (BOEN n° 31 du 30 juillet 2020)

Géographie

La nécessité de faire comprendre aux élèves l'impératif d'un développement durable et équitable de l'habitation humaine de la Terre et les enjeux liés structure l'enseignement de géographie des cycles 3 et 4. Il introduit un nouveau rapport au futur et permet aux élèves d'apprendre à inscrire leur réflexion dans un temps long et à imaginer des alternatives à ce que l'on pense comme un futur inéluctable. C'est notamment l'occasion d'une sensibilisation des élèves à la prospective territoriale. En effet, l'introduction d'une dimension prospective dans l'enseignement de la géographie permet aux élèves de mieux s'approprier les dynamiques des territoires et de réfléchir aux scénarios d'avenir possibles.

Classe de CM1

Repères annuels de programmation	Démarches et contenus d'enseignement
Thème 2 **Mieux habiter**	
Favoriser la place de la « nature » en ville Recycler Habiter un écoquartier	Améliorer le cadre de vie et préserver l'environnement sont au cœur des préoccupations actuelles. Il s'agit d'explorer, à l'échelle des territoires de proximité (quartier, commune, métropole, région), des cas de réalisations ou des projets qui contribuent au « mieux habiter ». La place réservée dans la ville aux espaces verts, aux circulations douces, aux berges et corridors verts, au développement de la biodiversité, le recyclage au-delà du tri des déchets, l'aménagement d'un écoquartier sont autant d'occasions de réfléchir aux choix des acteurs dans les politiques de développement durable.

Document 2. Extrait du site Eduscol : L'éducation au développement durable

L'éducation au développement durable (EDD) permet d'appréhender le monde contemporain dans sa complexité, en prenant en compte les interactions existant entre l'environnement, la société, l'économie et la culture.

La politique de généralisation de l'éducation au développement durable est définie dans les circulaires de 2004, 2007, 2011 et 2015, qui établissent l'intégration des thèmes, des enjeux et des principes du développement durable dans les programmes d'enseignement, dans les formations des enseignants et des personnels d'encadrement, dans les démarches globales de développement durable des écoles et des établissements, dans la production de ressources pédagogiques, le tout étant soutenu par le partenariat, aux échelles locale, académique, nationale, européenne et internationale.

En 2019, le ministre Jean-Michel Blanquer lance une nouvelle ambition pour cette éducation transversale, en l'inscrivant explicitement dans la continuité de l'Agenda 2030. Pour cela, des liens sont explicitement établis entre l'engagement lycéen et la mise en œuvre d'« EDD 2030 », afin de mobiliser l'École dans la lutte contre le changement climatique et la préservation de la biodiversité.

Cette politique éducative est menée en prenant en compte les grands enjeux du XXIe siècle, liés, par exemple, aux ressources, au climat, à la biodiversité, à la croissance démographique et urbaine, ou à l'alimentation, à la cohésion sociale, à la solidarité internationale et au développement humain. Il s'agit ainsi de former le futur citoyen aux choix complexes qui mettent en jeu le développement durable dans son existence personnelle et dans la société dans laquelle il vit.

L'éducation au développement durable invite ainsi à tisser des réseaux transversaux de connaissances et de compétences entre les enseignements, les projets d'établissements et les nombreuses initiatives comme les actions éducatives et culturelles conduites sur le temps scolaire ou en dehors du temps scolaire. Elle a donc toute sa place dans les « projets éducatifs territoriaux » qui visent à articuler les activités périscolaires avec les projets d'école et d'établissement.

https://eduscol.education.fr/1118/qu-est-ce-que-l-education-au-developpement-durable#:~: text=Le%20d%C3%A9veloppement%20durable%20est%20d%C3%A9fini, Avenir%20%C3%A0%20tous%2C%201987, consulté le 25 avril 2021

Document 3. Le développement durable selon le site Géoconfluences (ressources de géographie pour les enseignants)

Le concept de développement durable (*Sustainable Development*) a été introduit en 1987 par le rapport dit Brundtland (*Our Common Future*) qui en donne la définition suivante : « mode de développement qui répond aux besoins du présent sans compromettre la capacité des générations futures de répondre aux leurs ». Il fut adopté lors du Sommet de la Terre (Conférence mondiale des Nations unies sur l'environnement) de Rio en juin 1992, sur la base d'un double constat d'urgence à l'échelle mondiale : écologique (changement climatique, biodiversité, ressources fossiles, etc.) et sociale (inégalités, satisfaction des besoins de base, etc.). Il a pour objectif d'aboutir à un état d'équilibre entre trois piliers, le social, l'économique et l'environnemental.

C'est de cette conférence qu'est né l'Agenda 21, programme d'actions pour le XXIe siècle orienté vers le développement durable, qui fût adopté par les pays signataires de la Déclaration de Rio de Janeiro. Il formule des recommandations aux collectivités locales sur la façon d'atteindre les objectifs du développement durable. Le terme de *sustainable* a été traduit par l'adjectif « durable » dans la mesure où le mot « soutenable », en français, n'implique aucune dimension temporelle. Il s'agit de tenter de concilier les impératifs du développement, plus particulièrement pour les pays du Sud en retard, avec les contraintes environnementales au Nord comme au Sud.

Néanmoins, malgré des différences d'interprétation parfois fortes, tout le monde reconnaît maintenant que cette notion recouvre les trois aspects fondamentaux du développement et de la qualité de vie de nos sociétés : le développement économique, la protection de l'environnement et le développement social et humain. L'économie est le moteur du développement durable car elle permet l'amélioration des conditions sociales, en prenant en compte les contraintes que pose la préservation de l'environnement. Le jeu entre ces trois composantes engendre les trois propriétés du développement durable : équitabilité, viabilité, vivabilité. Le développement durable comporte des problématiques locales et globales, qui pourront être résolues en repensant le développement globalement, tout en agissant localement. Les abus terminologiques du « développement durable », son affichage au cœur de nombreux rendez-vous politiques et scientifiques (journées d'études, colloques, séminaires, etc.) mais aussi à travers les stratégies de communication des entreprises ou des collectivités territoriales, contribuent à brouiller la notion. C'est ainsi que l'UNESCO, pour préparer et promouvoir la *Décennie des Nations unies pour l'éducation en vue du développement durable (2005-2014)*, développe un site web interactif dont les thèmes d'actions clés couvrent des champs diversifiés : réduction de la pauvreté ; égalité des genres ; promotion de la santé ; VIH/SIDA ; environnement ; eau ; transformation rurale ; consommation durable ; tourisme durable ; droits de l'Homme ; compréhension internationale ; diversité culturelle ; savoirs autochtones ; médias & TIC : www.unesco.org/education/desd. Ces nombreuses entrées dans la problématique du développement durable ne risquent-elles pas de diluer un concept aux frontières floues ? À l'inverse, certains ingénieurs, techniciens et aménageurs réduisent la notion de développement durable à une simple idée de gestion durable, oubliant alors toutes les dimensions éthiques, symboliques et culturelles du développement durable. Ils remplacent la notion de besoins, à forte dimension éthique et symbolique, par celle de fonctions, beaucoup plus utilitariste.

« Développement durable », Glossaire de Géoconfluences, 2004
(texte intégral, en ligne) + version numérique du manuel : http://geoconfluences.ens-lyon.fr/glossaire/developpement-durable, consulté le 25 avril 2021.

Document 4. Extrait du manuel Histoire-Géographie 5e, Éditions Hatier, 2016

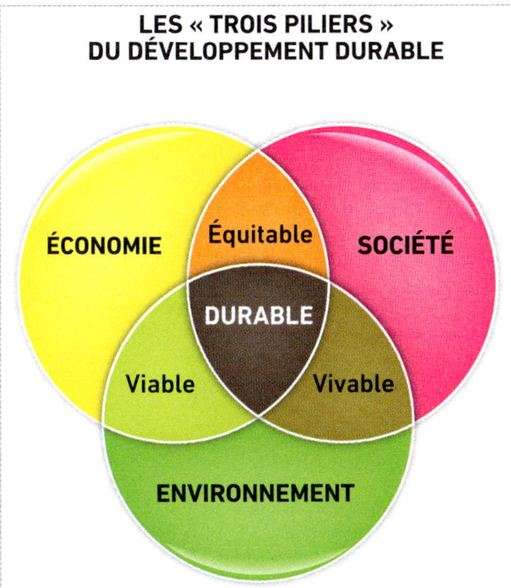

Le développement durable

« Le développement durable est un mode de développement qui répond aux besoins du présent sans compromettre la capacité des générations futures de répondre aux leurs. » (Rapport Brundtland, 1987)

Document 5. Photographie, Les rives de la Seine (Paris), aout 2018 (photographie de Olrat, Istock)

Document 6. Graphique, L'ilot de chaleur urbain à Paris

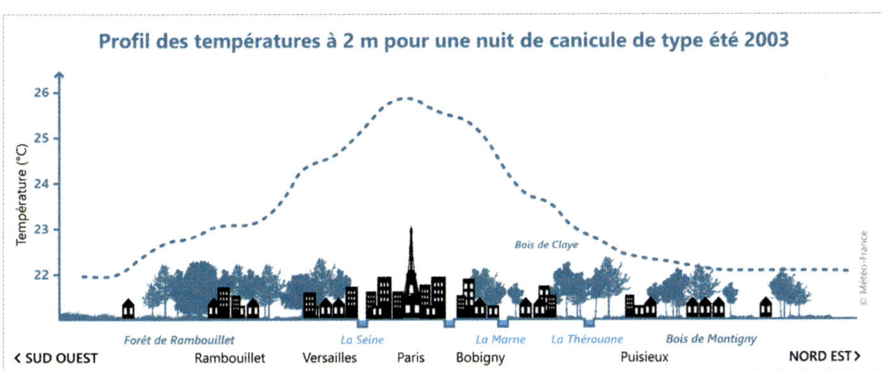

Source : www.paris.fr.

Document 7. Les cours d'école Oasis à Paris

7A. Extraits du site de la Ville de Paris

Le projet Oasis a été sélectionné en octobre 2018 dans le cadre de l'appel à projets «Actions Innovatrices Urbaines» (initiative de l'Union européenne financée par le Fonds européen de développement régional – FEDER).
Cette initiative vise à permettre aux aires urbaines européennes de trouver «des solutions nouvelles et innovantes afin de faire face aux défis urbains qu'elles rencontrent».
Dix établissements scolaires parisiens ont ainsi été sélectionnés pour participer à ce projet entre 2019 et 2021. Il constitue une opportunité d'engager les élèves, les équipes pédagogiques et le quartier dans une démarche active en faveur du climat, du renouvellement des usages et des pratiques au sein des cours de récréation des écoles et collèges à Paris. […]
L'objectif de ce projet est donc de transformer ces dix cours en espaces naturels de proximité adaptés au changement climatique, ouverts sur leurs quartiers et renforçant le bien-être des enfants et adolescent.e.s.

www.paris.fr

7B. Les transformations de la cour de l'école élémentaire Riblette à Paris dans le 20[e]

Document 8. Extraits du programme d'enseignement moral et civique du cycle de consolidation (BOEN n° 31 du 30 juillet 2020)

8A. Les finalités de l'enseignement moral et civique du cycle 2 au cycle 4

3. Construire une culture civique

Cette culture civique irrigue l'ensemble des enseignements, elle est au cœur de la vie de l'école et de l'établissement, elle est portée par certaines des actions qui mettent les élèves au contact de la société. En particulier, les actions concernant l'éducation au développement durable, au service de la prise de conscience écologique, ont vocation à contribuer à la culture de l'engagement individuel comme collectif, citoyen avant tout, au service du respect et de la protection de l'environnement à toutes les échelles, et à court et moyen termes. Dans des échanges contradictoires, pouvant prendre appui sur la littérature jeunesse, des écrits documentaires ou journalistiques, les élèves sont initiés à débattre de manière démocratique et à penser de façon critique. Ils acquièrent dans ces débats les capacités à établir des liens entre des choix, des comportements et leurs impacts environnementaux (climat, biodiversité, développement durable) et à comprendre les perspectives des acteurs impliqués dans les problématiques abordées. Celles-ci prennent appui sur les observations du vivant, les expériences vécues dans l'école et son environnement ou l'étude de documents qui procèdent à une progressive « acculturation » écologique.

8B. Cycle 3 – Construire une culture civique

Connaissances et compétences associées	Objets d'enseignement
Comprendre le sens de l'intérêt général.	Les valeurs personnelles et collectives. Le sens républicain de la nation.
Comprendre la notion de bien commun dans la classe, l'école, l'établissement, la société et l'environnement.	La nation et l'intérêt général comme distincts de la somme des intérêts particuliers.
Distinguer son intérêt personnel de l'intérêt collectif.	La solidarité individuelle et collective nationale ou internationale (face aux défis environnementaux, aux catastrophes naturelles, aux risques sociaux).
Exercer sa capacité à choisir de manière responsable.	La responsabilité de l'individu et du citoyen dans le domaine de la santé, du changement climatique, de la biodiversité et du développement durable.

LE CORRIGÉ

Composante géographie

1. Quelle est la place et quels sont les enjeux du développement durable dans l'éducation et plus spécifiquement dans les programmes de géographie ? Vous pourrez vous appuyer sur l'analyse des documents du dossier pour répondre de manière problématisée et argumentée à cette question.

La pandémie de Covid-19 a transformé et modifié les équilibres de notre monde et a fait prendre conscience de manière soudaine et concrète à l'ensemble de la population mondiale et de ses dirigeants de l'impact de l'anthropisation sur les écosystèmes. En effet, le déclin de la biodiversité accélère l'émergence de virus dangereux pour les populations humaines. Santé humaine, santé animale et santé des écosystèmes sont en réalité étroitement liées. En juillet 2020, le ministère de l'Éducation nationale, prenant acte de cette immense crise aux racines écologiques, propose des modifications pour renforcer les programmes sur ce plan. Pourtant, cela fait déjà au moins deux décennies que les préoccupations environnementales sont prises en compte et enseignées puisque, dès le début des années 2000, les programmes de l'école primaire intégraient explicitement cette dimension. Aussi, on peut se demander pourquoi, vingt plus tard, ces préoccupations sont réaffirmées et développées et pourquoi nos sociétés semblent toujours confrontées de la même façon à ces enjeux. Il s'agit donc de questionner la place, le rôle et le sens de cette éducation au développement durable dans le cadre des programmes de l'école élémentaire aujourd'hui et de tenter de rendre compte des difficultés qu'elle peut soulever dans leur mise en œuvre. Pour résoudre cette question, nous définirons dans un premier temps ce qu'est l'éducation au développement durable, puis nous verrons comment la géographie et les géographes se saisissent de cette question pour enfin mettre à jour les difficultés qui peuvent être à l'œuvre dans cet enseignement transversal et donc les points de vigilance dont il faut tenir compte pour la mise en œuvre pédagogique.

L'éducation au développement durable (EDD), enseignement transversal, est, comme l'éducation aux médias, à la santé, ou à l'alimentation, inscrite dans un parcours éducatif, curriculaire, que l'élève suit dans le cadre de la scolarité obligatoire du cycle 1 au cycle 4. L'EDD s'inscrit depuis 2015 dans le parcours citoyen. Conçu comme un enseignement transversal, il est donc enseigné dans toutes les disciplines. Comme l'indique le document 2, extrait du site d'accompagnement des enseignants, Eduscol, cette éducation est le fruit d'une évolution entre 2004 et 2015 et s'inscrit depuis 2019 dans les perspectives pour l'Éducation nationale d'ici 2030. Plusieurs enjeux écologiques du XXIe siècle sont ainsi définis par le texte : « les grands enjeux du XXIe siècle, liés, par exemple, aux ressources, au climat, à la biodiversité, à la croissance démographique et urbaine, ou à l'alimentation, à la cohésion sociale, à la solidarité internationale et au développement humain ». Ces enjeux se situent donc autant à l'échelle individuelle et donc locale qu'à l'échelle collective et mondiale. Une des caractéristiques de l'éducation au développement durable est qu'elle forme de manière critique et raisonnée les futurs citoyens de demain à prendre des décisions informées et à agir de manière consciente. Les sciences, l'enseignement moral et civique et la géographie sont les principales disciplines qui intègrent des éléments liés au développement durable. Cela dit, dans le cadre de la polyvalence, il importe de penser des projets plus globaux impliquant toutes les disciplines et toutes les compétences, comme c'est le cas du projet des cours Oasis menés dans les établissements scolaires parisiens (document 7).

La géographie, portée par le fil conducteur de l'Habiter, est une discipline au cœur de l'EDD. Dans le programme de géographie du cycle 3 (document 1), l'EDD y est même défini comme structurant : « La nécessité de faire comprendre aux élèves l'impératif d'un développement durable et équitable de l'habitation humaine de la Terre et les enjeux liés structure l'enseignement de géographie des cycles 3 et 4. » La notion est envisagée de manière systémique en géographie comme le synthétise le schéma du document 4, extrait d'un manuel d'histoire-géographie de 5e. Le développement durable y est défini comme « un mode de développement qui répond aux besoins du présent sans compromettre la capacité des générations futures de répondre aux leurs ». La particularité de cette approche, globale et systémique, est de bien envisager la notion selon trois volets fondamentaux comme le précise le document 3 tiré du site Géoconfluences :
– le volet environnemental ;
– le volet social ;
– le volet économique.

L'objectif est de trouver un juste équilibre entre le développement économique et la préservation des ressources de la planète tout en assurant des rapports sociaux harmonieux. En géographie, au cycle 3 comme au cycle 4, l'objectif est de faire découvrir aux élèves, de manière concrète et à l'échelle des territoires de proximité (leur quartier, leur commune, leur région, etc.), quels sont les projets mis en œuvre aujourd'hui et pensés pour demain. Les élèves réalisent que ces actions, à leur échelle comme à celle des pays ou du monde, sont systémiques et concernent de très nombreux domaines : l'environnement, les mobilités, la sociabilité, le développement économique ou bien encore les modes de vie. Le programme de CM2 (document 1) propose des exemples concrets et qui doivent être ancrés dans le quotidien des élèves : quelle est la place de la « nature » en ville ? Quel est le rôle du recyclage, au-delà du tri ? Comment projeter la ville du futur au travers de l'exemple de écoquartiers ?

Le traitement des questions relatives au développement durable en géographie doit cependant être abordé de manière critique et vigilante. En effet, il ne suffit pas d'exposer aux élèves quelques cas concrets et réalisations dans leur ville ou leur région pour que la conscience écologique émerge et que cela influence réellement les évolutions du monde de demain. Il importe donc de ne pas être dans une approche prescriptive ou morale (« il faut faire ça », « il ne faut pas faire ça »), mais dans une approche scientifique fondée sur les hypothèses, les preuves et les faits ainsi que leur interprétation. La démarche d'investigation ou le débat argumenté sont donc à privilégier. Par ailleurs, en géographie, il est important que les élèves prennent conscience des trois volets du développement durable et que le traitement de l'un d'eux ne prenne pas le pas sur un autre au risque de gommer la complexité des enjeux. Même si l'approche systémique est parfois complexe pour des élèves de CM2, il est possible de l'approcher grâce à des études de cas concrets, si possible ancrés dans le quotidien des élèves ou même par le biais d'initiatives ou de projets à l'échelle de l'école.

2. Élaborez une séquence portant sur le sous-thème « Favoriser la place de la "nature" en ville » du programme de géographie de CM2. Vous préciserez notamment les objectifs de compétences, les objectifs de chaque séance. Puis développez une des séances de cette séquence en indiquant précisément quels documents issus du dossier documentaire vous utiliserez et en détaillant l'exploitation pédagogique de l'un de ces documents.

Discipline : Géographie **Niveau :** Cycle 3, CM2 **Nombre de séances :** 5	**Thème 3 : Mieux habiter** **Favoriser la place de la « nature » en ville**

Programme : Comprendre ce qu'on entend par « nature » – pas seulement ce qui est vert soit les parcs, les jardins et les arbres. et pourquoi celle-ci doit être ménagée et aménagée dans le cadre de la ville durable du XXIe siècle.

Objectifs de connaissances :
– Définir le mot « nature » et observer la place de celle-ci en ville.
– Nommer, identifier et décrire des aménagements urbains durables : parcs et jardins, circulations douces, préservation de l'eau, de la biodiversité.

Objectifs de compétences :
– Se repérer dans l'espace : construire des repères géographiques.
– Raisonner, justifier une démarche et des choix effectués.
– Comprendre un document.
– Pratiquer différents langages en géographie.

N° séance et durée	Titre de la séance	Déroulement et consignes	Objectifs
Séance 1 *(45 minutes)*	**Qu'est-ce que la « nature » en ville ?**	**Phase 1** *(5 minutes)* On inscrit au tableau la question suivante : *Qu'est-ce que la nature selon toi ? Donne des exemples.* Les élèves écrivent leur réponse. **Phase 2** *(20 minutes)* Mise en commun par groupes de 4. Les élèves mettent en commun leur réponse et cherchent les points communs et les différences. Puis une restitution est faite pour chaque groupe. L'enseignant inscrit au tableau les propositions. **Phase 3** *(20 minutes)* L'enseignant reprend les réponses, trie les points communs et les différences. Il ajoute, par le biais d'un récit du maitre, les manques et expliquent que la nature ne peut pas être réduite uniquement à ce que l'on voit. Une sortie dans la cour peut compléter la synthèse pour observer les végétaux, les insectes, la place de l'eau.	Définir le mot « nature ». Nommer tout ce qui compose la nature en ville : végétaux, eau, faune et flore.
Séance 2 *(50 minutes)*	**Pourquoi favoriser la place de la « nature » en ville ?**	**Phase 1** *(10 minutes)* Projection du document 6. Les élèves déterminent la date, l'auteur et le titre du document ainsi que les données figurant sur les 2 axes. **Phase 2** *(20 minutes)* Les élèves décrivent le document et ses données grâce à un questionnement guidé de l'enseignant. **Phase 3** *(20 minutes)* Dans cette phase de synthèse, l'enseignant explique ce qu'est l'ilot de chaleur urbain. Les élèves, à l'aide du document et des explications de l'enseignant, formulent quelques phrases pour répondre à la question. Celles-ci constituent la trace écrite finale de la séance.	Comprendre, par le biais de l'ilot de chaleur urbain, comment diminuer l'impact de l'élévation des températures dans la ville.

Séance 3 *(45-50 minutes)*	**Comment favoriser la « nature » en ville ?**	Dans cette séance, détaillée ci-dessous, les élèves observent et décrivent le document 5 pour en produire un croquis de paysage.	Nommer, décrire et expliquer un aménagement urbain durable : l'aménagement des quais.
Séance 4 *(45 minutes)*	**Quels projets pour notre école ?**	Dans cette séance, en lien avec l'EMC, les élèves sont amenés à réfléchir à des actions possibles pour ménager la place de la nature dans leur école et dans leur quartier. Le projet « cours Oasis » (document 7) peut servir de base pour les propositions : un bac à compost dans la cour ; des bacs à plantations...	Agir pour ménager la place de la nature en ville à l'échelle locale. S'engager.

- **Séance 3 détaillée à partir du document 5**

Phase 1 *(10 minutes)*

Dans un premier temps, la photographie est projetée, l'exemple est localisé et situé à l'aide d'une carte murale.

Le questionnement peut être le suivant :

– *De quel type de document s'agit-il ?* Une photographie.
– *Quand cette photographie a-t-elle été prise ?* En aout 2018.
– *Qui est l'auteur de cette photographie ?* Un photographe professionnel.
– *Où se situe ce paysage ?* À Paris. (Une carte murale permet de localiser Paris.)
– *Quel est le nom du cours d'eau que l'on voit sur la photographie ?* La Seine.

Une première phrase de synthèse est inscrite au tableau à l'aide des réponses : *Il s'agit d'une photographie d'un paysage urbain, situé à Paris, le long de la Seine.*

Phase 2 *(25 minutes)*

Durant cette phase, les élèves sont amenés à décrire les différents plans de l'image et à nommer les éléments qui favorisent l'aménagement d'une ville durable. L'image est projetée sur un tableau blanc et avec un feutre bleu un élève délimite la Seine, les quais. La péniche est identifiée et nommée. Puis, à l'aide d'un feutre rouge, un élève délimite l'espace intermédiaire entre la Seine et le mur (les quais). Dans une phase dialoguée, les élèves identifient et nomment : les pelouses sur lesquelles sont installés des chaises longues et des parasols, la piste qui permet de courir ou de marcher, les tables pour boire, se restaurer, discuter et enfin, la piste cyclable qui longe la Seine. Une phrase est écrite pour dire que toutes ces activités sont liées à la détente et aux loisirs.

Phase 3 *(10 à 15 minutes)*

La phase de synthèse permet de regrouper ces informations sous la forme d'un croquis légendé. Une reproduction en noir et blanc de la photographie est proposée. Les élèves tracent les grandes lignes du paysage sur celle-ci puis, à l'aide d'une légende organisée, ils précisent quelle est la place de la nature (eau, pelouses, arbres) et les activités en lien avec celle-ci. La séance peut être prolongée par la projection de photographies des quais de Bordeaux, de Nantes, de Lyon ou de Strasbourg qui permettent de voir que toutes les grandes villes françaises mettent en valeur leur espace fluvial grâce à des aménagements similaires.

Composante enseignement moral et civique

3. Expliquez pourquoi les enjeux écologiques et environnementaux s'inscrivent dans les programmes d'enseignement moral et civique ?

Les enjeux écologiques et environnementaux sont au cœur du parcours citoyen depuis 2015, mais ils se sont vus renouvelés et renforcés en juillet 2020 à la suite de la pandémie du Covid-19 qui a donné lieu à des actualisations (document 8). Le programme d'enseignement moral et civique a ainsi été enrichi, et en particulier son axe 3 « Construire une culture civique ». Un des objectifs du programme d'enseignement moral et civique est de construire chez les élèves la capacité à vivre ensemble, dans un espace commun et partagé, en respectant les valeurs de la République. Aussi les enjeux écologiques et environnementaux se situent-ils dans un ensemble plus vaste qui doit permettre aux élèves de comprendre ce que sont nos biens communs. Le premier de ces biens est notre planète. La Terre, espace habité par les humains et les non humains, est notre bien commun le plus précieux puisque c'est celui qui nous permet d'exister. Le programme d'EMC vise donc à faire comprendre aux élèves cette universalité et la manière dont elle se confronte à nos choix quotidiens. Les enjeux sont forts et complexes car pris en tension entre des désirs et des envies individuels, locaux et des besoins planétaires, multiscalaires et mondiaux. C'est cette tension qui traverse les programmes d'EMC et qu'il convient d'expliquer aux élèves de manière très concrète. Pour cela, il importe de montrer comment les actes et les choix de chacun peuvent avoir un impact sur le bien commun de tous. L'échelle de la classe et de l'école sont déjà de bons observatoires au quotidien de la chaine de ces actions. Dans cette perspective, la compréhension de ce qu'est le changement climatique, la biodiversité ou le développement durable, par ailleurs vus en sciences ou en géographie, n'a pas seulement une valeur transmissive, elle vise à développer chez les élèves une capacité à s'interroger, à questionner et aussi à s'engager et à agir.

4. Vous décidez de mener une séquence sur le changement climatique en enseignement moral et civique. Quelle démarche d'apprentissage choisissez-vous ? Expliquez-la de manière détaillée et justifiez votre choix.

Pour mener une séquence sur le changement climatique en enseignement moral et civique, la démarche d'apprentissage la plus appropriée est celle du débat contradictoire. En effet, si le changement climatique est un fait avéré scientifiquement, de nombreux acteurs continuent malgré tout à le nier ou à le minimiser. Il importe donc d'aider les élèves à se forger une opinion éclairée et argumentée sur ces questions. Le débat réglé et argumenté permet à chacun, en s'appuyant sur des documents lus et analysés, d'exprimer un point de vue et de le défendre. Dans un premier temps, on indique au tableau la question du débat : *Le climat change-t-il vraiment ?* On peut envisager, dans une première séance, un travail en groupe. Chaque groupe est confronté à un ensemble documentaire (2 ou 3 documents maximum) sur le changement climatique et ses conséquences. Cinq groupes peuvent être constitués :

– le premier groupe travaille sur des données montrant l'argumentation des températures au cours du siècle dernier ;

– le deuxième groupe travaille sur la fonte des glaciers dans le monde ;

– le troisième groupe travaille sur les glaciers en Europe et leur mise en tourisme ;

– le quatrième groupe travaille sur l'effet de serre ;

– le dernier groupe travaille sur l'importation en Europe des fruits et légumes en fonction des saisons.

Ces cinq dossiers documentaires, disparates *a priori*, visent à faire émerger des points de friction ou de tension (les intérêts des importateurs de fruits et de légumes sont en contradiction avec l'augmentation de l'effet de serre ; les glaciers en Europe sont exploités pour faire du tourisme). Les documents sont accompagnés de questions inductrices qui ne visent pas à expliquer le sens des documents (cela peut être fait en sciences ou en géographie), mais à introduire les éléments dans le cadre du débat.

Dans une deuxième séance, chaque groupe expose ses réponses et alimente sa réponse à la question, grâce au point de vue développé par l'étude des documents. Après chaque exposé, les élèves des autres groupes posent des questions, interrogent et confrontent ces réponses aux leurs. L'évaluation des élèves ne porte pas alors sur le contenu des réponses, mais bien sur leur capacité à argumenter et à participer au débat.

SUJET 2022 – HISTOIRE + GÉOGRAPHIE

Épreuve écrite d'application – Groupement académique 1

Domaine histoire, géographie, enseignement moral et civique

Épreuve notée sur 20 – Durée 3 h – Coefficient 1

Composante histoire (12 points)

1. Vous commencez à préparer la séquence d'apprentissage : « Deux guerres mondiales au vingtième siècle ».
Conformément au choix opéré par le programme, vous réfléchissez d'abord à la notion de « trace » :
– En vous aidant du dossier documentaire, montrez l'importance et la nature des traces laissées par la Première Guerre mondiale.
– Quelle définition de « trace » donnerez-vous à vos élèves ?

2. En première partie de votre séquence d'apprentissage sur les deux guerres mondiales du vingtième siècle, vous décidez de consacrer plusieurs séances à la Première Guerre mondiale :
– Indiquez les titres des différentes séances envisagées.
– Développez – au choix – une des séances en définissant les objectifs d'apprentissage et les compétences travaillées. Indiquez précisément quels documents issus du dossier documentaire vous utiliserez et détaillez l'exploitation pédagogique de l'un de ces documents.

Composante géographie (8 points)

3. En vous fondant sur les documents 12 à 15, présentez les objectifs notionnels relatifs au thème 2 du programme de géographie de la classe de CM1 : « Se loger, travailler, se cultiver, avoir des loisirs en France / dans un espace touristique ».

4. Vous décidez d'exploiter le document 13 en classe : quels choix opérez-vous pour conduire cette exploitation ?

Dossier documentaire

Sommaire du dossier documentaire

1. Extrait du programme d'enseignement du cycle de consolidation (cycle 3), *Bulletin officiel de l'éducation nationale*, n° 31 du 30 juillet 2020.

2. Extraits de : Stéphane Audoin-Rouzeau, « La guerre au XXe siècle. 1. L'expérience combattante », *Documentation photographique*, n° 8041, 2004.

3. Extraits de : Lettre du capitaine Georges Gallois, dans *Paroles de Poilus, Lettres et carnets du front*, 1914-1918, Librio, 2001.

4. Extraits de : Henri Barbusse, *Le Feu (Journal d'une Escouade)*, Ernest Flammarion, 1916.

5. Félix Vallotton (1865-1925), *Verdun*, huile sur toile, 1917

6. Des ouvrières peignent des obus de 75 mm dans un atelier de la fabrique, 31 mai 1917, fort d'Aubervilliers, Seine-Saint-Denis.

7. Abel Faivre (1867-1945), *Pour la France versez votre or*, 1915.

8. André Hellé (1871-1945), *Alphabet de la Grande Guerre*, Berger-Levrault, 1918.

9. « LA GRANDE GUERRE – Le Crime de Reims », s.d., dans Bibliothèque municipale de Reims, *La Grande Guerre et ses conséquences*.

10. Jean Galtier Boissière (1891-1966). *Fêtes de la Victoire : le défilé des mutilés*, huile sur carton, 1919.

11. Jean-François Gavoty (1957-), sculpture, 2013, Reims, parc de Champagne, d'après Paul Moreau-Vauthier, Monument *Aux héros de l'Armée noire* (inauguré en 1924, déposé par les Allemands en 1940).

12. Extrait du programme d'enseignement du cycle de consolidation (cycle 3), *Bulletin officiel de l'éducation nationale*, n° 31 du 30 juillet 2020.

13. La Promenade des Anglais à Nice vue depuis la colline du château (juin 2020).

14. Plan de Nice.

15. Extraits de Sylvie Christofle et Christian Hélion « Territoire(s), touriste(s) et habitants à Nice Côte d'Azur "Métropole" », dans Dominique Crozat et Daiane Alves (dir.), *Le Touriste et l'Habitant*, 2018.

Document 1. Extrait du programme d'enseignement du cycle de consolidation (cycle 3), *Bulletin officiel de l'éducation nationale*, n° 31 du 30 juillet 2020

Histoire
Classe de CM2

Repères annuels de programmation	Démarches et contenus d'enseignement
[...]	
Thème 3 **La France, des guerres mondiales à l'Union européenne**	À partir des traces de la Grande Guerre et de la Seconde Guerre mondiale dans l'environnement des élèves (lieux de mémoire et du souvenir, paysages montrant les reconstructions, dates de commémoration), on présente l'ampleur des deux conflits en les situant dans leurs contextes européen et mondial. [...]
Deux guerres mondiales au vingtième siècle [...]	

Document 2. Extraits de : Stéphane Audoin-Rouzeau, « La guerre au XXe siècle. 1. L'expérience combattante », *Documentation photographique*, n° 8041, La Documentation française, 2004, p. 13

Ceux qui – par millions entre 1914 et 1945 [...] – ont connu l'expérience du combat, quelle trace en ont-ils laissé au sein des sociétés englobantes ? Quel héritage de cette violence-là au plan artistique, littéraire, politique, idéologique ? Voilà qui revient à poser la question du témoignage, entendu au sens le plus large, et aussi celle de la mémoire, au sens de la présence du passé dans notre présent. [...]
Le témoignage combattant n'est pas, en tant que tel, une invention du XXe siècle : un grand nombre de vétérans des armées napoléoniennes ont ainsi relaté leur expérience

de guerre. Mais il est indiscutable que l'alphabétisation des masses au XIXe siècle – achevée au début du siècle suivant en Europe occidentale et en Amérique du Nord –, a mis la lecture et l'écriture à la disposition des soldats. La lettre en temps de guerre devint dès lors un phénomène massif (plusieurs milliards de lettres ont été échangées entre 1914 et 1918, par exemple), de même que le carnet personnel. Désormais, l'expérience de combat peut être accompagnée d'une trace écrite, ce qui ne veut pas dire, d'ailleurs, que le combat se soit laissé aisément écrire : dans l'instant, l'écriture des soldats se caractérise le plus souvent par une banalité qui cache l'indicible de la violence. Mais il y eut aussi l'écriture de l'après : à cet égard, l'activité guerrière occidentale du XXe siècle marque l'entrée dans « l'ère du témoin ». C'est par milliers que les combattants des conflits contemporains ont écrit et publié le récit de leur expérience de guerre, prenant alors la plume pour la première et dernière fois de leur vie. [...]
Mais, par bien d'autres canaux, l'expérience du combat a irrigué les sociétés englobantes : que l'on songe à l'activité artistique sous toutes ses formes, à la photographie, au film d'actualité, aux objets de toutes sortes ramenés des champs de bataille par les soldats. [...]

Document 3. Extraits de : Lettre du capitaine Georges Gallois, dans *Paroles de Poilus, Lettres et carnets du front, 1914-1918*, Librio, 2001, p. 146

Georges Gallois avait 29 ans en 1914. Il survécut à la guerre. Il mourut durant la Seconde Guerre mondiale, en juin 1944.

Verdun, 15 juillet 1916, 4 heures, soir.
Mes chers parents,
Je suis encore vivant et en bonne santé, pas même blessé alors que tous mes camarades sont tombés morts ou blessés aux mains des Boches, qui nous ont fait souffrir les mille horreurs, liquides enflammés, gaz lacrymogènes – gaz suffocants – asphyxiants, attaques... [...]
Je suis redescendu de première ligne ce matin. Je ne suis qu'un bloc de boue et j'ai dû faire racler mes vêtements avec un couteau car je ne pouvais plus me traîner, la boue collant mes pans de capote après mes jambes... [...] J'ai connu l'horreur de l'attente de la mort sous un tir de barrage inouï... Je tombe de fatigue... Je vais me coucher, au repos dans un village à l'arrière où cela cogne cependant, voilà dix nuits que je passe en première ligne.
Demain les autos emmènent le reste de mon régiment pour le reformer à l'arrière, je ne sais encore où. [...]
J'ai sommeil, je suis plein de poux, je pue la charogne de macchabées.
Je vous écrirai dès que je vais pouvoir. Soyez donc tranquilles. J'espère que le gros coup pour nous a été donné.
Bonne santé, et je vous embrasse bien affectueusement, Georges.

Document 4. Extraits de : Henri Barbusse, *Le Feu (Journal d'une Escouade)*, Ernest Flammarion, 1916, p. 16-20

Nos âges ? Nous avons tous les âges. Notre régiment est un régiment de réserve que des renforts successifs ont renouvelé en partie avec de l'active, en partie avec de la territoriale[1]. [...] Fouillade a quarante ans. Blaire pourrait être le père de Biquet, qui est

1. « de la territoriale » : l'armée territoriale groupe les hommes âgés de 35 ans et plus à la date de la mobilisation.

un duvetier[2] de la classe 13[3]. Le caporal appelle Marthereau « grand-père » ou « vieux détritus » selon qu'il plaisante ou qu'il parle sérieusement. Mesnil Joseph serait à la caserne s'il n'y avait pas eu la guerre. Cela fait un drôle d'effet quand nous sommes conduits par notre sergent Vigile, un gentil petit garçon qui a un peu de moustache peinte sur la lèvre, et qui, l'autre jour, au cantonnement, sautait à la corde avec des gosses. Dans notre groupe disparate, dans cette famille sans famille, dans ce foyer sans foyer qui nous groupe, il y a, côte à côte, trois générations qui sont là, à vivre, à attendre, à s'immobiliser, comme des statues informes, comme des bornes. [...]
Malgré les diversités d'âge, d'origine, de culture, de situation, et de tout ce qui fut, malgré les abîmes qui nous séparaient jadis, nous sommes en grandes lignes les mêmes. À travers la même silhouette grossière, on cache et on montre les mêmes mœurs, les mêmes habitudes, le même caractère simplifié d'hommes revenus à l'état primitif.
Le même parler, fait d'un mélange d'argots d'atelier et de caserne, et de patois, assaisonné de quelques néologismes, nous amalgame, comme une sauce, à la multitude compacte d'hommes qui, depuis des saisons, vide la France pour s'accumuler au Nord-Est.
Et puis, ici, attachés ensemble par un destin irrémédiable, emportés malgré nous sur le même rang, par l'immense aventure, on est bien forcé, avec les semaines et les nuits, d'aller se ressemblant. L'étroitesse terrible de la vie commune nous serre, nous adapte, nous efface les uns dans les autres. C'est une espèce de contagion fatale. Si bien qu'un soldat apparait pareil à un autre sans qu'il soit nécessaire, pour voir cette similitude, de les regarder de loin, aux distances où nous ne sommes que des grains de la poussière qui roule dans la plaine.

2. « duvetier » : très jeune.
3. « de la classe 13 » : incorporé dans l'armée en 1913.

Document 5. Félix Vallotton (1865-1925), Verdun, 1917. Huile sur toile, 114 cm × 146 cm. Paris, musée de l'Armée

Document 6. Des ouvrières peignent des obus de 75 mm dans un atelier de la fabrique, 31 mai 1917, fort d'Aubervilliers, Seine-Saint-Denis. Ministère des Armées

https://www.defense.gouv.fr/english/actualites/articles/special-verdun-2016-le-role-des-femmes-dans-l-industrie-de-la-grande-guerre

Document 7. Abel Faivre (1867-1945), Pour la France versez votre or, Paris, 1915. Musée de l'Armée

https://gallica.bnf.fr/ark:/12148/btv1b90157632.item

Document 8. André Hellé (1871-1945), *Alphabet de la Grande Guerre*, Paris-Nancy, Berger-Levrault, 1918

https://gallica.bnf.fr/ark:/12148/bpt6k97990016/f39.item.r=andré%20hellé

Document 9. « LA GRANDE GUERRE – Le Crime de Reims », s.d., dans Bibliothèque municipale de Reims, La Grande Guerre et ses conséquences

https://www.bm-reims.fr/default/grande-guerre.aspx?_lg=fr-FR

Document 10. Jean Galtier Boissière (1891-1966). *Fêtes de la Victoire : le défilé des mutilés*, 1919. Huile sur carton, 39 cm x 72 cm. La Contemporaine, Nanterre

Inv. OR F1 80, achat, galerie Druet, 1920.
http://www.lacontemporaine.fr/images/services_publics/livretVuduFront/point%2014_reprse nter%20guerre%20finie.pdf

Document 11. Jean-François Gavoty (1957-), sculpture, 2013, Reims, parc de Champagne, d'après Paul Moreau-Vauthier, Monument *Aux héros de l'Armée noire* (inauguré en 1924, déposé par les Allemands en 1940)

https://information.tv5monde.com/info/premiere-guerre-mondiale-histoire-tumultueuse-d-un-monument-aux-soldats-africains-reims-269703
Ici est présenté le copyright du sujet du ministère. Nous avons reproduit le document à partir d'une autre source (voir p. 320) mais l'image est quasi identique

Document 12. Extrait du programme d'enseignement du cycle de consolidation (cycle 3), Bulletin officiel de l'éducation nationale, n° 31 du 30 juillet 2020

Géographie Classe de CM1

Repères annuels de programmation	Démarches et contenus d'enseignement
[...]	
Thème 2 **Se loger, travailler, se cultiver, avoir des loisirs en France** Dans des espaces urbains Dans un espace touristique	Le thème permet aux élèves de sortir de l'espace vécu et d'appréhender d'autres espaces. En privilégiant les outils du géographe (documents cartographiques, photographies, systèmes d'information géographique), les élèves apprennent à identifier et à caractériser des espaces et leurs fonctions. Ils comprennent que les actes du quotidien s'accomplissent dans des espaces qui sont organisés selon différentes logiques et nécessitent des déplacements. Le travail sur un espace touristique montre par ailleurs qu'on peut habiter un lieu de façon temporaire et il permet d'observer la cohabitation de divers acteurs. Ils découvrent la spécificité des espaces de production.

Document 13. La Promenade des Anglais à Nice vue depuis la colline du château (juin 2020)

© Florence Brun https://france3-regions.francetvinfo.fr/provence-alpes-cote-d-azur/alpes-maritimes/nice/ville- nice-alerte-fraude-au-guide-touristique-1441827.html consulté le 13 octobre 2021

Document 14. Plan de Nice

https://fr.maps-nice.com/nice-cartes consulté le 20 octobre 2021

Document 15. Extraits de Sylvie Christofle et Christian Hélion « Territoire(s), touriste(s) et habitants à Nice Côte d'Azur "Métropole" », dans Dominique Crozat et Daiane Alves (dir.), *Le Touriste et l'Habitant*, © Connaissances et savoir, Paris, 2018, accessible sur https://halshs.archives-ouvertes.fr/halshs-02280817/document consulté le 25 novembre 2021

Les habitants du littoral ont donc l'habitude d'échanger, de vivre dans un lieu constamment irrigué par des touristes nationaux et étrangers [...].

Le tourisme a ainsi véritablement façonné le territoire littoral et influencé la venue d'habitants. L'espace côtier azuréen [...] se présente aujourd'hui sous la forme d'une véritable conurbation touristique de plus d'un million d'habitants (INSEE) caractérisée par la multi- résidentialité et le balnéaire [...]. L'urbanisation et l'arrivée de nouveaux habitants ont ainsi suivi la croissance des flux touristiques, notamment depuis les années 1950 et s'est structurée autour de noyaux essentiellement littoraux (Cannes, Grasse, Antibes, Sophia-Antipolis, Nice, Monaco, Menton) sur 1 100 km². Comme le constate G. Jourdan (2005, p. 11) : « le positionnement métropolitain et la notoriété internationale de la conurbation s'appuient historiquement sur le tourisme. Ce rayonnement touristique international est conforté par l'accueil de nombreux salons, congrès et évènements internationaux ; il explique notamment la forte dimension internationale de l'aéroport de Nice Côte d'Azur ». Au sein de ce système, une part importante de l'activité de Nice, et, plus généralement, des communes littorales de la Métropole est liée, directement ou indirectement au Tourisme, avec plus de 5 millions d'arrivées sur les 12 millions de touristes et croisiéristes répertoriés sur le littoral azuréen (Monaco inclus) par l'Observatoire du Tourisme de la Côte d'Azur en 2012. Cette spécialisation est donc associée parallèlement à l'ancienneté du développement touristique dans ces lieux et à l'attractivité constante du territoire, aux échelles nationale mais surtout internationale (50 % des nuitées sont d'origine étrangère) même si des efforts importants de diversification fonctionnelle et économique ont eu lieu [...]. Outre cette relation initiale et fondamentale entre arrivée de touristes (entraînant un développement économique) et afflux d'habitants, existent de nos jours des interrelations plus complexes entre touristes et habitants sur le Littoral.

D'une part, la majorité des habitants, dans une conurbation dans laquelle la fonction touristique a peu à peu perdu en poids relatif dans le système territorial, n'a pas ou peu d'interaction avec les touristes. Ces populations en subissent les contraintes (notamment saturation des axes routiers, prix plus élevés dans les hauts lieux ou lieux centraux). A contrario, elles profitent des aménités touristiques dans le cadre de leurs loisirs (équipements spécifiques balnéaires, de plaisance, événementiel de toutes natures, etc.) L'habitant permanent fait ainsi partie de la « demande », et constitue donc un consommateur potentiel non négligeable dans le cadre des loisirs, limité à son espace-temps quotidien [...]. Le résident est, en outre, de plus en plus intéressé par son cadre de vie et participe ainsi de façon croissante aux événements et festivités, notamment pendant la saison touristique et les week-ends.

D'autre part, une minorité des habitants est plus impliquée dans le tourisme. Certains travaillent, soit directement (16 % de l'emploi total du département, [...]) soit indirectement dans la filière touristique. D'autres habitants participent également de manière différente au fonctionnement du système touristique. En effet, la situation contemporaine est bien moins tranchée qu'auparavant sur une claire différenciation Habitant-Touriste : l'essor croissant des mobilités, et des modes de vie de plus en plus mondialisés dans les grandes villes brouille la frontière entre l'habitant permanent et l'habitant temporaire – le touriste. Dans cette conurbation azuréenne, que nous avons vu croître par l'apport successif de populations exogènes, notamment de personnes

âgées ces dernières décennies, de nombreux habitants ne sont parallèlement pas originaires du lieu. Les habitants issus de migrations semblent avoir des interactions plus fortes que les autochtones avec les visiteurs ou dans le marché touristique : particuliers échangeant ou louant leur logement, étrangers possédant des chambres d'hôtes, étudiants installés à Nice investis dans le tourisme participatif [...].
Dans l'espace azuréen et niçois en voie de métropolisation, une partie difficilement quantifiable mais bien réelle des habitants, dont les nouveaux habitants, souvent installés après avoir été eux-mêmes touristes, est donc partie prenante de l'offre marchande et parallèle d'hébergement. Au-delà de la traditionnelle location de résidences secondaires via le marché classique (agences, classement en meublés par les offices de tourisme, gîtes de France, etc.), c'est surtout l'offre en ligne qui connaît un développement spectaculaire, touchant également de plus en plus les résidences principales. [...]. Les habitants se révèlent ainsi également prescripteurs voire promoteurs de la destination, notamment à travers l'utilisation croissante des réseaux sociaux, blogs et autres forums sur Internet. Ils agissent également plus directement via le tourisme participatif. [...] [Ce] qu'attendent bon nombre de touristes dans cette relation non marchande, c'est non seulement un moyen d'être hébergé gratuitement mais surtout un habitant lui faisant découvrir son environnement quotidien, comme l'attestent les demandes et avis en ligne. Le touriste cherche ici comme altérité, l'expérience de l'habitant permanent et surtout l'immersion urbaine dans la vie quotidienne et non pas « touristique » du lieu.

LE CORRIGÉ

Composante histoire

1. Vous commencez à préparer la séquence d'apprentissage : « Deux guerres mondiales au vingtième siècle ». Conformément au choix opéré par le programme, vous réfléchissez d'abord à la notion de « trace » :
– en vous aidant du dossier documentaire, montrez l'importance et la nature des traces laissées par la Première Guerre mondiale ;
– quelle définition de « trace » donnerez-vous à vos élèves ?

« L'histoire, c'est ce que font les historiens », explique Antoine Prost dans son ouvrage de 1996 *Douze leçons sur l'histoire*. En s'appuyant sur l'historiographie historienne et l'épistémologie de cette discipline, la trace est centrale pour faire de l'histoire. C'est valable pour l'historien, mais c'est aussi indispensable en classe. On ne peut imaginer faire de l'histoire sans questionner les traces du passé. C'est la raison pour laquelle le texte du programme de CM2 insiste sur cet outil de classe d'histoire.

La Première Guerre mondiale, comme tout évènement majeur, a laissé des traces nombreuses et essentielles pour travailler sur cette période. On peut ainsi lister à partir du dossier documentaire les traces suivantes :
– des écrits : des lettres (document 3 et les traces évoquées dans le document 2), des récits (document 4), des livres scolaires (document 8) ;
– des images : des peintures (document 5 et document 10), des photographies (document 6 et document 9), des affiches de propagande (document 7) ;
– des monuments aux morts (document 11).

Mais le dossier, pourvu de types de traces très différentes, n'est pas exhaustif. En histoire, tout peut être trace : c'est le questionnement historique du document qui fait qu'il devient une trace pertinente. Ainsi, les objets fabriqués par les soldats dans les tranchées, les vêtements qu'ils portaient, les dessins qu'ils envoyaient à leur famille, les traces archéologiques des combats... La trace est partout si on la questionne. Ainsi, la trace ne parle jamais d'elle-même. Une peinture ne montre pas aux élèves comment se passait la guerre, pas plus que la lettre d'un soldat. C'est la différence entre la lecture informative de la trace et la lecture indiciaire[1]. La trace ne permet pas de connaitre le passé par un accès direct à celui-ci, mais elle permet de commencer l'enquête sur celui-ci. Il n'existe aucune trace objective qui ne serait pas à interroger[2]. Il s'agit donc de questionner l'intention de production de ces traces et de les comparer les unes aux autres. Même les photographies, qui semblent n'être que les reflets d'une réalité passée, sont à interroger : pourquoi le photographe a-t-il décidé d'immortaliser cette scène ? Il faut se replacer dans le contexte : le matériel très lourd et encombrant de l'époque pour prendre une photo fait que celles-ci sont particulièrement réfléchies.

Soumettre des traces aux élèves implique de leur expliquer la nature toute particulière de ces documents. En CM2, ils sont théoriquement aguerris à cette pratique déjà utilisée en CM1, voire dès le cycle 2. Mais il n'est pas inutile de faire avec les élèves de l'épistémologie en leur expliquant le cœur du travail de l'historien. Qu'est-ce qu'une trace ? Pour expliquer cela, il est bon de repartir de ce que les élèves savent. Lorsqu'on fait la guerre,

1. Voir le texte de Didier Cariou : « Information ou indice ? Deux lectures d'une image en classe d'histoire », https://journals.openedition.org/rfp/5160

2. Voir le texte de Lucie Gomes : « L'objectivité du document en classe d'histoire : un obstacle à dépasser pour être compétent », https://journals.openedition.org/ree/833?lang=en

comment peut-on savoir ce qui s'est passé ? Les élèves auront des idées à ce sujet : peut-être des photographies, peut-être des témoignages. Le rôle de l'enseignant est alors de leur montrer comment on peut élargir la définition de la trace vers des éléments auxquels ils ne pensent pas en raison de leur moindre importance aujourd'hui comme les affiches par exemple. Mais surtout, dans la définition de la trace vue avec les élèves, il s'agit de se détacher de la lecture informative pour aller vers la lecture indiciaire : la trace ne permet pas de connaitre le passé, mais elle permet de l'interroger. C'est pourquoi il est nécessaire de prévoir un dispositif didactique de mise à distance de la trace elle-même pour plus de réflexivité. L'enjeu est d'aboutir à une définition de ce type :

« La trace est ce qui reste du passé (vestiges, textes, monuments, images...) et qu'on doit questionner pour faire de l'histoire. »

Définir ce qu'est une trace permettra ensuite un travail problématisé à partir de celle-ci.

2. En première partie de votre séquence d'apprentissage sur les deux guerres mondiales du vingtième siècle, vous décidez de consacrer plusieurs séances à la Première Guerre mondiale :

– Indiquez les titres des différentes séances envisagées.

– Développez – au choix – une des séances en définissant les objectifs d'apprentissage et les compétences travaillées. Indiquez précisément quels documents issus du dossier documentaire vous utiliserez et détaillez l'exploitation pédagogique de l'un de ces documents.

L'enseignement de la Première Guerre mondiale en classe de CM2 s'inscrit dans le thème 3 de la classe d'histoire. Il est compris dans une étude plus vaste sur les deux conflits mondiaux. Le sujet proposé ne porte que sur le premier conflit. Il faut consacrer plusieurs séances sur ce thème, ce qui correspond – en fonction de la place de la guerre 1914-1918 dans ce troisième thème – à trois à cinq séances. La séquence doit être axée sur les contenus d'enseignement arrêtés par le programme lui-même, à savoir les notions de « traces », d'« ampleur du conflit » et des « contextes européens et mondiaux » (document 1).

Le dossier documentaire aborde une grande majorité des contenus attendus sans pour autant être exhaustif. Il manque, par exemple, la dimension européenne du conflit (par la présence d'une carte sur les belligérants en 1914). Plusieurs séances sont donc possibles comme :

– une séance sur l'expérience combattante dans laquelle on pourrait utiliser les documents 3, 4, 5 et 8 ;

– une séance sur l'enjeu et le cout économique de la guerre (économie de guerre) avec les documents 6, 7 et 9 ;

– une séance sur le cout humain et social de la guerre (ampleur du conflit) avec les documents 9, 10 et 11 ;

– une dernière séance qui pourrait être consacrée à la mémoire du conflit et aux commémorations d'après-guerre en s'appuyant sur les documents 4, 10 et 11.

Voici une liste des compétences travaillées ainsi que les objectifs d'apprentissage. Chaque thème de chaque séance développée comporte lui-même plusieurs compétences et objectifs ; nous pouvons les rassembler sous trois grands objectifs d'apprentissage qui sont :

• la découverte d'un conflit majeur, de ses spécificités, notamment dans les formes de combat, dans la mobilisation des hommes et du matériel (effort de guerre) et dans les transformations d'une société en guerre. Il faudra aussi que les élèves puissent comprendre les multiples conséquences de cette guerre ;

- l'acquisition de quelques repères factuels ou/et notionnels ;
- l'approfondissement d'un savoir : l'histoire à travers les traces (cf. question 1).

Les compétences travaillées sont :

– Se repérer dans le temps ; construire des repères historiques, ordonner des faits les uns par rapport aux autres, les situer dans une époque ou une période donnée.

– Comprendre un document : comprendre le sens général d'un document, identifier un document et savoir pourquoi il est important qu'il soit identifié (notion de source en histoire), extraire des informations pertinentes pour répondre à une question.

– Pratiquer différents langages en histoire : classer dans un tableau, compléter une carte, décrire oralement...

D'autres compétences peuvent être convoquées en fonction du choix de mise en œuvre, comme écrire pour structurer sa pensée et son savoir, argumenter et écrire pour communiquer et échanger, se documenter, coopérer et mutualiser...

- **Exemple de mise en œuvre d'une séance**

Séance n° 5 : *Se souvenir de la Grande Guerre*

Durée de la séance : 50 minutes

Phases	Activités des élèves	Rôle de l'enseignant	Supports documentaires
Phase 1 **Rappel de la séance précédente « Une société à l'arrière en guerre »** **Durée : 5 minutes**	Répondre aux questions orales de l'enseignant	Questionner les élèves en insistant sur les notions et le vocabulaire précédents : « arrière » « mobilisation »... À partir de cette notion, l'enseignant doit faire un bilan rapide sur « Qui est mobilisé pendant la guerre ? » afin de montrer la mobilisation au front et à l'arrière.	**Document 6** du corpus documentaire puis le **document 4**, extraits : « Malgré les diversités d'âge, d'origine, de culture, de situation, (...) nous sommes en grandes lignes les mêmes. À travers la même silhouette grossière, on cache et on montre les mêmes mœurs, les mêmes habitudes, le même caractère simplifié d'hommes revenus à l'état primitif »
Phase 2 **Mesurer l'ampleur du conflit : les conséquences sur les hommes et le matériel** **Durée : 15 minutes**	Répondre aux questions sur la fiche d'activité (document 10) ; réponses attendues : 1. *Les blessures sont une jambe ou un bras, un nez en moins, certains sont aussi aveugles ou handicapés (dans un chariot).* 2. *Ce sont les armes utilisées dans les combats qui sont responsables (éclats d'obus, grenade, gaz).* 3. *Le retour à la vie normale est impossible pour ces anciens soldats qui ne peuvent plus travailler normalement.* 4. *Ils gardent un très mauvais souvenir de la guerre, ils ne veulent plus que cela se reproduise.*	Fiche d'activité : Questions 1. En observant le tableau de J.-G. Boissière, quelles sont les principales blessures que l'on trouve sur les combattants survivants ? 2. Quelle est l'origine de ces blessures ? 3. De quelle manière ces anciens soldats peuvent-ils vivre avec ces blessures ? 4. Quel souvenir de la guerre ont-ils gardé en eux ?	**Document 10** (analyse détaillée)[3]

3. Dans la consigne, il est attendu de n'exploiter qu'un seul document mais, ici, deux exemples de développement vous sont proposés.

Phase 3 Mise en commun (institutionnalisation) Durée : 10 minutes		Trace écrite sous forme de carte mentale.	
Phase 4 Se souvenir officiellement de la guerre : commémorer Durée : 20 minutes	Les élèves répondent par binôme aux questions à l'écrit et mettent en commun avec l'enseignant les réponses attendues	Questions sur le document : 1. Qui sont les héros « noirs » ? 2. Pourquoi peut-on dire qu'ils sont des combattants ? 3. Qu'a voulu montrer le sculpteur ? 4. Quel aspect du souvenir de la guerre met en avant ce monument ? 5. Pour répondre, servez-vous des mots-clés ci-joints : bravoure, sacrifice, fierté, pacifisme, patriotisme	**Document 11**[4]
Phase 5 Institutionnalisation Durée : 10 minutes	À partir du document 11, les élèves identifient les différents éléments qui composent le monument et écrivent un petit texte sur la place des monuments aux morts après la guerre.	L'enseignant distribue une photocopie du monument, et il aide les élèves à rédiger leur petit texte de bilan sur la mémoire officielle de la Grande Guerre en reprenant les mots-clés de la phase 4.	**Document 11**

4. Autre exemple d'exploitation documentaire.

Composante géographie

3. En vous fondant sur les documents 12 à 15, présentez les objectifs notionnels relatifs au thème 2 du programme de géographie de la classe de CM1 : « Se loger, travailler, se cultiver, avoir des loisirs en France / dans un espace touristique ».

Les documents 12 à 15, de natures variées (un extrait du programme, une photographie de paysage, un plan de ville, un extrait d'article scientifique) abordent le thème 2 du programme de CM1, « Se loger, travailler, se cultiver, avoir des loisirs en France / dans un espace touristique ». Le programme de géographie de cycle 3 est guidé par un fil conducteur, celui du concept de l'Habiter qui permet aux élèves de comprendre comment les humains pratiquent les lieux au sein desquels ils vivent. Ce thème permet donc d'initier les élèves à la manière dont les espaces sont aménagés pour que les habitants puissent habiter dans un lieu. Les principaux objectifs notionnels portent sur les actes du quotidien : se loger, travailler, se cultiver, avoir des loisirs. La question de la consommation, autre acte du quotidien, est abordée déjà de manière indirecte (les lieux de restauration, les commerces) et introduit donc le thème 3 du programme de CM1 (« Consommer en France »). La spécificité d'un espace touristique tient au fait que les habitants y sont le plus souvent présents de manière temporaire (les touristes) et qu'ils cohabitent donc dans un même lieu avec les résidents permanents. Cependant, comme le montre le document 15, cette situation est aujourd'hui bien plus complexe et certains résidents permanents (retraités venus des grandes villes du nord de la France par exemple) se comportent à l'instar des touristes venant chercher les aménités et les aménagements spécifiques de ce haut lieu du tourisme balnéaire méditerranéen. Sans entrer dans le détail de cette co-habitation, il importera surtout avec les élèves de définir ce qu'est le tourisme et quels sont les aménagements nécessaires. Pour cela, les principaux objectifs notionnels peuvent être précisés grâce aux verbes des actes du quotidien proposés par le programme.

• Se loger renvoie à la question de l'habitat et donc aux différentes formes prises par celui-ci dans un espace touristique (les fonctions résidentielles d'un espace). Il s'agit d'abord de distinguer l'habitat individuel (maison) et l'habitat collectif (immeubles), formes déjà distinguées dans le sous-thème précédent (« Se loger, travailler, se cultiver, avoir des loisirs en France / dans des espaces urbains »). Il conviendra de préciser ici les différentes formes d'habitats collectifs pour le tourisme : locations d'appartements (souvent occupés hors des grandes périodes touristiques par des habitants permanents comme l'indique le document 15), hôtels, campings.

• Travailler permet d'aborder la question des fonctions de production dans un espace aménagé pour le tourisme mais également pour ceux qui y habitent de manière permanente. La question des emplois dits saisonniers doit ici être abordée grâce à l'identification des principaux lieux de la photographie et du plan (quels sont les métiers de service liés à la restauration, à l'hôtellerie, aux divertissements et aux loisirs induits par la haute saison touristique ?). Le secteur tertiaire est ici tout à fait prédominant et les métiers de service identifiés et nommés grâce à la photographie et au plan.

Le plan comme la photographie permettent de travailler évidemment les objectifs notionnels liés à la culture, aux loisirs et aux divertissements destinés aux habitants temporaires et permanents. La ville de Nice, une des premières destinations touristique de la Côte d'Azur, possède un centre-ville ancien, patrimonialisé, dont témoigne le plan de ville qui permet de repérer les nombreux musées, monuments, lieux culturels mais aussi les infrastructures sportives et les lieux permettant d'accueillir le tourisme d'affaires (grâce à la présence d'un aéroport, de deux gares, d'un port, d'hôtels luxueux, d'un Palais des congrès et d'un Palais des expositions), Nice bénéficiant d'une renommée à l'échelle régionale et nationale mais aussi à l'échelle internationale. Aussi, il est important que l'exploitation des documents ne se limite pas à des objectifs uniquement paysagers (la mer, la plage et les activités balnéaires, objectifs de reconnaissance paysagère acquis en cycle 2) afin que le croisement entre la carte et le plan puisse faire comprendre aux élèves la complexité d'un tel espace, polyfonctionnel et dont l'organisation spatiale soutient tout à la fois les pratiques des habitants permanents et celles des habitants temporaires.

4. Vous décidez d'exploiter le document 13 en classe : quels choix opérez-vous pour conduire cette exploitation ?

Le document 13 est une photographie de paysage extraite du site Internet France3-Régions et consulté en ligne le 13 octobre 2021. Grâce au plan (document 14), au point de vue haut, aérien oblique sur la promenade des Anglais, aux branches d'arbre au premier plan, nous pouvons en déduire que la photographie a sans doute été prise depuis le château.

Dans un premier temps de la séance, le document est localisé et situé avec les élèves à différentes échelles. Une carte murale de France permet de localiser Nice en France et en

Europe. Les élèves formulent une phrase simple sur sa situation en repérant la mer Méditerranée, la frontière italienne proche et également les massifs alpins du sud (Exemple : « La ville de Nice est située au sud-est de la France sur la côte méditerranéenne, à proximité de l'Italie et des Alpes du sud »). Évidemment, cette situation sera adaptée au lieu d'enseignement (des élèves de Toulon ou Marseille situeront différemment le lieu par rapport à des élèves parisiens ou castelroussins).

Ensuite, la photographie est confrontée au plan (document 14). Un questionnement guidé confrontant le plan et la photographie peut être proposé pour repérer à partir du plan certains lieux sur la photographie et ainsi les nommer. La photographie est vidéoprojetée sur un tableau blanc et l'enseignant indique au fur et à mesure les lieux identifiés par les élèves sur la photographie. Les lieux sont ensuite classés par fonction à l'aide d'un tableau (fonctions culturelles, résidentielles, loisirs et espaces de circulation).

Dans un troisième et dernier temps de la séance, le tableau sert de base à la construction d'un croquis de paysage légendé élaboré au fur et à mesure avec les élèves. La photographie est projetée au tableau, les élèves délimitent à l'aide d'un feutre ou d'un stylet numérique la mer Méditerranée, la plage, les axes de circulation et de promenades, les bâtiments de la vieille ville, la ligne de crête et donc d'horizon et les formes d'habitats collectifs sur les hauteurs. Les élèves choisissent un titre pour le croquis et construisent la légende en s'aidant du tableau préalablement construit. Ainsi la trace écrite élaborée tout au long de la séance comprend :

– la phrase de localisation ;
– le tableau complété ;
– le croquis légendé.

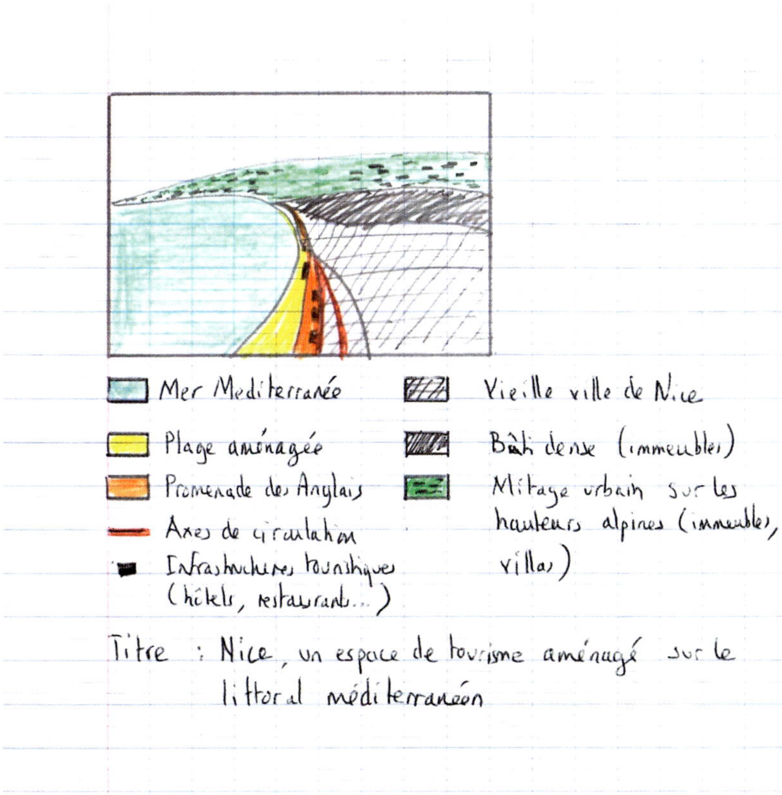

SUJET 2022

En savoir plus sur les autres sujets 2022

hatier-clic.fr/crpe23hgemc16

Annexes

Bibliographie indicative

Histoire

- Ariès Philippe, *Essais sur l'histoire de la mort en Occident*, Points Histoire, 2014.
- Bloch Marc, *Apologie pour l'histoire ou Métier d'historien*, Armand Colin, 1997 [première édition, 1949].
- Boucheron Patrick [dir.], *Histoire mondiale de la France*, Points histoire, 2018.
- Patrick Boucheron [dir.], *Initiation aux études historiques*, Nouveau Monde, 2020.
- Braudel Fernand, *La Méditerranée et le monde méditerranéen à l'époque de Philippe II*, Armand Colin, 2017.
- Cariou Didier, *Écrire l'histoire scolaire. Quand les élèves écrivent en classe pour apprendre l'histoire*, PUR, 2012.
- Cariou Didier, « Information ou indice ? Deux lectures d'une image en classe d'histoire », *Revue française de pédagogie, 197*, 2016.
- Deluermoz Quentin et Singaravélou Pierre, *Pour une histoire des possibles*, Points, 2019.
- Dosse François, *L'Histoire en miettes*, La Découverte, 2010.
- Dosse François [dir], *Historiographies : concepts et débats*, Folio Histoire, 2010.
- Doussot Sylvain, *Didactique de l'histoire. Outils et pratiques de l'enquête historienne en classe*, PUR, 2011.
- Doussot Sylvain, *L'Apprentissage de l'histoire par problématisation. Enquêter sur des cas exemplaires pour développer des savoirs et compétences critiques*, Peter Lang, 2018.
- Duby Georges, *Le Dimanche de Bouvines, 27 juillet 1214*, Éditions Gallimard, 1985.
- Ginzburg Carlo, *Le fromage et les vers*, Flammarion, 1980.
- Gomes Lucie, « L'objectivité du document en classe d'histoire : un obstacle à dépasser pour être compétent », *Recherches en éducation*, n° 37, 2019.
- Gomes Lucie, « La problématisation historienne au lycée : articuler les échelles de lecture d'un document sur les Guerres de Vendée », Éducation et Didactique, 13-3, 2019.
- Grataloup Christian et Boucheron Patrick, *Atlas historique mondial*, Les Arènes, 2019.
- Febvre Lucien, *Combats pour l'histoire*, Armand Colin, 1952.
- Kalifa Dominique, *Les Noms d'époque*, Éditions Gallimard, 2020.
- Langlois Charles-Victor et Seignobos Charles, *Introduction aux études historiques*, Éditions Kimé, 1992 [première édition, Hachette, 1898].
- Lautier Nicole, À la rencontre de l'histoire, Presses universitaires du Septentrion, 1997.
- Legardez Alain et Simonneaux Laurence, *L'École à l'épreuve de l'actualité – Enseigner les questions vives*, ESF, 2006.
- Michelet Jules, *Histoire de France*, Flammarion, 2013.
- Noiriel Gérard, *Une histoire populaire de la France*, Agone, 2019.
- Noiriel Gérard, *Sur la « crise » de l'histoire*, Éditions Belin, 1996.
- Prost Antoine, *Douze leçons sur l'histoire*, Le Seuil, 1996.
- Seignobos Charles, *La Méthode historique appliquée aux sciences sociales*, Felix Alcan, 1901.

- Subrahmanyam Sanjay, *Vasco de Gama*, Le Seuil, 2014.

Sitographie

- **www.franceculture.fr**
  « Nous sommes juste une espèce de singe », Yuval Noah Harari, 22/10/2020.
  « À la préhistoire, des femmes cueilleuses, mais aussi chasseuses », Randall Haas, 8/11/2020. « Histoire des Gaulois », Christian Goudineau, 26/10/2009.
- **www.nouvelobs.com**
  « Nos ancêtres les Gaulois : ils sont fous ces historiens ! », Suzanne Citron, 3/11/2016.
- **www.unige.ch/lejournal/numeros/journal137/**
  « Bruno Dumézil, l'historien qui regardait les barbares dans le fond des yeux », Bruno Dumézil, novembre 2017.
- **www.histoire-normandie.fr**
  « On se trompe sur les Vikings », Régis Boyer : article rédigé à partir de son ouvrage *Les Vikings : histoire et civilisation*, Perrin, 2004.

Géographie

- Allemand S., Dagorn E. et Vilaça O., *La Géographie contemporaine*, collection « Idées reçues », n° 102, *Cavalier Bleu*, 2005.
- Biaggi C., « Habiter, concept novateur dans la géographie scolaire ? », *Annales de Géographie,* n° 704, Armand Colin, 4/2015, p. 452-465.
- Ciattoni A., *La Géographie : pourquoi ? comment ? Objets et démarches de la géographie d'aujourd'hui*, Éditions Hatier, 2005.
- Duhaut C., Rayzal A. (coord.), numéro spécial « L'aventure de la géographie », *Cahiers pédagogiques*, n° 559, 2020.
- Dunlop J., *Les 100 mots de la géographie*, Collection « Que sais-je ? », PUF, 2009.
- Frémont A., *Aimez-vous la géographie ?*, Flammarion, 2005.
- Gérin-Grataloup A.-M., *La Géographie*, Éditions Nathan, 2012.
- Lussault M. et Levy J., *Dictionnaire de la géographie et de l'espace des sociétés*, Éditions Belin, 2013.

Sitographie

- **Géoconfluences** : http://geoconfluences.ens-lyon.fr/
- **Hypergéo** : http://www.hypergeo.eu/
- **Cahiers pédagogiques** : http://www.cahiers-pedagogiques.com/No-559-L-aventure-de-la-geographie

EMC

- Agulhon Maurice, *Marianne au combat. L'imagerie et la symbolique républicaines de 1789 à 1880*, Flammarion, 1979.
- Agulhon Maurice, *Marianne au pouvoir. L'imagerie et la symbolique républicaines de 1880 à 1914*, Flammarion, 1989.
- Borgetto Michel, *La devise « Liberté, Égalité, Fraternité »*, PUF, 1997, pp. 11-39.
- Durand-Terreaux Martine, *L'Enseignement moral à l'école : histoire d'une discipline singulière, une contextualisation sociopolitique et éducative,* L'Harmattan, 2020.

- Kergoat Danièle, « Division sexuelle du travail et rapports sociaux de sexe », *in* Bisilliat Jeanne et Verschuur Christine, *Genre et économie : un premier éclairage*, Genève, Graduate Institute Publications, 2001, pp. 78-88
- Kohlberg Lawrence, *The Development of Modes of Thinking and Choices in Years 10 to 16*, Université de Chicago, 1958.
- Kohlberg Lawrence, *Essays on Moral Development, Vol. I: The Philosophy of Moral Development*, Harper & Row, 1981.
- Lalanne Anne, *L'Enseignement moral et civique, une pratique de classe*, L'Harmattan, 2020.
- Marchand Pierre, *L'Instruction civique en France. Quelques éléments d'histoire*, Spirale, 1992.
- Mosconi Nicole, *Genre et éducation des filles. Des clartés de tout*, Collection « Pédagogie : crises, mémoires », L'Harmattan, 2017, 210 p., préface d'Alain Vergnioux.
- Perrotin Catherine, « Respecter, qu'est-ce à dire ? De l'hospitalité accordée à la responsabilité assumée, quels enjeux éthiques ? », *Gérontologie et société*, vol. 33 / 133, n° 2, 2010, pp. 43-50.
- Piaget J., *Le Jugement moral chez l'enfant*, Bibliothèque philosophique contemporaine, 1932.
- Piette Jacques, « Éducation “par les médias” ou “aux médias” ? », *Cahiers pédagogiques* n° 449, janvier 2007.
- Sala Céline, *L'Enseignement moral et civique à l'école primaire*, Dunod, 2019.
- Tisserant Pascal et Wagner Anne-Lorraine (dir.), *La Place des stéréotypes et des discriminations dans les manuels scolaires*, rapport final réalisé pour le compte de la Haute Autorité de Lutte contre les Discrimination et pour l'Égalité (HALDE), Université Paul Verlaine Metz, 2008.

Sitographie

- **Charte des droits et des devoirs du citoyen français 2012**
  www.immigration.interieur.gouv.fr/Accueil-et-accompagnement/La-nationalite-francaise/La-charte-des-droits-et-devoirs-du-citoyen-francais
- **Sur la cour de récréation, espace genré**
  https://matilda.education/course/view.php?id=218
  Documentaire de Éléonore Gilbert intitulé Espace sur la cour de récréation comme espace genre : www.youtube.com/watch?v=iCpcHEh4i4I
- **La DEPP (données statistiques sur l'égalité des filles et des garçons dans le système éducatif français)** : www.education.gouv.fr/filles-et-garcons-sur-le-chemin-de-l-egalite-de-l-ecole-l-enseignement-superieur-edition-2021-322668
- **www.inegalites.fr**
- **Réseau Canopé : ressources pédagogiques transmédias :**
  www.reseau-canope.fr/les-valeurs-de-la-republique/respect.html
  Article de Michel Delattre, professeur de philosophie à Sciences Po Saint-Germain-en-Laye, sur les valeurs de la République
- **Sur les réseaux sociaux et le numérique :**
  https://www.education.gouv.fr/le-numerique-au-service-de-l-ecole-de-la-confiance-308365, https://eduscol.education.fr/103/j-enseigne-avec-le-numerique, https://cache.media.eduscol.education.fr/file/Mediatheque/90/5/Reperes_Ressources_numeriques-Enseignants-juillet2017_799905.pdf
  https://eduscol.education.fr/numerique/tout-le-numerique/veille-education-numerique

Liste des documents analysés et exploités

Histoire

THÈME 1 Et avant la France ?

THÈME 2 Le temps des rois

THÈME 3 Le temps de la Révolution et de l'Empire

THÈME 4 Le temps de la République

THÈME 5 L'âge industriel en France

THÈME 6 La France, des guerres mondiales à l'Union européenne

Géographie

THÈME 1 Découvrir le(s) lieu(x) où j'habite

THÈME 2 Se loger, travailler, se cultiver, avoir des loisirs en France

EMC

TABLE DES ILLUSTRATIONS

40	©	Marc Rapilliard / Centre des Monuments Nationaux
42	ph ©	Patrice Blot / www.photo-aerienne-france.fr
43	©	Les Arènes et l'Histoire, Paris, 2019
44	ph ©	Josse / Bridgeman Images
45	©	Les Arènes et l'Histoire, Paris, 2019
50	ph ©	Bridgeman Images
51	©	Les Arènes et l'Histoire, Paris, 2019
52-h	ph ©	aterrom - stock.adobe.com
52-b	ph ©	Leonid Andronov - stock.adobe.com
55	©	Les Arènes et l'Histoire, Paris, 2019
56	ph ©	Gérard Blot / RMN-Grand Palais (musée du Louvre)
60	ph ©	Joffre / PMVP / Roger-Viollet
61 et 66	ph ©	Akg-Images
68	Coll.	CL / Kharbine-Tapabor
73	ph ©	Collection Archives départementales du Nord Lille / Fonds Philippe Marchand
76	ph ©	AFP
81	ph ©	Akg-images
83	ph ©	Roy Export SAS
85	ph ©	Harvard Art Museums / Bequest from the Collection of Maurice Wertheim, Class 1906 / Bridgeman Images
86	©	Les Arènes et l'Histoire, Paris, 2019
93		Coll. Dixmier / Kharbine-Tapabor / René Vachet / Droits Réservés
95	©	Touteleurope.eu
96	©	Institut monétaire européen
102	ph ©	artzone – stock.adobe.com
112	ph ©	Guillaume Bonnefont / IP3
117	ph ©	Jacques Pierre / Hemis
119	ph ©	Ulrich Doering / Alamy
121	©	EDF
133-h	©	RR&A – Roland Ribi & Associés, Mai 2020
133-b	©	Mairie de Paris – Traitement : Apur
137	©	Keolis Lyon
149	©	Le Petit Quotidien, pour les 6-10 ans : 10 minutes de lecture par jour, www.playbacpresse.fr
150	ph ©	alex-mit / iStock / Getty Images Plus
151	ph ©	Gregory Dubus / Getty-Images
152	ph ©	David Bruno / Ondes-expertise.com
157	ph ©	Roman / Stock.adobe.com
162	ph ©	Danièle Schneider / Photononstop
163	ph ©	Danièle Schneider / Photononstop
165	©	Angers Loire Métropole – conception - PCA / ZAOUM - Photo : Ann Jarret
167	ph ©	Sergio Grazia / plan © Polymago – Paris & Métropole Aménagement
169	ph ©	Nicolas Vallauri / PHOTOPQR La Provence
177		CONSULTATION NATIONALE 2018 DES 6/18 ANS. Quel genre de vie ? F illes et garçons : inégalités, harcèlements, relations © UNICEF
183	©	http://www.fais-gaffe.fr/
192	©	my.unicef.fr
194	ph ©	BnF
200	©	Jacques Azam, « La charte de la laïcité à l'école expliquée aux enfants », 1 jour 1 actu n° 11 du 15 au 21 novembre 2013, Milan Presse.
205-hg	ph ©	Philippe Blanchot / Hémis.fr
205-hd	©	J. Brown
205-bg	ph ©	Veniamin Kraskov / Shutterstock
205-bd	ph ©	Giancarlo Liguori / Shutterstock
224	©	CLEMI
227	©	L'Humanité
273	ph ©	@ Réseau-Canopé – Le Musée national de l'Éducation – N° inventaire 1979.13865
276	©	Observatoire de la laïcité
287-m	ph ©	olrat / Getty Images
287-b	©	Ateliers Lion associés
288	©	CAUE de Paris
299	ph ©	Josse / Bridgeman Images
300-h	ph ©	Bauche / ECPAD / Défense
300-b		Coll. BNF / Archives Hatier
301-h		Coll. Ville de Paris – Fonds Heure joyeuse / Archives Hatier
301-b		Coll. Bibliothèque municipale de Reims
302-h	ph ©	Archives Charmet / Bridgeman Images © Jean Galtier-Boissière
302-b	ph ©	Ville de Reims
303-m	ph ©	jm – stock.adobe.com
303-b	©	Newebcreations – Ville de Nice